堅守與薪傳

抗戰時期的武大教授

張在軍———著

代序　大師們的樂山往事

陳四四

2011年11月初，秋風送爽。湖北人張在軍再次來到樂山文廟，他要尋訪的是一段幾被塵封的歷史，70多年前，樂山文廟的大門開在西側，上面掛著「國立武漢大學」的校名木牌。

張在軍探尋搜集的，正是抗戰中武漢大學西遷樂山的往事。當年，樂山這座偏居西南一隅的小城，成為人文淵藪和科學重鎮。

5年多來，張在軍致力尋找並試圖還原大師們在樂山的身影。他們在戰火中孜孜不倦的人文追求，令人欽佩感歎。拂去塵埃，先生們的面容是那麼清晰。

《小城‧大師》一個外地人的樂山情懷

張在軍尋訪武大西遷往事在樂山傳為佳話。當他創作的《小城‧大師》書稿完成後，樂山人決定助他一臂之力。近日，樂山市委宣傳部與四川文藝出版社簽訂出版協議，《小城‧大師》一書即將出版問世。[1]

記者：你既不是樂山人，也不是武漢大學的學子，為什麼會關注這段歷史？

張在軍：2004年因為工作，我被派到樂山，至今已生活了六七年。我一直喜歡文史，早就知道「武大西遷樂山」這段歷史。

2009年我到宜賓李莊旅遊得知，1940年，國立同濟大學、中央研究院等高等學府、科研機構也曾遷駐李莊。六年間，李莊為學者們安置了一張張平靜的書桌，給戰時中國人文科學的生存和發展提供了養分。李莊由此被稱為「中國文化的折射點、民族精神的涵養地」。目前國內出版的關於同濟大學在李莊的

---

[1]　《小城‧大師》未能在四川出版，遂改交臺灣秀威公司，並將書名改為《堅守與薪傳》。

各類專著有近十種。

這讓我不由想起樂山。抗戰時期，樂山同樣大師雲集，僅武漢大學就有高水準教授一二百人。但是樂山至今沒有一本全面介紹這段歷史的書，並且當年武大校舍遺址也寥寥無幾、教授故居蕩然無存。所以，我決定整理這段極其珍貴、幾乎被湮沒的歷史。

記者：這本書花了多長時間？

張在軍：這本書醞釀的時間比較長。2006年開始搜集資料。去年開始系統寫作，利用了所有業餘時間，今年初才完稿。

為了搜集資料花錢買了不少書。我還採訪了武漢大學的一些老師和當年的學生，參考了當年的日記、回憶錄、報紙等。

記者：聽說你還有相關寫作計劃？

張在軍：《小城‧大師》是我寫作的第一步。由於資料太多，所以決定先走一條捷徑，把一個個教授單獨成篇。接下來寫《小城‧大學》（按，即《苦難與輝煌——抗戰時期的武漢大學（1937—1946）》，臺灣秀威出版），將全面展現抗戰期間武漢大學在樂山的那一段歷史。

除武漢大學外，當時還有黃海化工研究社、蘇州蠶絲專科學校、國立中央技專、復性書院也都在樂山創辦，小城雲集了眾多文化名人。我還準備將這些歷史一一挖掘整理，從各個側面來反映抗戰時期的樂山。

「流亡大學」到嘉州

1938年4月26日，武大在樂山開學。一座原本僅有幾萬人的小縣城，一下變得熱鬧起來。除樂山文廟建成學校本部及文學院、法學院外，武大理學院、工學院設在城郊。遷樂山八年，武大教授少則100餘人，多則近120人，包括李約瑟、黃炎培、郭沫若、錢穆、熊十力等也來講學。一時間，大師雲集嘉州。

「那是1939年1月，去樂山的汽車票已很難買了，朱東潤花了120元買了去樂山的水上飛機票。」張在軍講述往事。

朱東潤教授是著名傳記文學家、文藝批評家。1937年8月，抗日戰火紛飛，武漢大學教學已逐步停止。寒假，在中文系任教的朱東潤回到江南泰興老家。第二年，朱東潤接到一封輾轉從上海來的電報：武漢大學已遷四川樂山，正式

上課，大家都在後方為這即將來臨的大時代而努力，希望能在1939年1月15日趕到。於是，1938年12月，朱東潤啟程，先到上海，再至香港，繞道越南，再經雲南貴州，到達重慶，最後到達樂山。

「朱東潤的輾轉，是武大西遷的一個縮影。」張在軍說。日本發動全面侵華戰爭，中國高等教育事業的進程被打斷。時任武大校長王星拱派人前往四川考察校址，最後選定樂山。在樂山師範學院「武漢大學樂山紀念堂」，記者見到一份保存完好的王星拱毛筆手稿，講述了武大搬遷樂山的六大原因：樂山沒有專科以上的學校，水陸交通便利，物產豐富，民風淳樸，市民的文化程度也不低於其他大城市……

當年，武大的圖書儀器、工廠設備等物品是用軍用船隻運往四川。途中炮火連天，還被日本飛機炸沉了一條船。但教學設備大多完整運到樂山，武大能正常開設實驗實習課程，並擁有大後方高校中唯一一臺電子測量示波器。

張在軍考證，當年將全部師生送走以後，王星拱才與工學院院長邵逸周兩人乘一輛小轎車（福特1936型）及一輛裝載汽油的卡車離開武大珞珈山，一路顛簸，經湖南、貴州奔赴四川。這條路線，山高水險，還有土匪出沒。當時，王星拱夫人和子女們在重慶等候他們，心情十分焦急，之前王星拱秘書王煥然先行赴川，不幸在湘西翻車身亡。

張在軍和一些老市民攀談武大西遷的往事，有樂山老市民回憶，那時，漫步樂山街頭，「對面街邊的一個小吃攤前，一位看似不起眼的、瘦小的戴眼鏡的人，說不定就是一位大師。」

去年，張在軍找到了90多歲高齡的樂山籍武大校友盧秉彝，她回憶，那時街上的人都認識王星拱校長，他的舊包車常常叮叮噹噹地從街上過往。王星拱同人打招呼的時候，會取下頭上的呢帽，人們可以望見他灰白的頭髮向後梳得整整齊齊。

人們並不知，王星拱飽受疾病折磨的同時，跑遍大後方的大中城市，廣攬學者名流。他繼承了蔡元培「自由講學」、「學術無禁區」的辦學思想，相容並包，延聘了不少出類拔萃的教授。比如，外文系教英詩的朱光潛，教俄語的繆朗山；哲學系弘揚儒家中庸之道的胡稼胎，講康德、黑格爾的張頤；中文系主講新文學的葉聖陶、蘇雪林，也有傳授古典文學詩詞的劉永濟、劉頤；化學系有留英的徐賢恭、留美的鄔保良、留法的黃叔寅、留德的鍾興厚等。

發現罕見「桃花水母」

「國難深重，前方將士效命疆場，後方教授當盡瘁於講壇。」樂山八年，教授們肩負這樣的使命與責任，收穫豐碩學術成果。

樂山留給年邁武大校友的記憶，有著教授們孜孜不倦對學術的探究。張在軍找到了武漢大學教授蕭萐父所寫的《冷門雜憶》，裏面記述著他1943年考入武大哲學系，選修了生物學，「高尚蔭教授講大渡河中淡水水母的研究成果，大家聽得津津有味。」

如今，生物研究已證明，世界上目前祇存在兩種桃花水母：1880年6月英國倫敦皇家植物園發現的索氏桃花水母；1939年2月在四川樂山大渡河邊發現的中華桃花水母。樂山大渡河邊瀕臨絕跡、古老而珍稀的腔腸動物，發現者就是高尚蔭——中國病毒學研究的奠基人。

張在軍告訴記者，當時的理學院位於樂山城外大渡河邊的李公祠。武大師生每天要出城南高西門，沿城牆下坡左行數十米到大渡河北岸，挑回河水，存於大木桶中。1939年初春，高尚蔭和助手公立華到河邊散步，在與大渡河相連的一處水塘裏，看見了當地說的「桃花魚」。早春時節，這些小精靈在清澈見底的河水裏上下飄蕩，悠然自得。

這種奇特的生物，立即引起高尚蔭注意。公立華連忙跑回學校拿燒杯，小心翼翼地將「魚」舀起，一路小跑回實驗室。高尚蔭發現的「桃花魚」，直徑約為18毫米，僅有拇指般大小，外形似一把撐開的傘體，邊緣有256條線條觸手。隨即高尚蔭開始了對生物學物種腔腸動物門淡水水母的分類形態結構和生理研究，這是中國學者最早在無脊椎動物學領域的開創性研究。

1939年2月，30歲的高尚蔭和27歲的公立華合作完成論文《四川嘉定淡水水母之研究》。

被稱為「現代傳記文學開拓者」的朱東潤，傳記文學寫作是在樂山開篇。他系統總結中國古代傳記文學的特點，並且嘗試採用英國傳記文學的做法，寫作中國的傳記文學。

那時，朱東潤隻身獨處樂山郊區，每周進城到學校上課。他住的那一間房子光線特別黯淡。家鄉已經陷落，妻室兒女，一家八口在死亡線上掙扎。這樣

的環境下，他鎖定了張居正，《張居正大傳》在樂山出爐，被譽為「二十世紀四大傳記」之一。

在資料搜集過程中，張在軍常常被大師們感動。

吳其昌教授堅持「用生命去換學問，把整個『身』和『心』貢獻給學問」的治學態度，他在疾病纏身之際，嘔心瀝血寫下論著180餘萬字文史著作，最終累死在樂山。1940年，錢歌川教授花了整整一年時間，為中華書局校閱多達1300餘頁的《英華詞典》，功成之日，亦是病倒之時。也是在此期間，唐長孺教授就著微弱的桐油燈光，寫就了一系列高質量的學術論文，即上世紀50年代結集出版、享譽史林的《魏晉南北朝史論叢》。

校長親自種菜養豬

抗戰時期的樂山，武大師生的生活條件異常困苦，「當時，就連王星拱校長都親自養豬呢。」盧秉彝回憶起往事說。

當時學校條件簡陋、生活艱苦。即便是大學教授，收入也不足以養活自己與家人，王星拱校長全家租住一農家小院，還得自己種菜養豬，他的兒子還去工廠做工，女兒到小學兼課。

由於生活、醫療各方面的條件惡劣，才華橫溢的教授黃方剛、吳其昌、蕭君絳、郭霖、孫芳等人，先後被貧病饑餓奪去了生命。

這樣艱難的時局中，大師們仍舊頑強地教學、生活。

年近九旬的胡承寬也是張在軍尋找到的一位樂山籍武大校友，他的國文老師是「珞珈三女傑」之一的蘇雪林教授。在胡承寬的記憶裏，當時蘇教授租住比較偏僻的陝西街四十九號「讓廬」中式樓房。

出租人是一個姓宋的二房東，全家住樓下。出租的樓上破爛不堪，蘇雪林找來木匠，將房子略作修繕，裝上電燈。蘇雪林和姐姐、侄兒侄女、侄女的小孩，加上從家鄉帶來的傭人，組成了一個鬧熱的家庭。毗連寢室有一間小船似的屋子便成了書房，也作會客室。

住了大約兩年，二房東提出加租。蘇教授一家就搬到了小山坡上的房子。房前屋後有兩畝空地，於是，蘇雪林置辦鋤頭鐮刀等工具，清除雜草、平整土地、鬆土分畦、播散菜籽。她每天到文廟上完課回家，就把長衫換成短衣，揮

鋤挖地。當時，水是賣水人每天送來的，裝在大缸裏用。於是，洗鍋刷碗水保留下來，用來澆灌青青菜園。菜成熟了，蘇雪林還將菜送給朋友們品嘗。

　　文學院的教授劉永濟喜歡菊花，常常到城外的露濟寺苗圃種菊看菊。他的女婿皮公亮回憶，「岳父酷愛菊，年年春插，夏日上肥，秋天菊花盛開，朵朵豐碩，有紅有紫有黃有白，十分可愛。」

　　（作者係四川日報記者，本文原載《四川日報·天府週末》2011年11月18日，

《武漢大學報·珞珈副刊》2011年12月9日轉載）

目　次

代序　大師們的樂山往事／陳四四 · · · · · · · · · · · · · · 3

楔子　大師雲集樂山城 · 13

第一章　文學院的教授 · 15

　　第　一　節　劉賾：章黃學派的主要繼承人 · · · · · · · · 17

　　第　二　節　朱東潤：現代傳記文學的開拓者 · · · · · · · 23

　　第　三　節　蘇雪林：一生反魯反共的愛國者 · · · · · · · 29

　　第　四　節　劉永濟：具屈原精神的詞學大家 · · · · · · · 40

　　第　五　節　徐天閔：喜好唱詩的大嗓門教授 · · · · · · · 49

　　第　六　節　高亨：受到毛澤東稱讚和保護 · · · · · · · · 52

　　第　七　節　葉聖陶：中學畢業的中文系教授 · · · · · · · 57

　　第　八　節　徐震：武藝高強的古文辭專家 · · · · · · · · 67

　　第　九　節　程千帆：從中央技專到國立武大 · · · · · · · 71

　　第　十　節　陳源：十年文學院長被迫辭職 · · · · · · · · 74

　　第　十一　節　謝文炳：兩度任教外文系的作家 · · · · · · 83

　　第　十二　節　袁昌英：珞珈三女傑中的大姐大 · · · · · · 87

　　第　十三　節　方重：外文系主任是喬叟專家 · · · · · · · 96

　　第　十四　節　朱光潛：拉進國民黨的美學大師 · · · · · · 99

　　第　十五　節　錢歌川：不戀武大戀樂山的教授 · · · · · · 108

　　第　十六　節　桂質柏：中國首個圖書館學博士 · · · · · · 117

　　第　十七　節　孫家琇：年僅二十八歲的女教授 · · · · · · 121

第 十八 節　繆朗山：首開俄語課的外文奇才 ‥‥‥‥‥ *124*

第 十九 節　高翰：麻將經解說道理的教授 ‥‥‥‥‥ *129*

第 二十 節　胡稼胎：宣揚孔孟之道的「土教授」 ‥‥‥‥‥ *131*

第二十一節　萬卓恆：一生無著述的哲學名師 ‥‥‥‥‥ *134*

第二十二節　張頤：飲譽世界的東方黑格爾 ‥‥‥‥‥ *137*

第二十三節　黃方剛：長眠樂山九峰的哲學家 ‥‥‥‥‥ *141*

第二十四節　劉盛亞：慘死山民棍棒下的作家 ‥‥‥‥‥ *145*

第二十五節　吳其昌：盡瘁講壇的史學系主任 ‥‥‥‥‥ *148*

第二十六節　方壯猷：晚年識辨勾踐劍的教授 ‥‥‥‥‥ *156*

第二十七節　唐長孺：魏晉隋唐史的泰山北斗 ‥‥‥‥‥ *161*

第二章　**法學院的教授** ‥‥‥‥‥ *165*

第 一 節　周鯁生：從籌備委員到復員校長 ‥‥‥‥‥ *167*

第 二 節　劉秉麟：抗戰勝利後的代理校長 ‥‥‥‥‥ *174*

第 三 節　李浩培：海牙國際法院的中國人 ‥‥‥‥‥ *178*

第 四 節　劉迺誠：不願從政的市政學教授 ‥‥‥‥‥ *182*

第 五 節　王鐵崖：第二任前南刑庭大法官 ‥‥‥‥‥ *186*

第 六 節　楊東蓴：號稱「四不怕」的「奸黨分子」 ‥‥‥‥‥ *189*

第 七 節　陶因：他從安大來回到安大去 ‥‥‥‥‥ *196*

第 八 節　楊端六：西遷和東歸的功勳教授 ‥‥‥‥‥ *200*

第 九 節　戴銘巽：思想進步的會計學教授 ‥‥‥‥‥ *208*

第 十 節　彭迪先：馬克思主義經濟學教授 ‥‥‥‥‥ *213*

第三章　**理學院的教授** ‥‥‥‥‥ *219*

第 一 節　王星拱：主政流亡大學的化學家 ‥‥‥‥‥ *221*

第 二 節　湯璪真：數學家與毛澤東是同學 ‥‥‥‥‥ *231*

第 三 節　吳大任：樂山房東逼走的數學家 ‥‥‥‥‥ *234*

第 四 節　李國平：東方數學奇才的師生戀 ‥‥‥‥‥ *240*

第 五 節　李華宗：從不向書本請假的書蟲 ‥‥‥‥‥ *244*

第 六 節　桂質廷：電離層物理學的開拓者 ⋯⋯⋯⋯ *247*

第 七 節　鄔保良：研究原子核的化學教授 ⋯⋯⋯⋯ *250*

第 八 節　張珽：中國植物生理學創始人 ⋯⋯⋯⋯⋯ *254*

第 九 節　高尚蔭：中華桃花水母的發現者 ⋯⋯⋯⋯ *257*

第 十 節　章韞胎：吟詩寫史的生物系教授 ⋯⋯⋯⋯ *260*

第十一節　石聲漢：「很有劍橋氣質」的科學家 ⋯⋯ *264*

第四章　工學院的教授 ⋯⋯⋯⋯⋯⋯⋯⋯⋯⋯⋯⋯ *273*

第 一 節　俞忽：中國結構力學一代宗師 ⋯⋯⋯⋯⋯ *275*

第 二 節　丁人鯤：擅長網球的土木系教授 ⋯⋯⋯⋯ *278*

第 三 節　涂允成：樂山武大附中的創辦人 ⋯⋯⋯⋯ *281*

第 四 節　郭霖：精研潛艇的機械系教授 ⋯⋯⋯⋯⋯ *286*

第 五 節　譚聲乙：三個學位的工學院院長 ⋯⋯⋯⋯ *292*

第 六 節　張寶齡：孤淒一世的機械系教授 ⋯⋯⋯⋯ *297*

第 七 節　趙師梅：參加過辛亥首義的教授 ⋯⋯⋯⋯ *301*

第 八 節　邵逸周：最早提議武大西遷的人 ⋯⋯⋯⋯ *308*

第五章　名士與武大 ⋯⋯⋯⋯⋯⋯⋯⋯⋯⋯⋯⋯⋯ *313*

第 一 節　王獻唐：圖寫淩雲靜讀書 ⋯⋯⋯⋯⋯⋯⋯ *315*

第 二 節　錢穆：文廟講罷又烏尤 ⋯⋯⋯⋯⋯⋯⋯⋯ *321*

第 三 節　吳宓：老霄頂上講紅樓 ⋯⋯⋯⋯⋯⋯⋯⋯ *326*

第 四 節　凌叔華：看山終日不憂貧 ⋯⋯⋯⋯⋯⋯⋯ *333*

第 五 節　樂山武大：院士們的搖籃 ⋯⋯⋯⋯⋯⋯⋯ *339*

後　記 ⋯⋯⋯⋯⋯⋯⋯⋯⋯⋯⋯⋯⋯⋯⋯⋯⋯⋯⋯ *349*

參考資料 ⋯⋯⋯⋯⋯⋯⋯⋯⋯⋯⋯⋯⋯⋯⋯⋯⋯⋯ *353*

楔子　大師雲集樂山城

　　「所謂大學者，非謂有大樓之謂也，有大師之謂也。」抗戰時期武漢大學流亡的樂山經歷，再一次印證了梅貽琦先生的名言。樂山八年，武漢大學教授「少則100餘人，多則近120人」[1]，人才濟濟，蔚為壯觀。20世紀40年代末，曾在樂山武大任教的清華大學教授曾秉鈞坦言：「就教師質量來說，清華不如武大。」英國生化學家李約瑟博士不吝讚美說，「武漢大學的學術水平很高，即使與昆明的國立西南聯大相比也毫不遜色。」

　　時任校長王星拱殫精竭智，深慮遠圖，不僅維持了戰時流亡大學的生存，而且抱病四處奔波，廣攬學者名流，一個陣容龐大、令人仰慕的高水平學者群在武漢大學匯聚，偏居一隅的樂山小城，成為大後方的人文淵藪和科學重鎮。

　　文學院有劉永濟、劉賾、黃焯、蘇雪林、朱東潤、葉聖陶、程千帆、陳源、方重、袁昌英、朱光潛、陳登恪、錢歌川、繆朗山、桂質柏、孫家琇、萬卓恆、張頤、黃方剛、高翰、吳其昌、楊人楩、唐長孺等；法學院有李浩培、吳學義、王鐵崖、劉迺誠、周鯁生、楊端六、劉秉麟、陶因、彭迪先、戴銘巽等；理學院有曾昭安、湯璪真、吳大任、李國平、查謙、桂質廷、梁百先、郋保良、葉嶠、徐賢恭、鍾興厚、張珽、何定傑、鍾心煊、石聲漢、高尚蔭等；工學院有邵逸周、陸鳳書、余熾昌、俞忽、涂允成、繆恩釗、郭霖、譚聲乙、趙師梅、邵象華、丁道衡等。

　　此外，李約瑟、黃炎培、郭沫若、錢穆、熊十力等也曾到武大講學。

　　我們可以這樣說，「武漢大學之所以能成功西遷，並在樂山堅持八年辦學，是和當時武漢大學的教授群體的文化選擇是密不可分的……大量的知識分子仍然堅守著教學和科研崗位，繼續潛心於本專業的學術工作，這批人大都是較為純粹的學者和科學家。」「在最艱苦的年代，正是有像武大這樣一批盡忠

---

[1]　張發林、王中全：《名師薈萃譽學林》，《武漢大學報》2008年10月31日。

職守的教授，持續著我國科學技術探索和前進的薪火事業，才有建國後新中國科學研究和經濟建設的基礎。」[2]

---

[2] 陳俐：《抗戰時期武漢大學教授群體的文化選擇》，《郭沫若學刊》2005年第4期。

第一章　文學院的教授

第一節　劉賾：章黃學派的主要繼承人

1956年新中國第一次評定教授級別時，武漢大學中文系只有兩位一級教授，一位是弘老劉永濟（字弘度），另一位便是人稱博老的劉賾（字博平）。當年全國各大學一級教授很少，比目下「院士」珍稀得多。他們上課都有小汽車接送，令學子尊崇學問之心油然而生。

劉賾1929年始就教於國立武漢大學中文系，講授文字、聲韻、訓詁和《周易》研究諸課程，兼任系主任多年。至1978年病逝，劉賾50年貢獻於武大，為中文系「五老」（劉賾、劉永濟、黃焯、徐天閔、席魯思）之一。

劉賾乃湖北廣濟望族之後。因生於湖南牛鼻灘一舟中，故自號牛鼻灘生。早年就讀於北京大學，師從國學大師黃侃受文字聲韻之學，甚得賞識。循此博學深研數十年，終成小學專家。他曾將聲韻學教案整理編撰成《聲韻學表解》，寄請黃侃審閱，黃侃特意請自己的老師章太炎為書作序，序中評價道：「生頗好學，言古今韻能得大體，是書則以教授學子者，曲有條理，最便初學。他日教學相長，所得必又有過於此者，余雖老願觀其成也」，並稱許劉博平為「再傳弟子」。其《劉賾小學著作二種》則是對章黃學派學統的傳承和光大。

蘇雪林在一篇文章中說，「劉博平先生雖為我們的系主任，我和他接洽之事極少，見面機會也極少，對他的為人，實不深知。但我覺得所難得者，他雖為某名公的高足，只接受了某氏的學問，卻沒有傳染某氏的習氣。某氏的佯狂自放，玩世不恭，白眼對人，使酒謾罵諸事，流傳於世，人皆以為美譚，我則厭惡已極。過去我也曾認識幾個某氏門下氏，多少都有這種惡劣習慣。博平先生則完全不然，只是誠誠懇懇的做人，樸樸實實的治學，若說他是章太炎的學生還有點像。」[1]學生姜為英認為，「博老為人可親，從來不擺架子，與他老人

---

[1] 蘇雪林：《我們中文系主任劉博平》，臺灣《珞珈》第71期。

家在一起就勝似在冬天的和煦陽光下那樣的溫暖。」

　　蘇雪林略晚於劉賾入武大中文系任教，但因兩人上課時間不同，在教員休息室會面的時間也就很少。「只知道這是個寡言鮮笑，喜怒不形於色的人，並非他城府深層，不過性情過於內向罷了。」「他對於我這個只知寫寫白話文，國學沒有根底的人，觀感如何，我所不悉。不過若有相處的機會，譬如同在一室審閱入學考試的卷子的時候，他對我倒是和顏悅色，溫文有禮。當劉弘度先生借題發揮，大罵五四以來的新派，他也只微笑唯唯而已。從來不附和他什麼，也從來不說一句『文化漢奸』之類叫人難堪的話，他的涵養功夫，頗叫我佩服。」[2]

　　蘇雪林還說，「博平先生授課異常熱心。他上課總是接連兩小時不下堂，學生們知他習慣，上課前都先清理內務，免得聽課中途，請求出去，掃他雅興。我偶爾從他課室走過，只見他卓立壇上，口講指畫，毫無倦容，好像恨不得把一生苦學得來的學問，傾筐倒篋，一下子都塞入學生腦海；下面黑壓壓一堂學生，也聚精會神，鴉雀無聲地傾聽，真是一幅動人的圖畫。」古人曾說「經師易求，人師難得」，蘇雪林認為，「像博平先生這樣熱忱洋溢的教學精神，也可說是人師也矣。」[3]學生姜為英回憶說，「博師身材稍長，臉也略長，精神抖擻，意氣風發，滔滔不絕一講就是兩個多小時，似大江東去，一瀉千里。」[4]

　　學子王達津《樂山瑣憶》裏有一節是寫「在樂山的中文系老師們」，其中就有劉賾，說「他上課很負責，在珞珈山時，他是從武漢家中趕來上課，但從不誤課。我記得他講到『也』字象形時，就笑了，《說文》是講『也，女陰也，象形』。他不講鐘鼎文，也不相信甲骨文是真的，在古文字方面篤守許慎說，在聲韻方面則依據章太炎、黃侃說，是黃、章學派的主要傳人。」[5]阮本漪《嘉州雜憶》裏則說，「劉博老曾為我班（1939年歷史系一年級）代過一星期的國文課，講了一篇《史記》選文，他用訓詁學講詞釋義方法，精闢明晰地把古人的思想、感情與活動，形象生動地重現出來，同學們聽得津津有味，如沐春風，深受教益。博平老師，是我最崇敬的教授之一。」[6]宋光達在《尊師、頌

2　蘇雪林：《我們中文系主任劉博平》，臺灣《珞珈》第71期。
3　蘇雪林：《我們中文系主任劉博平》，臺灣《珞珈》第71期。
4　姜為英：《憶「五老」風範》，《北京珞嘉》2002年2期。
5　王達津：《樂山瑣憶》，《老武大的故事》，江蘇文藝出版社，1998年。
6　阮本漪：《嘉州雜憶》，《北京珞嘉》1999年2期。

師和超師》中回憶，「中文系主任劉博平老師更是謙虛坦率。他講授聲韻學，凡遇入聲字，總是指名要我念，說是粵語才能發出入聲。每次遇到某字須讀出其古音，劉老師也都指名要我試念，由他審定是否準確。劉老師說，至今只有粵語還保存著一些古音。」[7]

臺灣女作家、當年武大學生殷正慈若干年後在臺深情回憶劉賾——

> 四年在學期中，我於第一學年曾獲中國文學系系獎學金，以後三年均幸獲文學院院獎學金。皆先生青眼相加，特殊拔識之故。而非我個人才力真正有何過人之處。但憾我辜負師恩，畢業後被留校任助教，從事研究工作。為期僅及二年，了無成就，即離此而他去。臨別時踵府告辭，先生神色黯然，即席親書「大器晚成」橫幅四個斗方篆字見賜。並對我說：「年輕人喜遷好動，輕言別離，殊不知一別星散，再見難期。但盼你此去好自努力，繼續學問。不可躁進，不必求速。豈不聞大器晚成？器小雖成速而易盈易滿，戒之勉之。」[8]

武大中文系的幾位老先生由保守而復古，「博平先生雖不像弘度先生之喜愛高睨大談，思想上則和他沆瀣一氣。學生受其感召，復古空氣居然瀰漫一時。」[9]有一年劉博平所授學生寫畢業論文用的一概是古香古色的文言，所署年月並非中華民國某年某月，卻是「太歲在赤奮若壯月」「太歲在大淵獻相月」等等。這種紀年月法出自爾雅的釋天篇。我國古時有十二辰、十二歲、十二次，與黃道十二宮相當。所謂赤奮若相當於丑年，大淵獻若相當於亥年。紀月則以月在某月為準。《爾雅》提供了兩種紀月法，壯月是八月，相月是七月。《爾雅》雖為周公旦所作，但蘇雪林則以為「乃戰國中葉受域外文化大量傳入影響的產品。這類紀年紀月的名稱，離奇怪誕，字面上絕對找不出絲毫意義，分明是譯音。中國保守派的學者以為這樣才是『古』，才是『國粹』，恐怕他們做了域外文化的俘虜尚不自知。」

---

[7] 宋光遠：《尊師、頌師和超師》，《北京珞嘉》2002年第1期。

[8] 殷正慈：《憶劉博平先生》，《學府紀聞：國立武漢大學》，臺灣南京出版公司，1981年。

[9] 蘇雪林：《我們中文系主任劉博平》，臺灣《珞珈》第71期。

武大遷到四川以後，中文系復古空氣愈趨濃厚，學生不穿校服，卻穿起長袍馬褂來。中文系學生既然講究復古，每逢舊曆新歲，到老師家拜年則要跪地磕頭。凡此種種，並非都是劉賾提倡出來的，但他身為系主任，負有領導群倫之責。

卻說1940年5月，劉賾主導的一件事情，激起了眾怒。那時大一新生入學半學期後，要安排一次摸底考試。他親自命題，題目很特別──

> 試將下文譯為恆言：
> 純柔純弱兮必削必薄，純剛純強兮必喪必亡。韜義於中，服和於躬，和以義宣，剛以柔通。守而不遷兮變而無窮，交得其宜兮乃獲其終。姑佩茲韋兮考古齊同。亂曰：韋之申申，佩於躬兮，正本生和，探厥中兮，哲人交修，樂有終兮，庶寡其過，追古風兮。

朱東潤教授回憶說，「這位主任先生總算是博學的，不知怎樣給他找到柳宗元這篇《佩韋賦》，這已經不簡單了，特別是那個『恆言』，可真使我們莫名其妙。中文系教師都去監場的，可是在學生問我們什麼是『恆言』，是文言，還是白話？我們都回答不上來。」[10]

不久，朱東潤、葉聖陶和高晉生聯名給教務處寫信，抨擊這種莫明其妙的考題，並以「恆言」二字不知所云為理由，拒絕閱卷。一時流言四起，風波宕蕩。劉賾以有人與他「搗亂」為名，一方面向校長王星拱「辭職」，一方面指使說客登門說情，要葉、朱、高向劉「表示歉意」，讓他有面子返校。葉聖陶「西行日記」記載云：「（1940年6月2日）劉博平以我們指其疵謬，向校長辭職云。此人氣度至狹，我們並非攻訐其人，不過不滿彼之行事，而彼以為與之搗亂，實亦過矣。」「（6月12日）見劉博平已到校上課，既已堅決辭職，忽又腆然而來，聞前此亦有類似之事，固非第一次矣。」後來，還是王星拱出面給劉博平寫了勸留信，大意言「恆言」之不錯，以後如再有人指責，學校必力為解決云云。[11]

[10] 《朱東潤自傳》，《朱東潤傳記作品全集》第四卷，東方出版中心，1999年。
[11] 葉聖陶：《西行日記（上）》，《葉聖陶集》第19卷，江蘇教育出版社，1994年。

　　抗戰時期劉賾復古是事實，但1949年之後他卻能接受唯物史觀，他引進唯物史觀和辯證法來覽述遠古社會的歷史文化及其影響下文字發展和字形、字音、字義間的關係，這是章太炎和黃侃所缺乏的。他在贈送給其得意弟子李格非的對聯中寫道：「期以聲音訓詁擁護民德，須用馬列主義衡量群言。」

　　劉賾酷愛書藝，數十年練字不輟。其女兒說他，「視佳墨精紙、名家碑帖若珍寶。得一圓硯置案首，日必硯墨一池，因名書齋曰『獨硯山房』。獲四川精良之楠木書桌一張，甚寬大，尤利於書寫大幅卷軸，與之旦夕相依，遂昵稱『阿楠』。得閒，往往以邊研墨、邊琢磨各流派之筆法結體為樂事。」又說，「父親學術涉獵很廣，尤擅篆草，兼工楷行。篆書主要師承章太炎，楷行頗有羲、獻筆意。書法遒美端莊，清高拔俗，氣韻雅暢。」[12]蘇雪林說，「他擅長書法，寫得一筆龍飛鳳舞的好字，我曾冒昧乞求他的墨寶，他居然為我寫了一張橫幅，上面題句也是他自撰。」[13]學生易竹賢云，「博老書法亦頗見功力，每日早起，必淨手焚香，寫字若干紙，謂此可鍛煉身體，數十年入一日，不僅書成一家，且壽屆耄耋。」[14]

　　劉賾遺著《劉賾小學著作二種》全由他用毛筆寫成，字源部分為篆書，其他部分為小楷，其篆書被郭沫若稱讚為「珠圓玉潤」。武大遷到四川樂山後，改校訓為「明誠弘毅」，即由劉賾手書。

　　劉賾篤於師誼，執弟子禮甚恭，為兩個女兒分別取名「學章」、「敬黃」，以示對章、黃兩師之敬重。據劉敬黃回憶，「抗戰初期，全家隨武漢大學避難四川樂山，行裝十分簡便，所有衣物、書籍悉留武昌故居，後丟失殆盡。惟章、黃兩師為父親書寫之條幅、信箋隨身珍藏，或裱裝成冊，或懸掛書室，愛護備至。」

　　劉賾隨武大入川是帶著夫人和兩個女兒，一家四口人租住在月咡塘文廟右側民房裏。當年的學生殷正慈後來在臺灣回憶說，「劉師母一向慈祥賢淑，待

---

[12] 劉敬黃：《我的父親劉博平》，《珞嘉歲月》，2003年。
[13] 蘇雪林：《我們中文系主任劉博平》，臺灣《珞珈》第71期。
[14] 易竹賢：《話說中文系的「五老八中」》，龍泉明、徐正榜編：《走近武大》，四川人民出版社，2000年。

人懇切周至。猶憶當年我隨校西遷嘉定，備嘗流亡學生苦況。師母視我如女，常招我至她府中便餐。每有佳肴美果，儘量留存庖廚，相邀共享。盛誼隆情，五衷銘感。」[15]劉賾一家到樂山的第二年，便趕上「八一九」大轟炸。這天緊急警報拉響後，全家人便從後門朝郊外月咡塘後山走去。若干年後劉敬黃對當天的情景歷歷在目：

> 　　只見山坡樹林間到處分散地躲藏著一些跑警報的人。我們全家來到一個坡邊的樹下停了下來。一會兒，也不知為什麼又朝前面另一坡地挪動。突然一陣轟鳴聲由遠而近，顯然是飛機來了，而且飛得極低。大家不約而同地緊縮起身子。頃刻間，根本還沒有搞清楚是怎麼回事，日機的機關槍已向這裏猛烈地掃射了。眼前幾步遠的地方，一陣塵土躥起，日機飛過去了，但仍在附近上空盤旋。又是一排子彈橫掃下來，另幾處又飛揚起塵土。如此三次，總算敵機轟鳴聲消失了，警報也解除了。大家抬起頭來，摸摸自己的身子，再向四周環視一番，才慢慢地站起來朝各自的來路走回去。我和父母、姐經過剛來時停下來過的山坡，只見樹枝上已嚇人地掛了一只人腿。我當時只是一個15歲的女孩子，連正眼都不敢看一眼。心裏想：「好險！」此刻人聲嘈雜，哭聲四起，可看到不遠處城牆上掛著有斷臂殘肢，鮮血模糊的肉塊。城內上空則濃煙滾滾，帶著紅色火光。而且愈來愈濃，瀰漫了半邊天。已經有人議論：城裏挨炸了，36架日機在這個彈丸小城，毫無人性地傾瀉下了它的全部炸彈、燒夷彈。
>
> 　　我們趕快回家，打開房門一看，滿屋黑灰，地上、桌上、床上全部覆蓋上一層寸把厚的塵土。最嚇人的是和姐合睡的床上，一塊原先掛在牆上的房東家的大匾牌赫然壓在上面。我又一次心裏想：「好險！如果我們在家呢？」[16]

---

[15] 殷正慈：《憶劉博平先生》，《學府紀聞：國立武漢大學》，臺灣南京出版公司，1981年。
[16] 劉敬黃：《樂山散憶》，載《北京珞嘉》1997年2期。

人生沒有如果。否則，1949年後武大中文系少了一名國家一級教授，世間也少了兩部學術著作《初文述誼》、《小學箚記》，劉賾也不至於85歲高齡仍在指導研究生。

第二節　朱東潤：現代傳記文學的開拓者

　　2009年底，南京師範大學副教授酈波在央視「百家講壇」講《風雨張居正》，掀起了一股張居正熱。酈波在講授中多次動情地提到《張居正大傳》對自己的影響，並不吝對作者朱東潤的崇敬。朱東潤再次走進人們的視野！

　　被譽為「現代傳記文學的開拓者」的朱東潤曾發過這樣的感慨：「要了解一個人，看來容易，其實並不容易。因為人是複雜的，他的行為受到各方面的影響，有家庭的因素，有環境的因素，要完全由他個人負責，實在是不公正的；但是不由他負責，那由誰負責呢？」誠如此言，不僅了解一個人難，要講述一個人更難。朱東潤一生起起落落，諸多輾轉，我只能從中截取其中一個片段，也就是在樂山生活工作的片段。因為，朱東潤從事傳記文學研究是從樂山開始的。

　　朱東潤，原名世溱，後以字行。1896年生於江蘇泰興、自幼失怙，1907年受族人資助，考入南洋公學附小讀書。因成績優異、刻苦勤奮，1910年得上海南洋公學監督唐文治資助升入中學。此後卻因家境貧困、資助中斷而輟學。時值辛亥革命，朱東潤的三哥因參加反對清王朝的武裝起義而被清軍殺害。三哥的就義，對朱東潤觸動很大，終其一生，他都抱愛國愛民、反對專制、追求民主之旨不移。1913年秋，朱東潤赴英留學，次年進入倫敦西南學院讀書，課餘從事翻譯，以濟學費。1916年初，朱東潤放棄學業，毅然回國參加反對袁世凱復辟稱帝的鬥爭。1917年秋朱東潤應聘至廣西省立第二中學任教，開始了他長達七十餘年的教學生涯。1919年他回到江南，任南通師範學校教師。

　　1929年4月，朱東潤到武漢大學擔任外語講師。當時文學院長聞一多看到中文系的教師實在太複雜，總想來一些變動。換一種說法，就是摻砂子。朱東

潤的命運是當做砂子到中文系開文學批評史的。1937年8月，全民抗戰開始後，武漢大學教學逐步停止，在中文系任教的朱東潤於寒假回泰興老家。翌年11月，接到一封上海轉來的電報。那時內地的電線久已斷了，電報是無線電傳到上海的。大意是說武漢大學已遷四川樂山，正式上課，大家都在後方為這即將來臨的大時代而努力，希望他能在1939年1月15日趕到。朱東潤有些猶豫，因為夫人鄒蓮舫生小孩才兩個月，是位帶著七個子女的家庭婦女，而鄰縣日寇隨時可來。他怎麼去得了？但是不去又怎樣？不去就是失業，失業以後又到哪裏就業？夫人態度卻很堅決，肯定地說：「去四川，家庭的一切有我呢。」

　　1938年12月2日，朱東潤啟程出發了。先到上海，再由上海至香港，繞道越南，再經雲南貴州，到達重慶已是1939年1月8日。樂山的汽車票難買，卻沒想到水上飛機已經通航，便花一百二十元買了到樂山飛機票。後來朱東潤在一篇賦文裏描繪在飛機上看樂山的情景：

> 於是翔翔徘徊，從容半天；駕飛機而西行，望萬象之瀰漫……峰迴路轉，雲樹糾縛，歲暮而沙渚盡寒，水落而亂州競出，其上則有離堆之天險，三江之浮滿，巨岷演衍而逶迤，蒙沫吞吐而橫溢，凌雲左峙而幽深，二峨右抱而屼崒。（《後西征賦》）[17]

　　1939年1月13日，飛機開航抵達樂山的時候，是下午一點鐘。在朋友的帶領下，朱東潤在城中心府街的安居旅館住下，包了長期的房間。夥食就包在玉堂街的一家飯店，每月十二元，中晚兩頓，價錢不算貴。當時四川的物價很便宜，因此學校的工資是按六折發的，即使如此，大家總感到生活很安定。

　　暑假的一天，也就是1939年8月15日，朱東潤和留英同學、外文系教授陳源同遊峨眉山。那時的交通工具是滑竿。在峨眉縣城停了一晚上，第二天上山。上山的時候，在牛心石、洗象池各休息了一晚。從洗象池向上，直到山頂是下午二點。山頂空氣稀薄，寒氣逼人，因此飯都煮不熟，房間裏還得經常燃著炭火，所以第二天的上午朱東潤和陳源就下山了。從山頂下來，到了牛心石，陳

17　《朱東潤自傳》，《朱東潤傳記作品全集》第四卷，東方出版中心，1999年。

源想多待一待，朱東潤就獨自下山。步行到峨眉縣，當天下午，看到空中有三四十架飛機。飛機去後，峨眉縣城發出警報，朱東潤這才知道是敵機。峨眉縣沒有被炸，可是剛到蘇稽，就聽說樂山被炸了。

「這一次炸的真慘，樂山縣城的中心幾乎全部炸完了，武大還好，總算倖免，教師們沒有傷亡，學生宿舍被炸，學生死了幾位，其中一位是泰興人李其昌，經濟系學生，死於龍神祠學生宿舍。事後我為他權厝於護國寺，改葬於城北桐梓林，並為他作了墓誌銘，寫好刻石。安居旅館也被炸了，雖然損失不大，但是已經不能住了。陳祖源帶同家眷住到城外十多里的鄉村。我因為學校大局已定，用不到再顧慮，因此住到半壁街陳通伯那裏。生活比較安定些，用不到每天再去飯館。」[18]

樂山經過一場大轟炸，武大秋季開學的日期推遲了。陳源再度約朱東潤出遊，先到成都，再去青城山。幾天後回到樂山。他有《自成都水道返嘉定》詩云：「齊唱榜人踏棹歌，正南江上見微波。村煙漸近山居遠，便下嘉州可奈何。」

朱東潤回樂山仍住半邊街，再後來搬出住在竹公溪畔，與葉聖陶隔河相對，「水淺的時候，踏著河床亂石就可以過去的。」朱東潤對樂山母親河竹公溪特意做過一段詳盡的描繪：

「竹公溪是樂山城北的一條小溪，從綿竹鋪下來，匯合了江公堰的堰水，再向東南流，到張公堰的口外，傾入岷江。這是長江支流中的支流，河口有六七丈寬，上面很窄，有時只有一兩丈光景。冬季水涸的時候，只有尺把深，水清見底，但是到了夏天，白崖一帶的山水沖來，可以漲到兩丈以外，兩旁的低田，有時浸到水裏，於是浩浩蕩蕩，成為一片巨浸，水也混濁到發紅，這是山溪的本色，不過在平時總還是靜靜地流過，只有夜深以後，或許在一兩里內，你會聽到張公橋下面的氵號氵號水聲。」[19]

朱東潤所住房子是當地陳姓的別院，由經濟系教授鍾兆璿租下來，分給好幾位教師同住的。朱東潤住的那一間特別黯淡，下午以後，光線就很不夠了，

---

[18] 《朱東潤自傳》，《朱東潤傳記作品全集》第四卷，東方出版中心，1999年。
[19] 《朱東潤自傳》，《朱東潤傳記作品全集》第四卷，東方出版中心，1999年。

可是工作很多，不免要堅持下去。有一次大雨之後，牆壁上破了一塊。「這一堵破壁有時迎來了陽光，反而有利於工作。老子說：『鑿戶牖以為室，當其無，有室之用，故物或有之以為利，無之以為用。』一切的事物，都在發展變化之中，我們的看法便得要靈活一些。」[20]

1941年夏季的一天，朱東潤正伏案工作的時候，「空襲警報來了，是夏天，身上著的白衣服不宜於跑警報，只好伏在窗下。凶惡的敵人在附近轟炸以後，揚長而去。」朱東潤從窗下爬起來，繼續工作。晚間寫作只能借助油燈，在油燈上架個竹架，上安小茶壺。「油燈的火力小，有時居然把茶壺裏的水燒開了，夜深人靜的時候，喝上一口熱茶，讀書和工作渾身是勁。」蜀中生活的艱難，並沒有動搖先生堅持學術研究的信念。[21]

剛到樂山時，朱東潤與葉聖陶共同擔負新生語文輔習班教學。有武大學子回憶說，朱東潤教大一國文時，「一次講《文賦》，在講堂上，他不斷蹺起腳來吟誦，口沫亂飛，坐在前排的同學就未免有說不出來的苦。」[22]一年之後，朱東潤原準備講的六朝文這一課取消，改開《史記》課程。在編寫講義之前，他寫出了《史記考索》一書，後由開明書店出版。書中對秦漢間史事、《史記》記述人物行事的「互見」體例，以及司馬遷生平，多有發現。有學生回憶，記得一次《史記》考試，有一題是出自《項羽本紀》，過後朱東潤面有慍色地對大家說：「對歷史人物（或事件）的評論，各人都應有自己的見解，而你們所答的都是按我講的來寫。我講的是屬於我的，你們不能拿我的作為自己的來回答，如果這樣你們還要來學習什麼呢？」[23]

教學間隙，在整理出版舊著的同時，朱東潤更多地關注今後的學術發展方向。這個方向，就是傳記文學的寫作，是他早年留學英國時期特別感興趣的，並準備應用於中國文學研究。樂山期間，他的工作從兩方面展開，一是系統總結中國古代傳記文學的歷史和特點，撰成《中國傳記文學之發展》、《八代傳記文學敘論》；二是嘗試採用英國傳記文學的做法，寫作中國的傳記文學。

[20] 《朱東潤自傳》，《朱東潤傳記作品全集》第四卷，東方出版中心，1999年。
[21] 《朱東潤自傳》，《朱東潤傳記作品全集》第四卷，東方出版中心，1999年。
[22] 王達津：《樂山瑣憶》，《老武大的故事》，江蘇文藝出版社，1998年。
[23] 錢瑞霞：《朱東潤先生課堂教學片斷》，復旦大學中文系編：《朱東潤先生誕辰一百一十周年紀念文集》，上海古籍出版社，2006年。

　　復旦大學教授陳思和曾轉述過一個有關朱東潤的故事，說的是他曾作學術報告談傳記文學，認為世界上只有三部傳記作品是值得一讀的，一部是英國包斯威爾的《約翰遜傳》，一部是法國羅曼・羅蘭的《貝多芬傳》，還有一部就是他自己的《張居正大傳》。朱東潤完全有理由如此自負，他把自己的《張居正大傳》列為世上最好的三部傳記作品之一，而世人則把《張居正大傳》和林語堂的《蘇東坡傳》、吳晗《朱元璋傳》、梁啟超《李鴻章傳》並稱為「二十世紀四大傳記」。

　　《張居正大傳》完稿是在重慶，但是醞釀卻是在樂山。他在《自傳》中談過其中的原委：「這時正是1940年左右，中國正對日本軍國主義者進行艱苦抗戰。我只身獨處，住在四川樂山的郊區，每周得進城到學校上課，生活也很艱苦。家鄉已經陷落了，妻室兒女，一家八口，正在死亡線上掙扎。我決心把研讀的各種傳記，作為範本，自己也寫出一本來。我寫誰呢？我考慮了好久，最後決定寫明代的張居正。第一，因為他能把一個充滿內憂外患的國家拯救出來，為垂亡的明王朝延長了七十年的壽命。第二，因為他不顧個人安危、當時人的唾罵，終於完成歷史賦與他的使命。他不是沒有缺點的，但是無論他有多大的缺點，他是唯一能夠拯救那個時代的人物。」[24]

　　他在《張居正大傳・序》中也說，「1941年秋天，正是我彷徨不定的時候。中國歷史上的偉大人物不在少數，但是在著手的時候，許多困難來了。有的人偉大了，但是他的偉大的場所不一定為我所了解。有的人的偉大是我所了解的，但是資料方面，不是少到無從探取，便是多到無從收拾。抗戰期間的圖書館，內部的損失和空虛，是盡人皆知的事實；抗戰期間的書生，生活的艱苦和困乏，也好似盡人皆知的事實。所以在擇取傳主的時候，更有許多顧慮。其次，在下筆的時候，還得考慮寫作的困難。傳主的時代太遠了，我們對於他的生活，永遠感覺到一層隔膜；太近了，我們又常常因為生長在他的影響下面，對於他的一生，不能得到全面的認識。那一個秋天，我因為傳主的選擇，經過不少的痛苦。最後才決定了張居正。中國歷史上的偉大人物雖多，但是像張居正那樣劃時代的人物，實在數不上幾個……」[25]

---

[24]　《朱東潤自傳》，《朱東潤傳記作品全集》第四卷，東方出版中心，1999年。
[25]　《張居正大傳》，人民文學出版社，2006年。

　　戰亂期間人心難免不安，朱東潤的朋友、同事，因熬不住長期寂寞，紛紛跳出包辦婚姻的牢籠，在四川另續琴弦，而朱東潤對夫人鄒蓮舫的感情卻始終沒有變化。朱東潤離家萬里，七個孩子都由夫人獨自撫養，所幸郵路還通，可以定期匯款養家。他在《張居正大傳》完稿後也不忘在《序》裏表達對夫人的衷心感謝：「對日作戰以後，我從越南入國，繞到抗戰的大後方，從此沒有看到故里。家事的處分，兒女的教養，以及環境的應付，一向我不過問，現在更落在一個人的肩上。我沒有聽到抱怨，也沒有聽到居功。尤其在故鄉淪陷以後，地方的情形更壞，斗大的一個縣城，充滿最複雜的事態，天涯遊子的家屬，剩得舉目無親的境地，但是我始終沒有聽到怨恨和愁訴。正因為有人把整個的心力對付家庭，我才能把整個的心力對付工作。我自己的成就只有這一點點，但是在我歷數這幾種撰述的時候，不能忘懷數千里以外的深閨。我認為在我的一切成就之中，這是和我共同工作的伴侶。」[26]

　　後來朱東潤又在《李方舟傳》中用詩表述了當時對妻子的思念之情：「寶鏡香殘秋漏冷，戍樓天遠報書遲。但願他生重覿面，一生長得伺峨眉。」在當時中國的現實中，男性可以重新追求另一份幸福，而女性幾乎沒有可能，他認為既然一個人要追求幸福，另一個人也有追求幸福的自由，那何不大家拉起手來一塊追求幸福呢？

　　朱東潤的思鄉念家之情無法遣抑，引到杜甫《自京赴奉先詠懷》詩中的幾句，沉痛至極。就在樂山期間，朱東潤的母親去世了。大哥來信希望他立即回去，料理喪事。「這樣的要求，在平時是對的，但是這時是戰時，從泰興來四川已經千辛萬苦，可是經過中間一段時期，交通更阻塞了，怎樣回去？回去以後又怎樣再來？」[27]泰興已淪陷，朱東潤是堅定不回去的。

　　朱東潤來樂山的時候是準備好好地工作的，不料遇到的不是工作而是鬥爭。原來，武大內部一直存在派系鬥爭，分為湘軍、淮軍兩派，在武漢還只是暗地進行，進入四川一切都表面化了。朱東潤1929年進入武大是文學院長陳源介紹的，陳源因內部爭鬥等原因辭職後，朱東潤自然受到株連，加上和幾個老

[26]　《張居正大傳》，人民文學出版社，2006年。
[27]　《朱東潤自傳》，《朱東潤傳記作品全集》第四卷，東方出版中心，1999年。

先生的關係搞不好，受到排擠。因此感覺對於武大沒有更多的留戀。同時自己對於傳記文學也發生了更大的興趣，留在武大也沒多大用處。不過朱東潤在武漢大學前後的十三年，對他「是一種教育，一種培養」。武大同事對他幫助最大的有三位：第一位是聞一多，第二位是老同學陳源，第三位是劉賾，特別應當感謝。「關於傳記文學提起我注意的是劉賾，促成我努力工作、把傳記文學作為終生事業的還是他。」[28]

1942年8月，朱東潤辭去武大教職，離開樂山，乘船往重慶中央大學任教。臨走之時，作詩兩首，其一《有感》云：

> 萬里西來幾斷腸，一生人海兩茫茫。自甘蠖屈同秦贅，不道鳳衰咽楚狂。
> 披髮只今多拓落，褰衣何處太荒唐。風和帆飽檣烏動，剩與嘉州伴夕陽。

第三節　蘇雪林：一生反魯反共的愛國者

蘇雪林能進武漢大學任教，與袁昌英有很大關係。

從法國里昂海外中法學院留學回國後，蘇雪林拿著同學楊潤余的介紹信，在上海拜見楊的嫂子袁昌英。她們一見如故，成為生平好友。後來武漢大學在上海招生，校長王世傑邀請一些專家學者參與閱卷。袁昌英向王世傑推薦了蘇雪林參加閱卷工作。蘇雪林的閱卷速度極快，半日閱卷近百本，讓共同參與閱卷的武大周鯁生教授等人頗驚訝。

1931年夏，又在袁昌英的極力宣揚下，武漢大學向蘇雪林寄去了聘書。那時，袁昌英、陳源和凌叔華夫婦都在武大了，考慮到熟人很多，蘇雪林辭去教了一年的安徽大學教職。此後，蘇雪林和袁昌英、凌叔華這三位女作家，談文說藝，形同姊妹，時人譽為「珞珈三女傑」。

---

[28] 《朱東潤自傳》，《朱東潤傳記作品全集》第四卷，東方出版中心，1999年。

　　抗戰爆發之後，國民政府撤退入川，武漢大學決定西遷樂山，蘇雪林也作隨校入川之計。由於交通工具的限制，蘇雪林的許多衣物只好在漢口租界這個朋友家寄存一點，那個親戚家安放一些。書呢？平時視為珍寶，此時成為累贅。稍稍清理，把最重要的幾箱書寄存武昌天主堂神父那裏代為保存；次要的揀了幾百本送給武大圖書館；至於一些文藝雜誌送到傷兵醫院，讓傷兵們消遣。自己僅僅帶了一箱工具書（如辭書字典）講義文稿之類入川。

　　1938年春，蘇雪林一路上經過了唐三藏上西天取經的苦難與波折，乘船到了「風景倒也優美」的樂山。不幸的是才到此地時，各種美麗的「幻想」便被那冷酷無情的現實敲破一只角。由於學校不再為教職員提供宿舍，需各人自找租賃，所以「船到城外碼頭以後，各人先落旅館，抱著惟恐別人捷足先登的心理去找房子。有本地熟人介紹的當然要佔不少便宜，否則房子壞不談，房租就貴上幾倍。所有出賃的屋子都敗得像個荒亭：地板爛了半邊，窗子東缺一扇，西缺一扇，黴爛的氣味，證明這屋子至少十年沒經人住過。看過十幾家都是一般，你不能在旅館住一世，於是只好皺著眉頭定下了。」[29]蘇雪林於較偏僻的陝西街四十九號尋到一處名叫「讓廬」的中式樓房。「讓廬一名，說明它不是一般平民百姓的住宅，看來房主原是有來頭的大戶人家。這是一座中式二層樓房，坐北朝南，樓上樓下都有寬大的廊子，可擺幾張藤椅，是個冬天曬太陽、夏天乘涼的好去處。」[30]

　　出租讓廬的是一個姓宋的二房東，他全家住樓下，而以樓上放租。屋子雖寬敞卻陳舊，樓上更破爛不堪。蘇雪林找來木匠，將房子略做修繕，裝上電燈就煥然一新可以居住了。毗連寢室有一間小船似的屋子便成了書房，上課之餘就在這裏預備功課講義。也把書房當作會客室，經常招待去拜訪她的朋友和學生。廚房在樓下，吃飯時須上下端盤子端碗，有點不方便，好在又請了一個年輕的女傭。於是，蘇雪林和她胞姐兩人（蘇雪林自1932年起就與胞姐蘇淑孟生活在一起，組成姐妹家庭。長蘇雪林五歲的姐姐照顧妹妹的飲食起居，共同生活了三十二年），以及侄兒侄女，侄女的小孩，加上從家鄉帶來的僕人，新請的女傭，整個家庭便有七口人了。用樂山話說「好鬧熱」。

[29] 蘇雪林：《煉獄》，蔡清富編：《蘇雪林散文選集》，百花文藝出版社，1991年。
[30] 楊靜遠：《讓廬舊事》，楊靜遠編：《飛回的孔雀──袁昌英》，人民文學出版社，2002年。

離陝西街不遠就是文廟——蘇雪林上課所在的武大文學院。走路不過十多分鐘就到了。

1940年秋，因物價飛漲，蘇雪林所居讓廬的二房東提出加租。第一次所加不多，答應了他。第二次加的太多，無法接受。因為教授的工資沒有隨物價的上漲而上漲。蘇雪林感覺二房東在勒索，繼而和二房東鬧起了彆扭。二房東竟然將蘇雪林出入之門鎖住，逼迫她搬家。

恰巧離此地不遠，有個人要離開樂山，希望有人接租他的房子。那房子在小山坡上，很小的三間。不過此時的蘇雪林家庭人口簡單，只有姐姐、一個侄子和家鄉帶來的女僕。另外一個侄女帶著小孩和樂山請的女傭，早搬到鄉下去了。只等那房主遷走就可搬過去。

蘇雪林在某處借居了兩個月，小山坡上屋主遷走了，隨即入住。小山坡除屋前畝許空地，屋後還有空地一畝多，一共兩畝空地。可惜以前房主沒有好好利用，任其荒蕪，雜草長到膝蓋深。蘇雪林自1926年從教以來都住在校舍，從沒見過這麼廣闊的空地，忽然有了灌園之念。於是置辦鋤頭鐮刀等工具，先割掉雜草，再清除瓦礫，前後花費了一個多月時間。土地平整後，開始鬆土分畦，播撒菜籽，每天澆水。四川不愧為天府之國，土地肥沃，菜苗很快就長出來了，種類繁多，以芥菜為主。

那時候的蘇雪林，全部興趣都集中在菜園。每天除了到文學院所在文廟上課之外，回家把長衫換成短衣服，就揮鋤挖地了。除開吃飯睡覺，其餘時間總在菜園裏幹活。沒有一寸空地沒被蘇雪林派上用場，乃至她的姐姐取笑說，除了屋頂上床鋪下不能種菜，哪怕分寸土地都種了菜。這完全是一種興趣在支配。其實她們一家人也吃不了多少菜，又不可能挑到街上去賣，只能送給武大同人。別人吃了蘇雪林的蔬菜，也回贈點蒸饃烤餅什麼的。

不光當園丁種菜養花，蘇雪林也兼帶做過泥工木匠，砌灶挖溝。甚至還建過雞舍養雞。由於經常勞動，加上生活的艱苦，原本一百多磅體重的蘇雪林，入川後竟瘦得只剩下九十磅了。乃至外界誤認為，蘇雪林被戰時歲月折磨得快要死了。楊靜遠在當年的日記裏就這樣的記錄：「（1941年7月20日）吃過晚飯和媽媽坐在廊下談話，談起中國的好人與壞人，真令人氣憤。最後說到蘇（雪

林）先生。她是一個完全的好人，但現在卻眼看著要餓死。」[31]

　　從1940年下半年到1942年上半年，蘇雪林在小山坡上住了兩年。兩年之後，蘇雪林以前所住讓廬的二房東不知為何與原住鄉下的大房東鬧翻了，大房東將他趕走，要把房子重新出租。蘇雪林聽後大喜，想想讓廬上下共有十多間房子，可以把住在鄉下想進城的袁昌英、韋從序教授一起叫來三家合租，於是便與大房東商定了租房之事。「那樓下分為兩下，袁家與我各住一處。但大客廳則歸袁家。樓上共分為兩下，韋家於我各住一邊，客廳前後隔開為二下，前半歸韋，後半歸我。廚房公共。」[32]根據袁昌英女兒楊靜遠日記記載，楊家是1942年8月30日搬進讓廬的，經濟系教授韋從序則是一週後的9月6日搬來。

　　蘇雪林自詡秉承「祖父喜於營造的遺傳性」，愛好DIY。三家人所分樓上間出入不便，蘇雪林便要想法子了，恰見有賣木梯子的，價錢便宜就買下了。然後請個木工在自己樓下客廳後將天花板鋸開一個方洞，放置那座梯子就可從廳後上樓。還把樓上那間房子通往韋家客廳的門封死，所有向走廊開的花格窗戶用木板釘死，這樣可避免夜間小偷光顧。後來蘇雪林又買了一扇大窗戶，安置在韋家客廳後的小房牆上，那間小房便成了她自己的臥室，樓上那間大臥室讓給丈夫張寶齡。張寶齡是1942年9月從雲南來武大機械系任教的。蘇雪林和丈夫因性格不合，兩人長期分居，同餐不同寢。

　　陳學勇編《凌叔華年譜》載：「（1943年）7月11日，袁昌英幫忙凌叔華搬家。」原來，由於陳源出國，凌叔華便帶著女兒陳小瀅也遷進陝西街盡頭，與蘇雪林袁昌英毗鄰而居。這樣，三位女作家往來更加頻繁，交流著友情與文事，「珞珈三女傑」成了「讓廬三女傑」。當年的武大學子記敘蘇雪林說，「她偶爾出來走走，不是和袁昌英就是和凌叔華。她們在嘉定住了八年，很多孩子們看到這三位女作家，總是恭敬地同她們打招呼。她們給青年們的精神糧食太豐富了，誰不愛戴她們呢？」[33]楊靜遠回憶說，她們的友情並不始於或終於讓廬，只不過在讓廬期間，那友情格外的綿密、醇醇。

---

[31] 楊靜遠：《讓廬日記》，武漢大學出版社，2003年。
[32] 蘇雪林：《浮生九四——雪林回憶錄》，臺灣三民書局，1993年。
[33] 孫耕：《記抗戰中的蘇雪林教授》，沈暉編選：《綠天雪林》，人民文學出版社，2001年。

　　蘇雪林在學校教授一班中國文學史，兩班基本國文，每周平均要批改學生作文一次。每次要整整花費兩天或一天半的時間。武大原有國文教材不選魯迅文章的規矩。葉聖陶來中文系之後，反其道而行之。自稱「一貫反對魯迅」的蘇雪林心懷不滿，在課堂上攻擊和謾罵魯迅。葉聖陶多次勸她慎言，蘇雪林反而說葉聖陶是受了共產黨的煽動，跟在共產黨背後捧魯迅。為了幫助學生認識魯迅在中國新文學史上的地位，教促學生研讀魯迅的作品，葉聖陶在一次的國文試題中擬定了兩個題目：（一）試論魯迅先生在我國新文壇上的地位；（二）你最喜歡魯迅先生的哪篇小說，談談這篇小說的藝術特色。蘇雪林看到這兩條試題後，非常惱怒，一定要葉聖陶改換其他題目，葉聖陶執意不改。事隔二十幾年後，1967年蘇雪林在《葉紹鈞的作品及其為人》一文中是這樣追敘的：「有一次為了魯迅，我同他竟鬧了小小的意見。本來新文壇之發狂捧魯迅，並不為魯迅有什麼值得捧，不過是一種政治作用，以聖陶之明，豈有不知？但他一日擬國文常識考題竟有魯迅文壇地位如何？他的著作何者最有名等等？我忍不住發言了，我說魯迅不過是左派有心塑造出來的偶像，國立大學提到他的名字似乎不宜。葉堅持不肯改，我不覺憤然情見乎辭，葉亦怫然情見乎色，從此我們二人竟多日不交一言。我從此才明白男人們的政治偏見之可怕。魯迅一輩子惡罵『西瀅教授』，西瀅即陳通伯氏，聖陶受陳禮聘前來，賓主相得，可見他也知道魯迅罵他的話太不公平。……聖陶是個很正派的文人，應該明於是非善惡之辨，為什麼一提到魯迅，他心裏的天秤便失去平衡呢？」[34]

　　再四十年後的1997年3月，百歲的蘇雪林接受臺灣彰化師大國文系黃忠慎教授專訪。黃問：「蘇教授後半生事業一直致力於反共反魯，請問您當年為什麼反魯？」蘇雪林回答：「我之反魯，並非反對魯迅本人，而是為了爭是非，即公是公非，真是真非。」[35]蘇雪林的堂妹蘇曉林回憶說，蘇雪林一直猛烈地攻擊魯迅的某些觀點，然而對《阿Q正傳》卻推崇備至。曉林曾問她這樣是否違反她的私衷，她正色答道：「文藝批評應實事求是，不能以人廢言。」[36]

[34] 蘇雪林：《葉紹鈞的作品及其為人》，蘇雪林著：《文壇話舊》，臺灣文星書店，1967年。
[35] 黃忠慎：《古今文海騎鯨客——蘇雪林教授》，臺灣文史哲出版社，1999年。
[36] 蘇曉林：《我的二姐蘇雪林》，沈暉編選：《綠天雪林》，人民文學出版社，2001年。

1939至1940年間，蘇雪林「靈海中曾湧起一度狂瀾，所以那一年間竟有三四十萬字創作和撰述的收穫」，以後這狂瀾逐漸衰退。到了1940年下半年到1942年上半年這兩年間，由於侍弄菜園，除上課外，蘇雪林自詡「未閱一本書，未寫一篇文。若把這兩年光陰用之讀書，我也可獲致一項專門知識，若用之寫作，亦可寫四五十萬字，今皆無有，乃我一生荒唐之大者，今追悔不已。」[37]

其實不是這麼回事。蘇雪林在1941年就出版了兩本書，一是散文集《屠龍集》（重慶商務印書館），一是傳記文學《南明忠烈傳》（重慶國民出版社）。

《屠龍集》裏的文章都是樂山寫的，是蘇雪林在抗戰艱苦生活中的所見、所聞、所感。她對戰時生活的動盪不安、物質的極度匱乏、物價的扶搖直上，以及知識分子階層精神的苦悶和煎熬進行了淋漓盡致的描寫；但幽默和風趣洋溢在字裏行間。她在自序中說：「若不想出個法子騙騙自己，混過這些討厭的歲月，不死也得發瘋。」書名取為《屠龍集》，是她「預先替那猖狂的毒龍畫出了悲慘的結局，……希望明年就是我們偉大的『屠龍年』。」

1940年，奉國民黨中宣部之命，蘇雪林寫了一部二十五萬字的《南明忠烈傳》，僅僅半年而成。當時抗戰正進入艱苦階段，「所有公務人員學校教師待遇菲薄，而物價高漲，法幣貶值幾不能生活，莫不志氣消沉不能振作。」該書介紹南明幾百個志士仁人，「處極端困厄之境，仍茹苦含辛，萬死無悔，挽魯陽之頹波，捧虞淵之落日，足以激勵軍民的堅貞，發揚其志氣，全國團結一氣，用以抵抗暴倭，自問對抗戰不失為一種貢獻。」[38]

稍後，蘇雪林餘興未盡，挑出書中若干人物生活片斷，寫了《黃石齋在金陵監獄》、《蟬蛻》、《偷頭》、《秀峰夜話》等七八篇短篇小說，後來結集為《蟬蛻》，1945年由重慶商務印書館出版。此時，蘇雪林「民族思想的水銀柱」，「可算已上漲到了最高峰」。她在《蟬蛻集・自序》中說：「歷史小說也和歷史一般，其任務不在將過去史實加以複現，而在從過去事跡反映現在及將來。……抗戰時期內種種可惡可悲的現象與過去時代相類似者卻也未免太多了。本書在此等處極力加以揭發，也無非想教讀者觸目驚心，消極的戒懼，起而為積極的矯正與補救。」

---

[37] 蘇雪林：《浮生九四——雪林回憶錄》，臺灣三民書局，1993年。
[38] 蘇雪林：《浮生九四——雪林回憶錄》，臺灣三民書局，1993年。

有篇《是是非非蘇雪林》的文章說，從有關資料看，雖然蘇雪林是一個好作家，卻不太長於教學，她的口才遠不如她的筆。是耶？非耶？1945年武大法律系畢業的陳仁寬回憶，「教我們國文的是著名女作家蘇雪林，我只記得她說話不太好懂，我們聽課友些困難。」[39]我們不妨看看其他武大樂山時期的學子筆下的蘇雪林，如吳魯芹《記珞珈三傑》：

> 她教外文系的大一國文，到了學校內遷四川樂山，大約是人手不夠，這一班國文就擴大為文學院全院的大一國文，可能不包括中文系，至少外文系、哲學系、歷史系的大一學生，共濟一堂。每隔一兩星期還要作文一次，而她對作文的批改是十分認真的。蘇女士不屬於能言善道的一類，文章寫得不錯，教書並不出色。有一位湖北籍的同學喜歡在她來教「中國文學史」之前幾分鐘，在黑板上寫了「綠漪女士實在是一篇很沉悶的散文」幾個字，一位湖南籍的同學立刻就走上去擦掉，這種每周必有一起的「儀式」，歷時數星期之久。某一次雙方出言不遜，幾乎釀成「兩湖之戰」。[40]

王天運《憶蘇雪林老師一二事》：

> 回憶40年代初在樂山時，蘇老師教過我們中國文學史課。教材是她編寫的講義。老師講課，語言簡潔明快，深入淺出，娓娓動聽。同學們都喜歡聽她的課，從不缺席。
>
> 蘇老師和藹可親，平易近人，不擺架子。一次我和班上幾個同學到白塔街（按，疑為陝西街之誤。）她的住所去看望她。一見到我們她非常高興，很熱情地接待，還和我們談起了家常。她說：「我們無兒無女，家裏就我們老倆口。沒兒女也有沒兒女的好處。國難期間，待遇菲薄，生活艱苦，沒兒女，省心，沒牽掛，環境也安靜，不受干擾，這對我們的教學和研究工作很有利。」言詞間蘇老師態度自然坦蕩，毫無傷感表現。真是達人樂天知命，令人欽敬。

---

[39] 陳仁寬：《回憶樂山時期的老師們》，《北京珞嘉》1997年第1期。
[40] 吳魯芹：《記珞珈三傑》，《老武大的故事》，江蘇文藝出版社，1998年。

蘇老師愛護學生，關心學生的疾苦。同學張自勳不知道自己患了血友病，在醫院拔掉一顆牙齒，結果吐血不止而死。蘇老師知道後，深表痛惜，還親自為他寫了碑文。[41]

武大歷史系教授吳其昌的女兒吳令華《兒時眼中的蘇雪林》：

> 到樂山後，偶爾她來我家時父親正好外出未歸，她便會和我聊天等待。她沒有別的大人對孩子的那種居高臨下的或教導、或敷衍、或哄逗的言詞，而是朋友般的交談，認真地聽你講，也直率地發表自己的意見。我和她談話次數不多，時間久遠，內容早已模糊，但感覺依然真切，那就是自己像大人一樣得到平等的對待。

> 後來見到她給我的老友陳小瀅紀念冊的題詞，更印證了我兒時的感覺。對朋友的獨生嬌女，她不像別人那樣贈些格言、讚語，而是針對小瀅的情況，認真地寫下：

> 前人看見杜工部兒子的詩，叫人送把斧頭要他斫斷手臂，免得天下詩名又歸杜家獨得。我看見小瀅的作品，並不想送斧，只希望她能打破名父母之下難乎為子的成例。

> 小瀅受父母陳源、凌叔華的薰陶，也喜歡舞文弄墨，能寫很正經的、心憂天下的文章，不像我，只會寫些孩子話。蘇雪林看到小瀅的優勢，不做空泛的讚揚，卻向她提出了一個嚴肅的問題：名人之後，如何自處，如何奮起，青出於藍而勝於藍。

蘇雪林1944年2月8日所寫贈言，陳小瀅本人是這麼看待的：「蘇雪林給我的留言是希望我不要因為父母是有名的教授，畫家，作家就影響自己，要超越他們，要青出於藍而勝於藍。而且蘇雪林教授的直率真誠，鮮明的個性與品質也在這個獨特的留言中得以充分體現。」[42]

---

[41] 王天運：《憶蘇雪林老師一二事》，《武大校友通訊》1999年第2輯。
[42] 吳令華：《兒時眼中的蘇雪林》，《散落的珍珠——小瀅的紀念冊》，百花文藝出版社，2008年。

授課之餘從事學術研究，是蘇雪林的極大樂趣，正如她在《談寫作的樂趣》一文中說：「這一類心靈探險時沿途所拾攝的奇珍異寶，令人精神鼓舞，勇氣倍增，覺得為這個研究犧牲一切都是值得的。而且這種寫作的樂趣，真是南面王不易也！」蘇雪林的學術研究，大量的時間花在考據上，多年來她在枯燥乏味的考據中得到了比寫作還大的滿足。她說：「這是一種發現的滿足。」蘇雪林以小說和散文成名，但是她出的第一本書既不是小說也不是散文，而是一本學術考據著作《李義山戀愛事跡考》（1927年，北新書局），後改名為《玉溪詩謎》。

二度住進讓廬的次年，也就是1943年，重慶一個叫衛聚賢的朋友給蘇雪林來信為《說文月刊》索稿，並且一定要學術性文章。於是，蘇雪林想起教文學史時教過的《天問》，曾經寫過一篇《天問整理的初步》。原本想將此文加以擴充，送去應景，誰知竟發現了屈賦與世界古文化有關聯的大秘密，寫出《屈原〈天問〉中的舊約·創世紀》。文章發表後，和著甚寡，可見蘇雪林「那時是獨往獨來非常寂寞的」。但是此文之發表，為她注入了學術研究的動力。從此一頭栽進屈賦研究，衣帶漸寬終不悔，癡迷達三十餘年。凌叔華回憶說，她曾勸蘇雪林多研究唐詩宋詞，不必花大工夫去研究那吃力部討好的屈原，「但她的脾氣好像就是忠於屈原就絕不更改似的。」[43]她之忠於屈原，據楊靜遠猜測，一是出於對這位矢志不渝的愛國詩人的敬仰，二是因為她尋到了一條前無古人的屈賦探索新途徑。她把屈賦放到世界古代文化的大背景上，認為屈賦中的神話與西亞北非希臘神話同出一源，從而斷定早在戰國前就有中國與域外文化的大交流。1945年10月有武大學子記敘她當初寫《崑崙之謎》說，「近一年來她的身體時感不適，去年教育部給她進修假一年，她還帶病不息的工作，預計今年暑假中可以完成。……抗戰的生活雖然苦，但她始終沒有屈服在現實痛苦的面前，而放棄學術研究。」[44]鍥而不捨三十多年的結果，便是在臺灣出版的一套八十萬字統稱《屈賦新探》的四本煌煌巨著。

---

[43] 據《團結報》1987年10月17日。

[44] 孫耕：《記抗戰中的蘇雪林教授》，沈暉編選：《綠天雪林》，人民文學出版社，2001年。

　　樂山時期，蘇雪林和老師陳中凡（鍾凡）的詩書交往也值得一記。早在1919年，蘇雪林受人推薦入北平高等女子師範（國立北京師大前身）。由於過了考期，只好先旁聽，幾周後因作文出類拔萃，在國文系主任陳中凡的幫助下轉為正科生。1926年，陳中凡又舉薦蘇雪林任蘇州景海女師國文主任，並介紹她兼東吳大學詩詞選課。

　　陳中凡最初學於北大哲學門，不善詩作，可是後來受了學生尤其是蘇雪林的影響，中年時忽然作起詩來，而且詩意和詩句俱佳。還是在武漢時，陳中凡即有信寄蘇雪林，及至到四川後，詩書交往更多。陳中凡《清暉集・商兌集》中收有蘇雪林三封寄陳中凡論詩的信。她得第二封論詩書簡有如一篇愛國主義的宣言。節錄如下：

> 大集中各體，皆林所佩，而尤佩者則為戰時著作。嘗謂中國有四五千年之歷史，不為不長五十年一小亂，百年一大亂，破家亡國之事，不為不多；而能銘泐其痕跡於詩歌中者，獨唐杜甫，清金和、黃遵憲寥寥數人而已。其刻畫亂離，淒人心骨，下千載之淚者，獨工部一人而已。昔人有言：「窮愁之言易好，歡愉之詞難工。」其實亦未必盡然。吾人精神痛苦至極度者，必不能言，言亦不能曲折以達。盧溝橋事變以來，匆匆二載，新舊詩人，皆若擱筆，偶有所詠，亦若落葉衰蟬，聲淒涼而短促。其他若小說、戲曲，亦不如戰前之盛，其明徵矣。蓋炮火之驚，流離之苦，饑寒之迫，舉足以奪其從容構思之時間，而麻痹其性靈，救死不遑，何心於寫作？是不但我國如此，外國亦未嘗不如是也。然則工部詩篇，光昭日月，為後人所尊崇景慕，豈非物以稀而見珍之故哉。函丈自抗戰軍興皆有詩，凡道路之險夷，山川之壯麗，人民之疾苦，無不見之於吟詠，而《吊國殤》、《吊劉郝二將軍》、《毛脈厚》諸作，於我將士之忠勇，民眾之同仇，以慷慨激昂淋漓頓挫之筆出之，讀之令人氣壯神旺，雖不知視杜陵如何，亦足媲美秋蟪吟館及人境盧矣。……淞滬之戰，連綿三月，吾將士以血肉作長城，抵抗世界最銳利之武器，行事之壯烈，誠足驚天地而泣鬼神，雖百世之下，猶足令人聞風興起。……中國抗戰若不幸而失敗，則兩年來光榮之戰跡，不盡化為雲煙者，我不信也。然則吾師記戰諸作，得不謂其有重大意義存耶？抗戰一日不止，吾民族壯烈之犧牲亦一日不停。吾願函丈以詩歌記述之，慰烈士之忠魂，堅國人之信心，鼓後人之志氣，胥將於此是賴。大集中《說詩》勖諸生有曰：

「中興待鼓吹，努力事創造。」利敢以此轉望於師之本身，文章報國，莫大
於是矣。其次為《峨眉紀遊》諸作，海涵地負，元氣淋漓，與此山雄秀之氣
魄稱。而筆墨之變化騰挪，又不拘於一格，尤足為舊詩闢一新途徑。千古才
人，應為頹首。林嘗恨老杜避地錦城，峨眉咫尺在望而不一遊，致秀絕天下
之名山，不得其妙筆渲染，每為山靈呼負負。今讀大作，覺千餘年來之缺
憾，得師而彌補無餘，又未嘗不為峨眉幸也。

受業雪林頓首□月□日，樂山[45]

　　陳中凡曾在金陵女子文理學院任教。抗戰爆發後，該校於1938年1月遷至成
都華西壩。《峨眉紀遊》組詩（十二首）作於1938年10月4日。蘇雪林此信應寫
於1939年。

　　1945年8月10日，武大學生率先獲悉日寇準備投降的消息後，沿街高呼「日
本無條件投降了」。當天夜晚，武大師生又發起火把遊行，蘇雪林同袁昌英高
舉火把，狂呼不已。

　　抗戰勝利後，因為蘇聯給東北問題所帶來的陰影，使蘇雪林同樣感到憤
怒。在武大學生決定愛國遊行的前日，可真忙壞了她。上午出席教授會討論是
否參加學生遊行，下午又參加學生的東北問題座談會。次日學生刊物《珞珈周
報》要出東北問題專號，周報負責人孫耕跑到她家裏請她寫文章，她說怎麼來
得及呢？最後還是答應了學生的請求，當晚十點鐘把文章送去。大約三千字的
文章以金兵兩下的史實說明了當前的情勢，寓意深沉。該文在《珞珈周刊》發
表後，南京《中央日報》以專論進行轉載。

　　1945年9月，武大復校委員會成立。因交通工具的缺乏，武大同人分作兩部
分，其負有行政工作者先回珞珈山，其不負行政工作者人仍留樂山一年，同住
讓廬的袁昌英、韋從序兩家人先回去了。讓廬僅蘇雪林與其家姐等留下，以前
屬於袁昌英家的大客廳現在屬於她了，研究屈賦之餘就在客廳作畫。

[45] 轉引自陳中凡著、柯夫編：《清暉集》，書目文獻出版社，1987年。

1946年夏秋之際，終於輪到蘇雪林這一批人復員。「居四川群山萬壑中八九年之久，實有囚於牢籠之苦，今則得釋，寧不稱快。」[46]

第四節　劉永濟：具屈原精神的詞學大家

2010年1月1日，武漢大學電視臺在晚上黃金時間播出了一部大型系列電視專題片──《愛國學者國學大師劉永濟》。

2003年8月22日至26日，作為武漢大學110周年校慶活動之一的「劉永濟與詞學國際學術研討會」在武大隆重召開。

1956年新中國第一次評定教授級別時，武漢大學起初只將劉永濟定為二級教授。後來北京大學的游國恩憤憤不平：「如果劉永濟先生只評二級，那我們這些晚輩只能評四級。」遂改定劉永濟為一級。當年全國各大學一級教授很少，比目下「院士」珍稀得多。

　　劉永濟，字弘度，別號誦帚。生於湖南一個書香門第，祖父和父親儘管都做過官，卻一直保持讀書人家風，他從小培養了對於文學、學術的愛好。1906年，年近19歲的劉永濟考入長沙私立明德中學。1910年，他先後考入天津高等工業學校、上海復旦公學；次年，考入北京清華留美預備學校，因不滿該校固陋措施，放棄了官費留學的機會。這實際上意味著劉永濟六年的學生生活的結束，沒有拿到任何一所學校的文憑。以後完全靠拜師自學。

　　1928年，劉永濟結束了長沙明德中學十年的教員生涯，由吳宓介紹受聘東北大學國文系教授，移家瀋陽。四年後「九一八」事變爆發，東北淪陷，經李劍農介紹舉家南歸，改任武漢大學教授。劉永濟在武大任教長達三十四年，其學術研究不僅範圍廣，跨度大，而且態度嚴謹，求真務實，成就卓著，堪稱一代宗師，人稱「弘度大師」。其《文心雕龍校釋》被稱為二十世紀「龍學」大廈的四大基石之一（四大基石指黃侃之箚、范文瀾之註、劉永濟之釋、楊明照

---

[46] 蘇雪林：《浮生九四──雪林回憶錄》，臺灣三民書局，1993年。

之校）；《屈賦通箋》則「於並世諸家中獨樹一幟」；《唐樂府史綱要》被譽
為是迄今為止我國研究唐代樂府歷史的唯一專著；他的《詞論》對以往詞話進
行嚴謹的去粗取精，新意迭出。1944年，劉永濟詞集《驚燕集》印行，朱光潛
題詞相贈：「諧婉似清真，明快似東坡，冷峭似白石，洗淨鉛華，深秀在骨，
是猶永嘉之未聞正始之音也。」

　　「七七」事變爆發之後，武漢大學被迫西遷，正值湖南老家事急，劉永
濟遂向學校告假處理老家事務。後返校途中，劉永濟取道廣西，進貴州，入四
川。過宜山時，為浙江大學所留，講學數月；又至辰溪，為湖南大學所留，
再教一學期，換得盤纏後，挈婦將雛於1939年秋回到當時已遷至樂山的武漢
大學。

　　關於劉永濟從湖大回武大，還有一個鮮為人知的細節。據趙家寰《師恩難
忘》說，「弘度師原為湖南明德中學學生和教師，極為校長樂誠老人鬍子靖先
生所尊重。我畢業明德後，考入武大中文系。1939年，武大已遷至四川樂山，
弘度師時任在辰溪的湖南大學。是年春，我讀三年一期，接樂誠老人來信，言
弘度想回武大，但須武大去函表示。學校當即去函湖大，弘度師於暑假中抵樂
山，遂得親炙師訓。」[47]

　　劉永濟一家到達樂山的時間當在8月18日，先是暫住旅館裏，結果第二天
就趕上日寇發動的「八一九」大轟炸，便躲進城外學地頭的賀昌群（字藏雲）
家。葉聖陶1939年8月24日致友人信中有提及：

　　昌群家有劉宏度（永濟）君全家寄居。劉君原係武大教員，本學期回
　　校，方到嘉定，寓於旅館，聞警而來此……劉家與我家俱吃昌群之飯，
　　合昌群家，大小共十九口。夜間余與小墨、三官睡於昌群書房中，打地
　　鋪。劉君與其兒亦睡地鋪，同一室。[48]

　　事後劉永濟作《樂山雜詩》二首以謝昌群：

[47] 趙家寰：《師恩難忘》，臺灣《珞珈》第133期。
[48] 葉聖陶：《我與四川》，四川人民出版社，1984年。

一

於役經時久，艱危到蜀中。諸生驚健在，舊好喜來同。

未覺義文遠，何愁禹跡窮。天行有剝復，吾道會當通。

二

山城驚寇火，闤闠化寒墟。痛矣焚巢燕，傷哉脫釜魚。

盤餐還餉杜，繩榻更迎徐。賀監今狂客，高情世不如。

詩後附註云：「八月十九日寇機襲樂山，全城半成灰燼，予抵此未二日，舉家彷徨無所棲止，道逢賀君藏雲，迎歸其寓。老杜彭衙彷彿似之，賦此為謝。」[49]

大轟炸之後，劉永濟在賀昌群所住的學地頭（也作雪地頭）租房居住。房東是個叫藍春芳的地主，過去給軍閥當過副官，攢了一些錢，砌了幾所房子出租。藍春芳對待劉永濟「相遇殷厚」，甚至「命其幼子柏森以父呼」。劉永濟於是作詩相贈：

逢君旅泊艱難際，奉我安居所坐堂。

千古彭衙風義在，情親昆弟敢相忘。

劉永濟的長女劉茂舒在《故園情深》一文說，「抗日戰爭期間，武漢大學搬到四川樂山。先父劉永濟和錢歌川先生都在武大任教……我們兩家同住在城外雪地頭的一個小山坡上，兩家都是湖南人，又同時客居異鄉，自然特別親呢。」[50]

在抗戰的大後方，不僅勞動人民忍饑挨凍，知識分子的生活也越來越艱難了。錢歌川在《巴山隨筆》中說：「月薪不夠買一斗米，非舉債無以為生；因為無力支付學費，教書匠兒女也不得不輟學。」大學教授們也不得不各尋門路來貼補家用。有的自製糕點，臨街擺攤；有的充當豪紳子弟的家庭教師；有的卻昧著良心幹不光彩的買賣。劉永濟則在城裏一家裱畫鋪裏掛牌代客寫字。在一首《浣溪沙》中，他深刻地傾訴了人民的痛苦：

[49] 劉永濟：《雲巢詩存 默識錄》，臺灣文史哲出版社，1992年。
[50] 劉茂舒：《故園情深》，臺灣《珞珈》第106期。

煮字難充眾口饑，牽夢何補破殘衣，接天兵祲欲無辭。

一自權衡資大盜，坐收贏利有儈兒，一家歡笑萬家啼。

八年的避難生活中，他教詞又填詞，將自己的全部感情都注入作品之中。尤其在病中，幾乎日課小詞。夫人黃惠君開玩笑說，他正好似春蠶吐絲。他作《西江月》一首解嘲：

日日垂簾欹枕，朝朝短詠微哦，多君憐我似蠶蛾，自吐冰絲纏裹。

不解題橋獻賦，不能躍馬橫戈。九秋風露得來多，只共蛩螿吟和。

表白自己既不願求官逐利，又不能馳聘疆場，滿腔悲憤只能用詩詞來抒發。

1942年金秋，劉永濟「偕家人步出西城，至露濟寺苗圃看菊」，作《訴衷情》二首：

一

寥天鴻斷水痕收，霜氣淡林邱。重雲未成晴意，翻作可憐秋。

悶懷抱，散無由，且嬉遊。寒花叢筱，稚子山妻，半日淹留。

二

銷金勻粉弄妍柔，佳色為誰留？天涯一籬清露，猶帶晉風流。

歌嘯地，已荒丘，重回頭。卷簾人瘦，泛蕊杯空，懶賦新愁。

露濟寺為武大第四男生宿舍所在地，住理工學院學生。據劉永濟女婿皮公亮回憶，「岳父酷愛菊，年年春插，夏日上肥，秋天菊花盛開，朵朵豐碩，有紅有紫有黃有白，十分可愛。……岳父又親自種了菊花，園地雖極小，亦頗有情趣。」[51]

1942年1月10日，武大校務會議議決：准予高翰教授辭去文學院院長職務，聘劉永濟教授為文學院院長。在那個社會裏，要想晉升，就得找靠山。一位好心的朋友，也是學校當時的負責人勸他加入國民黨，劉永濟一笑置之，作了一

[51] 皮公亮：《劉永濟與神醫郭勉齋》，臺灣《珞珈》第106期。

首《菩薩蠻》，「老友以攝影券要我入國民黨（入黨例繳半身小像，時人皆貧至無力攝影，故於要入黨者可贈免費券），久置未報，今檢出卻還，媵以小詞，用致莊生澤雉之意。」詞曰：

> 花邊誰喚娉婷出，柔腸別有丁香結。未辦縷金衣，清歌只自奇。
> 還君青玉佩，宛轉千重意。眉樣畫難工，何關心不同。

很婉轉地表達了他自己潔身自好，決不同流合汙的高貴品格。一次，四川樂山偽警備司令部司令韓文源結婚，排場之大轟動了全城，不僅給劉永濟送來了請貼，還派車前來迎接。劉永濟氣憤地說：「這班人也自知無賴，還想要我們去替他裝點斯文！」託病堅決不去。

劉永濟當上文學院院長後，總是利用自己的人脈關係為武大吸納賢才。國難之中，聽說明德中學的同班同學陳寅恪從香港脫困，力邀其赴樂山武大執教。遺憾的是，陳寅恪再四陳情，堅辭不已，終不果行。還有好朋友賀昌群從廣西宜山來樂山復性書院供職，不久和院長馬一浮辦學意見相左，鬧得不歡而散。劉永濟「兩年以來，屢約藏雲來武漢大學講學，輒因故不果」（《定風波》）。

1942年，樂山嘉樂紙廠董事長、作家李劼人偶得幾瓶佳釀美酒，特邀朱光潛、葉石蓀、劉永濟和當地一些名流會飲，並談詩論文。李素豪放喜飲，要一一與來客碰杯對喝，輪到劉永濟時，因患胃病不能飲酒。李劼人不悅：「劉君不飲，當填三詞抵償。」大家隨聲附和。他當即鋪紙寫下《浣溪沙》三闋，「以為笑樂」：

> 一
> 不見泉明漉葛巾，喜君豪飲氣輪囷，相逢寒谷變春溫。
> 好築糟邱聊作長，儻封酒國定稱臣，不須持蓋唱橫汾。
> 二
> 三載江城似夢過，今宵風月足婆娑，且將酒盞壓金戈。
> 高點銀燈看醉舞，漫憑鸞管寫哀歌，只愁無計奈醒何。

三

止酒誰言慘不歡，我看人醉亦陶然，莫將醒醉作方圓。

獨把空杯原有味，得知天籟本無弦，泉明應識長公賢。

李閎罷，翹著大拇指，笑道：「昔人寫文章有倚馬可待的傳說，我未親眼見過。今天劉君即席成章，我算大開眼界了，佩服、佩服！」引起一陣哄堂大笑，共欣永濟填詞之敏捷。

1944年，「民三三級」學生畢業之際，編印了一本同學錄，有劉永濟題詞：「范文正公少有大節，其於富貴貧賤毀譽歡戚不一動其心，而慨然有志於天下，當自誦曰，士當先天下之憂而憂，後天下之樂而樂。」學生林淑卿在回憶中說，「弘度恩師在武大執教時，正值日寇侵華，河山破碎國難當頭，而當時國民政府腐敗無能，是民不聊生的歲月。弘師憂國憂民，從他1944年《甲申立春》七律一首中（摘自《雲巢詩存》），可看出他實為一位偉大的愛國詩人。」詩以言志，其詩曰：

年華似水去無聲，憂患如山未可平。

豈有異材醫國活，只憐癡計畏天傾。

沉沉北半橫空轉，草草東風取次生。

尚與鳥鳥同覓食，鉏耰幸莫負催耕。

（自註：催耕，布穀也，鳴聲如曰快快插禾。）

1944年，又有《留樂山五年作》：

今來何止負嘉州，搖落難為汗漫遊。

山色青如殘宋舊，詩情倍似放翁愁。

微聞晉師爭圖楚，未信秦師果就周。

但使虜平綱紀正，此身那惜百年留。

（自註：放翁詩此身不負負嘉州。）

　　劉永濟的長女劉茂舒說，「父親勤奮治學的精神，耿直不阿的處世態度，潛移默化，無聲地教育著我們。他每天黎明即起，幾十年如一日，清晨第一件事就是臨窗苦練書法。除了到學校工作外，總是伏案看書或寫字。疲倦了就躺在躺椅上，高聲朗讀詩文，這是他獨特的休息方法，以致房間裏，常常是嬰兒的哭聲和著父親的書聲，熱鬧非凡。直到母親前來笑責，他才記起啼哭的孩子，抱起來一面背誦，一面哄逗。……記得妹妹三歲時，對父親大聲讀書很不解，曾說：『這麼大的人還讀書！』父親感慨萬端，寫了一首《鷓鴣天》：『識破從來四大虛，一編遮眼亦蓬蓬，可憐贏得嬌兒笑，者大阿爺尚讀書。秋樹靜，夜燈孤，幾曾仙字換凡軀，惠施畢竟塵間士，辛苦年年載五車。』」[52]

　　「這麼大的人還讀書」，這句話還可在程千帆的回憶中得到印證，「1941年秋，和先生在樂山嘉樂門外的學地頭結鄰，居住在一個小山丘上。錢歌川教授與我住在山頂，先生住在山腰，相距不過一百米，有一條石級相通。小路兩旁，栽滿竹子。晨光熹微，竹露滴在石級上，淙淙作響，而先生的讀書聲則從霧氣露聲中斷續飄來，每天如是。這聲音像警鐘一樣激發著我和祖棻（按，祖棻即程千帆夫人沈祖棻）少年好學的心，使我們一點也不敢懈怠。」[53]程千帆感歎道，1941年劉永濟已是名震海內的大學者了，且年齡也已經五十多歲，他的「用功」方式何等簡單，就是每天堅持晨讀，並且一定要出聲地讀，朗讀。當年的武大學生也常到劉永濟家中請益，有胡守仁詩句為證：「何幸結鄰雪地頭，隨時請益四春秋。剩餘夢境親函丈，情話纏綿不肯休。」

　　程千帆《桑榆憶往》說，「詞學家劉永濟對學生也是既嚴格又熱情的，為了讓學生能弄清楚兩句話的來歷，他要圖書館從外地借來珍稀的叢書給學生看。學生的讀書筆記，先生都要詳加批閱，甚至連錯別字都要一一改正。特別令人感動的是，劉永濟即便臥病，到了該上課的時候，仍然躺在藤椅上授課，依然堅持批閱學生的作業，真可謂嘔心瀝血，死而後已。」[54]陳達雲《記劉永濟師二三事》云：

　　　　1944年金秋季節，我到樂山武漢大學中文系入學時，聽說這個系的

[52] 劉茂舒：《喚回心底十年人》，《劉永濟詞集》，湖南人民出版社，1984年。
[53] 程千帆：《閑堂文藪》，《程千帆全集》第七卷，河北教育出版社，2001年。
[54] 程千帆：《桑榆憶往》，上海古籍出版社，2000年。

臺柱教授，首推「二劉」。在報到、註冊和選課中，見到這兩位教授年齡均在五十開外，身著藍布長衫，腳履朝圓布鞋，身材修長，頭髮蓬鬆，精神矍鑠，態度安詳，一時分不清誰是劉博平，誰是劉永濟。隔了一段時間，才分清楚前者面部稍微黝黑一點，任系主任；後者身材略高一些，任文學院長。通過大學四年長期聆教、接觸後，進一步知道……永濟師係湖南新寧人，靠廣結師友和自學成材，涉獵古典文學許多領域，主講楚辭、漢魏六朝文、詞學、曲選等課，編有《屈賦通箋》、《文心雕龍校釋》等教材，特別是對詞學造詣極深，所填小令、中長調數百首在學界廣為流傳，膾炙人口。

永濟師為人謙和，辦事認真，平素道貌岸然，不苟言笑。但在講授詞選和元曲時，感情深邃，眉飛色舞，鞭辟入裏，引人入勝。有一次，他在講溫八叉（溫庭筠）的《夢江南》時，稍加分析，操著湖南口音抑揚頓挫地反覆朗誦「過盡千帆——皆不是，斜暉脈脈——水悠悠，腸斷——白蘋洲」！接著望了同學們一眼：「你們在長江或東湖畔多注意一下人們等待情侶的焦急表情，就懂得它的境界了」。大家立刻心領神會，不講自通了。又一次，在剖析韋莊《女冠子》一詞上闋時，說「四月十七，正是去年今日，別君時，忍淚佯低面，含羞半斂眉」，時間記得這樣清楚，情思這樣纏綿，兩人之間的親密關係，不是不言自喻嗎？講到下闋「不知魂已斷，空有夢相隨，除卻天旁月，沒人知！」詢問同學們：「這種癡情是不是真的月亮知道而無人知曉呢？」大家眾口一詞：「不會的！」「那麼，作者為什麼這麼寫呢？」他進一步追問。課堂頓時沸騰起來，大家就議論紛紛，各抒己見了。[55]

劉永濟終身服膺屈原，研究屈賦，創獲甚多，其研究成果為國內外學者所推重，他耗費畢生精力完成《屈賦通箋》，對屈原的《離騷》、《九辨》、《九歌》、《天問》及《九章》中的《惜誦》等五篇，從解題、正字、審音、通訓、評文多方面作了深入研究。據他的學生金紹先回憶，「劉師在武大講屈賦，我幾乎從不缺課，至今仍有深刻印象的，就是劉師每脫離講稿，以一種富

[55] 陳達雲：《記劉永濟師二三事》，《老武大的故事》，江蘇文藝出版社，1998年。

於詩人氣質的激情，一再讚頌屈原人格之偉大崇高，讚頌那種『雖九死其猶未悔』寧為玉碎，不為瓦全，以生命殉於宗邦的聖潔情操。劉師隨之往往惋歎這種『屈原精神』，後繼乏人，後世士大夫好學屈原之孤芳自賞，卻不敢學他那執著地追求理想的犧牲精神，一味全身遠害，標榜『外圓內方，與世無爭』，劉師認為：『外既圓矣，焉知其內方？那不過是同流合汙的託辭而已！』」[56]

楚辭研究是劉永濟學術研究的重要內容，他可以說是中國楚辭學泰斗。他的楚辭研究有一個特殊的背景，上世紀30年代，國家內憂外患，特別是日本帝國主義侵略中國，對中國知識分子的刺激非常深刻，劉永濟的楚辭研究有這樣的時代背景，包括《屈賦通箋》、《屈賦音註詳解》、《箋屈餘義》等，他本來是準備寫一個《屈賦學》第五種，在這方面傾注了自己畢生精力。他研究楚辭和一般人有所不同，是把屈原當做憂國憂民、希望拯救自己的國家於危難這樣一個辭賦家來研究的，在《屈賦通箋》、《屈賦音註詳解》之中，劉永濟總是強調偉大的人格，總是強調為了國家「雖九死其猶未悔」的精神。所以學者周建忠中說，「將楚辭教學、研究與政治鬥爭結合起來，正是抗戰期間『楚辭』研究的重要特徵……武漢大學遷居四川樂山後，劉永濟拒不加入國民黨，拒不赴樂山警備司令婚宴，正是『屈原精神』的繼承與體現。」[57]學生林淑卿說，「先生身材修長，長袍布履，步伐穩健，他那錚錚傲骨和耿直不阿的秉性，講授《離騷》時猶如屈原再生。」

1945年8月10日，武大學生率先獲悉日寇準備投降的消息後，以鞭炮燃放為先導，沿街高呼「日本無條件投降了」。這天，劉永濟在興奮之餘，一口氣填詞四首以賀：

玉樓春・新曆八月十日感事有作
一

瑤臺昨夜傳銀電，芳事依稀知近遠。擘開紫萼苦深含，抽盡紅蕉心未展。
嬉春繡轂輕雷轉，盡載笙歌歸別院。餘音閑嬝落花風，迤逗新愁人不見。

[56] 金紹先：《劉永濟：正氣凜然九死未悔》，《武大校友通訊》1991年2輯。
[57] 周建忠：《屈原「愛國主義」研究的歷史審視》，《中國文學研究》2002年第4期。

二

銀屏一曲天涯似，誰遣青鸞通錦字。零紅斷粉總愁根，忍作東風行樂地。
十年冉冉無窮事，似影如塵渾不記。勸君一盞碧蒲萄，中有紅綃千滴淚。

三

西園雨過風猶勁，細算無多春色剩。花心睡蝶漫魂酣，葉背流鶯休舌佞。
雙情繾綣憑誰證，錦段貂襦珍重贈。須知鴛枕有滄桑，好夢濃時偏易醒。

四

青山缺處平蕪遠，不見江南芳草岸。待憑春水送歸舟，還恐歸期同電幻。
愁情久似春雲亂，誰信言愁情已倦。風池水皺底干卿，枉費龍琶金鳳管。

1946年1月，劉永濟由嘉樂門外學地頭遷居城內鳳灣第五號武大招待所。並
填詞《浣溪沙‧遷居城內鳳灣武大招待所》，曰：

啼鴂春城客自傷，荒葵闊巷怯歸裝。何時去住兩能忘。
新綠蔭中禽鳥樂，亂紅香裏蝶蜂狂。韶光端的與人妨。

7月，劉永濟全家分兩批離開樂山。他乘汽車由樂山至成都，再由成都乘飛
機至武漢。家屬則包乘一輛小汽車由樂山至重慶。到重慶後，由於船票緊張，
夫人黃惠君和子女茂蕤、茂舒、茂新等分乘兩輪由重慶至長沙。

第五節　徐天閔：喜好唱詩的大嗓門教授

　　徐天閔是武大中文系「五老八中」的「五老」（指劉
賾、劉永濟、黃焯、徐天閔、席啟駟）之一。他生於1888
年，在「五老」中僅小最年長的劉永濟一歲；卒於1957
年，是「五老」中去世最早者，也是壽命最短者。
　　徐天閔原名徐傑，字漢三，安徽懷寧（今屬安慶市）
人。早年就讀於安徽高等學堂，與程演生、趙綸士（趙樸
初叔父）、江韻高、武作棟、夏雷等同學。學成後於胡竹

蓣改設之安慶育正小學任教，後奔波設館授學於杭州、天津等地。民國初任教
於安徽省立一師，任教時自編講義，選編《韓非子》、《墨子》、《莊子》及
唐詩等，教學中注重啟發教育，採用比較等方法分析講解，深受學生歡迎。後
在省立安徽大學任教。

　　30年代中期，因同鄉兼同學的國立武漢大學校長王星拱之邀，受聘於武大
中文系，由講師、副教授、教授順級而上。1936年秋，武大文學院爆發了一條
特大的新聞──英國劍橋大學的一位女學生賈克森（Miss Inmas Jackson）慕
名來武大學習，想從劉永濟先生學詞，從徐天閔先生學詩。當年武大中文系以
劉永濟的詞、徐天閔的詩最為時人推崇。著名女詞人沈祖棻在1946年3月24日
致盧兆顯的信箋中即有：「……嘗與千帆論及古今第一流詩人（廣義的）無不
具有至崇高之人格，至偉大之胸襟，至純潔之靈魂……前此徐天閔先生亦嘗
言及：『文學之事，修養為難，技巧甚易。聰慧之士，用功不出五年可以完成
矣』。蕙風亦言當於詞外求詞，所謂修養與學力是也。」曾任武大文學院長的
高翰，1978年4月的一個傍晚在接受學生殷正慈採訪時，這樣評介徐天閔，「徐
先生是一位風流才子型的人物，他為人很是幽默風趣，講授中國舊詩，鏗然有
聲。」[58]

　　徐天閔性格爽朗，在學校課堂上表露無遺。1940年中文系畢業的王達津
在《樂山瑣憶》中說，「在樂山初期教唐詩的是徐天閔先生，他的講義，是選
唐人的好詩，後面附以前人評語。他非常樂觀曠達，上課是不對詩作仔細分析
的。而是引導人們玩味，他總是大聲朗誦，最後一句連讀都不讀出聲了，跟著
就說：『好啊』，這種講法大約是沿自老傳統。」[59]已故臺灣散文作家吳魯芹回
憶徐天閔，更是不惜筆墨：

　　　　這時我最高興上的一門課是選修中文系的古今詩選……教這門課的徐天
　　　閔先生是安徽人，嗓門特別大。他往往是唱著進教室唱著出教室的，他
　　　和古今詩真可以說是渾然一體。他很少講解，一大半時間是唱掉了的。
　　　他有時候幾乎是不能自己，在說話中引用了某處詩就高聲唱起來了。對

[58] 殷正慈：《高公翰先生談文學院》，《學府紀聞：國立武漢大學》，臺灣南京出版有限公司，
　　1981年。
[59] 王達津：《樂山瑣憶》，《老武大的故事》，江蘇文藝出版社，1998年。

歷代詩人如數家珍，就像是他同代的朋友，當然最有交情的是老杜。老杜這，老杜那，說得眉飛色舞唾液橫飛。他大約是最不講究教學法的教授，他的治學方法恐怕也是最不科學的，但這都無礙於他的博雅精深，他唱詩的時候緩急頓挫都帶感情，尤其是嗓門兒大，感情的成分也就表現得巨細無遺。這在珞珈山文學院大樓，只要關緊教室的門，並不致於驚動四鄰，後來搬到四川樂山文廟的破屋中，情形就不大一樣，他一聲「支離東北風塵際」，隔壁會計學戴銘巽教授的資產負債表就震得不平衡了。但是他唱詩唱了一輩子，要改弦易轍，談何容易，而且對學生而言，唱的部分是這門課的靈魂，不能從缺的。至於鄰居的安寧，下一堂再說吧。[60]

　　其實，現代教育家、考古學家程演生很早就評價其詩說：「同學中以詩鳴者，當推同邑徐天閔、太湖趙綸士二君。」「（徐）詩俊逸要眇……實足以抗手當代名家，而尤近范伯子（肯堂）。鄉里老輩專攻詩者，若方倫叔、姚叔節、徐鐵華諸先生，或猶未能過之也。」

　　胡守仁教授晚年回憶樂山時期的徐天閔說，「先生授課，只提示詩篇大意，至警策處，即付之吟詠，盡抗墜之節，謂從中可以領悟旨趣所在，不煩詳說：『衡說詩，解人頤。』先生亦然。先生興會所至，每喜於講授之際，插入抨擊時政語。聲情激越，不知忌諱，當時文綱頗密，而先生得以無事者，因知其無黨派關係，未曾有惡意故也。予與同班生鄧鐘伯，因受先生薰陶，喜為詩，常偕往先生家請益，多在星期六晚餐後。先生最嚴雅鄭之辨，謂取徑要端，當以大家為圭臬，如杜、韓、蘇、黃等是；若袁簡齋之流，非正法眼藏，則切不可學。及將告辭，輒言為時尚早，留至熄燈鈴響始去。先生為人平易，當謂吾輩不必敘師弟子禮，而以朋友相待，其不拘形跡有如此者。」「先生批改學生作業，尺度甚嚴，其圈點極有分寸，不加點者最下，等而上之，加點、加圈、加聯圈，聯圈不輕加，一篇之中有一得聯圈，則作者喜形於色矣。」[61]胡守仁又有詩讚徐天閔：「責我嚴來期我深，始終一貫見公心。珞珈別後重相聚，四載嘉州下石籤。」

[60] 吳魯芹：《我的「誤人」與「誤己」生活》，吳魯芹：《師友・文章》，上海書店出版社，2009年。
[61] 胡守仁：《記徐天閔先生事數則》，臺灣《珞珈》第117期。

　　鮮為人知的是，徐天閔還是一位圍棋高手。1948年畢業於武大機電系的張肅文回憶說，「另一位值得特別一提的老師是中文系的徐天閔教授。這還得從圍棋說起。我在高中時就迷上了圍棋，幾乎達到廢寢忘食的地步，但到了樂山，沒有了棋友。一個偶然的機會看到了中文系幾位同學在下圍棋，我忍不住在旁邊講了幾句這步棋應如何下才好之類的話。事實上我的棋藝並不高，但那幾位同學卻覺得我的棋藝還可以。經他們熱心撮合，1946年7月21日在嘉樂公園茶館我與徐教授下了一盤終身難忘的棋（我還保存著棋譜，並發表於《圍棋報》1996年1月7日，標題是《我最難忘的一局棋》）。對局時旁邊擠滿了同學，因此印象很深。後來我還常到徐先生家中下棋，成為忘年交。」[62]

　　1948年冬，徐天閔回安慶老家休假，時早年同事楊亮功任安徽大學校長，徐即臨時客串在安大開講「唐宋詩歌」課程，後逢解放安慶，授課時間長達三個多月之久。1949年初，再度回武大中文系任教。

第六節　高亨：受到毛澤東稱讚和保護

　　1963年10月至11月，中國社會科學院哲學社會科學部第四次委員會（擴大會議）在北京舉行，會議開得隆重而熱烈。當時在山東大學任教的高亨教授也應邀參加了會議，並在會議即將閉幕時，與包括范文瀾、馮友蘭等在內的9位先生一起，受到毛澤東的接見。當中宣部副部長周揚介紹到高亨時，毛澤東一面親切地與他握手，一面風趣地詢問：「你是研究文學的，還是研究哲學的呢？」高亨回答，自己對於古代文學和古代哲學都很有興趣，但水平有限，沒能夠做出多少成績。毛澤東似乎情緒很好，繼續說，他讀過高先生關於《老子》和《周易》的著作；並對高先生的成績給予了肯定的評價，還說了些鼓勵的話。文革時期，在毛澤東的直接干預下，高亨被借調到北京，實際上是被保護起來。

[62] 張肅文：《走向珞珈山之路》，《武大校友通訊》1998年1輯。

毛澤東提到的高亨關於《老子》和《周易》的著作，即《老子正詁》和《周易古經今註》二書。前者是高亨在樂山武漢大學修訂完成的，後者也是高亨在武大樂山時期寫成的。

高亨到國立武漢大學任教授，是抗戰時期的1938年至1940年。

高亨，又名晉生。光緒二十六年（1900年）生在吉林府（今長春市雙陽區）的一個普通農民家庭。1910年春，入私塾讀書，學名高仙翹。由於家境貧寒，學習不易，自知刻苦用功。所讀經書，多能熟讀背誦，心知其義。白日既沒，繼以燈火，夜色將分，猶不釋卷，天方黎明，誦聲又起，嚴寒酷暑，未嘗間斷。八年私塾，他讀完了四書五經，初覺心地豁然，為後來專攻先秦學術打下了堅實基礎。

1918年春至1922年冬，高仙翹就讀食宿公費的吉林省立第一師範學校。1923年秋，考入北京師範大學。1924年秋，又考入北京大學。1925年秋，改名高亨，考入清華大學研究院為研究生，以中國第一流的學者梁啟超、王國維兩先生為導師。在「清華研究院同學錄」上，有「其所著《韓非子集解補正》六卷，梁任公先生稱其『冠絕』」等語。梁還曾對高亨說：「陳蘭甫始把《說文》帶到廣東，希望你把《說文》帶到東北。」吳其昌也說高文「任公師許以『不朽』，且謂白山黑水之間，絕塞荒寒，文獻種子，以高君為第一人矣」。無論「冠絕」或「不朽」或「第一人」，都可看出梁啟超對弟子高亨的喜愛及高度肯定，並贈以對聯：「讀書最要識家法，行事不須同俗人。」從此，高亨立志遵循清代乾嘉學派的高郵二王父子（王念孫、王引之）的家法，並繼承發揚之。

1926年秋，高亨畢業後回到故鄉。初任吉林省立法政專門學校教授兼第一師範學校教員。1929年任瀋陽東北大學教育學院國文專修科教授。「九一八」事變後，隨東北大學來到北平。1933年8月離開北平，應聘河南大學教授，先在開封，後遷信陽雞公山。

1938年8月，高亨由豫入川。到樂山，任武漢大學中文系教授。其《老子正詁》自序云：「大戰既作，應武漢大學之聘，棲止嘉州。」《朱東潤自傳》第十章說：「就在這時，中文系來了兩位教授，一位是葉聖陶，一位是高晉生，都是陳通伯推薦的。」陳通伯，即當時武大文學院長陳源（西瀅）。

　　武大中文系1940年畢業的王達津回憶道，「最後要提的是三八到三九年度來的高亨（晉生）先生，他和方壯猷、吳其昌、羅根澤都是清華研究院王國維、梁啟超的學生。他教授《荀子》和《墨子》，我從他那裏學習到繼承並發展清代樸學的治學方法，我的畢業論文《荀子箋正》就是由他指導的。這是諸子學方面，他還在寫《周易傳》則是經學。」[63]

　　高亨還在吉林法政專門學校任教時，初步寫成了《老子正詁》二卷。這是一本研究老子的重要參考書，吳其昌認為足以與乾嘉大老「抗顏奪席」。到樂山武大後，高亨進一步作了修訂完善，他在自序中說：「大戰既作，應武漢大學之聘，棲止嘉州。國丁艱難之運，人存憂患之心。唯有沉浸陳篇，以遣鬱懷而銷暇日。爰取舊著，重為審纂。校勘則折其中，訓詁則循其本，玄旨則闡其要，芻蕘之愚，管窺之陋，不敢自云有當；然補闕正偽，發幽淪滯，用力勤勤，亦或不無一得也。」

　　序末註明：「民國二十九年六月一日，高亨敘於四川嘉定淩雲山上姚氏揖峨廬。」另據葉聖陶1940年6月17日的日記云：「晉生來，以所撰《老子正詁》一稿交余，余為介紹於開明也。」[64]開明書店於1943年8月正式出版《老子正詁》一書。

　　曾在樂山與高亨同住的山東圖書館長王獻唐在給屈萬里的一封信中說：「高晉生兄，亦來同寓。彼治易甚勤，有獨到處，惜不得與足下共研討也。」[65]高亨執教武大時，還寫成《周易古經今註》一書，包括通說和注釋兩部分，曾分別由貴陽文通書局和開明書店印行。他在《重訂自序》中說：「一九四〇年我在四川樂山武漢大學任教時，寫成了《周易古經今註》……本書有兩個主要特點：（一）有守易傳。歷代學者註《易經》都是以傳解經，我註《周易》，由離傳釋經，與前人大不相同；（二）不談象數。《易經》本是卜筮之書，講卜筮是記不開象數的，但是，講《易經》的卦爻生龍活虎則可以不管象數。」50年代，中華書局曾分別以《周易古經通說》、《周易古經今註》印行。

　　武大歷史系教授吳其昌與高亨是清華研究院的同學，高亨常到吳家喝酒長談。吳的女兒吳令華在《胸有千秋史的高亨》文中有一段他們的逸事：

[63] 王達津：《樂山瑣憶》，《老武大的故事》，江蘇文藝出版社，1998年。
[64] 葉聖陶：《西行日記（上）》，《葉聖陶集》第19卷，江蘇教育出版社，1994年。
[65] 王運唐等主編：《屈萬里書信集‧紀念文集》，齊魯書社，2002年。

第一次見高亨，大約是1939年秋冬在四川樂山。那天下午，我放學回家，聽見客廳後的小餐室裏有客人說話，這在我家是少有的事，便扔下書包進去看個究竟。見父親和一位伯伯正在逼仄的小屋裏喝酒，兩人的面孔都紅紅的，看來已喝了好一會兒了。見我進去，父親對我說：「過來，見過高伯伯。」我靦腆地叫了一聲，剛要退出，父親又說：「告訴媽媽，酒菜不夠了，再拿點來。」於是媽媽又切了些滷雞蛋什麼的，還挾了一碟醃青菜頭，說：「在北平時，你爸爸的同學都愛吃我醃的菜。」我端著小菜送去，爸爸隨口問我下午上什麼課，當知道是音樂課教唱《長城謠》時，高伯伯興奮起來了，一定要我唱給他聽。爸爸說：「高伯伯是東北人，他的家人都在東北，你好好唱。」我不好意思地唱起來，高伯伯聽不夠，要我唱了一遍又一遍，還讓我唱《松花江上》《高粱葉子青又青》等歌。我唱得很用心，緊張得聲音有點發抖，但高伯伯聽得很動情，閉著雙眼，輕叩節拍，眼角微微滲出淚水。那晚，他和我父聊到很晚，過不了江，便住在我家。次晨，天微亮，他起床不辭而別。後來，父親問他：「這麼冷的天，為什麼不吃早點，至少也洗個熱水臉再走？」他笑了：「洗熱水臉？那出門才冷呢！」父親對母親轉述高伯伯的話時，提到「他在清華時就愛在盥洗室光著身子用冷水擦澡，冬天也不停。」[66]

高亨在樂山，先是住在岷江對面的淩雲寺，後來遷往靈寶塔旁的姚莊。葉聖陶日記云，「（1940年1月2日）晉生近由淩雲寺遷往塔旁之姚莊，與王獻唐同居。其處有花木，眺望頗佳。」還說「晉生獻唐所撿石子陳二十餘盆，彩色花紋出人意表，人必不信此江中石子乃有此大觀也。蘇袁二女士爭向主人索取，各得數十枚。」葉聖陶當年8月14日的日記又載：「午後，與東潤過江訪晉生……在任家壩登岸，沿江行，至篦子街，登山至晉生所。」[67]

[66] 吳令華：《胸有千秋史的高亨》，上海《文匯報》2007年1月26日。
[67] 葉聖陶：《西行日記（上）》，《葉聖陶集》第19卷，江蘇教育出版社，1994年。

　　高亨輾轉流徙，飄無定居。遠離的故土，久別的親朋，引起他深深地思念；動盪的時局，艱難的國運，更使他憂心如焚。他於樂山作一首題為《春懷》的七律道：

> 秋雨車馬招入秦，而今愁見海棠春。鐵鳶卵墜斑斑血，夷馬蹄飛處處塵。
> 破碎山河空涕泗，饾飣文字豈經綸。自憐於國終無補，應伴漁樵做隱淪。

　　在這種充滿孤獨漂泊之感和憂國憂民愁思的日子裏，就高亨私生活方面來說，也許稍能使其感到慰安的是，當東北大學遷到三台不久，經友人蔣天樞介紹，他與羅璘結成終身伴侶。從此，羅璘不僅在生活上給高亨無微不至的照顧，還在教學、科研上幫助查抄資料、清寫文稿，成為他得力的助手。

　　高亨教書嚴肅認真，一絲不苟。每課前都寫成詳細的講稿，堂上聲調爽朗，語言穩重，字字句句都能送入學生之耳。講解清晰，深入淺出，雖文辭古奧哲理深邃的先秦經典諸子之文，一經他的講解分析，取譬論證，便可使學生精力集中，久不疲倦。他一貫教書育人，以身作則，言行正直，不同流俗。凡受過他的教育的，都能感到在學問人品雙方所給予的深厚影響。「他一向愛學生。早在上世紀30、40年代東北大學內遷四川時，生活並不富裕的他就多次資助東北籍學生。有時學生成績稍差一些，他也盡量給及格。他向夫人羅璘解釋說『學生們都是不願意當亡國奴，才流亡到此；若考試不及格，就會失去助學金，甚至要被迫退學，生活都會成問題。所以，應當盡量給一點照顧。』」原山東大學中文系主任、高亨學生董治安如是說。

　　王達津《樂山瑣憶》說，「大約在四一年後，朱東潤、馮沅君、高亨、朱光潛等先生先後離校。」[68]但據葉聖陶日記，高亨離開武大時間應在1940年8月份。其1940年8月14日的日記云，「晉生下學期決往三台東北大學任教，不日將動身矣。」[69]至於高亨離開的原因，與武大內部派系鬥爭有關。陳源由於平時把持文學院，得罪了中文、外文、哲學這三系的主任劉博平、方重和高翰。教授、講師們平時的怨氣經過系主任的挑撥，一齊撲向陳源。陳源到樂山不久

---

[68] 王達津：《樂山瑣憶》，《老武大的故事》，江蘇文藝出版社，1998年。
[69] 葉聖陶：《西行日記（上）》，《葉聖陶集》第19卷，江蘇教育出版社，1994年。

就黯然下臺，繼而出國。高亨是陳源推薦來武大的，自然也受排擠。所以，高亨早就萌生去意，原計劃是去雲南的。據葉聖陶當年日記記載：「（1940年4月21日）午後晉生來，彼已應民族文化學院（在大理）之聘，暑中即離去武大矣。」「（6月7日）午後，晉生來，言彼決意去滇，無心留武大正與余同。」[70]

離開樂山武漢大學後，高亨最終復任四川三台縣東北大學教授，兼中文系主任。1943年8月起，轉任成都齊魯大學教授，兼中文系主任。1944年8月，再赴陝西任西北大學教授，兼中文系主任。1945年8月，重返四川三台執教東北大學。一年後，又隨東北大學遷回光復後的瀋陽。自從1931年底離開東北奔赴關內，至此已整整經過了十五個春秋。

第七節　葉聖陶：中學畢業的中文系教授

武大西遷樂山後，文學院長陳源（字通伯）立意要把全校基本國文課程好好整頓一下。了解到葉聖陶（原名葉紹鈞）對國文教學極有研究，知道他此時也到了大後方的重慶，一時尚未找到適當的職業，於是厚禮相聘，請他來武大任教授。葉聖陶1938年10月8日致上海友人信云，「現弟已決定往樂山。小墨（按，小墨即葉聖陶長子至善）已漸癒，但入學則尚不勝，只得停學一年。為弟方便計，為節省開銷計，為小墨修養計（樂山天氣清爽，不像重慶昏沉），決全體同往，三官轉學，只留一個二官在北碚。行期定於廿日左右，距今不滿兩星期矣。向民生公司買船票等事，有劉仰之君招呼，想必不難。仰之又為介紹幾家書業同行，請他們代為覓屋購物，並作種種方面之指導。據許多人云，樂山甚似蘇州，弟到那邊或許有如在故鄉之樂乎。」[71]

[70] 葉聖陶：《西行日記（上）》，《葉聖陶集》第19卷，江蘇教育出版社，1994年。
[71] 葉聖陶：《渝滬通信》第二十七號，葉聖陶：《我與四川》，四川人民出版社，1984年。

「秋陰漠漠思無際，暮雨瀟瀟天不言。」[72]1938年10月29日，葉聖陶拖家帶口抵達樂山。「嘉定房屋共言難找，而我們得之並不難。先由成都商務經理之介，囑託該館嘉定分棧黃君留意。黃君屢找不得，即以分棧後進余屋借予我們，於是我們登岸時住所已定，僅在旅館暫宿二宵，以便灑掃與購置而已。」[73]

商務印書館嘉定分棧所在的較場壩，屬於二江匯合之角，距江近而距山遠。如果遇到空襲警報響，想跑是跑不脫的，只得仍留寓中。儘管「川省被炸縣份已不少，嘉定尚未輪到」，然而「以常識度之，最近當不致受秧也。」葉聖陶還自我安慰，「寓屋舊為油棧，四川木材不值錢，皆用巨大木材，似頗堅固，震坍尚不易。」

二十多年後蘇雪林回憶剛到樂山的葉聖陶，「中等身材，臉色微黑，一口吳儂軟語，人是沉潛篤實一路，是一個十足的忠厚長者。那時太夫人尚在堂，太太賢惠能理家，大兒已進中學，家庭幸福美滿。」[74]

來到江山如畫的古嘉州，葉聖陶發願要侍奉老母去遊一趟淩雲和烏尤。抵達的第六天，他們就開始出遊，「渡江訪淩雲寺，觀大佛，登東坡樓。山深秀，多樹木。大佛雕刻殊平常，而其大實可驚，以弟目測，其耳朵等於二人之身高。」[75]「嘉定名勝，首推烏尤，次為淩雲。……烏尤土名烏有，象形也，黃山谷嫌其不雅，改為烏尤。然烏尤何義，迄今尚未之知……全山蒙密樹，尤多楠木，大者五六圍。從樹際外窺，則江水安瀾，峨眉隱約雲表。山頂有郭璞注《爾雅》處，云實出附會。」[76]歸來，葉聖陶作《遊烏尤山》：

烏尤聳翠接淩雲，石磴虛亭並出塵。差喜名山侍老母，可堪美景非良辰。
江流不寫興亡恨，雲在自憐漂泊身。木末夕陽淡無語，歸樵漸看下前津。

1939年7月份放暑假，葉聖陶進退兩難：想去峨眉一遊又擔心空襲所阻，長長的假期就「伏居小才如舟之一室中」，也難受啊。不少朋友來勸說葉聖陶，這樣下去總不是個事。某日聽到復性書院授課的賀昌群講，他所居雪地頭有其

[72] 葉聖陶：《自重慶之樂山》，四川人民出版社，1984年。
[73] 葉聖陶：《嘉滬通信》第一號，葉聖陶：《我與四川》，四川人民出版社，1984年。
[74] 蘇雪林：《葉紹鈞的作品及其為人》，《文壇話舊》，臺灣文星書店，1967年。
[75] 葉聖陶：《嘉滬通信》第一號，葉聖陶：《我與四川》，四川人民出版社，1984年。
[76] 葉聖陶：《嘉滬通信》第二號，葉聖陶：《我與四川》，四川人民出版社，1984年。

房東的小屋三間可以出租。葉聖陶抽空去看了下──「前臨田野，背倚山腳。屋是瓦蓋，牆壁則用篾片，外塗泥土。加鋪地板，將牆壁塗飾一過，勉強可居。因托昌群兄代問，如能以二百元修理費代一年之租金，即當成交。現尚未得復。如能成交，修理完畢後即遷往。」[77]

葉聖陶還注意到，屋後有一個蠻洞，若聞警報，不須再躲避，只要一聽到飛機聲，就可從容入洞，尚綽有餘裕。不過這個地方離城五里，無論是購物，還是去學校上課都不太方便。並且較場壩的寓所，已佈置一新，又很陰涼，真不捨得搬離。

思慮再三，葉聖陶還是與房東藍春芳談好了條件，「謂將令匠人動工修屋，擬先取一年之租金二百元，即與之。遷居已成定局矣。」[78]

葉聖陶最終選擇搬離較場壩的決策是正確的。因為後面發生的事情讓他搬也得搬，不搬也得搬。

就在他與房東談妥才半個月，即1939年8月19日，日寇轟炸樂山，城區較場壩化為廢墟。剛巧這天葉聖陶應邀在成都中學教師講習所授課，聽到這個消息，「一夜無眠，如在迷夢中」。第二天，雇一汽車，疾馳而歸，見家人都平安無事，感極而涕。原來，家人都破門逃出，但所有衣物器用書籍悉付一炬。無奈之下，「趨至江濱，雇舟至昌群兄家作難民。」葉聖陶一家，還有劉永濟教授一家，連同賀昌群，三個家庭大小共十九口人擠住一起。這樣差不多生活了一個月。

到了9月下旬，新屋已修理完工。共為三間，各分為兩，得小臥室四間，客堂一間，書房一間。「房子朝東，前面有長約丈許之一塊空地，四周以竹籬圍之。籬外為菜圃，圃外一水，曰竹公溪。循溪左行一二十步，即聞流水聲。屋後即小山，上有雜樹，有藤蔓，自書房外窺，石壁上綠色濃淡相間，可稱幽居。」「今見此屋，又覺其可愛，以為得以安居矣。今雖入秋，在此猶彌望皆綠，及於來春，庭前開些花朵，更足樂矣。」[79]

對於靠山面水的三間瓦屋，葉聖陶之子葉至誠也有過美好的回憶：

[77] 葉聖陶：《嘉滬通信》第十五號，葉聖陶：《我與四川》，四川人民出版社，1984年。
[78] 葉聖陶：《西行日記（上）》，《葉聖陶集》第19卷，江蘇教育出版社，1994年。
[79] 葉聖陶：《嘉滬通信》第二十號，葉聖陶：《我與四川》，四川人民出版社，1984年。

　　樂山被炸以後，我們家住到了樂山城外，張公橋雪地頭。瓦屋三間，竹籬半圍，靠山面水。所謂山，至多只有今日一般住宅的四五層樓高，水也不過是條小溪，名字挺秀美，竹公溪，只在漲水的日子稍有點兒洶湧之勢。

　　房屋雖然簡陋，客人倒還常有……一天，父親和朱東潤先生出去。通常的走法，總是，出籬笆門左轉，沿竹公溪邊的小路到岔路口，下一個小土坡，從沙石條架成的張公橋跨過溪水，對岸不遠的竹林間有個十來戶人家的小鎮，有茶館可以歇腳。這一天，他們改變了路線，到岔路口不下土坡，傍著左手邊的山腳，順山路繼續向前，樂山的山岩呈褚紅色，山岩上矮樹雜草野藤，一片青翠，父親有過「翠嗽丹崖為近鄰」的詩句。山路曲曲彎彎，略有起伏；經過一個河谷，也有石板小橋架在溪上，只因遠離人家，橋下潺潺的溪水，彷彿分外清澈。望著這並非常見的景物，朱先生感歎地說：「柳宗元在永州見到的，無非就是這般的景色吧！他觀察細緻又寫得真切，成了千古流傳的好文章！」父親很讚賞朱先生這番話，將其寫在他當天的日記裏。（《旅伴》）

　　文中提到的中文系教授朱東潤，與葉聖陶隔河而居。他在其自傳裏說：「那時我已從半壁街搬出來，住在聖陶的對河，水淺的時候，踏著河床亂石就可以過去的。」「聖陶住在竹公溪右邊，我住在左邊。」[80]

　　葉聖陶在竹公溪畔居住了一年多的時間，寫下不少優美的詩詞。比如1939年12月所作四首《浣溪沙》，「後來朋友們凡看到的都說好，好在把那年初冬住在山麓野屋裏的心緒，像一幅幅尺頁似的都畫了出來。」（葉至善語）不妨抄錄如下：

一

曳杖鏗然獨往還，小橋流水自潺潺，數枝紅葉點秋山。
漸看清霜欺短鬢，稍憐瘦骨怯新寒，中年情味未闌珊。

---

[80]　《朱東潤自傳》第十章，《朱東潤傳記作品全集》第四卷，東方出版中心，1999年。

二

野菊蘆花共瓦瓶，蕭然秋意透疏櫺，粉牆三兩欲僵蠅。

章句年年銷壯思，音書日日望遙青。可堪暝色壓眉棱！

三

盡日無人叩竹扉，家雞鄰犬偶穿籬，羅階小雀亦忘機。

觀釣頗逾垂釣趣，種花何問看花誰？細推物理一凝思。

四

幾日雲陰鬱不開，遠山愁黛鎖江隈。鄉關漫動庾郎哀。

風葉飄零疑急雨，昏鴉翻亂似飛灰。入房出戶只徘徊。

　　葉聖陶正式開始上課是1938年12月1日，「所任為一年級國文兩班，班各三時，二年級作文一班，二時，凡八時耳。」「三班人數，合計不出八十人，作文兩星期一次，則每星期改作文本四十本可矣。」葉聖陶感慨，「大學教師任課如是其少，而取酬高出一般水準，實同劫掠」，因此去財務人員那裏領取工資都覺得有點不好意思，「頗有愧意，自思我何勞而受此也！」[81]

　　和葉聖陶一起教授國文的有三位老師，但「陳通伯君以為弟有什麼卓識，推弟為之領導，選文由弟主持。實則弟亦庸碌得很，所選與陳所不滿之老先生（舊時多黃季剛門人，今因學校搬家，他們未隨來，現在老先生無一個矣）無甚差異。」[82]其實，陳源請葉聖陶到武大的目的就在於，「請他選擇教材，訂定方針，領導全校基本國文教師工作。那時國文系主任是劉博平（賾）先生，葉氏則儼然成了一個沒有名義的國文主任，不過他的權限止於基本國文罷了。」[83]

　　葉聖陶做事非常負責，也非常細心，沒有辜負陳源的託付，「把他多年的國文教學經驗一概貢獻出來。特別在批改學生作文方面所定條例最多，所定符號有正有負，竟有十幾種花式。」與葉聖陶同授國文的蘇雪林1959年在臺灣回憶往事說：

[81] 葉聖陶：《嘉滬通信》第二號，葉聖陶：《我與四川》，四川人民出版社，1984年。

[82] 葉聖陶：《嘉滬通信》第二號，葉聖陶：《我與四川》，四川人民出版社，1984年。

[83] 蘇雪林：《葉紹鈞的作品及其為人》，《文壇話舊》，臺灣文星書店，1967年。

筆者那時在武大擔任基本國文兩班，因素來欽佩葉氏國文教學方法，頗能虛心聽從他的領導。一天，聽葉氏說學生國文程度實在欠佳，一篇文章光論錯別字便有百來個，改起來真叫人喫力。筆者聞而訝然，我教國文，從中學教到大學，也算教了十來年，學生一篇作文竟有如許多的錯字，倒是我所未經見的。因請葉氏指示，始知葉於字體一以「正楷」為主，這種正楷大概根據康熙字典。「訛體」、「別字」當然是算大錯，「俗體」、「破體」、「簡體」及偏旁假借，點畫缺略者，均須一一釐正。如「羈」之不可謂「羇」，「耻」必從「心」不可從「止」，「賴」必從「負」不可從「頁」，……。我自幼從寫字帖的臨摹、抄本小說及影印古書的閱讀，甚至中學時代教師黑板的抄寫，這類字早就分不清了。至於「簡筆字」則大儒如顧亭林先生者尚說可省時間一半，五四以後，學者亦頗提倡，我們教書匠寫黑板，用簡體當然比正楷快，不過我們還不致像當時學生一樣把歷史的「歷」寫成「厂」，中國的「國」字寫成「口」而已。自從向葉請教以後，才知道自己竟當了十餘年的「別字先生」，誤人子弟實在太多，殊自惶愧，自此留心正楷，把過去隨筆亂寫的字體矯正了不少。

批改作文的方法我也想從葉氏學習。不過他那正負的款式太繁雜，鬧得人眼花繚亂，邯鄲之步自揣無法追隨，只有依然我行我素。[84]

葉聖陶從他當教師的第一天起就把「我要做學生的朋友，我要學生做我的朋友」，看作是「準備認真當教師的人的起碼條件」，並且一再強調，說：「這個『朋友』決不是浮泛的稱謂」，而是「開誠相與，情同手足」，「論情誼不亞於家人父子」。葉聖陶在小學任教的時候做小學生的朋友，在中學任教的時候做中學生的朋友，在大學裏還是如此，學生是朋友，他哪裏肯疏遠朋友呢？他在致朋友的信中說，「同學來雜坐，更引喉而歌，間以笑語，此是邇來至樂矣。」[85]又說，「學生來借書者頗多，已不很乾淨矣。弟買了二百元書，居然成為小小借書處，亦有退學學生將借去之書帶走者。」[86]

84 蘇雪林：《葉紹鈞的作品及其為人》，《文壇話舊》，臺灣文星書店，1967年。
85 葉聖陶：《嘉滬通信》第四號，葉聖陶：《我與四川》，四川人民出版社，1984年。
86 葉聖陶：《嘉滬通信》第九號，葉聖陶：《我與四川》，四川人民出版社，1984年。

1939年2月18日為農曆除夕，葉聖陶在家「祀先」，吃了一點「年夜飯」後，就匆匆出去和淪陷區的學生剪燭夜話，燙酒深談。他在《農曆除夕與同學聚飲》中寫道：

歲除蠟燭兩支紅，座盡青年我已翁。醉唱流亡三部曲，忍言淪喪一年中。
秦川岑海風將雨，人事兵機變則通。午夜角聲思戰士，厭聽竊竊說和戎。

抗戰期間在武大中文系做過教員的程千帆，晚年口述自傳裏也提到了葉聖陶，說「葉先生先在武漢大學的時候，我還在技藝學校。後來他到了成都，我也到了金陵大學，就去看他。他待人接物非常謙和，他在武漢大學，教員要填寫履歷，他老老實實填上『中學畢業』。他任教授，但沒有教專業課，教的是大一國文，還有二年級的寫作。」「葉先生儘管在本系教的課在當時看來是最一般的課，但是學生非常歡迎他。因為他的教學方法很新，改作文很認真。所以像劉永濟先生對葉先生還是蠻好的。」[87]

武大學生劉先覺晚年回憶葉聖陶的作息情況說，「葉師每天起床盥洗後，即練習書法，龍飛鳳舞，筆力蒼勁，早晨後，學校沒課，上午一般在家，時而漫步沉思，時而伏案疾書，午後一點，為個人閱讀時間，三點半以後，常到朱光潛老師家閒聊。」[88]另一名1938入學的經濟系學子張其名《樂山六憶》其二就是「憶葉紹鈞師」：

當年武大一年級新生的中文、英文課，不分院系經考試後混合編班。……國文我碰運氣考個第二名，分到甲組，由葉紹鈞師授課。他上得講壇輕輕地有板有眼地打開藍布包袱，拿出鋼筆，鋪展書本，就帶著蘇州口音講解起來。在第一次作文《嘉定印象記》課上，我很快寫了約兩百字的短文，搶先第一人交上作文本。一週後他在堂上發作文本，說按文筆優劣為序，第一個把我叫到講臺，說文章還可以，但錯別字太多，像「夢、尋、卻」等常見字都寫錯了，太馬虎隨便，應該認真寫

[87] 程千帆：《勞生誌略》，《桑榆憶往》，上海古籍出版社，2000年。
[88] 劉先覺：《憶葉聖陶、朱光潛兩師寓居樂山點滴》，據臺灣《珞珈》第112期。

字，一筆不苟。經葉師此番教誨，我養成常翻字典習慣，以後工作、教書、學習方面，讀寫錯別字較少，得益於葉師良多。[89]

1939年畢業於武大電機系的方大川，七十年後回憶樂山往事：

> 還有一位葉聖陶老師，他的慈祥、關愛正如春風化雨，在我心中留下了難忘的回憶。有一次，我和土木系的同學李金熹對做人的「方」與「圓」，有不同的看法。他認為做人應該「外圓內方」，即外表上應該圓滑些、隨和些而內心應該堅持原則。我認為做人應該「外方內圓」，即外表上應該嚴正些而內心應該慈和些、寬容些。兩個愛強的年輕人對此爭論起來，各不相讓。後來他忽然說：「我們去找葉聖陶老先生（葉老當時是武大的教授）好不好？」葉老，我國的文學大師，還不曾見過面，我有點為難，但是在他的鼓動下，終於在一個晚上我倆找到了葉老的家。一進門，見葉老正在洗臉，葉老微笑著接待我們。我們說，我倆在學校裏念的都是工科，但是有一個做人的問題想請教老師。於是，李金熹把問題講了起來。葉老一聽，笑了，說：「工科的同學研究『做人』，應該！」接著又說，「外圓內方」和「內圓外方」都說得好。讓二者並存好不好呢？我們這個世界是美麗的，美就美在多樣化。要知道，這二者都是方法問題，方法在不同的環境下是可以不同的。不過，方法終究只是方法，不是事物的本質。在別了老師回宿舍的路上，我倆都相顧而笑了，一場爭論劃上了句號。這時，我再回味一下葉老的話，心中又得到了一個新的認識：方法只是方法，不是事物的本質，「外圓內方」和「內圓外方」都是方法，問題是這方法應該為「誰」服務，這「誰」應該是一個「愛」字呀！[90]

武大一些學生對政治不滿，提出了一些看法，想出壁報來「宣達思想」、「發表感情」。在葉聖陶的支持下，「圖文並茂，色彩繽紛」的壁報如雨後春

---

[89] 張其名：《樂山六憶》，臺灣《珞珈》第132期。
[90] 方大川：《懷念樂山》，《武大校友通訊》2008年第2輯。

筍，打破了武大的「純良」的「風習」。葉聖陶還為壁報撰稿，在《賦武漢大學迎新壁報》一詩中寫道：「此日尤宜志節先，輒持此語語青年。志惟專一節貞堅，以應萬變始綽然。今與諸君初識面，仍贈此語罔所變。非曰能之誨時彥，乃願交勖永無倦。」葉聖陶支持學生辦壁報的事情傳開以後，舊派教員議論紛紛，說葉聖陶思想左傾云云。

　　還在珞珈山時期，武漢大學內部就存在一些派系鬥爭，不過只是在暗中進行，到樂山後一切都白熱化了。文學院長陳源黯然下臺後，波及到了葉聖陶。因為他是陳源推薦來武大的。朱東潤在自傳裏寫得很清楚：

> 　　葉聖陶可苦了，不是什麼大學畢業，和劉主任的祖師爺章太炎、黃季剛都沒有關係，而且曾經寫過幾本白話小說，這就成為他的罪狀。劉先生不是有句名言嗎？白話不算是文學，因此葉聖陶的作品便成為他的包袱。
>
> 　　劉主任的得意門生朱某某留校當助教，這時正派上用場。聖陶上課的時候，朱隨班聽課。在大學裏，這本是常事，聖陶也沒有注意。事實上，這樣的事，什麼人也不會注意的，可是助教是奉了系主任之命來的，他總得做出一些成績。在中國大學裏，教師們對於自己的語言，一向是注意不夠的，聖陶的蘇州腔，也不免有些期期艾艾，這一切都被助教逐字逐句錄下來，每周向系主任匯報。每周每月，積少成多，劉主任手中的材料已經夠了，他把材料上串下連，終於造成了聖陶不通的罪名。劉先生還好，那位王校長的貴同鄉、中文系教授徐先生更是如獲至寶，到處為聖陶的不通，進行義務宣傳。
>
> 　　一天，中央研究院的徐中舒路過樂山。他是搞文史的，劉賾請他吃飯，同席的人不多，是劉先生、徐先生兩位。他們又把聖陶取笑一番。
>
> 　　徐中舒說：「不說了，葉先生還有幾本著作，究竟是有一番成績的。」
>
> 　　把著作算成成績，兩位劉先生和徐先生都有些不安了，還是劉主任開口：「那也不一定。有些人的著作只是沒有出版，其實還是有的。要是把白話小說也當作成績，問題就完全不同了。徐先生，你看怎麼樣？」
>
> 　　徐中舒本來是局外人，犯不上攪進武大的漩渦，但是也不能不把自己的看法端出來。他說：「話是不錯的，不過我怕三二十年以後，大家

知道有葉聖陶，可是有些人的名字誰也不知道。」[91]

旅美散文家吳魯芹是當年武大外文系學生，他也看到了葉聖陶的尷尬，在回憶中說中文系的老一派的學者對新文藝作家是「另眼相看」的。葉聖陶「也只能教大一國文，大二國文，與蘇雪林女士同樣是局外人。」「尤其令中文系老先生們對葉聖陶起不敬之心的，據說是因為葉君遇到典故還得求助於《辭源》、《辭海》，他們相信這兩本工具書中的典故，是極普通的，不是什麼僻典，國文教授早該熟悉。」[92]

1939年7月13日，頭一個學年行將結束，葉聖陶居然接到武大的續聘書，為期兩年。他在日記上帶了一筆：「余本無為大學教師之想，因緣湊合，乃將繼續為之，誠出所料也。」9月23日，國文系開會討論下個學年開課前的準備工作，安排各人負擔的課程，「並議定課文必須文言，作文亦必須作文言。」葉聖陶事後在日記裏寫道：「在座諸君皆篤舊之輩，於教學無所見地，固應如此。」「余以一人不能違眾意，亦即隨和而已。」寡不敵眾，葉聖陶不隨和又能怎樣呢？

系主任劉博平想方設法對葉聖陶進行排擠，一學期給他排了三個班的大一國文，另外兩個新進的教師卻完全賦閒。葉聖陶氣不過，就問劉主任：「新來的黃先生、徐先生為什麼不排三班國文呢？」劉主任把眼睛睜大，高聲說：「這哪能比呀？人家是專家啊！」葉聖陶只有把怨氣憋在肚子裏。

由於處處受到不公正的待遇，葉聖陶不想幹了，但就是要走也不那麼輕鬆。葉聖陶西行日記裏有一些記載：「（1940年8月22日）接王撫五校長信，允余辭職。信殆是秘書所書，僅一張八行箋又兩行。」「（9月10日）今日為武大發薪期，而余未接通知單，令三官往欣安所，托代為探問。十一時，欣安來言庶務組接校長條，余八月份之薪不復發給。此殊不合於理，學校聘書以九月始，則年度終了自應迄於八月也。余擬作一書嚴詞質問校長，欣安云姑婉言之，但指明年度應至八月為終可耳。即從其言，且看下文如何。」「（9月21

[91] 《朱東潤自傳》第十章，《朱東潤傳記作品全集》第四卷，東方出版中心，1999年。
[92] 吳魯芹：《記珞珈三傑》，楊靜遠編選：《飛回的孔雀──袁昌英》，人民文學出版社，2002年。

日）接王校長覆書，以已請新教員，八月份薪歸新教員，不能再致送為余為言。此強辭奪理也。余心憤憤，即草一書嚴詞質問之。」[93]

　　葉聖陶當初到樂山不足三個月時就在致友人信中說，「不知何年何月乃得去此樂山。」1940年夏天，葉聖陶終於脫離武大，到四川省立教育科學館國文科做研究工作。教育科學館這個名詞在當時還很新鮮，顧名思義就是改進教育的研究機關，館長由教育廳廳長郭有守兼任。在1939年8月份的成都講習會上，葉聖陶見過他幾面，官氣還不太多，很想做出點成績的樣子；樂山遭炸後的第二天趕回來去，汽車還是他親自安排的。這次郭廳長請葉聖陶進研究所，據葉至善講，是托了兩個朋友來勸駕。一位是顧頡剛，還一位「叫人猜不著」——當初把葉聖陶拉進武大的陳源。顧頡剛是寫信勸說的，陳源則是找葉聖陶當面談的，倒也直截了當。他說大學中文系竟摒棄白話文，簡直不像話，他也沒料到武大的守舊勢力會頑固到如此地步。他覺得很抱歉，老想給葉聖陶找個合適的去處。郭有守待人是不會錯的，就是少個幫他出主意的人。葉聖陶說那再好沒有了，換個環境試試吧。

　　葉聖陶接到教育科學館的聘書是1940年5月間的事。但是直到7月中旬，他看完學生考卷，連同三個班學生的分數單交到學校，兩個學年的大學教授生活才算結束。21日，葉聖陶獨自乘坐郭有守安排的汽車到省城上任。

第八節　徐震：武藝高強的古文辭專家

　　「文武雙全」一詞，在武大眾多教授中恐怕只有徐震一人可以享用。

　　他是國學大師章太炎的入室弟子，善詩詞，以古文辭賦見長；他也是武術名家杜心武的徒弟，少林拳、太極拳無不精通，還寫過許多武術著作。

---

[93] 葉聖陶：《西行日記（上）》，《葉聖陶集》第19卷，江蘇教育出版社，1994年。

　　徐震，字哲東，常州人。生於商人家庭。5歲入私塾，14歲進高等小學。19歲進東吳大學，一學期後，因病離校。1926年冬，在上海滬江大學執教期間，由楊杏佛介紹入國民黨。1927年6月，江蘇省民政廳委其任武進縣公安局長，到任後對共產黨員、共青團員、進步分子不加迫害，使地下黨的幹部得到合法保護。1928年8月至南京中央大學中文系任講師。次年春，江蘇省黨部張淵揚在武進審定「黨籍」、「重發黨證」，時其悉心教學，趁此脫離國民黨。五年後因友人邀請，往任武漢警備司令部少將參議。1937年初，去職回常。

　　1938年初，徐震到中央陸軍軍官學校任教，隨校遷到銅梁、成都。1939年8月，改任武漢大學中文系教授，時武大遷在四川樂山。其女兒徐雲上回憶說，「抗戰時期，我們全家輾轉遷徙於長沙、株洲、武漢、宜昌、重慶、成都、樂山等地。在流離的生活中，父親也未廢輟看書、寫稿、練拳。每次遷移，總要攜帶著十來箱的書籍，而家具等物往往棄置之不顧。每到一地，總有很多客人來家中和父親研練武術、談論詩文和縱談時事。」

　　徐震畢生致力於研究古文、駢文、辭賦、詩詞等，著有《復駕說齋文初編》（四卷）、《雅確文編》、《雅確寓蜀文編》（五卷）、《甲辛駢文》、《雅確詩鈔》、《屈宋韻略》、《屈賦論略》等著作。對《韓柳文》和《春秋三傳》的研究，更為精湛，與章太炎研討《春秋三傳》的書信，達數十封，撰著《春秋三傳述事考信編》、《左傳箋記》、《左傳考論》、《柳宗元評傳》、《柳集詮訂》、《韓愈評傳》、《公羊箋記》、《穀梁箋記》等。章太炎曾為其《公羊權論》寫了《題辭》，文中稱其：「得足下參伍此考，發見隱、匿，真如排雲霧而見青天矣。」其賦有「上攀屈宋，下揖江庾，琢不鑿真，采不湮骨」之譽。徐震亦擅長古文，也善於寫駢文、古辭賦，工詩；對經學、史學、諸子都有研究。其撰《項孝女墓誌銘》和《胡義士誄》，曾得南京圖書館館長柳詒征和國學大師章太炎賞識。女兒云其「對春秋三傳和韓柳文研究尤為精深，堪稱陽湖文派之雄傑殿軍」，而且是自學成才的。

　　夫人吳承吉抗戰末期在樂山病故後，徐震以古文寫了一篇聲情並茂的悼念文字：

　　　　故室吳夫人卒之三月，墓志碣始刻成，既埋志於墓側，建碣於墓前，顧望蒼莽，惻然感悼，懷不能已，復為哀辭……民國二十八年，余任教於

武漢大學，至樂山，居城中一年，為避寇機飛襲，徙居於西郊。其地距城十五里，距鎮亦五里。凡購物，不至城中，必至鎮，鎮間一日為市。夫人入市，則挽兩大筐而出，及歸，置物必盈，徒步往返，冬不避勁風，夏不避烈日。方歸，置筐，不及休息，趣治炊。每日晚餐畢，繼以縫紉，常至亥子之交。晨則昧爽起，為早餐，食子女，俾及時就學。凡洗衣析薪，無不為，惟以日短為憾。初尚有長女雲上助之，既而物價騰躍不已，幣值益貶，困脆有加，長女遂出任教於小學，而夫人勞勩彌甚矣。然常自言曰：「觀於耕獲，知農人之勤苦，為有大功於國家，吾儕視此滋愧矣。」吾常閔其勞，輒以此對。隆冬大寒，衣一舊緼袍，已不能溫，吾勸其加制一棉衣，堅不可。曰：「往者在里，步行未嘗逾十里，今則往返城鄉，中復迂道購物，一行即四十里，此固向所未能也，獨不可磨煉為耐寒乎？」居鄉三載，復徙城中。遷居時，以運重物，致咯血，血止，而服勞如故。再發，遂劇。臥病數月，歎曰：「疾不可為矣，奈何以累人耶？獨冀速死耳！」又曰：「吾昔侍後母疾久，母曰『汝所以事我者至矣，身雖病，心滋愉也。』及侍先姑疾，其言復類是，吾以為此分所應爾，何言之悲也！今見汝所以事我者，然後知吾母與姑之心也。」[94]

徐震遺存有《甲辛駢文》一卷，其中一篇《遊峨眉山賦》，他在新中國成立後給友人信中說：「我以前寫的《峨眉山賦》，不過一篇模仿漢賦的假古董，冤枉花了不少功夫。」這篇賦文辭雖過於古奧，但規模宏大，瑰麗奇偉，洋洋數千言，不但把峨眉山的稠峰疊巒、急澗飛瀑和雲海、佛光、佛燈等奇景殊觀描繪，且對峨眉山的地理環境、歷史傳說和動植物品種敘述詳備。南充人王恩洋（1897—1964）認為此賦「力追漢魏，對此山之峰巒瑰麗、陰陽變幻、物產形勝、歷史古跡、莫不言之娓娓，辭盡而意無窮。藻繪峨眉者，無出其右也。古有天台山賦，著於文選，為歷來膜讚山岳之典範。吾讀哲東賦後，再取天台山賦讀之，便覺規模狹小，內容簡單，非必古人文采不及今人，實天台雁蕩之奇，遠不及峨眉之勝也。」[95]

[94] 徐震：《故室吳夫人哀辭》，《徐震佚文集》，山西科學技術出版社，2006年。
[95] 王榮益：《王恩洋先生的普賢行踐與峨眉緣》，《四川佛教》2007年第3期。

　　徐震也常寫詩，古體、近體都寫，尤擅五古。他對詩歌創作認為：「凡中情有發，詠言而長歌，雖吐辭造語，術有精疏，要能質文交引，皆非無為之翰音。」所以他作的詩，不同於誇巧鬥靡的作品，許多篇什富有愛國思想和正義感。如諷刺國民黨政府苟安四川的《至重慶二首》：

> 飛車絡繹盈馳道，大廈連甍起路旁。京邑繁華過似夢，巴渝此日試新裝。
> 戰士沙場堆白骨，佳人豔飾鬥春華。蜀地於今真樂土，猿聲已不到三巴。

　　徐震還是武術和武術史家。從14歲起，練地蹚、少林拳。1919年，從山東來常的馬錦標習彈腿、查拳。1923年，到上海參加全國武術運動會，結交了北京體育研究社的周秀峰，向周學太極拳和形意拳。後又向楊少侯學楊派太極及推手，從杜心武學自然門拳。1931年，又從河北郝月如學郝式太極三年，得益最多。通過刻苦練習，不但深悟太極拳的理法，且對所學的其他拳術理法，也能觸類旁通。據其女兒回憶，1939年，徐震在成都與一位名震南北、號稱「河北四虎」之一的朱國楨試技。朱身材魁梧，兩臂如同兩條大蛇，精武技內外功。以體力論，徐瘦小可被單手抓之即擲。可徐用化勁法對付，粘粘其左右上下，輕如楊花，粘如蠶絲，問氣探意，按之則下，舉之則仰，彈之不走，拍之即返，捽之則借肩穿胯。約糾纏了一刻鐘，朱竟無法得贏。在場的武術界人士無不驚歎說：「國術、國術，莫非有術。」

　　程千帆晚年口述自傳裏有一段鮮為人知的「文人動狠」軼聞：「後來我又認識了徐哲東（震）先生，是太炎先生的弟子，常州人，講公羊學，又講韓柳文。他先在中央大學當講師，到武漢大學的時候已經升教授了。徐先生住在樂山的城外一個叫作王石碑的地方，離樂山嘉樂門外還有十五里路。有一次，日本人聽說蔣介石要去樂山視察，便派飛機把整個城市都炸了，這情報是錯誤的，但城市給炸了。當時人能夠在城外找到房子的，都在城外找了房子。我住在學地頭，離嘉樂門外大概有幾里地，到王石碑還有十五里，很遠。徐先生是練過武功的人，走這點路不大在乎。他在中央大學當講師的時候，有一次中文系開會，請哲東先生舞劍，他答應了，舞劍的時候長袍子全身都作響。朱東潤先生當時在武漢大學，劉博平先生當系主任，朱先生教文學批評史，博平先生的學術思想比較守舊，認為文學批評可以不必修。徐哲東先生應聘到武大，人還沒有來，要開學了，博平先生是系主任，就

替徐先生開列了一些課，其中有一門課是傳記文學研究，這是當時教育部選課的課程。徐先生到了以後，看到這個課表說，我以前沒有教過這個課，是不是暫時開別的課代替。他同劉先生商量後，就決定開個韓柳文研究，因為他原先在中央大學教這個課，中央大學的《文藝叢刊》裏面還有他的《韓集詮訂》這樣的專門著作發表。朱東潤先生就開玩笑，寫了一篇雜文，投到當時重慶的一個刊物叫作《星期評論》上發表。朱先生的雜文說，大學裏面也很特殊，傳記文學怎麼開出韓柳文研究來了？是不是把講《郭橐駝傳》和《永州八記》變成了傳記研究？徐先生看到後很生氣，說：他的嘴巴很巧，我可不會講，但是我會打。我要打他，我打的人不是我治還治不好。東潤先生就很狼狽。那時教室旁邊有個教員休息室，兩課之間可以在裏面休息。只要哲東先生在裏面，東潤先生就不敢進去。後來哲東先生有個比較熟的朋友，是法律系的教授，好像是叫劉經旺。他是湖南人，是個好先生，就勸徐先生。徐先生也就答應不打了。」[96]

　　1946年之後，徐震先後在中央大學、安徽大學、震旦大學、西北民族學院等校任教。

第九節　程千帆：從中央技專到國立武大

　　抗戰時期，樂山有兩所國立高等院校，一是人所熟知的武漢大學，一是鮮為人知的中央技藝專科學校。程千帆在樂山時間雖然不長，只有兩年半，但他卻在兩所國立高校都曾任教。有此經歷者，可謂鳳毛麟角。另有武大生物系石聲漢教授是在技專兼課，不是專職。

　　程千帆，本名會昌。1913年生於長沙。1936年於金陵大學畢業後，在金陵中學任教一年。抗戰爆發後，他避難至安徽屯溪任教，在那裏和沈祖棻結婚。1938年春回到長沙，後輾轉武漢、重慶等地。程千帆來到四川，先是在重慶的西康建設廳做科員。當時的廳長葉秀峰，是陳立夫在美國匹茨堡大學的同學。陳立夫在那裏學習回國後，棄學從

[96] 張伯偉整理：《勞生誌略》，程千帆：《桑榆憶往》，上海古籍出版社，2000年。

政。葉秀峰就跟著陳立夫走，到西康當建設廳長。一年多以後，可能是陳立夫、陳果夫與西康省政府主席劉文輝有什麼矛盾，所以葉秀峰就不當廳長了。當時在樂山有一所中央技藝專科學校，陳立夫就想讓葉秀峰去技專當校長，葉秀峰不肯。他後來就說，你原來手下的一班人如果沒有地方去，可以到這所學校去教書。這樣，在1940年的2月，程千帆就到了中央技藝專科學校。

中央技藝專科學校成立於1939年1月，校址先後有江雲寺、嘉屬聯中、牛咡橋蠶種場、女兒山大業公司四處。該校原本是抗戰前夕一批有識之士倡導「實業救國」，國民政府準備在南京籌辦的一所專門技術人才的專科學校。籌備之際抗戰爆發，只好把學校選在樂山成立。設有農產製造、紡織、造紙、皮革和蠶絲專業等學科，採用學分制。該校為綜合性化工學校，既設有高深理論性課程，又設有實習工場。1950年該校改為樂山技專，1952年撤銷並入其它校院。當時在武大任教的葉聖陶的兩個兒子，葉至誠、葉至善都在這裏念書。

程千帆在技專教全校的語文，一共五個班，每班兩個小時，共十個小時。當時，國民黨教育部頒布了一個新的課程表，程千帆不大滿意，就寫了一篇《部頒中文系課程表平議》，投給西南聯大主辦的《國文月刊》。據說西南聯大的人也不滿意這個課程表，但並沒有發表評論。雜誌主編余冠英一看到程千帆的文章，就把它發表了。還給程千帆寫了封信，希望多給他寫點稿子。那個時候幾乎沒有什麼刊物發表短篇文學論文，既然有個地方可以發表，程千帆何樂而不為呢，就隔些時候寄點稿子去，直到《國文月刊》停刊。

卻說抗戰時期武漢大學也到了樂山。中文系教授劉永濟（弘度）原先是湖南明德中學的老師，後來才到武大的。他在長沙的時候，與程千帆先叔祖程頌萬有來往，拿家庭世交關係來說，他是個晚輩。劉永濟到了樂山以後，程千帆去看他。程千帆當然也是很希望有機會到武大去教書，就帶了幾篇文章去，又把夫人沈祖棻的詞抄了一些給他看。劉永濟曉得程千帆的家世，原來是個世交子弟，再看到他們夫婦兩個很用功，也很高興。因為劉永濟在四川很寂寞，他住的地方叫做學地頭。那裏有個姓藍的地主，過去給軍閥當過副官，攢了一些錢，砌了兩所房子。他把多餘的房子租給程千帆夫婦。程千帆說：「1941年秋，和先生在樂山嘉樂門外的學地頭結鄰，居住在一個小山丘上。錢歌川教授與我住在山頂，先生住在山腰，相距不過一百公尺，有一條石級相通。小路兩

旁，栽滿竹子。晨光熹微，竹露滴在石級上，淙淙作響。」[97]五十年後，程千帆回憶說，「我在幾個大學工作期間，也有幾位同事是我極為尊敬而事以師禮的。……武漢大學的劉弘度（永濟）先生對我教誨、提拔、鼓勵是多方面的。我有問題請教他們，無不獲得詳盡的解答；稍微作出了一點成績，都獲得過分的獎飾。他們的指導使我在各方面都能夠不斷地充實自己原有的知識。」[98]

住到學地頭後，沈祖棻作了一首《點絳唇》：

> 近水明窗，煙波長愛江干路。亂笳聲苦，移向山頭住。
> 徑曲林深，惟有雲來去。商量處，屋茅須補，莫做連宵雨。

有人評價此詞境「如幽蘭翠筿，洗淨鉛華，彌淡彌雅。」程千帆箋註曰：「居樂山時，始賃廡徐家塴，旋以避空襲，遷學地頭，舊學宮荒地也，與劉丈弘度及錢歌川先生為鄰。以地名不文，改稱雪地。屋在一小丘之巔，下臨清溪，風物甚佳，故詞中頗及之。」[99]按，清溪，即竹公溪。

劉舒《憶念程千帆先生》云，「抗日戰爭年代，程先生在『江湖乞食我長饑』的顛沛流離生涯中，『撐腸借舊業，發篋著我書』。在敵機肆虐，夜夜空襲的日子裏，授課之餘，仍專心致志研究杜詩，將歷代名家對杜詩的浩如煙海的註釋，作艱苦的『爬梳』，視這種『爬梳』如『春鋤』。」[100]

1941年8月，程千帆聽說武漢大學要進人，添一個教大一國文的，就去見劉永濟。劉問程願不願意到武漢大學教課，他說當然願意。劉又說武漢大學有個怪規矩，夫妻兩個人不能在一所學校教課，只有一個例外，就是楊端六和袁昌英，他們在武漢大學剛開始辦時就來了。後來有越來越多的夫妻留學生要進武大，就立了這麼一項規矩。程千帆認為當時沈祖棻不是一個社會性的女性，她並不是非要教書或工作不可，兩個人只要能夠生活，她就可以不教書。這樣程千帆就到了武漢大學中文系任講師。

[97] 程千帆：《憶劉永濟先生》，《桑榆憶往》，上海古籍出版社，2000年。
[98] 程千帆：《閑堂自述》，《程千帆先生八十壽辰紀念文集》，江蘇古籍出版社，1992年。
[99] 沈祖棻著、程千帆箋註：《沈祖棻詩詞集·涉江詞乙稿》，江蘇古籍出版社，1994年。
[100] 劉舒：《憶念程千帆先生》，《程千帆先生紀念文集》，江蘇古籍出版社，2001年。

　　程千帆原來是要教三個班大一國文，劉永濟就同中文系主任劉博平商量，把中文系本科一年級的國文提出來，單獨成立一個班，講得深一點，每週五個小時。所以那個時候其他人都是三個班，九個小時的課，程千帆是教十一個小時。中文系是五小時，教的內容是《文學發凡》（後來叫做《文論十箋》）。「我最初對是不是要選《文心雕龍》，花了很長的時間來考慮。考慮的結果還是不選，因為很容易破壞它的整體性。這個講義原來有三部分，現在印出的是總論，還有一部分是駢文，一部分是散文。我後來在武漢大學講下來，十篇講一年緊得不得了。那個講義的底子也丟掉了，現在記不住是哪些篇，只記得關於駢文的有李兆洛《駢體文抄序》，散文方面有《經史百家雜抄序》、《古文辭類纂序》，一共有二十來篇，有一個油印本發給學生，不講，讓他們自己看。」「武大當時有個《文哲季刊》，那時的印刷、紙張已經很壞了，因為我還在搞目錄學，研究《文史通義》，就寫了一篇《言公通義》，現在還存著，收在《閑堂文藪》裏。」[101]

　　在武大教了一年以後，也就是1942年8月，還是因為夫妻倆不能在一所學校工作的規矩，讓程千帆選擇離開樂山，和沈祖棻一起到成都的金陵大學任教去了。至於抗戰之後，程千帆夫婦重回珞珈山武漢大學，那是後話。

第十節　陳源：十年文學院長被迫辭職

　　陳源（字通伯）的本名沒有筆名陳西瀅出名。陳西瀅的出名是和他的作品《西瀅閒話》聯繫在一起的，更是和魯迅聯繫在一起的。魯迅贈予他「陳西瀅教授」的稱號。魯迅曾和這位「教授」展開了一場激烈的論戰，無情地批駁他的文學觀點。在魯迅筆戰史上，「陳西瀅教授」是魯迅的第一個論敵，一直被當作「反動幫閒文人」。但研究中國現代文學史的人都認為陳源是一名真正的文學家。蘇雪林評價陳源，說他「當武大文學院長十餘年，把全部時間和精神都用在院務的發展上，其一生寫作

[101] 張伯偉整理：《勞生誌略》，程千帆：《桑榆憶往》，上海古籍出版社，2000年。

之少，固由於他筆墨太矜貴，太盡忠於職守，恐亦為其原因之大者。」[102]一位從事中國文學研究的研究員認為，陳源這輩子文字生涯裏惟一的一本《西瀅閒話》就足以使他躋身中國現代散文十八家之列。

陳源，1896年生於江蘇無錫。1912年去英國讀中學，先後在愛丁堡大學、倫敦大學攻讀政治經濟學，獲博士學位。1922年回國後，任北京大學外文系教授。1924年在胡適支持下，與徐志摩等人創辦《現代評論》雜誌，主編該刊《閒話》專欄，發表許多雜文。1927年與女作家凌叔華結婚。

1928年10月，自日本蜜月旅行回國後的陳源，應聘到武漢大學任教。當時，陳源和夫人凌叔華對武漢這個城市都不看好，認為這是個不宜久居的地方。儘管如此，他們還是在武漢工作生活了十年。

陳源的女兒陳小瀅回憶說，「抗日戰爭一開始，因日寇逼近武漢，父親便隨武大先期遷往四川樂山，母親帶著我隨後乘船赴川與父親匯合。」[103]陳學勇編《凌叔華年譜》載：「（1937年）6月，凌叔華隨武漢大學遷往四川樂山，安家城北嘉樂門外半邊街五十七號。」[104]據考，陳源到達樂山的時間應該是1938年三四月間，凌叔華和女兒到達樂山則是當年八月份。

陳源家庭成員除了妻女，還有母親和妹妹。妹妹沒有結婚，專心於佛事和照料年邁的母親。她嚴格地吃齋，每天花好幾個小時來念經。不過，凌叔華和公婆、小姑都合不來，所以陳源在自己到樂山之前，就將母親和妹妹送到重慶他弟弟那裏暫居。

凌叔華在樂山待了大概一年後，生母李若蘭在北平病故，於是攜帶女兒小瀅北上奔喪。料理完喪事後即留北平，凌叔華執教於燕京大學，女兒在燕大附小讀書。陳西瀅和他妹妹仍在樂山侍奉老母。葉聖陶日記云：「通伯自其夫人歸北平後，獨居二室，有寥廓之感。」[105]

1939年8月19日，日寇轟炸樂山城，武大許多教員如袁昌英、葉聖陶等人的房子毀於一旦，而陳源家偏居西門外得以倖免。

[102] 蘇雪林：《陳源教授逸事》，《蘇雪林自傳》，江蘇文藝出版社，1996年。
[103] 陳小瀅：《我和我的紀念冊》，《散落的珍珠——小瀅的紀念冊》，百花文藝出版社，2008年。
[104] 陳學勇：《高門巨族的蘭花——凌叔華的一生》，人民文學出版社，2010年。
[105] 葉聖陶：《西行日記（上）》，《葉聖陶集》第19卷，江蘇教育出版社，1994年。

經過樂山的一場轟炸，武大秋季開學日期便推遲了。由於校長和各系主任直接聯繫，文學院長的職權完全架空了，陳源沒有工作可幹，自己要開的課程本來是教熟了的，樂得出去走走看看。於是約上好朋友朱東潤出遊，去青城山待了兩天。

1940年4月21日，陳源致信正任駐美大使的胡適，言及：「抗戰時期後方生活稍苦，一般人們的脾氣也較大，許多學校都有摩擦或風潮，武大也不例外。」

陳源信中所言武大摩擦，其實就是武大內部幫派鬥爭。朱東潤在自傳裏說的很清楚，「陳通伯由於平時把持文學院，得罪了中文、外文、教育（按，即哲學教育系）這三系的主任劉（按，指劉博平）、方（按，指方重）、高三位。高翰這位福建人比較更策略些，儘管對通伯很不滿，但是沒有表面化，劉、方兩位就把浩然巾揭開了。在武漢的時候還不顯眼，現在就完全不同，教授、講師們平時的怨氣經過系主任的挑撥，一齊向陳通伯撲來。」

所以，「文學院的垮臺，已經是肯定了。陳通伯最多只能保住一個歷史系，其餘的中文、外文、教育三系，由於系主任和校長王星拱直接聯繫，院長的職權便完全擱起來。」

再後來，「文學院長陳通伯辭職了，王星拱看到劉、方這兩位系主任反對陳通伯的活動太露骨了，決定由教育系主任高先生擔任。」[106]

又據葉聖陶《西行日記》載：「（1939年8月26日）余與通伯長談。承告校中權力之轉移，現院長一職同於虛設。劉君以新舊門戶之見，頗欲排擠異己。相於歎惋。」「（10月6日）至孟實處借火盆，以烘房屋。聞其言，知通伯已辭去文學院院長。」[107]

這樣，陳源自1930年接替聞一多出任文學院長職務以來，一直幹了將近十年。1939年10月他辭去院長一職專任教授，直到1943年出國。

對於武大當年的「摩擦」，程千帆晚年口述自傳裏也有所提及：「武漢大學才辦的時候，文學院是聞一多當院長，後來他走了，就是陳源當院長。但中文系主任是劉博平先生，一來他是湖北人，二來他是黃季剛先生的大弟子，有

[106] 《朱東潤自傳》，《朱東潤傳記作品全集》第四卷，東方出版中心，1999年。
[107] 葉聖陶：《西行日記（上）》，《葉聖陶集》第19卷，江蘇教育出版社，1994年。

學術地位。所以陳源儘管當院長，也不能動他。陳源是胡適他們一派的，中文系像劉永濟先生、譚戒甫先生、徐天閔先生、劉異先生（他是王闓運的弟子，講經學的），都是舊學一派。還有朱東潤先生，和陳源是同學，他們一起到英國去留學。陳源大概有錢，就一直讀完，朱先生比較窮，沒有讀完就回來了。後來還是陳源介紹他到武漢大學教書，他和劉博平先生、劉永濟先生搞不好，並不是兩位劉先生對朱東潤先生有意見，主要是他們對陳源有意見。」[108]

繼陳源之後任文學院長的高翰，1978年4月的一個傍晚接受學生殷正慈採訪時，這樣評介陳源，「他中西文學，學養俱深。學校圖書館中，西洋文學書籍之充實完備，實為通伯先生之功。」[109]

1940年夏，因胡適推薦，北京大學邀聘已經辭去文學院長的陳源去昆明西南聯大任教。陳源卻謝絕了，他在8月29日致信胡適述說原因：

> 我對於武大的前途，已經完全絕望，在此已絲毫不感興趣，所以有機會脫離，決不輕易放過，而我最願意去的地方也莫過於西南聯大……可是結果經了長時期考慮之後，仍不得不謝絕北大之聘。原因很簡單，老母今年已七十五歲，年來依我寄寓樂山，今年起老病連綿，已兩三個月沒有起床，兄弟姊妹都分離各處，這時候交通困難，卜居因空襲及醫藥的關係更是困難。如我它行，既無法同走，又無人可託。所以無論我怎樣厭惡這地方，暫時只有勉強的在此住下去了。[110]

數月後的10月29日，葉聖陶在日記中說：「聞通伯之母夫人病危，脈息幾於無有。」陳源的母親病逝了，「他守孝一百天不理髮，蓬頭垢面，顯得蒼老憔悴。」[111]信佛的妹妹因為母親的去世而自責，始終鬱鬱寡歡。

這年12月，陳源由其表舅、國民黨元老吳稚暉推薦，任國民黨政府第二屆國民參政會參政員。以後又在第三、第四屆中連任。

---

[108] 張伯偉整理：《勞生誌略》，程千帆：《桑榆憶往》，上海古籍出版社，2000年。
[109] 殷正慈：《高公翰先生談文學院》，《學府紀聞：國立武漢大學》，臺灣南京出版有限公司，1981年。
[110] 《胡適來往書信選》，香港中華書局，1983年。
[111] 王陸：《樂山時期的武大外文系》，臺灣《珞珈》第143期。

　　1941年夏天，西南聯大教授羅常培和梅貽琦校長、鄭毅生教授遊歷蜀地，路過樂山。7月10日上午九點，他們到文廟看望了王星拱、朱光潛和陳源三位。後來羅常培在《蜀道難》中寫道：「那位好說『閒話』的西瀅，雖然唇有黑髭，鬢雜白髮，背部也稍微有些拱起，可是一穿起亮紗的藍衫來，還依稀有點兒當年住在北平東吉祥胡同時候的風度。」[112]

　　1942年初，凌叔華和女兒離開北平，旅居上海數日後，取道廣州回到樂山，和陳源重新團聚。此時陳源的妹妹已經完全皈依佛教，整日吃齋念佛，於1943年病逝。

　　後來蘇雪林在一篇文章中說陳源「對家人骨肉的情感是很深摯的」。又說「他雖是個自少留學西洋的人，腦子裏中國倫常禮教的觀念卻保留得相當深厚。他孝於父母，篤於友人，在這個新時代問題複雜的家庭，都是很不容易做到的。」並舉例說，「抗戰發生後，其尊翁在南京因日機轟炸受驚而死，珞珈山陳寓居然設立素幃香燭的靈堂，並不敢煩朋友來吊祭，他們一家早晚焚奠而已。這雖遵其太夫人之命，一個新人物能夠如此，總也難得。後陳母和一個菇素不事，以終身奉母為幟志的女兒，隨子入川。數年後，陳母逝世，他哭得像個小孩似的，人家問他衣衾棺木怎樣張羅，他只說我方寸已亂，你們說怎麼辦就怎麼辦，只須從厚就是。老人家苦了一輩子，萬不可再委屈她了。人家只好各自分頭去忙碌，讓他一個人哭去，因為沒法勸慰。想不到一個平日感情深蘊，又慣以冷言冷語譏諷人的陳源教授，此時竟會顯露他嬰兒般的純真。又過幾年，他的姊姊也因病死了。當陳屍榻上未殮時，緊閉的雙目，忽然大張，陳氏見狀大驚，急進房，俯身死者榻前，用無錫土白喃喃和死者說著話。我們在隔壁客廳裏隱約聽見他向死者說：阿姊不肯閉眼，必是為了老母靈柩停厝異地，放心不下的緣故，抗戰勝利後，我一定要將老母和阿姊的遺骨運回故鄉安葬，現在請阿姊安心歸去吧……安心歸去吧。他對死者這樣溫柔地撫慰，嗚咽地許著願，說也奇怪，他老姊的雙目果然緩緩闔上了，我們吊客也被感動得人人熱淚盈眶了。」[113]

[112] 羅常培：《蜀道難》，河南人民出版社，2008年。
[113] 蘇雪林：《陳源教授逸事》，《蘇雪林自傳》，江蘇文藝出版社，1996年。

陳源一向主張教書，他在《著書與教書》裏說：「胡適之先生的著書和譯書的大計劃，我們已經說過我們是十二分的贊成，可是他同時要脫離教書生活，我們就不敢贊同了。」他又說：「歐洲的大學往往因為有了幾個人格偉大的教授，全校的學風甚至於全國的學風，居然一變。中國從前也有許多書院，造成一種特殊學風，這不能完全歸功於治學方法，大部分還得力於人格的陶冶。」「只有一般專心學問的教授以身作則，由人格的感化，養成好學的學風。」陳源再三強調教書育人的重要性，他用行動實踐了自己的主張。他先後在北大、武大教書二十餘年，雖不能說他的桃李滿天下，而他教的學生還是不少的，如著名的翻譯家葉君健就是武大外文系畢業的。葉曾在《陳西瀅和凌叔華》一文中表達了他對陳源教授的懷念。還有1941年武大外文系畢業的吳鴻藻去臺後改名吳魯芹，任臺大外文系教授，是臺灣著名的散文作家。吳魯芹在1970年獲悉陳源病逝的消息後，「揮淚」作長文《哭吾師陳通伯先生》。他在文章中說他畢生有兩位恩師，其中一位就是「在武漢大學教我四年英國文學的通伯先生。」文章有一部分是寫樂山時期的：

> 　　我正式受業於先生門下，是在1938年春天。那時學校已經搬到四川樂山……通伯先生原先只授高年級的課，這時也兼代一班低年級的「短篇小說」。這一學期我開始領略到徐志摩一再推崇先生的根底，決非天才詩人興之所至，決非朋友間的捧場，實在是由衷之言。那時候宿舍擁擠如輪船中的大統艙，圖書館還沒有佈置就緒，我照例一早就帶幾本書到公園茶亭中，一杯沱茶，消磨半天。逃課已成為習慣，唯有先生的「短篇小說」，從不肯逃課，而且每去總覺得有所得，所謂如坐春風，那時我是真的嘗到了。有時候先生接連幾個「這個……這個」，不用任何其他字眼，就叫人茅塞頓開，原先走不通的路，也豁然開朗了。這段時間大約是我學生時代最快樂的一段，好像入山修道，求名師，名師已在眼前，自己已入了門，以後就是如何練功夫的問題了。
>
> 　　在紀錄上我隨先生學過的武藝除去上述一門「短篇小說」以外，還包括「英國文化」、「翻譯」、「長篇小說」以及「世界名著」的一部分，可是到了第二年的下學期，我忽然病體支離……可是只要能勉強撐持，我總撐著去聽他的課。「英國文化」是他辭去院長職務之後增添的

一門選課，不發講義，不用教本。他希望大家能看看他指定的幾本作為基礎的讀物，其實不讀亦無妨，不讀坐在小教室裏聽他隨便談談，還是大有收穫的。因為我就沒有讀那幾本指定的讀物，而且是偶爾去聽講的，每次都是如入寶山，決不空手而回。這門課大約最能表現先生的淵博，他通常總是空手走進教室，不像某些教授抱一大堆書，書中東一張書簽，西一張書簽，準備到時候旁徵博引，一如變魔術在臺上用的若干道具；也不像另外一兩位青年教授，帶一些卡片索引，表示治學的科學方法。通伯先生講學是清淡式的，那時教室的佈置太簡陋，太軍事化，我總覺得他應該有張舒服的座椅，佐以清茶煙斗，那樣就真是紅花綠葉，相得益彰了。[114]

1939年到武大外文系借讀的王陸，在《樂山時期的武大外文系》文中回憶了當年的七八名教授，其中寫陳源的篇幅最多：

他在1940年新開闢了英國文化課，從國外講起，追根溯源，講述英文化的起源和發展，顯示出他學識的淵博和深邃。此外他還兼授英文小說課，他發給每位同學小說精選目錄，並附有圖書館書刊編號，以便於大家借閱。上課時，他講述其中名著的故事梗概及其文學價值，同時還指定課外讀物，每次一、二十頁，閱讀後要大家提出問題，如無問題，他就要提問。有一次，他問我：「Natural Son」如何解釋，我答不上來。他說：「Natural Son者，私生子也；看來王陸先生和五柳先生一樣，好讀書而不求甚解！」同學們大笑。他說這話是有所指的，他知道我從圖書館借了一套十八卷的長篇小說：Henry Fielding的名著Tom Jones，a Foundling（棄兒），這套書還從沒有人借讀過，他發覺是我借了，表示驚喜。後來我的畢業論文就是以論述這篇巨著為主題。[115]

[114] 吳魯芹：《哭吾師陳通伯先生》，齊邦媛編：《吳魯芹散文選》，臺灣洪範書店，2006年。
[115] 王陸：《樂山時期的武大外文系》，臺灣《珞珈》第143期。

　　蘇雪林評介陳源，「對待朋友也是不負責則已，既負則負到底，任何艱難在所不顧，這也是陳源教授負責精神的表現。」課堂之外，陳源對學生也是如此。吳魯芹回憶1939年他在老霄頂上養病期間，可謂貧病交加，有一天忽然收到陳源托人送來的一瓶英國牛肉汁，並有紙條：「和稀飯食之，味美且富營養價值。」後來為吳魯芹張羅招工作，更是煞費苦心。陳源對他說：「要借重長才的地方不是沒有，恐怕你身體吃不消。」吳認為上半句是開玩笑，下半句是真情。陳源總想幫吳找一份清閒一點的事，這是可遇不可求的。事有湊巧，居然天從人願，有一年夏天，陳源的一位老朋友往遊峨眉，路過樂山，托他物色一個兼辦中英文函牘的人。陳源很高興地告訴吳魯芹：「這個……這個很好，是人家來找我們的，不是我們去求人的，所以多一點Bargaining Power。」陳源說他提出的唯一條件是工作不能太辛苦。吳魯芹去做了幾個月的事，信告陳源：「事情極閒，資方信守先生所提之條件，勞方自無怨言，感激而已。」[116]

　　蘇雪林在《陳源教授逸事》第一節「陳源教授的愛倫尼」寫道，「所謂『愛倫尼』就是Irony，有嘲謔、諷刺諸義，相當於我國的俏皮話。說俏皮話要口才靈便，陳氏以愛說俏皮話而出名，口才其實很壞。就是他說話時很是困難。說他說話困難，並不是說他有口吃的毛病，他倒不和司馬相如、楊子雲患有同樣的症候，但他說話總是期期艾艾，好半天才掙出一句。」「愛倫尼雖有嘲諷意味，但謔而不虐，受之者只覺其風趣雋永，而不感到難堪。陳氏的愛倫尼則有時犀利太過，叫人受不住而致使人懷憾莫釋。」「愛倫尼進一步便是『潑冷水』，這又是陳氏的特長。」至於武大學生眼中的陳源是否如蘇雪林所說的呢？

　　外文系的袁望雷回憶：「他對學生溫文爾雅，笑容可掬，從不板著面孔。他和英國戲劇家蕭伯納是朋友，蕭氏主張用笑來教育人，陳教授受他的影響，也相信用笑來教育，比道貌岸然來訓誨更為收效。」[117]

　　學生王陸回憶，「陳源教授是位饒有風趣的學者。……冬天，他總是身著棉袍、頭戴棉帽上課。他說：『教室裏和外面一樣冷，對不起，我就不脫帽了！』……陳源教授談吐幽默。當時高年級的英國文學課由英國留學歸來的

[116] 吳魯芹：《哭吾師陳通伯先生》，齊邦媛編：《吳魯芹散文選》，臺灣洪範書店，2006年。
[117] 袁望雷：《懷念吾師陳源教授》，《珞嘉歲月》，2003年。

費鑒照教授擔任，陳源先生說費教授的姓氏Inhumane Budda，示意費字上半部為不帶『人』字旁的『佛』，其詼諧而不傷大雅。陳源先生來往信件頗多，他說：『我每次寄信都要走好多路，其實離我住處不遠就有信箱，等我發現，已經走了不少冤枉路了。』」[118]

陳源和凌叔華的女兒陳小瀅，拜武大教授楊端六、袁昌英夫婦為乾爹乾媽。而楊端六和袁昌英的女兒楊靜遠，也拜陳源、凌叔華夫婦為乾爹乾媽。所以，1941年考入武大外文系的楊靜遠，既是陳源的乾女兒，也是陳源的學生。她在《讓廬日記》裏幾處提到陳源：

> 1942年4月9日　下午回校看夢蘭……她又說陳通伯（陳西瀅）先生她不喜歡，說他自作聰明，專好損人。
>
> 1942年11月26日　下午上英國文化課，乾爹（陳西瀅）的笑話真多，每課都要講幾個，我們笑得要命。

1942年2月1日，凌叔華在上海致信胡適，說「通伯為撫五壓迫得也辭了文學院事。現在校中一切開倒車，武漢聲譽遠非前比。因為通伯身體不強，我想他這樣犧牲下去，太不值了，故寫信同你商量。前年陳博生曾請通伯到中央社去，可到歐洲旅行。同我商量，我怕他的家庭離不開他，他的老母老姊均住在家中，所以沒有贊成。同時通伯也捨不得武大，所以就辭了。此時我恨後悔沒勸他去。他應當在此大時期用用他的才力，我同小瀅的生活也可以由我自己支持兩年，讓他走走外國，完成他的抱負，也是一件時不可失的事。」末了，不忘在信中誇獎丈夫：「通伯頭腦清晰，理解迅速，觀察準確，是許多人不及的，你也深知，這樣人讓他藏在角落裏，天天聽張三李四話長道短，未免可惜，況在現在缺乏這種人才的時候，尤為可惜。」[119]

也許是凌叔華的信起了作用。一年後的2月12日，陳源離開樂山赴英國主持中英文化協會工作，暫屬借調性質。楊靜遠有日記記載：「（1943年2月13日）下午媽媽叫我和弟弟去看乾媽，昨天乾爹走了，她一定很寂寞。」[120]

[118] 王陸：《樂山時期的武大外文系》，臺灣《珞珈》第143期。
[119] 陳學勇編：《凌叔華文存》下冊，四川文藝出版社，1998年。
[120] 楊靜遠：《讓廬日記》，武漢大學出版社，2003年。

第十一節　謝文炳：兩度任教外文系的作家

　　他和聞一多、孫大雨、梁實秋等人，是「五四」運動之後清華出現的兩批新文學家中的第一批（第二批為朱湘、羅念生等人）。

　　他一直在各個高校擔任英語教學工作，卻熱心文學創作，其大部分小說和散文是比較早的「留學生文學」。

　　他兩度到武漢大學外文系任教，還是建國後四川大學第一位校長（臨時校務會主任委員）。

　　「小小謝家垸，年年打水戰，舊堤垮了修新堤，挖了良田好不心酸！」1900年，謝文炳出生於湖北漢川縣襄河邊的謝家垸，一個一遇天災水患就只有逃荒吃大戶的地方。他父親本打算讓他讀幾年書最多初中畢業就回家種田，想不到1914年，他初中剛畢業，清華學堂到湖北招生，他以優異的成績被錄取。在清華學堂的八年時間裏，在新文化和新文學的影響下，他立志作一名作家。謝文炳在清華與後來任武大外文系主任的方重同學，方重1986年國慶前夕所寫《求學年代漫筆》說，「在我告別可愛的清華園前夕，諸多同級好友之中，有謝文炳者尤為莫逆。我們時常促膝談心，討論如何選擇最合我們志趣的一所美國學府，計劃如何善用留美求學的五年光陰。青年人往往不顧實際，其理想乃至幻想也時常不約而同；於是商議之後，兩人都希望進那所人人稱羨的斯坦福大學。」

　　1923年初秋，謝文炳和方重等人一同赴美，來到了舊金山「這所心嚮往之的學府」——斯坦福大學，並且兩人「合住二樓一處寬敞舒適的寢室」。方重回憶說，「1923至1924年間，我與謝文炳一同就讀於英語系，所學課程，大致相同，但後來便漸漸各有側重了。」謝文炳學習英國文學，三年獲得學士學位後，他又進芝加哥大學和康奈爾大學研究院繼續研修英國文學，並獲碩士學位。

　　1928年夏，謝文炳留美歸國。由聞一多介紹，被武漢大學外文系聘為講師。從此開始了他漫長的教書生涯。在武漢大學任教時，他把全家由農村遷到

武昌貢院街30號，父母的生活和弟妹的讀書，全由他負擔。次年秋，他被成都大學聘為講師。同時他邊教書邊創作。

1930年秋以後，他相繼在安徽大學、廈門大學、暨南大學任教授。1936年秋，應校長任鴻雋邀請，謝文炳第二次入川任四川大學教授，兼外文系主任。抗戰爆發後，他參加成都「文藝界聯誼會」，與何其芳、卞之琳、羅念生等創辦《工作》半月刊，參加《文藝後防》旬刊編輯工作。1939年1月14日，「文協」成都分會正式成立，謝文炳被選為分會理事，任研究部副主任和會刊《筆陣》編委。

抗戰時期，國民政府遷都重慶後，日寇飛機接連轟炸重慶、成都，給四川人民生命財產造成巨大損失。地處成都市中心的國立四川大學，成為日寇轟炸的重點目標。1939年5月，當時的國立四川大學校長程天放呈準教育部，將校本部和文理法三院遷至峨眉山。程天放一到峨眉就掛出「國民黨區分部」的牌子，實行「黨化教育」，限制師生抗日救亡活動，散布外文系是「八路軍辦事處」、系主任謝文炳是「共產黨員」、「介紹卞之琳到延安」等等，謝文炳與他展開了直接鬥爭。1940年蕭軍遊峨眉，順便來看望謝文炳。謝請他為學生作講演，遭到程天放的反對，便改由「文藝研究會」座談會形式進行。學生袁珂不慎將擦燈著火的紙掉下樓板縫，將同學的被子燒了一個洞，程天放誣為故意縱火要將其開除，謝文炳等人挺身而出主持正義。程天放強迫教師加入國民黨，謝文炳等教師堅決反對，繼而憤然辭職，到樂山武漢大學任教。成為繼朱光潛到武大之後，又一名不滿校長程天放的川大教授。

1944年畢業於武大外文系後留校任助教兩年的章振邦回憶謝文炳，說「謝師來自四川大學，後來又回到四川大學，在武大的時間不太長，但是他與我班的關係卻十分密切，是我們非常敬重的一位良師。在外文系一年級時，謝先生教我們『基本英文』，二年紀時教我們『英國文學史』，他對我們循循善誘，熱情關懷，就像班主任似的關懷著每一位同學的學習。謝先生學識淵博，治學嚴謹，平易近人，生活儉樸，上課時既生動又幽默，我們都愛上他的課。記得有一次學校舉行英語講演比賽，他對我班每個人的選題和講稿都認真指導，表現高度負責精神。謝先生性格開朗，仗義執言。當時樂山有一個名叫《誠言》的副刊。他說『誠言』就是要說真話，說老實話，並在班上號召我們為《誠言》寫稿，要求稿件一定要有材料，有趣味，而不要乾巴巴地『格裏空』。」

章振邦還說,「謝先生子女多,家庭負擔重,生活非常清苦,最困難的時候,他的老父不得不在嘉樂門外擺攤子為人代筆寫信,可是謝先生樂道安貧從不阿諛奉承。他喜歡孩子,也喜歡我們這些年輕人。有一天我和葛德玲、蔣淑瑾到謝先生家交作業,一進門,院中鴉雀無聲,我們連呼『謝先生,謝先生!』忽然間天兵從天而降,四個孩子從樹上跳下,突然出現在我們眼前。後來我們向謝先生談起這件事,他哈哈大笑。」[121]

謝文炳在武大外文系教授基本英文等課程。當年的學生楊靜遠日記裏有些相關記載:

> 1942年3月13日 上英文課時謝文炳先生叫我們下星期以fate(命運)作題,作篇短短的演講。晚自修時把演講稿先用中文寫好,再譯成英文。
>
> 1942年3月16日 上英文課時,謝(文炳)先生得意地笑著進來,好像說:「今天看你們受罪了吧!」我第三個講,在我前面兩個男同學都沒背出來,拿稿子念。我知道我一定背得出,就空手上去。我的聲音非常響,並且竭力使每個字發音清楚。我講完後,謝先生微笑地讚許道:「All right,quite good.」下課後,謝先生告訴我們本學期有演講會,我們大半要參加。
>
> 1942年5月6日 去學校時路上碰見謝先生,和他一同走,他問我演講題想好沒有,我說想了一個Perseverance(恆心),他說這個題目太普通。他想了很久給我想了一個Provincialism(鄉土觀念),我覺得這個題目也還好,雖然太難一點。[122]

教學之餘,謝文炳堅持文學創作。儘管峨眉山和樂山的條件很差,他仍然創作了小說《同是患難中人》、《小漢奸》等。後者寫了個現實生活裏雖然罕見卻很能說明愛憎的故事:一個玩耍的孩子戲稱另一個孩子為漢奸,結果竟被那孩子刺傷。刺人的孩子被押到公安局盤問,他理直氣壯地說:「他喊我是小漢奸,所以我殺他。」謝文炳還在樂山《誠報》副刊用「文丙」

[121] 章振邦:《看珞珈憶師友》,臺灣《珞珈》第116期。
[122] 楊靜遠:《讓廬日記》,武漢大學出版社,2003年。

「周民」等筆名發表雜文《「優待穀」》、《談跳蚤》等近十篇，深刻揭露了大後方的黑暗現實。其雜文似乎有意師法魯迅，反對「閒情自適的趣味主義」，抓住日常事務深入剖析，融知識性、趣味性和戰鬥性於一體。比如針對樂山大街小巷遍地的茶館，謝文炳寫了《談坐茶館》（載1942年3月30日《誠報》副刊）一文：

> 我不反對坐茶館。天下太平，大家有事作，有飯吃，在作事吃飯之餘，坐坐茶館，逍遙自在的，和朋友談談心，也算是人生一件樂事。但目前似乎不是一個坐茶館的時代。德國人是喜歡喝酒的。自從希特勒上臺之後，他們就不「坐」酒館。法國人是喜歡喝咖啡的。一直到第二次世界大戰爆發之後，他們還坐在咖啡店。說是法國的失敗，早就在咖啡店裏伏下了種子，也不為過。……
>
> 我們坐茶館，似乎比法國人坐咖啡還要懶散一點……平均下來，一個人三四個鐘頭，決沒有少。在抗戰建國期間，我們時常聽到政府對於我們人民的警告：要處處節省人力物力，而我們八年來後方的人力，浪費在茶館內的，如果讓德國人來統計一下，要是用在抗戰建國的事業上，那成績之大是會無須乎強調的。
>
> 在他們西方，那高尚的咖啡店，往往是人物薈萃的地方。他們到這裏談談時局，談社會問題，談文學美術哲學等等。因此這些咖啡店對於一時代的風尚製作，還有他們的間接貢獻。而我們的茶館就決沒有這樣高尚的。一般都是藏垢納汙的地方——流氓、小偷、盜匪、煙犯等的聚集所。好點的也不過是供市民一個嘈雜喧嘩，甚至於賽罵打架的機會而已。他們太沒有事作了，於是就在茶館內發泄一下。……[123]

1943年3月，四川大學遷回成都。經川大外文系主任饒孟侃的熱情邀請，謝文炳又重新回到川大任教。此時的川大校長為黃季陸。成都解放前夕，黃季陸赴臺，謝文炳出任解放後的第一任川大校長。

---

[123] 《謝文炳選集》，四川大學出版社，1994年。

第十二節　袁昌英：珞珈三女傑中的大姐大

　　30年代，珞珈山有許多人和事和「三」字有聯繫，其中最負盛名的是「珞珈三女傑」——袁昌英、蘇雪林、凌叔華。其中袁昌英在三女傑中佔有幾個之「最」：第一，年齡最長。1894年出生，比蘇雪林大三歲，比凌叔華大七歲。第二，學歷最高。第三，資歷最深。第四，任教課程最多，達到七門。第五，在武大任教時間最長。

　　袁昌英（字蘭子）生於湖南醴陵農村一個地主家庭。靠父親的供給，1916年留學英國，在愛丁堡大學獲得文學碩士學位，是當時在英國取得碩士學位的第一位中國女性。畢業回國後袁昌英即與在英國認識的楊端六結婚。她在北京和上海教了五年書，生下女兒楊靜遠。為了在法國文學上進一步深造，1926年又入巴黎大學。兩年之後，袁昌英踏上了歸途，來到上海中國公學任教。武漢大學創辦後，袁昌英於1929年秋帶著女兒先行來到武漢，成為該校第一批教授，可以說是武大的一位元老。

　　楊靜遠回憶說，「有時，地名和人，彷彿有著某種難以解釋的神秘關聯。母親一生中事業有成的兩個地點，一是武昌珞珈山，一是四川樂山——又一個諧音的『山』。兩地各待了八年，1929—1937年在珞珈山，1938—1945年在樂山。」[124]

　　1938年4月，武大開始分批次遷入樂山。袁昌英帶著公婆、兒女溯江而上，來到四川。先是在重慶南岸暫住，然後再到樂山。其丈夫、武大遷校委員會主任楊端六已經先行到達。

　　袁昌英一家人和教務長周鯁生一家、經濟系教授劉秉麟一家合住在城中心的鼓樓街十六號的一個四合院。幾位教授每天經府街縣街，穿叮咚街，到位於文廟的文法學院上課，大概只需要十分鐘。日子過得十分平靜安詳。

---

[124] 楊靜遠：《母親袁昌英》，楊靜遠編：《飛回的孔雀》，人民文學出版社，2002年。

1939年8月19日，日機轟炸樂山。三家人顧不上搶救財物，奔走逃命。整座院子成為平地，全部家產蕩然無存。袁昌英一家遭遇了戰爭的第一次殘酷打擊。

緊跟著，由於通貨膨脹，物價不斷上漲，工薪難以維持，存款也化為水了。拿兩份教授薪金手頭闊綽慣了的楊端六袁昌英，不得不為柴米油鹽精打細算。袁昌英過去從未接觸過家務活，開始不免做出一些令人發笑的事，比如：她第一次用秤，竟將秤砣放在秤盤內，將要秤的食物掛在秤杆上，移來移去，老是秤不準。為了能做出美味可口的菜肴，她有一個小筆記本，端正整齊地抄記了十幾種菜肴的烹調方法。以前她從未拿過鍋鏟把，一旦需要，她擱下書和筆，下廚房也興趣盎然，而且盡力把它做好。楊靜遠日記裏有不少相關的記載：

「回家後媽媽大吃一驚，沒想到我回得這麼早。她沖了一碗雞蛋阿膠給我吃。」

「媽媽給我看她做的羊凍，樣子好看極了，美味無比。還有一碗和菜，也好吃極了，是紅蘿蔔、楠菜、芋頭、羊油幾樣合起來的，還有一碗油渣炒豆豉，冬莧菜湯，都非常好吃。」

「媽媽用油渣炒豆腐乾和豆豉，裝了一罐給我帶到學校去吃。」[125]

除了抱怨家務侵占了從事學術的寶貴時間，袁昌英似乎並不以此為苦。她從一個大小姐、大教授、大作家，陡然下降，加入到戰時窮公職人員的行列。

財物盡毀，袁昌英家幾口人一段時間衣食無著，只得分散寄居朋友家，仰仗各家接濟，度過難關。那時不少教授為補貼家用，在外兼職兼課，疏於本職。袁昌英仍舊擔任好幾門重課，絲毫沒有懈怠。她總是不遺餘力地備課，神采奕奕走上講臺，熱情洋溢地講課，一絲不苟地批改作業。為了使學生得到感性的體驗，她輔導他們用英語演出《皆大歡喜》。據說袁昌英講莎士比亞課時，連武大圖書館主任兼外文系教授桂質柏也常去聽，袁昌英對小他五歲的部頒教授桂質柏自發聽課感慨不已。

為逃避空襲，袁昌英一家在離城四十里的敖壩（今屬通江街道辦事處）鄉間租了一處農舍暫住。秋季開學後，為便於上課，楊端六在北郊岷江邊一個叫

---

[125] 楊靜遠：《讓廬日記》，武漢大學出版社，2003年。

「石烏龜」（今屬高墩子社區）的地方買下一處農舍，稍事修整後住下。這裏到文廟步行需要一個多小時。

　　楊端六的侄女楊宜福1940年考取武大經濟系後，假日裏經常去他們所在的石烏龜家玩。「記得我第一次去伯父母家，跨進籬笆圍牆，迎面是塊空坪，木板結構的平房前，種了一些牽牛花和我叫不出名稱，開著紅色、黃色和白色的草花，院中靜悄悄的。推門進房，只見伯父母各自端坐一室看書，就是年方六七歲的弘遠小弟，也坐在伯母身邊，寫寫畫畫，自得其樂。多年未見，我的神情不免有些緊張拘束，兩三次後，昌英伯母熱情豪爽的性格，使我感到她不但是位令人尊敬的學者，而且是一位和藹可親的長輩，有時她和我談得高興，常常會模仿我母親的口吻，用她那半長沙、半醴陵話笑著喚我『念（宜）伢子』。伯父母的住室，家具簡單，只有床、書桌和幾張椅子，倒是書架卻有好幾個，整整齊齊地擺滿了書，即便是星期天或假日，他們也很少出外，總是在各自的房中看書寫作。受他們的感染，我去他們家時，也會找本書坐在一旁靜靜地觀看。午飯後，伯母常會陪我談話或做其他的事情，如果我住在她們家，晚飯後，伯母則喜歡邀我到倒附近的鄉間小路去散步，邊走邊談，從學習，工作，生活，到國家大事，可說無所不談。」[126]

　　楊靜遠在日記裏說，住在石烏龜天下雨怕江水上漲，天晴了又怕空襲。不過「這段時期的生活還是很美好的。」晚飯後，袁昌英常常帶著兒女到岷江邊公路上溜達，沐浴著江風、晚霞，談笑風生。這從楊靜遠的日記可窺一斑：

　　　　（1941年12月18日）下午和媽媽弟弟到河邊（岷江）去玩，美極了。
　　　　（1941年12月21日）飯後和媽媽、弟弟到河邊沙灘上散步。弟弟、媽媽和我被一種和諧、親密的氣氛包圍著。
　　　　（1942年8月23日）昨天晚飯後和媽媽、弟弟到馬路上散步，月光很好，我們三人拼了兩首詩，錄如下：
　　　　　明月圓圓在高空，（弟）碧空如洗片雲松。（媽）
　　　　　樹色朦朧燈影暗，（我）流水淙淙夢囈中。（我）

---

[126] 楊宜福：《回憶伯母袁昌英》，臺灣《珞珈》第110期。

> 三人同行影依稀，（媽）衣衫窸窣語聲低。（我）
> 扇兒飄飄輕似羽，（弟）背載明月議歸期。（我）

楊靜遠後來評說，「已經四十八歲的母親，仍舊那麼天真，憧憬著美好的未來。和母親在一起，總是受她高昂情緒的感染而忘卻憂愁。」

在外人看來，袁昌英與楊端六是天造地設的理想一對。兩人都是留學歸國的知識精英，都享有很高的社會聲譽，收入豐厚，兒女雙全。但是作為女兒的楊靜遠知道，「以最高境界的情愛觀看，他們的婚姻不是完美無缺的。性格的巨大差異，造成心靈難以完全溝通。」[127] 從丈夫那裏得不到的，袁昌英求之於朋友。友誼之於她，不僅僅是情感的需要，而且上升到了哲理性的認識和感悟。

隨著太平洋戰爭的節節開展，日軍首尾難顧，空襲少了。1942年8月31，袁昌英一家又搬回城內，住進城西陝西街盡頭一處名叫「讓廬」的中式樓房。

這裏也是三家人合住。蘇雪林住東側，外加樓上二、三間；袁昌英家住西側，包括堂屋；樓上住著經濟系教授韋從序一家。房前有個大院子，「院子南端一道牆外，還有一個小院，一排平房，是三家的廚房、柴草間。我家的三間居室，緊挨堂屋的一間是父親的臥室兼書房，後面一小間用作盥洗兼馬桶間，堆放箱籠雜物，朝西的一間狹長的房，塞著一大一小兩張床，兩張書桌，一個五屜櫃，是母親、弟弟和我的棲身之所。」[128]

一年後的1943年7月份，袁昌英的好友凌叔華帶著女兒陳小瀅，遷進「讓廬」附近一所自建的小樓。這樣，袁昌英、蘇雪林、凌叔華三位女作家往來更加頻繁，交流著友情與文事，「珞珈三女傑」成了「樂山三女傑」，繼而「讓廬三女傑」。楊靜遠說，「他們的友情並不始於或終於讓廬，只不過在讓廬期間，那友情格外的綿密、釅醇。」

搬進陝西街「讓廬」的三年，是袁昌英創作生涯的一個高峰期。那三年，袁昌英的生活節奏，可以概括為一個「忙」字。「忙！像我這麼一個身兼數種要職的大員，怎麼會不忙呢？我是個主婦……又是個母親……又是個教授，而

---

[127] 楊靜遠：《母親袁昌英》，楊靜遠編：《飛回的孔雀》，人民文學出版社，2002年。
[128] 楊靜遠：《讓廬舊事》，楊靜遠編：《飛回的孔雀》，人民文學出版社，2002年。

且自命是個挺認真的教授……可是，我這個不守本分的人，還有一個毛病……我自命是個作家——就有許多雜誌、書店、機關、社會，邀我作文章。」1943年四五月間，商務印書館總經理王雲五邀請袁昌英編著《法國文學》一書，十萬字左右，約定當年十月底交稿。於是，「從七月五日開始工作，在整個將近三個月的暑假裏，我苦作的像個黑奴。因為屋小人多，我把書籍筆硯，搬到一間幽暗不見天日的儲藏兼便房的屋子裏，實行埋頭苦幹。天氣有時熱到九十七八度，汗流浹背，我也不管。小孩哭叫，我也不管。柴米油鹽，我也不管。應酬交際，我也不管。什麼也不管！其實我又何嘗能夠完全不管！只是管那萬不得已的而已。」[129]

一個夏天寫了十萬字，仍未寫完，開學後要教一門新課，非編講義不可，所以，「美麗的《法國文學》，還缺著三只腳兒沒有繡完！」於是一拖拖到1944年元旦，楊靜遠在當天的日記中寫道：「幫媽抄文章。她的法國文學一書已寫成，現在趕著抄好就要給一個學生帶到重慶去。」[130]

這年八月，《法國文學》出版。袁昌英在序言中寫道：

> 《天下一家》的作者威爾基訪問埃及時，聽帕夏說，埃及自某個國王以來，「沒有人寫書，沒有人繪畫，沒有人發明什麼東西。」……幾千年以來，埃及的文化，完全停頓了！一個民族的精神生活完全停頓了，那還有不做亡國奴的嗎？
>
> 我這半年之中，聚精會神寫了這部法國文學，苦真是苦極了……可是我的大安慰是：我是中華民族的女兒，我要盡我所能寫書，因為中國不是埃及，中國人是永遠不能做奴隸的，所以我要在這中華民族精神的大火炬大光明中，貢獻一支小小的火把！

不管做什麼，袁昌英心裏無時不揣著國家、民族。這意識已溶解流淌在她的血液中。她早在「九一八」事變後，親自參加和引導女生為抗日將領馬占山積極奔走募捐、日夜趕製寒衣。抗戰開始了，袁昌英異常振奮，她主動把自己

---

[129] 袁昌英：《忙》，《袁昌英作品選》，湖南人民出版社，1985年。
[130] 楊靜遠：《讓廬日記》，武漢大學出版社，2003年。

多年積蓄，很大的一筆錢捐給國家支援抗日。1940年1月，她在散文《生死》中熱情歌頌前方戰士英勇殺敵，「我們現在前方作戰的青年在那愛同胞、愛國家、愛民族的狂熱情緒中過日子，雖然也許短暫得只有一年半載，卻比在後方那些花天酒地專為私人利益經營地位的行屍走肉比較起來實在是有生與死、存與亡的天壤之別。」抗戰後期，大後方上上下下一片腐敗，袁昌英憂國憂民，痛心疾首。1944年她對即將畢業的外文系學生語重心長地說：「今後走向社會，要清清白白做人，實實在在地做事，每個人都要牢記武大校訓，為國家為民族保存一點氣節。」

　　在繁重的課務兼家務之餘，袁昌英爭分奪秒抽時間寫作，除了出版專著《法國文學》，寫了五幕抗戰劇《飲馬長城窟》，還把發表的一些散文遊記等，結集為《行年四十》由商務印書館於1945年出版。楊靜遠曾經概括她母親在樂山那幾年，「年近半百的她像開足了發條，真有點拼命三郎的意味。她矮小單薄的身軀裏，像包藏著使不完的勁。」[131]這現象，她在《行年四十》一文裏，從哲學、醫學、生理學、心理學，或者說，從弗洛伊德的「力比多」學說的角度來解釋為什麼四十歲是人生的一大關卡、險區。因為，「在四十歲以前，人與一般生物的懸殊是比較有限的，他的生活大半是被那個創造生命的盲目意識支配著，實在可以說在『替天行道』！」「四十歲以上的人，經過生命力最後打掙扎的戰爭，而得到平衡以後，他的心境就如『一泓秋水』，明靜澄澈……因為心境的平衡，他的判斷力就來得比以前特別清晰。一生有意識的生活才真正開始。……所以四十歲以上的人，事業心特別濃厚；立德立功立言三種大人物都要求在這時候特逞身手，做出他或她性靈中所要求的轟轟烈烈的事業。」「但是有剛過四十歲的人，就自稱衰老，遽爾頹喪，那就未免太過自暴自棄了，因為他的一生事業，這時才真正開始咧！」[132]

　　幾十年後，蘇雪林先生回憶道：「我那時尚不知寫作對於一個文人是如何的重要……曾當面問她：『寫作之事果然值得一個人拼命追求嗎？』蘭子面容嚴肅地回答我說：『雪林，你雖然已寫過兩三本書，卻還不懂得寫作的意義，

---

[131] 楊靜遠：《母親袁昌英》，楊靜遠編：《飛回的孔雀》，人民文學出版社，2002年。
[132] 袁昌英：《行年四十》，《袁昌英散文選集》，百花文藝出版社，2004年。

故此心存輕視。等你一朝受內火焚燒時，你便知道了。』我說：『既如此，你將那股內火撲熄，豈不安寧了？』她又答道：『不行，這股內火是無法撲滅的，它與生俱來，不斷地活動。人類由野蠻登上萬物之靈的寶座，世界由洪荒一片，湧現今日五光十色璀璨炫目的文明，都靠這座內燃機的力量。──人想做的事做成，或預訂的計劃貫徹，這股內火始能熄滅，還能給你甘露沁心般無法形容的清涼。』我當時聽得半明半暗……一直經過十餘年之久……蘭子的話現在才深深領會了。」（臺灣商務版《〈孔雀東南飛〉及其他獨幕劇》）

同樣是教師，有的人只管教「書」，不關心學生。袁昌英既教書又育人。樂山時期她的一位學生章振邦與同班的蔣淑瑾、葛德玲共同回憶，寫了一篇情真意切的長文《懷念袁昌英教授》，選錄部分如下：

> 我們在武漢大學外文系讀書時正值我國抗戰最艱苦的歲月。當時袁老師對我們這些流亡學生無比關懷，她以其誨人不倦的拳拳之忱，既重視知識傳授，又重視品德教育，使受教者終生受益，沒齒難忘。
>
> 作為一位教授，袁老師素以嚴格聞名。我們一踏進武大外文系就聽說系裏有幾位非常嚴格的老師，其中就有袁昌英教授。因此，大家對於她的課程個個認真對待，從不敢掉以輕心。由於老師的嚴格要求，我們在外文系三四年級修習的兩門文學課程──「近代戲劇」和「希臘悲劇」便成了兩門重頭課。袁老師不僅對歐洲戲劇有精湛的研究，而且對如何教好戲劇也有一套行之有效的教學法。當時「近代戲劇」一科用的是《Continental Drama》作課本，但老師決不是照本宣科，而是精選其中幾個作家的代表作作深入細緻的講解和剖析，然後再指定閱讀同一作家的其他作品以培養我們的獨立工作能力並加深對作家的研究……袁老師的每一堂課都是經過充分的準備和嚴密的組織，要很好領會她的講授內容，我們都按照她的要求在課堂前進行預習，把將要講授的劇本自己通讀一遍。這樣才能較好地領會她的講授內容並且做好筆記。因此，當袁老師講課的時候，人人全神貫注，不停地記筆記，我們用英語記筆記的本領也就是這樣鍛煉出來的，通常是上課時抓要點記筆記，下課後憑記憶整理筆記，兩節課所做的筆記，經過整理補充，往往是洋洋數千言，

可以說是一篇有條有理組織嚴密的文章。這樣高質量的課堂教學體現了袁老師學識的淵博、方法的得體和教學態度的嚴肅認真。……

袁老師對於我們課外閱讀的要求也是非常嚴格的。首先，對於每個作家至少要寫一篇讀書報告。誰寫了，誰沒有寫，誰認真寫了，誰敷衍了事，她都記錄在案。關於如何寫讀書報告，她一再叮囑，要認真閱讀原著，直接領會作品，而不要把原著放在一邊或草草過目，光憑幾本參考書就妄發議論。她提倡獨立思考，反對人云亦云；提倡實實在在地讀點書，反對擺花架子，自欺欺人。袁老師對於讀書報告的批閱也是非常認真的。……她還指出，寫讀書報告不可以光是羅列各家之說，重要的是要講出自己的觀點，講錯了也不要緊。……

袁昌英教授平時不僅抓教學，而且抓科研，即注意培養我們的科研能力，比如如何看參考書，如何做卡片，積累資料等等。她曾介紹三種看書的方法：一曰「遊逛式」的閱讀，就是說，看書好像逛街似的，有的街景一看即過，即一般瀏覽，遇到感興趣的地方便駐足觀看，有時還得把「門牌號碼」記下來以便日後再來觀看。她常說，書到用時能夠找到「門牌號碼」便是很不錯的了。二曰「跳躍式」的閱讀，也就是說有些書不必通讀，只要按照自己的需要，選擇若干重點，有針對性地閱讀。三曰「討論式」的閱讀，就是說，看書好像在與書的作者展開討論，不同的觀點可以相互比較，自己的觀點也可以拿出來比較，她認為這樣才能深入進去，由此及彼，由表及裏，提高自己的分析批判和綜合歸納能力。關於看書，袁老師還主張「三到」：一曰「眼到」，二曰「心到」，三曰「手到」。眼到而心不到，則閱讀無所獲，等於白學，即孔夫子所說的「學而不思則罔」；心到而手不到，則心得難鞏固。她認為看書時一定要勤於動手，一有心得便順手寫下來，或作眉批，或作卡片，或寫感想，存放在一定的地方，這樣才能一步一個腳印，越鑽越深，而不至於閱讀了很久，前讀後忘，理不出頭緒，變為一堆糊塗的印象。……[133]

---

[133] 章振邦：《懷念袁昌英教授》，《珞嘉歲月》，2003年。

1937年入武大外文系、抗戰時期受業的臺灣散文家吳魯芹（鴻藻）在《記珞珈三傑》中回憶袁昌英：

> 她是屬於嚴師型的，教書極其認真負責，幾乎不苟言笑，但是在另一方面，她又是一位極富於感情的人，對學生愛護備至。我記得在同系同學王夢蘭的追悼會中，她在致悼詞的時候，老淚縱橫，泣不成聲。……
>
> 「近代戲劇」是外文系二年級的必修課程，不外選一些易卜生、梅特林克、蕭伯納、契可夫、莫里哀等人的劇本來研讀分析。我起初頗嫌她的進度太慢，因為她常用圖解來討論一個劇本的結構，有些是屬於極基本極淺近的知識，她還是詳加解釋，不厭其煩。我何以不逃她的課，若加以無情的分析，完全是虛榮心的驅使。袁教授除去在課堂上講解以外，規定每人課外作業好像是每個月一定要交一篇讀書報告。……她閱卷批改極其謹慎詳盡，報告交進去之後，可能一星期也可能兩三星期才發還，我不願失掉受恭維的殊榮，只有準時上課等待誇獎……[134]

1945年8月10日，日本無條件投降了。當天夜晚，武大師生發起火把遊行，袁昌英帶著兒女，同蘇雪林高舉火把，狂呼不已。

第二天上午，在文廟前的一個民主牆牆報上，有人看見袁昌英仿杜甫《聞官軍收河南河北》寫了一首詩來慶祝抗戰勝利：

戶外忽傳真勝利，初聞涕淚濕衣裳。卻看妻子愁何在，漫卷詩書喜欲狂。

白日放歌須縱酒，青春作伴好還鄉。即從巴峽穿巫峽，便下宜昌向漢陽。[135]

---

[134] 吳魯芹：《記珞珈三傑》，《老武大的故事》，江蘇文藝出版社，1998年。
[135] 劉萬寅：《在樂山讀書時的一點回憶》，《武大校友通訊》2008年第1輯。

第十三節　方重：外文系主任是喬叟專家

他和聞一多是當年清華同學。1928年8月，在國立第四中山大學（後更名為中央大學）任教的聞一多，聽說在家鄉武昌將建立一所大學（即武漢大學），便毫不猶豫地奔回來，擔負起第一任文學院院長之職。在未接聘之前，聞一多就力勸他同去。他因回國未久，但還是同意隨後即至。不料剛過一年，聞一多一怒而又別離武大去了山東。1931年他來到武大，任外文系教授兼系主任。他在武大長達13年，為武大的外語教育事業作出了重大貢獻。他就是方重。

　　方重，字蘆浪。祖籍江蘇武進，1902年的重陽節生於安徽蕪湖一個清貧人家。沒有兄弟姐妹，是那個年代罕有的獨生子女。七歲進外祖父創辦的縣立冠英小學，所學課程除了語文、數學、史地、寫字、畫圖外，還學了英語。方重的英語也就是從那時開始學的。方重的二舅四舅都曾留過學，四舅莊中希曾任過外交官，晚年還獨立編寫了一部中學英語教程。方重從小就在他們身邊長大，無疑對成長有著很大的影響。

　　1915年方重在常州讀完小學，隨父母遷居上海，入民立中學預科專習英語一年（該校英語教師是東吳大學出身的，資望甚高）。次年，參加清華入學考試，成績優良，獲准於入學後直接插入中等科二年級。1923年初秋，方重被選派到美國西海岸的斯坦福大學。由於成績優秀，他直接插班三年級。兩年後，方重進入美國加州大學伯克利分校學習，次年獲得碩士學位。1927年，方重完成了題為《十八世紀的英國文學與中國》的博士學位論文。但因為匆忙回國，沒有獲得博士學位。是年底，方重登上了歸國的海輪。

　　方重回國後，由清華同窗聞一多介紹，到南京中央大學執教英國文學。次年秋，晉升為副教授，時隔半年又升為教授。1931年，方重來到武漢大學任外文系教授，系主任。其間還兼任武大群育、第一外國語、東省事件、免費及公

費學額審查等委員會委員。在武大十幾年間，方重主講「文學批評」、「希臘悲劇」、「英國文學史」、「高級英文及作文」、「英詩」、「英詩選讀」、「近代詩」、「散文」等課程。

　　1938年，由於日軍侵略，武漢大學被迫遷往四川。方重夫婦雙雙來到樂山，其夫人葉子臻則在夾江縣省立樂山中學任教。方重後來在1983年武大誕生七十周年之際回憶說：「1938年以後到1944年大戰將近結束，我在武大又工作了六、七年⋯⋯由於國家政局與經濟的紊亂。加之學校內部意見不和，校方與教職員兩方面都遭到很大的損失，影響到每人的生活實際與工作效率。關於學校內部，主要是教師群眾與行政當局之間的矛盾變得尖銳，而我差一些被推為未能成立的教授會的主席。當局方面自行分裂為兩派，多年來歷任理學院院長和教務長——王星拱起來站到了教師群眾一邊，與另一派對立。群眾擁護他，被任為武大校長。在王星拱校長任職期間，全校情況頗有改觀。他由成都四川大學聘來了朱光潛教授任教務長兼在外文系授課，很受歡迎。我們都知道他是有真才實學的學者，並對青年學生足為人師。他這時來武大主持全校教務當然十分合適。我和他也是一見如故。他至今不知老之將至，仍在著書立說，而為人謙和可親，人人欽佩。樂山是風景名城，對江有著名的烏尤寺，也有諸如大佛寺等名勝古跡。某日，日本侵略軍的三十多架飛機殘忍地轟炸樂山，居民中死難極多，武大師生也未能完全倖免。朱光潛等新舊同事惟有相互賑援，另覓妥善藏身之地。現在回想起來，往事歷歷在目。」[136]

　　方重給章振邦（武大外文系1944屆畢業生）留下的印象最深。1940年秋季，章振邦到外文系辦公室去報到，第一位接待他的就是方重。「他平易近人，問我為什麼要讀外文系，念過哪些英文著作，我說讀過Life of Samuel Johnson和聖經舊約。他點點頭，對我說：『你今後就在A1班上基本英文。』一到外文系，就聽說方先生素以嚴格著稱，他教的『英國文學史』進度快，要求高，很難及格。據說文學史的考題有大有小，大題目可以概括一個歷史時期，小題目可以小到一個作家的生卒年份，如此嚴格要求，學生們豈敢怠慢！可是我班到二年級時，『英國文學史』不是方先生教的，而是謝文炳先生教的，方

---

[136] 方重：《回憶武大》，《武大校友通訊》創刊號。

先生只是在三、四年紀教我們『長詩選讀』和『莎士比亞』，這些課程都要求大量閱讀原著並要求寫讀書報告。兩年來，我們接觸到許多名著，像莎士比亞的悲喜劇，彌爾頓的《失樂園》至今仍在我的記憶之中。」[137]

　　樂山時期，在敵機的頻繁轟炸下，方重依然潛心教學與翻譯。他與朱光潛一起合編過《近代英國散文選》、《英國詩文研究集》。外文系吳魯芹在《我的大學生活》中說，「方先生名氣不大，那是因為他不大寫文章，事實上他是一位飽學之士，又長於教書。他教文學史的方法是正統的方法也是唯一的方法，那就是講到某一朝代或者某一大作家，課外指定大批讀物，非讀不可，不像後來我見到某些學校外文系，文學史一課就是讀一本文學史教科書而已。《英詩》是入門性質，因為以後還有一學年的《浪漫運動時代》和一學年的《從喬叟到本司》。」又說，「他是我見到的中國學者中英語說得典雅而又流利的少數中的少數。」[138]經濟系王陸在《樂山時期的武大外文系》中說，「外文系主任方重先生，溫文爾雅。他用英文講授英國文學史，尤其是講英國民間傳說的劫富濟貧的綠林好漢羅賓漢，頗受學生歡迎。」外文系楊靜遠當年的日記裏有一些相關記載：

　　　　（1941年11月3日）第一堂課是謝文炳先生教基本英文。第二點鐘紀念週，第三點鐘方先生（方重，外文系主任）教本系英文，他發音清楚極了。

　　　　（1942年4月9日）我們說到同學，說到先生們。夢蘭說她很喜歡方重先生，他懶的時候就念過去，高興時講得真好。

　　　　（1942年12月11日）上散文課方（重）先生帶我們到圖書館去看百科全書和西洋文學叢書。我們在書堆裏鑽來鑽去，快活得不得了，又自己悲傷，覺得生命太短，不能把這些書都看完。

　　　　（1943年3月9日）上午陪彭智慧去方重先生家問書。方先生告訴我們，羅念生先生在成都一家英文日報做事，文學史改由他教。[139]

[137] 章振邦：《看珞珈憶師友》，臺灣《珞珈》第116期。
[138] 吳魯芹：《我的大學生活》，臺灣《傳記文學》第26卷第2期。
[139] 楊靜遠：《讓廬日記》，武漢大學出版社，2003年。

方重是喬叟專家，他在抗戰末期就開始翻譯、研究英國中世紀詩人喬叟著作。一位牛津大學的教授由英國文化委員會安排到中國訪問，沒有料到在那樣一座小城裏會遇見一位中國教授對喬叟的研究那麼到家，不免相驚失色。由於在翻譯、研究喬叟作品上所取得的成就，英國出版的《名人傳》，每年都列有方重的傳略；1977年，美國學術學會主席、喬叟專家羅明斯基訪問中國期間，專程拜訪了這位七旬老人，稱他「為中西文化的交流，作出了卓越的貢獻」。

1944年，英國牛津大學某古典文學教授，連同現已成為中國科學史專家的李約瑟教授一行五人受英國文化協會之委託，首次來到我國後方幾所大學裏邀請五人赴英講學，方重也是其中之一。是年夏秋之間，方重不得已向武大告別。

第十四節　朱光潛：拉進國民黨的美學大師

朱光潛（字孟實）到樂山武漢大學任教，絕非本意。甚至，如果遲一個月去，興許就去不了。

1933年，留歐八年的朱光潛回國，到北京大學任教。抗戰爆發後，朱光潛輾轉到達四川，應四川大學代理校長張頤之聘，出任文學院院長。接著，卞之琳、何其芳也先後來了。1938年春天，何其芳倡議大家創辦一個小刊物宣傳抗戰，朱光潛極表贊同。刊物定名為《工作》，由卞之琳擔任主編，何其芳為主要撰稿人。朱光潛也興致勃勃地為刊物寫稿。可是《工作》只出版8期就停刊了，主要原因是刊物的核心人物卞之琳和何其芳等人都去了延安。

朱光潛在成都接觸了何其芳、卞之琳這些左翼作家並建立了深厚的友誼，又讀了幾本介紹延安情況的書之後，產生了北上的念頭。1938年夏秋之交，朱光潛給何其芳、卞之琳寫信表示想去延安。據卞之琳回憶，信是寄給周揚轉的。由於卞、何當時行蹤不定，無法聯繫，周揚見是朱光潛寄自成都的信，就於1938年12月給朱光潛寫了一封回信，邀請他去延安訪問。這封信直到1939年1月15日才由周文帶給朱光潛。朱光潛讀了周揚的信，既興奮，又懊喪。為什麼呢？

原來，一年前陳立夫接任教育部長後，實行了一系列以整齊劃一為目標的措施，被認為推行「黨化教育」，亦開始波及川大。1938年12月13日，國民黨行政會議決定免去張頤的代理校長職務，任命剛剛卸任的原中國駐德全權大使、CC派的「四大金剛」之一的程天放為川大校長。這一消息發布後，在川大教師中引發了動盪。文學院長朱光潛對此十分氣憤，聯合一些教授先致電重慶行轅主任張群，提出抗議。接著致電教育部，要求收回委派程天放取代張頤當川大校長的成命。電文就是朱光潛起草的。

1939年1月初，程天放終於來到了四川大學當校長，朱光潛於是拒絕留校任教。國民黨利用朱光潛留歐的同學好友勸說，又通過現代評論派王星拱和陳源等幾位朱光潛的朋友施加影響。結果是，朱光潛應邀到了王星拱當校長的、時在樂山的武漢大學任外文系教授。

已在武大任教的朱光潛讀了周揚的信，即於1月20日寫了一封回信，說明了自己嚮往延安的心情和眼下的處境及未來的希望。信中說：「你的十二月二十九日的信到本月十五日才由成都轉到這裏。假如它早到一個月，此刻我也許不在嘉定而到了延安和你們在一塊了。」「教育部於去年十二月中發表程天放做川大校長，我素來不高興和政客們在一起，尤其厭惡與程氏那個小組織的政客在一起。他到了學校，我就離開了成都。」

他說：「延安回來的朋友，我見過幾位，關於敘述延安事業的書籍也見過幾種，覺得那裏還有一線生機。從去年秋天起，我就起了到延安的念頭，所以寫信給之琳、其芳說明這個意思。我預料到十一月底可以得到回信，不料等了一天又是一天，渺無音息。我以為之琳和其芳也許覺得我去那裏無用，所以離開川大後又應武大之約到嘉定教書。」[140]

1939年1月3日葉聖陶致友人信說：「朱孟實近亦來此任教。緣四川大學鬧易長風潮，朱牽入漩渦，此間邀之，遂離蓉來此。其夫人尚未來，不久將到。」「朱孟實比弟更見老，背彎，目光鈍，齒少了幾個，發音漏風，竟是老人了。他以前壯健如運動健將，不知何以老得如此之快。」[141]

[140]《朱光潛全集》第9卷，安徽教育出版社，1993年。
[141] 葉聖陶：《嘉滬通信》第三號，葉聖陶：《我與四川》，四川人民出版社，1984年。

從四川大學轉至武漢大學，朱光潛在人生旅途中經歷了一次嚴峻的變化。

他在川大本是反對國民黨才離開的，沒想到在武大卻被拉進了國民黨。這要從他當上教務長說起。朱光潛初到武大，只是一名普通教授而已，但1942年5月教育部指令：准予聘任朱光潛教授為武大教務長。

教務長是怎麼當上的呢？朱光潛於1949年11月27日發表在《人民日報》上的《自我檢討》一文中說：「在武大待了三四年，學校內部發生人事衝突，教務長沒有人幹，學校硬要拉我去幹。幹了不過一年，反動政治的壓迫又來了！陳立夫責備王星拱校長，說我反對過程天放，思想不穩，學校不應該讓我擔任要職。王校長想息事寧人，苦勸我加入國民黨，說這只是一個名義，一個幌子，為著學校的安全，為著我和他私人的友誼，我都得幫他這一個忙。當時我也並非留戀這個教務長，可是假如我丟了不幹，學校確實難免動搖。因此，我隱忍妥協，加入了國民黨。我向王校長的聲明是只居名義，不參與任何活動。這是我始終引為內疚的一件事。參加一個政黨本身並不是一件壞事，我所感到慚愧的是我以一個主張思想自由者，為了一時的方便，取這種敷衍的態度，參加了我不願意參加的一個政黨。」

朱光潛在1980年9月寫的自傳中又說：「一九四二年，由於校內有湘皖兩派之爭，我是皖人而和湘派較友好，王星拱就拉我當教務長來調和內訌。國民黨有個老規矩，學校『長字號』人物都必須參加國民黨，因此我就由反對國民黨轉而靠攏了國民黨，成了蔣介石的『御用文人』，曾為國民黨的《中央周刊》寫了兩年稿子，後來集成兩本冊子，一是《談文學》，一是《談修養》。」

還需補充說明的是，朱光潛不僅加入了國民黨（後掛名三青團中央監察委員），而且被列入國民黨中央常務監察委員。因為這個緣故，後來被郭沫若在《斥反動文藝》中斥之為「藍色文藝」。「藍色」者，指國民黨特務機關藍衣社也。其實，朱光潛與藍衣社毫無關係。他之被列名為中央監委，無非因為是名流，被拉去當作點綴品，這種事是所在都有，不足為奇。綜觀他一生，大節是不虧的。國民黨要人朱家驊、白崇禧等，曾多次到武漢大學遊說或私訪，別人前呼後擁，唯恐不及，可他總是設法「遠遠避開，有意不介入」，頗有潔身自好的風儀。他走的道路是一切正直的中國知識分子都應該走的道路。

朱光潛當上教務長後，首先整頓校風，使久經戰亂之禍的武漢大學教學工作有了很大的起色。1941年3月23日，《武漢大學周刊》第321期刊發他的《說校風》一文。他把校風看成是學校生命的表現。他指出，優良的校風必須具有四個特點：第一，應有家庭般和睦的氣氛。其次，一個優良的大學，必須養成尊重紀律的風氣，為社會樹一個好榜樣。所謂紀律含有兩種意義：一是個人生活的紀律，一是團體生活的紀律。第三，優良的學校必定有很濃厚的研究學術的風氣。第四，優良的校風必須養成宏毅豁達的胸襟氣宇。

抗戰時期的武大發揚了優良校風，開展了許多進步活動，這和朱光潛的辦學思想和進步思想是密切相關的。儘管他是國民黨員，但並不反對學生從事進步政治活動。他曾為「岷江讀書社」、牆報《燎原》題詞。1941至1942年，國民黨教育部、中央黨部多次密令武漢大學監視一批點名的「奸匪」和「奸匪嫌疑」學生的行動，強制一批學生離校，包括前任《湖南日報》副總編輯胡開炯、民盟貴州省委副主席唐弘仁等。身為教務長的朱光潛與校長王星拱、訓導長趙師梅在白色恐怖中冒著丟官殺頭的危險一面應付教育部，一面為學生通氣，提醒學生行動謹慎，維護他們安全一直到1942年夏天畢業。

1940年考入武大的賀常彬《瑣憶朱光潛師》說，「一九四一年秋，朱老師向全校學生所作的一次專題講演，使我永志不忘。他講的題目是：《朝抵抗力量最大的路徑走》。當時，日本帝國主義正瘋狂地踐踏著中國神聖的領土，廣大人民群眾或遭殘殺，或長期流離失所。武漢大學就是流亡到四川嘉定（樂山）的。朱老師用許多生動的事例，充分說明：無論對國家民族，也無論對個人處事、做學問，都要迎接最大的困難向前邁進，不能妥協、倒退！他的講話，像給衰弱、垂危的病人打了一次強心針；又像一把火炬，照亮了長夜的曲折道路。那次的講座是在一間長方形的大禮堂，座位爆滿，不少同學只得站在室外旁聽了。我坐在後排，因講話的聲音較低，聽得不很清楚，故未作記錄。據我所知，這篇講稿，尚未公開發表，至今猶覺遺憾。」[142]

1939級法律系的伍一民回憶，「美學大師朱光潛教授……他是武大教務長兼外文系教授。每天必來文廟辦公。平時他也是一件布衫，腳上穿的是皮鞋，夾著一個大皮包，執著一條手杖，總是形色匆匆，埋頭望地，朝辦公室走去。

---

[142] 賀常彬：《瑣憶朱光潛師》，臺灣《珞珈》第111期。

畢業那學期我是畢業同學會的負責人之一，曾請他給畢業同學作過一次『就業指導』的講演。他在同學中是有號召力的，那天聽他講演的人很多，很多非畢業班的同學也聽講。我畢業時他把我介紹給當時中央日報社的社長陶百川。有一次他因公來重慶住在教育部的招待所，我去探望他，恰逢在座的有一個印度留學生，他是中印交換留學生被分到武大的。朱師要我給他介紹兩個武大在校同學，我給他寫了兩封介紹信。」[143]

1942級經濟系的李道倫講述過這樣一件事：考大學那一年，朱光潛是教務長，他在成都組織招生，當時四川大軍閥的子女也要考試，就通過各種門路把考試題目弄到了。朱光潛聽說漏了題，馬上連夜把題改了，用了第二套題。第二天考卷下來，那些人發現題變了，就認定是朱光潛改了的，朱光潛就連夜趕回了樂山。[144]

1944年12月，朱光潛辭去教務長一職，由經濟系教授陶因接任。

作為教授的朱光潛在武大外文系，先後講授「高級英文寫作」、「十九世紀專家研究」、「詩論」等課。朱光潛的講課給很多武大學子留下了難以忘懷的印記。

1941年級的外文系學生楊靜遠深情地回憶：「那幾年，外文系是文學院四個系中的大系。學生人數最多，最活躍。教師隊伍人才濟濟，各顯神通。課程百花齊放……而最為膾炙人口的要數教務長、名教授朱光潛先生的『英詩選讀』。」「上課鈴剛響完，瘦小清癯神采奕奕的朱先生面帶微笑，快步走進課堂，用他那安徽口音頗重的深沉有力的顫音，向我們開講英國詩歌。我發現，他既不苟厲，也不嚴峻，而是滿腔熱忱。他的聲調，他的眼神，他整個的人，散發出一股熱流，一種殷切，彷彿迫不及待地要把他的滿腹學識，他對英國詩歌的深刻理解，如氣功師發功一般傳達輸送給下面的學生，帶領他們一同進入那座花木蔥蘢的園地，領略其間的無限風光。我一下就被他的講課深深吸引了。對於一個渴望開擴眼界、獲得美感體驗的青年，這是多大的愉快和滿足啊。我在當天日記裏寫道：『朱先生的英詩課果然講得好，上他的課，是一種

[143] 伍一民：《回憶在樂山的日子》，臺灣《珞珈》第134期。
[144] 林汝勳：《李道倫：見證武大樂山時期的生活實況》，珞珈新聞網。

快樂。』」「那時，學生中擁有個人藏書的寥寥無幾。不過上英詩課，我們卻人手一卷《英詩金庫》（Golden Treasury），自然是翻印本。朱先生就用這本詩集作教材，從『金庫』裏挑選出最璀璨的珠寶，一一呈現在我們面前，手把手教我們如何去欣賞。你感到，他像個酷愛珍品的收藏家，自己對這些人類心靈的結晶懷著何等深厚的愛心，又多麼希望把這份愛傳授給一代又一代青年學子。每當學生心有靈犀、有所領悟時，他喜形於色，像遇到了知音。對那些程度既差，又不把讀書當回事的學生，他是不留情面的。他曾對一個考了30多分的學生說：『你還是把英詩先放在一邊，把普通文法拿來看看再說吧。你連基本文法都懂得不夠。』」[145]

楊靜遠在1943年7月9日的日記中這樣寫的：「……到文廟看成績，滿以為考得不壞，誰知一看，冷了半截。五門功課除英文80分外，都是七十幾分。我失敗了，被自己的虛榮欺騙了！媽媽安慰說，像×××這樣的先生，你在他手下得100分也不足為榮，得70分也不足為恥，他的評分不能作標準，反而你能得到朱光潛先生的80分是無上的榮耀，因為他是真正的學者，他的標準不輕易定的。」[146]楊靜遠的媽媽為袁昌英，時任武大外文系教授。

移居臺灣的1943級學子齊邦媛「憶念最深切的是朱孟實老師」，「令我想到朱先生就好像江上的朝陽，仙境般的草野，杜鵑隔河的啼聲，年青的熱血全隨著他的記憶來了。」齊邦媛本來報讀的是哲學系，一年後朱光潛覺得她英文成績好，加上當時哲學系老師少，便勸她轉入了外文系。朱光潛對她說，「文學與哲學本來就是一家，有慧根的人在文學中可以看到更廣大的境界。」「二年級就有英詩一課，由朱先生教，每周四小時……有英詩課的那些早上，我們幾個女生由宿舍的白塔街出去，進入縣街，穿過公園，走一段石階到文廟前面的廣場，一路上多半是口中念念有詞地在背英詩，路上的人看慣了也懶得奇怪了。我記得那間教室兩面都開著高高的窗子，鐘聲響了，朱先生穿著他的潔淨的長袍飄飄逸逸地走進來。他個子不高，站在臺上恰到好處，聲音不高，英文發音有些安徽腔調。但是當他開始在每首詩的講解裏注入他的感情和智慧時，那份鄉音就不礙事了。當他講雪萊的《雲雀頌》時眼睛一直是仰望著窗外的天

[145] 楊靜遠：《朱光潛先生的英詩課》，《武大校友通訊》2008年第2輯。
[146] 楊靜遠：《讓廬日記》，武漢大學出版社，2003年。

空。在我記憶裏那時的天空湛藍而且透明！有一堂課，我們讀的是華茲華斯的《瑪格麗特的憂傷》，朱先生的聲音由平穩轉入微弱，他取下眼鏡，閉目誦讀下去，竟至哽咽。當我們再抬頭看他時，他已把書合上，轉身疾步出了教室。當時朱先生大約五十歲左右吧，平日多半是一幅不苟言笑的神情，而我們卻看到了他感情深厚的真性情。」[147]

1945年旁聽朱光潛英詩課的田林回憶道：「（朱老師）衣著樸實，儒雅大方，寬寬的前額，炯炯的眼神，上課很嚴肅，是位嚴肅而豁達的老師，豁達是內斂的，不接觸久了，感覺不到。」「朱老師對同學要求極嚴，上他的課，不預習可不行……朱老師要求同學細心研究每首詩主旨，佈局、分段、造句和用字，務求懂透，不放過一字一句，然後把它熟讀成誦，玩索其中聲音節奏神理氣韻，使它不斷沉到心理去還要沉到筋肉裏去。老師以身作則，先做出示範，講課時把他的宇宙人情化，人生藝術化與文學的趣味說實徹其中，又吃透了語文學、邏輯學、文法、美學和心理學，能舉重若輕、深入淺出地、講明白詩的疑點難點，使學習起來層次清楚，輕重分明，脈絡順通，易於理解。朗誦尤其出色，他微閉雙眼，聲音帶顫氣運丹田，全身投入最後朗誦《西風頌》時朗誦出西風的興雲雨、發雷電、摧枝折葉、撼海震天，全篇流走的神韻與橫掃波濤、陸地、天空，獨特的藝術氣勢，高昂時音調鏗鏘，眼神閃亮，低微時節奏流暢，嘴湧出碎沫。引導同學進入詩的藝術境界，浸潤那情景交融物我同一的甘露。他相信美感經驗有陶冶性情的功效，他說『心裏印美的意象，常受美的意象浸潤，自然可以少有些濁念。』他教書育人，是靈魂工程師。如果說老師講華茲華斯的《致布穀鳥》注重回顧過去，講濟慈的《夜鶯頌》是把握現在歡愉，那麼講《西風頌》則注重了預言未來，突出雪萊詩中的對美好事物的信心和希望，使我們受益匪淺。」[148]

朱光潛在樂山賃居半邊街水井沖，小房東劉先覺是武大學生。劉先覺晚年回憶，「朱光潛每天起床後逕練太極拳，從不間斷，當天沒課，整個上午常高聲朗誦中外詩文，三點半以後為接待來訪同學師友時間，五點左右必往樂山孤兒院小學接次女回家。」[149]課餘朱光潛也經常邀請學生到他家中做客。1939

[147] 齊邦媛：《樂山‧文廟‧英詩》，《老武大的故事》，江蘇文藝出版社，1998年。
[148] 田林：《懷念朱光潛老師》，臺灣《珞珈》第133期。
[149] 劉先覺：《憶葉聖陶、朱光潛兩師寓居樂山點滴》，臺灣《珞珈》112期。

年級的張高峰說:「每逢星期天或假日,我常約一二同學去朱先生家請教。他家的陳設很簡陋,引人注意的是滿滿的書架和書櫃,陳列著硬皮精裝的各種外文書籍,平裝和線裝的中文書籍,可以相信他們的主人是一位博古通今、融貫中西的學者。」[150]1943級的齊邦媛回憶說,「(1944年)我轉系時,朱先生曾親自擔任我的導師,因此曾數度被邀到他家中茶敘,師生五六人圍著炭火喝沱茶,剝花生,吃米花糖。朱師母成都人,似乎比朱先生年輕許多,總坐在旁邊微笑。」「(1945年)日本投降不久,狂歡已過,校方和師生都在打算遷校回武漢的事。十月初我們四五個同學又被邀請到朱先生家去茶敘。進門後看到院子鋪滿了落葉,一層又一層的黃褐色的落葉連原有的石板路也遮滿了,我們走在上面葉子發出清脆的聲音。一位同學說:『老師,我給您把這些葉子掃一掃。』師母在旁說道:『不要掃,他要把這些葉子都留著。』朱先生說:『我晚上看書的時候最愛聽雨滴到葉子上或者風吹動葉子的聲音。這種日子也不知還能過多久了,其實在嘉定住家真很好。』我們那時大約都在想他逼我們背誦雪萊的《西風誦》吧,面對著滿院的落葉我頓有所悟。」[151]

朱光潛當年武大同事朋友的孩子對他也有美好的印記。文學院長陳源的女兒陳小瀅回憶說,「(朱光潛伯伯)是個非常可愛的人,經常用安徽口音大聲吟誦古詩。我們都知道他音盲色盲。大家唱國歌,他唱出來聲音小孩變調兒。她特別喜歡收藏古碑帖,讓我到他們家玩,去看帖,但是我不喜歡。」[152]朱君允教授的女兒熊性淑回憶說,「朱光潛教授有時也來串門或吃頓飯。我們兄妹三人當時都讀過他的《給青年的十二封信》,對他很感興趣。記得光潛教授當時不到50歲,年富力強,才華橫溢。他身材瘦小,面色略顯蒼白,長年著布長衫、布鞋,一派儒雅書生氣。她說起話來溫文爾雅,輕聲細語,但絕不冗長囉嗦,而總是引人入勝,讓人願意聆聽,或與之交談。不知為什麼,每次他來看母親,在廊前品茶清談,欣賞遠處山光水色,我們兄妹總喜歡找個借口在附近徘徊。記憶中,除了教書和管理工作,他們談論最多的是中國古典詩詞。」[153]

---

[150] 張高峰:《我所崇敬的朱光潛老師》,載《人民日報》。

[151] 齊邦媛:《樂山‧文廟‧英詩》,《老武大的故事》,江蘇文藝出版社,1998年。

[152] 陳小瀅:《回憶朱光潛先生》,《散落的珍珠》,百花文藝出版社,2008年。

[153] 熊性淑:《永不熄滅的燈光──回憶母親朱君允教授》,《珞嘉歲月》,2003年。

作為一個學者，朱光潛一生都在教學和寫作。教學之餘，朱光潛在樂山其間寫出了一些有影響的作品。

1940年8月，朱光潛在《讀書通訊》（第1卷7期）上發表了《談美感教育》。一方面肯定美育同德育之間的內在聯繫，另一方面又充分強調了美育具有心理解放功能。

1943年，朱光潛的《詩論》由重慶國民圖書出版社出版。他用西方詩論來解釋中國古典詩歌，用中國詩論來印證西方詩論，全面闡述了新的詩歌美學理念，在中國現代詩學中具有開創性的意義。1944年5月，《詩論》獲得了國民政府教育部頒發的1943年度二等學術獎金。

1943年5月，朱光潛把1940年至1942年陸續發表的22篇文章輯成《談修養》一書，由重慶中周出版社出版。同年10月，《我與文學及其它》在桂林開明書店出版。

1942年春，朱光潛為學生蒂克的詩集《小蘭花》作序。據孫法理《樂山時期武大文化生活》說：「抗戰時期武大同學發表了不少東西……惹人注目的是外文系的考昭緒學長。他以筆名蒂克，出版了他的詩集《小蘭花》，是朱光潛先生寫的序。」但查安徽教育出版社所出煌煌20卷《朱光潛全集》，卻並無《〈小蘭花〉序》一文。幸好近年有人發現此佚文，曾發表於1942年5月25日的重慶《大公報》「戰線」版。

1944年，朱光潛與方重、戴鎦鈴合編《近代英美散文選》，朱光潛以英文為該書作序，當年8月開明書店印行。

1945年，朱光潛將寫於抗戰最後幾年、曾在幾個不同刊物上發表過的十幾篇談文學的文章輯成了一本《談文學》，在重慶正中書局出版。他在這本書的序言中說，這裏面談的主要是他學習文藝的甘苦之言。一篇篇文章雖短，卻無時不體現著他的博大。

1945年抗戰勝利前夕，王星拱校長調離武大，周鯁生繼任。當年11月7日，周鯁生校長聘請朱光潛為外文系主任。

1946年1月，朱家驊擔任部長的國民政府教育部任命朱光潛為國立安徽大學籌備委員會主任委員。朱光潛拒不接受，未到職。

1946年7月，朱光潛辭去武大教職，從水路出川，重回北京大學執教。其實

五年前的1941年7月，西南聯大校長梅貽琦到樂山武大曾向王星拱校長表示，聯大盼望孟實返校的意思很懇切，王星拱正顏厲色的說，「武大對於朱先生比聯大更需要，請你們就暫時借給我們幾年罷。」[154]

數年之後，在北大任教的朱光潛對一名川籍學生說：「四川是個好地方，樂山更好。樂山兼有山、水、平原之勝，我很懷念在那裏的歲月。」[155]

第十五節　錢歌川：不戀武大戀樂山的教授

錢歌川到武漢大學外文系任教純屬意外。

1939年8月，錢歌川由歐洲經新加坡、越南輾轉回國，到達陪都重慶。隨後搭乘一架水陸兩用的小飛機，飛到樂山，準備前往峨眉山下的四川大學任教。「遊峨眉這裏是必經之地，住在城西的人，在每個晴朗的日子裏，都可以望見峨山，好似兩條濃眉一樣，橫在雲際。」[156]

卻說當時川大是以副教授的名義聘請他的。由於從沒有在大學教書的經歷，且沒經過講師級別，直接就當起副教授來，錢歌川也就覺得十分滿意和榮幸。不料在樂山武大朋友、教語音的李儒勉教授那裏逗留期間，武大外文系也正缺乏教師，系主任方重想把錢歌川扣留下來講授基礎英語，不讓他去川大。「恐怕我不同意，便憑空又升了我一級，改為教授名義聘任。這樣一來，我當然只好留下在武大不走了。」

錢歌川晚年在紐約撰寫回憶錄說：「其實坐直升飛機當教授的人，也不是自我開始的。過去凡是對中文或藝術有成就的人，大學便可以教授名義聘請，如錢穆、齊白石等人皆是。武大現聘我為教授，也是有先例可援的。我從20年代以來奠定的虛名，以及出版的著作，便可抵多年杏壇的資歷，加上新近赴英進修，比

[154] 羅常培：《蜀道難》，河南人民出版社，2008年。
[155] 郭毅生：《春風化雨憶師門》，張世林編：《大師趣聞》，北京聯合出版公司，2011年。
[156] 錢歌川：《樂山浩劫》，《錢歌川文集》（第一卷），遼寧大學出版社，1988年。

實際教書更有收益。現今貿然登上武大的講臺，也就問心無愧了。」[157]

李儒勉和朱光潛在半邊街合租了一棟寬大的房子，有廳堂、正房和側屋。進大門就是一個大的廳堂，兩側就是廂房，前後有不少的房間。錢歌川一家人加入暫住，也不覺得擁擠。據當年武大學子張翼伸回憶，「錢老師有兩個女兒錢曼娜、錢寧娜。當時曼娜隨父親住在樂山，寧娜隨母親住重慶。不久錢師母帶寧娜也到樂山來居住。」[158]

錢歌川覺得既然決定留在樂山教書，還是另行租房住方便點。於是也在半邊街找到了一套房子，兩房一廳，馬上就租下來搬進去，以求得「居之安」了。錢歌川從重慶托運來的行李，這時也運到了，正準備去取。可是還沒有來得及把行李取回，日本人的轟炸機就來了。

這是錢歌川到達樂山的第十三天，也就是8月19日，秋高氣爽、天無片雲。一家人正在吃午飯，忽然空襲警報嗚嗚地叫起來，可是誰都沒當回事，總認為日寇不會炸樂山，於是繼續吃飯。可是剛吃完飯，便有一陣笨重的軋軋的機聲，充滿了空氣之中，大家都說像轟炸機的聲音，然後便一起朝後山跑去了……

錢歌川和家人回家以後，許多受難的朋友都蜂擁而至，他們家被燒得精光，一身之外無長物，無形之中錢家竟變成一個難民收容所了。

錢歌川在《樂山浩劫》一文中說：「當日炸死的人還是少數，在那三千冤鬼之中，大多數是燒死的。其中尤以那些包圍在火中的人，走投無路，只好跳到太平缸中區，想靠水來制火，逃出一命，結果是被煮成肉醬，其死之慘，令人不忍想像，筆墨也就拒絕來描寫了。」隨後譴責日寇：「樂山有什麼東西，值得三十六架敵機來專程轟炸呢？這裏除了一個武漢大學之外，什麼也沒有，但武大的兩大校舍都至今健在，甚至一點碎片都沒有飛進去。」「樂山原是一個古城，最古的記錄有周赧王元年秦惠王以張若為蜀守，周滅後秦孝王以李冰為蜀守，蜀郡轄有南安縣地，即今樂山也在內。這地方開化之早，似乎已無疑義。因為不是兵家必爭之地，所以從來沒有過大戰禍。只有在晉隋之間，因獠

[157] 錢歌川：《苦瓜散人自述》，中國華僑出版社，1994年。
[158] 張翼伸：《懷念錢歌川教師》，《珞嘉歲月》，2003年。

夷侵入，有過兩百年的厄運。但這次敵機襲來在五分鐘之內，使全市精華頓成瓦礫，人民葬火穴，城廓改舊觀，竟造成一個空前的浩劫！古代獠夷兩百年的摧殘，猶不及今日倭寇五分鐘的燒殺，這到底是文明的進步呢，還是蠻性的發揚？」

　　為了避免無謂的犧牲，武大教師相繼從城裏遷居郊外，或租用民宅，或自建房屋。在張公橋附近竹公溪畔一個叫雪地頭（學地頭）的地方，聚居了很多文學院的教師。

　　錢歌川一家先在田野間人家的祠堂裏住了些時日，後來便和李儒勉合夥，請地主藍副官在雪地頭建造一棟小房子（茅屋），作為長住之計。葉聖陶日記載：「（1939年12月4日）與小墨上山，觀李儒勉、錢歌川兩家合築之新屋，將完工矣。房間寬大，眺望甚曠，勝於吾廬。」[159]房子建好後，李儒勉始終沒有搬過來住過，最初租給他人，往後是武大同事程千帆夫婦來住。程千帆曾經有過回憶：「那個時候劉（永濟）老師住的地方叫做學地頭，是過去學宮的一塊荒地。那個地主姓藍，過去給軍閥當過副官，攢了一些錢，砌了兩所房子，就在那個地方，等於說是隱居吧。他把多餘的房子租給我們。劉先生住在山腰，我住山頂上。我在山頂的鄰居是錢歌川，他的詩集裏還有同我往來的詩。」[160]我沒聽說錢歌川出過詩集，倒是在他文集裏發現了一首沈祖棻（程千帆夫人）的《蝶戀花‧題錢歌川夫人紀念冊》：

> 省識西南飄泊苦，一帶回廊，猶倚雲深處。
> 卻恨來遲人乍去，遠山依約如眉嫵。
> 見說綺窗留蜜語，似水濃情，郎似泥沾住。
> 簾近秋河天上路，歡盟恐被雙星妒。

　　錢歌川曾在一篇文章中描繪他的這間房子，「大半是竹造的，室中的家具更幾乎完全是竹器，睡的是竹床，躺的是竹椅，書陳列在竹架上，吃飯用竹桌竹凳，窗前有竹茶几，客來坐竹靠椅。筇簾薄得像紙一樣，竹絲瓶手工精細，

[159] 葉聖陶：《西行日記（上）》，《葉聖陶集》第19卷，江蘇教育出版社，1994年。
[160] 程千帆口述、張伯偉整理：《勞生誌略》，程千帆：《桑榆憶往》，上海古籍出版社，2000年。

插上及朵鮮花，配合得更加可愛。夏來以細葭織的扇子拂暑，無事時吸一兩口煙也都是用的湘妃竹，通竹或棕竹的煙管。興來吹洞簫橫笛，也比金屬樂器的聲調要柔和得多。散步帶一根竹杖，上面雕刻的山水人物也十分纖細。總括一句，以竹屋主人住竹公溪畔，所用的東西，大都是竹。」「根據看竹何須問主人的古話，我今流寓樂山，居竹公溪畔。每日貪看叢竹的拂青交翠，臨風起舞，也可以忘記客邊生活的苦了。雖不能效法古人或附庸風雅，邀同鄰近幾個朋友，自稱竹溪六逸，但無妨伴歲寒三友，且渡過這一個嚴冬。」[161]

錢歌川的竹屋給學生留下深刻印象。1939年畢業的劉玄一在回憶文章特意提到說：「我記不起去錢家多少次，因為取稿要去，不取稿去請教的次數也多，去多了，他的竹廬內外，也就比較看得清楚，老來雖健忘，還能記憶很多。樂山街道相當寬敞，城內外屋宇也相當寬大堅固，多是磚牆木柱，武大教授住在城內外的多屬這類住宅，惟錢歌川教授住的，是以竹為主要材料，磚與木很少，外看很新，很整齊，但若仔細看，卻不結實，竹屋之中的竹壁，滿懸字畫，有他的同鄉白石老人的畫，上海豐子愷的畫，和多幅墨竹，不知出自何人的手筆。」「屋內陳設幾乎都是竹制的：他伏案寫稿的書桌，是竹制的，椅是竹制的，書架是竹制的，客廳有竹床，長臂靠椅是竹制的，竹棹上的筆筒是竹制的，筆筒之內，有鋼筆、毛筆、原子筆，這些都不稀奇，新奇的是筆筒內有刀子，長短不一，大小形式不一，當時我看了莫名其妙，後來才知是他用來雕刻治印之用的，還有一奇的是英文教授書棹上，書架堆集的中文線裝書，不少於洋文書，令我心中不禁浮起一種異想，莫非武大出了一位雙料教授吧？」[162]錢歌川何止是雙料，完全稱得上是多才多藝的多料教授。這在葉聖陶的日記裏可窺一斑：「（1940年12月12日）三時，上山至歌川所閒談。觀其所作木刻工致有力。承示所用之各種刀子，有法國式者，有日本式者，皆用純鋼，煉鑄頗精。又承示早年所作印章數十方，尚不壞。此君癖嗜之方面甚多也。」「（1941年1月26日）飯後，與墨共到歌川所閒坐，觀其所藏之各種畫片。」[163]

房子遠離街市，依雪地頭山，臨竹公溪水，風景倒是不錯，不過錢歌川認為，住在這裏最大的好處還是跑報警最方便，因為屋前走下去不遠就有一個

[161] 錢歌川：《四川之竹》，《錢歌川文集》（第一卷），遼寧大學出版社，1988年。
[162] 劉玄一：《追念錢歌川老師》，臺灣《珞珈》第114期。
[163] 葉聖陶：《西行日記（上）》，《葉聖陶集》第19卷，江蘇教育出版社，1994年。

蠻洞，內面空闊高大，可容一二百人，而洞口又大，空氣流通，是理想的防空洞。每遇警報響，附近的人都來此躲避。當時的鄰居葉聖陶還寫過一首詩，云：「古洞漢蠻遺，蒙絡多薜荔。於焉避空襲，當免值危屬。吾復何所求，一笑堪卒歲。」[164]葉聖陶1940年夏天離開武大時，還寫過一首《將去樂山之成都題贈錢歌川夫人》：「竹公溪上經年住，欣與鴻光為比鄰。別去未須深悵惜，春回歡敘在淞濱。」[165]

　　藍副官在自己田地上幫助錢歌川建房子的條件是，建築費由錢歌川出，住滿兩年後就把房子無償送給藍副官，如果要繼續住下去，就得另外出房租。明知房子的產權將來屬於別人，錢歌川也就不願過多地投資。藍副官自然也不會用心去蓋好房子，結果蓋出來的房子，要是能蔽風雨都行了，誰料竟連這起碼的條件都不具備，後來損失慘重。棟梁一連斷過兩次，修理的錢都超過了原來的建築費。錢歌川以幽默而又辛酸的文筆，先後寫了《巴山夜雨》和《天窗》兩篇小品文，記述卜居雪地頭的遭遇：

　　「我在沒有入川之前，因為讀了唐人讚美巴山夜雨的詩句，只覺得夜雨在四川特別可愛，何等富於詩意。」「我對於雨一切的反感，都是由於住了這所房子而來的。茅屋據說每年得加新草，方可免於漏。其實我那茅屋，似乎從第一年就漏起，愈漏愈甚，起初我用痰盂接漏，隨後用面盆，再後用腳盆，這樣敷衍了一年。」「可是到了第二年，屋子愈漏愈不成樣子了，起初是一處漏，後來竟有好幾處流水進來。南邊漏水，恰漏在我的床頭，我只好把床朝北邊移，漏的範圍也就跟著追過來，最後追到床鋪靠緊北窗，無法再退。」「我並沒有遮天的巨掌，所有的武器，只是一把雨傘而已；我把它撐在床頭，像臨到危險的鴕鳥一樣，只要把頭部遮住，不受雨淋頭之苦，便算滿足。常常早起一看，室內頓成澤國，棉被也就半濕了。」[166]

　　「我現在住的屋子，承房東的好意，把茅屋換成了瓦頂了。一時煥然一心，簡直像佃農一躍而成地主似的。我正慶賀我自己遇到了這樣一個少有的好房東，使我客邊的生活，雖在抗戰中也仍然過得這般舒服。朋友們大都住的茅

---

[164] 葉聖陶：《樂山寓廬被炸移居城外野屋》，四川人民出版社，1984年。
[165] 葉聖陶：《我與四川》，四川人民出版社，1984年。
[166] 錢歌川：《巴山夜雨》，《錢歌川文集》（第一卷），遼寧大學出版社，1988年。

草房子，我現在居然住起瓦屋來了。然而人是不宜於太快樂了的。樂極生悲，幾乎成了一條不移的原則，我的快樂早隨著一場觀音暴而告結束，至今每日對著天窗發愁，想到巴山夜雨就要為之寢饋不安。」「我這屋上的瓦，就因為敷得太薄，不僅在大風時吹得如落葉飄飛，落大雨時也常要隨雨水而流去。結果每間屋上，都開了好些天窗，晴天太陽直曬到案頭，下雨便傾盆入室，家中頓成澤國，趕忙運用所有的容器來接漏，最好的當然是大腳盆，可惜家裏只有一個。」[167]

　　教授的生活在抗戰前後是有天壤之別的。北平的教授固不用說，就是武漢大學的先生們，「在武昌珞珈山的時候，環境優美，住的是洋房，吃的是盛饌，居常雇四五個僕人，出外用汽車代步」，確實夠舒服了。不過彼一時，此一時，來樂山就大大不相同了。錢歌川「一年前初來樂山時，米價只有一元六角一斗，豬油只賣到二角二分一斤，我們節衣縮食，每月薪俸剛夠一家人吃，現在米價漲到二十五元一斗，豬油四元一斤，較以前漲了一二十倍。而我們既無津貼，薪俸不僅分文未加，而且仍要打七折，所以每月二百餘元的收入，領回家來，不到半月就用光了，入不敷出得遠，非舉債無以為生。原來一個七八口之家，每日吃六七斗米，也是尋常事，照現在的米價，月薪所入，不夠買一石米。其餘百物，無一不貴，即是幾根尺多長的柴，也要一元以上的代價。衣食住行，單維持一個食字，已不可能了。」「每次朋友來信勸我努力加餐，就使我感著一種隱痛，現在當教授的，誰不是一飯一粥在過日子呢？傭人不消說，是早已雇不起了。我並不是吝惜那七八塊錢的工價，她每月吃我兩斗米，我實在負擔不起呀！」[168]

　　「薪柴之貴卻是我們從前做夢也沒有想到的。我現在一個小家庭住在樂山每月要燒上幾百元的柴，比從前燒電、燒瓦斯、燒煤，什麼都要貴得多，而且極不方便，除了燒飯的時候以外，一天總是沒有熱水的。」[169]

　　在學校領取的薪水不夠支出，很多教師不得不賣舊衣來補貼家用。錢歌川為此賦詩道：「兵亂連年事事非，書生脊瘦販夫肥；謀身自悔攻儒術，點檢行囊鬻舊衣。」錢歌川還感歎：「那位從前在這裏做過刺史的岑嘉州說得不錯，

[167] 錢歌川：《天窗》，《錢歌川文集》（第一卷），遼寧大學出版社，1988年。
[168] 錢歌川：《救命圈》，《錢歌川文集》（第一卷），遼寧大學出版社，1988年。
[169] 錢歌川：《蠟燭》，《錢歌川文集》（第一卷），遼寧大學出版社，1988年。

『早知逢世亂，少小漫讀書』。我在一千二百年後的今日來到嘉州，依稀還可聽見他的歎息。」[170]按，岑嘉州，即唐代詩人岑參，大曆間官至嘉州刺史。

樂山生活儘管「日裏鬧得是柴米油鹽，夜間受老鼠小偷的擾亂，可謂日夜不安，但在國家這種爭自由的奮鬥中，誰也不會像李後主以淚洗面，我們大家都是咬緊牙根，刻苦度日，青春早早地離去，白髮悄悄地跑來，我們覺得這少年頭也並不是空白了的。」「我們的事業並不因艱難而停頓，就像自然的風景不因世亂而改觀一樣。而且生活之苦，也沒有使我們忘記山水之美。樂山的淩雲、烏尤、竹林、漢墓，還是時常有我們的足跡。」[171]

「八一九」大轟炸之後，錢歌川便開始注意到樂山的蠻洞了，經常鑽洞探幽，仔細考察。他描寫蠻洞，「洞口有拱形的，也有方形的，其高均約一丈半，寬到二丈開外，有的並排三個大門，有的一連兩個拱道，進門就是一個寬廣的穿堂，普通是在正中有一個神龕似的地方，其兩旁常有兩條隧道，一直進去很深。而在這穿堂四壁，常有人馬的浮雕，看去頗似漢時物，有時在牆角上，還雕得有人及動物的大立像。至於牆頭的花邊，猶其餘事。想不到在那桑麻的野外，居然有此是雕牆之美，而且出於古代蠻人之手！」[172]

錢歌川說他剛到樂山的時候，「震於蠻王洞的高名曾去遊過一次。」後來又在一個晴和的下午，全家人和湖南老鄉、武大機械系教授楊先乾（號君實）夫婦同去遊洞，「初冬的太陽溫暖地照遍了田野，蒼松翠竹，桑園菜圃，全是一片綠色，配上一條黃泥馬路，就像一根金帶纏在一塊翠綠上，顯得格外好看，我們好像春遊一般，談談笑笑，不知不覺就到了白岩山了。」[173]「白岩山前大小蠻洞很多，而以高處的白雲，清風和朝霞三洞，最有歷史價值……三洞之中，以白雲洞的風景為最。」[174]

武大學子劉玄一回憶錢歌川說，「他是留學東西洋的英文教授，依我老早的想法，一定洋氣十足，縱不句句洋話，談話時夾上幾句英語或日語，很有可

[170] 錢歌川：《大時代中的小事》，《錢歌川文集》（第一卷），遼寧大學出版社，1988年。

[171] 錢歌川：《偷青節》，《錢歌川文集》（第一卷），遼寧大學出版社，1988年。

[172] 錢歌川：《樂山的蠻洞》，《錢歌川文集》（第一卷），遼寧大學出版社，1988年。

[173] 錢歌川：《蜀道》，《錢歌川文集》（第一卷），遼寧大學出版社，1988年。

[174] 錢歌川：《樂山的蠻洞》，《錢歌川文集》（第一卷），遼寧大學出版社，1988年。

能的，但在和他的談話時，沒有用過一個洋字，眼前的錢歌川教授，是身衣藍布大褂，足蹬半舊不新的皮鞋，鼻架近視眼鏡，和我這流亡學生，幾乎沒有什麼區別，大大出乎我的意料之外。」「談話時，他有時摸一摸下顎，其實並沒有留鬚，淡芭菰雖常在手，可以看出不是『深吸』，只是『淺嘗』而已。這表示他的煙癮並不太大，他雖是湖南人，湘音也不太重。」劉玄一感歎，能與教授談話，「無形能吸收許多寶貴知識，談後常有一杯清茶，正不亞於『一飯』之價值。」[175]

1939年，將要畢業的學生劉玄一夥同他人準備辦一份名叫《春秋》的刊物，先在樂山出版，以後再遷重慶。前期準備工作就緒後，就輪到文稿問題了，最後決定，還是向那位常在重慶報刊發表文章的錢歌川教授開口一試，萬一不行再請第二位教授。劉玄一回憶道：

　　是在一個秋高氣爽的時候,吃過午飯，上到龍神祠宿舍樓上，望了隔江大佛寺那邊的風景，約莫十多分鐘，鼓足勇氣，硬起雙腿，走出樂西門外不遠，就到了錢先生住址。看來房屋並不堅固，主要材料，大部分是竹，大門是開著的，不用敲門，一眼望見錢先生正在伏案寫什麼，沒有待他起身，我先作自我介紹：「錢先生，您好，我是本屆畢業生劉玄一，和同學籌辦的《春秋》，下月出版，請先生寫一篇文章，以光篇幅，不知先生能否抽出時間？」

　　「請坐請坐」，錢先生笑著說，隨即點燃那半截形似雪茄煙的淡芭菰，問我雜誌是什麼性質。

　　「綜合性的，旨在發揚學術，宣傳抗戰建國。」我回答說。「我有時寫點小品文消遣，恐怕不合你們雜誌的性質。」錢先生很謙虛的說。

　　「《春秋》有一文藝欄，先生的文章，正好充實文藝欄，不但同學喜看，校外一般人也歡喜」，我這樣敦促了一句。

　　「好，好在你們都是本屆同學，我就寫一篇，作為歡送禮。」錢先生輕輕又抽上一口淡芭菰，滿面笑容地回答我。

---

[175] 劉玄一：《追念錢歌川老師》，臺灣《珞珈》第114期。

我正想表示謝意、告辭，他忽然問及誰寫發刊辭。「沒有決定，假如先生有時間的話，也請先生執筆，我們正為發刊辭著急」，我應聲而答。

「你們的刊物既定名為《春秋》，很有歷史代表性，何不請歷史系吳其昌先生寫一篇」，錢先生很關切的提議。我沒有聽過他的課，其奈不認識我何。我照實回答他的盛意。「好吧，如有機會遇見他，我一定把你們辦刊物的事告訴他」，錢先生慨然允諾的說。

後來《春秋》創刊號上的第一篇文章就是吳其昌的大手筆。

錢歌川所在武大外文系中除了老朋友李儒勉外，新交最要好的朋友要數王雲槐了。他和錢歌川同齡，兩人很談得來。有一次他和李儒勉、錢歌川談到沒有一本適合的大一英文課本，殊為不便，錢歌川便建議三人合力新編一本，並說可出面叫中華書局趕快排印出來，下年度就有書可用了。

卻說錢歌川和王雲槐、李儒勉三人說做就做，絲毫不敢耽誤時間，沒幾個月就把文章選定，詳加註釋，結集成書以後，航空寄上海排印。在預定的時間內，就把一本大一英文課本印出來了。這本來是一件好事情，不料竟觸怒了外文系領導，王雲槐首先拂袖離校，去重慶的英國新聞處供職。錢歌川到第三年武大聘約屆滿時，也就再度接受了四川大學的聘約，但王雲槐一定要他也到重慶去，因為英國新聞處想出一個中文周刊《世說》，從事抗戰宣傳，要他去任主編。錢歌川只得再度辭去四川大學的禮聘，向重慶進發了。

從1939年8月到1942年8月，錢歌川在武大任教了整整三年。據葉聖陶1941年1月23日的日記載，「歌川言今年暑假中或將去此，在武大任教甚乏味也。」[176]

錢歌川晚年僑居美國，84歲時在香港出版回憶錄說，「武漢大學人事複雜」，「離開那是非之地，並沒有什麼留戀，倒是離開樂山，不免有些依依難捨。那裏的自然風光，是很迷人的。」[177]

---

[176] 葉聖陶：《西行日記（上）》，《葉聖陶集》第19卷，江蘇教育出版社，1994年。
[177] 錢歌川：《苦瓜散人自傳》，《錢歌川文集》（第四卷），遼寧大學出版社，1988年。

第十六節　桂質柏：中國首個圖書館學博士

　　1940年5月，經武漢大學教務長朱光潛和哲學系教授黃方剛的推薦，校長王星拱聘請中國第一個圖書館學博士——桂質柏為武大圖書館主任。前任兼職圖書館主任、時任經濟學系教授的楊端六握著桂質柏的手說：「圖書館管理是一門科學，要我兼任主任是用名氣做事，你是學圖書館學的博士是專才，只有用專業水平的精神思想做事才能勝任，這一塊就拜託你了。」

　　桂質柏，曾用名竹安，英文名John C. B. Kuei，湖北江夏（今武昌）人。1918年考入文華大學，1920年3月文華大學圖書科創辦，他以大學二年級資格攻讀圖書館學，1922年分兩次畢業並授予文學學士和圖書館學士證書。1923年至1925年，桂質柏來到了山東齊魯大學圖書館從事圖書館管理工作。

　　1926年桂質柏赴美留學，1928年獲得哥倫比亞大學圖書館學碩士學位後，為了進一步深造，到加拿大麥基爾大學從事圖書館學課題研究與教學。1931年3月獲美國芝加哥大學圖書館學博士學位，是中國歷史上第一個圖書館學博士。他也是芝加哥大學於1928年開辦圖書館研究學院以來授予圖書學博士的第二人。

　　1931年7月初，桂質柏受瀋陽東北大學校長張學良之邀，回國出任該校圖書館主任兼外國文學系教授。在1931年6月，受聘武昌文華圖專。1932年6月，任南京中央大學圖書館主任兼教授。1935年8月，桂質柏受聘為川大教務處和圖書館主任，在任期間他把傳統藏書樓式的圖書館改造成現代美國式新型圖書館。1939年初秋，桂質柏隨四川大學遷往峨眉山，受武漢大學的朱光潛和黃方剛邀請去樂山遊玩，看了當年日軍「八一九」大轟炸的現場。離開樂山時，桂質柏拜望了時任武大校長王星拱和楊端六。

　　不到半個月桂質柏回邀武大友人們去峨眉山遊玩。楊端六和袁昌英夫婦也去了，但只在海拔1000多米的山下幾個景點遊玩。時值川軍劉湘和鄧錫侯軍長下面的一支部隊正在此整訓，當值的副官將此事報告了鄧錫侯，鄧軍長要副官

盡量提供方便，朱光潛和桂質柏都是四川大學委任的川軍抗戰史料搜集整理委員會委員。參加遊玩的共有八人其中有兩個小孩，副官挑選了十多個官兵和兩名和尚做向導，以及滑杆若干，遊程三分之二的景區，遊時三天，山上山下猴子多，一路上笑聲猴聲不絕於耳。當時桂質柏還帶了用宣紙手繪的大峨眉山勝景全圖，上面景點都有一百多個，寺廟、殿堂、樓宇，這份圖標的壬戌年間，應是1862年或1922年的製品。這次遊玩主要是工作性的，作為東道主，最後桂質柏給了30塊現洋，副官怎麼也不肯收，最後給了景區整修機構作為善款了事。

1940年5月，桂質柏來到樂山出任武大圖書館主任、同時還兼任外文系教授。在圖書館桂質柏的辦公桌上放著一部美式打字機，只打不寫。下班淺黃色的小羊皮蓋上了，上班就打開了。很是氣派。時隔六十多年，他當年的學生是這樣敘述的。

武大圖書館就在文廟的大成殿，它的左邊崇文閣是文學院。據史料記載，1940年4月館藏圖書由1937年前的14.2萬冊下降到9.1萬冊，其他部分毀於武昌遷途於樂山的戰火。桂質柏時任圖書館主任，全館職工12人。先後身為校教務長的朱光潛和楊端六鼎力助推書刊購置一直未停。桂質柏提出少購同類書種，缺額部分自行加印，於是楊端六還常常到圖書館查看刻蠟紙、油墨紙張有什麼問題，人手不足，安排書籍涉及的專業師生輪流來圖書館幫忙。但質量和數量絕不能降低，以解決資金不足，滿足書刊供給問題。由此還受到了外國友好人士李約瑟博士的讚賞。

辜燮高在回憶裏談到了作為大一英文教師的桂質柏，「他每堂課都要留造句作業，一個星期還留一次英文作文的作業。有一次我突發奇想，用特殊寫法寫了一篇作文，不料引起了桂師的興趣，在課堂上說它相當於外文系三、四年級學生的水平。由於我在班上並不突出，便懷疑是別人代做的。他查到我文中一個單數變複數的詞變錯了，便又在課堂上考我，我也變錯了，這時，他才相信真是我寫的。桂師還經常在課堂上出英文作文題，限當場交卷。這種強化英語的方法，使我得益不少，因為它不僅鍛煉寫作，而且鍛煉用敏捷的思想寫作。」[178]

[178] 辜燮高：《樂山雜憶》，《武大校友通訊》2008年第2輯。

　　桂質柏在四川大學任職時，朱光潛是張頤校長聘請的文學院院長。在樂山，兩人又走到了一起。朱光潛在大成殿後面的崇聖祠辦公。當時朱光潛和桂質柏都住在半邊街惠明宮山邊的巷子裏。桂質柏住的房子是新做的兩層磚木結構的紅瓦房，並有兩米多高的圍牆。樓下樓上各三間地板房。天花板是淺黃色的木板，粉白的牆壁。朱光潛住的地方是老房子，沒有桂質柏這邊房子好。每到周末，朱光潛、楊人楩、戴鎦齡等教授就到桂質柏家打麻將。有一次，桂質柏在樂山出生的只有四歲的小兒子突然不小心從二樓掉到了一樓，衝散了正在打麻將的教授們，當時戴鎦齡抱起孩子就跑到學校醫務室檢查，居然沒有問題。1946年武大遷回武漢，朱光潛、楊人楩等人就去了北京大學。1952年院校調整時，戴鎦齡就去了廣州中山大學。以後桂質柏到北京、廣州等地開會，幾位教授都還在過問孩子以後的情況，得知無事，連連稱奇。

　　早在1931年，桂質柏在瀋陽東北大學任圖書館主任時，就與時任文理學院院長的黃方剛共事。1932年初夏，桂質柏離開了東北大學，以後和黃方剛兩人書信往來頻繁。1935年8月，桂質柏應邀從南京中央大學來到了成都四川大學，任總務處主任和圖書館主任，又與從北京大學到四川大學的黃方剛相遇。後來，黃方剛因時任武大校長王星拱誠邀去了樂山的武漢大學，1939年秋桂質柏隨四川大學舉家遷往峨眉山。利用假期，黃方剛邀請桂質柏到樂山遊玩，在三江匯流的樂山大佛留下了照片，以後他們又遊玩了岷江東岸的烏尤寺。尤對山門兩側集杜甫、蘇軾的詩句而撰成的一副對聯「寺門高開洞庭野，蒼崖半入雲濤堆」的佳句與鐘鼓亭石壁所嵌石碑上的《般若心經》書刻俱佳書法極品，兩人興致極高，臨場詩興大發還贈詩詞留念。

　　1940年，在黃方剛等人的推薦下，桂質柏來到武大任圖書館主任兼文學院（外文系）教授。黃方剛的美籍夫人黃徽華蘭，與桂質柏的三嫂桂棣華相聚，兩人在樂山中學教英文，兩人都有三個孩子，相互照應，情同手足，共度艱難歲月，當時物價不穩定貨幣貶值，入不敷出，加之黃方剛有肺病染身，身體每況愈下，桂質柏十歲的長女桂裕琳不幸染上白喉也久治不癒。1944年，黃方剛與世長辭。烏尤寺附近的馬鞍山是黃方剛和桂質柏來過多次的地方，依山傍水氣候宜人，翠綠植被環繞。黃方剛選擇了這個地方長眠，不久桂質柏的十歲長女桂裕琳因白喉病故，桂質柏也把女兒葬在了黃方剛的附近，在以後樂山的二

年時間他常帶家人去給兩塊墓地培土、除草,向黃方剛敘說十多年的情感,揮之不去,催人淚下。

黃方剛去世以後,其夫人黃徽華蘭帶著三個兒子貧困交加,艱難度日,於是考慮返回美國生活。她把美式軍用帆布床送給桂質柏,不要錢是不收的,到底給了多少錢,若干年後,桂質柏說他也不記得了。在黃徽華蘭帶著三個兒子要離開樂山返美之時,桂質柏還通過重慶二哥桂質樸的二兒子桂裕榮(時任美國駐華大使館翻譯官)聯繫機票及路途車輛轉乘事宜。這一走竟是兩大家人的離別一去不復返。

當初任鴻雋棄職川大校長後,繼任校長是張頤。當桂質柏來到了樂山的武大時,張頤也來武大任哲學系教授。這樣,當年川大的幾個好友朱光潛、黃方剛、張頤等又走到了一起。有一次,張頤以自己年歲最長,在嘉定城最好的館子以每個菜五角八角不等,請大家吃了一餐飯,席間大家暢談。據說當時幾個人都互稱老張,老朱,老黃,老桂不稱頭銜。

1943年及1944年,英國著名科學家李約瑟兩次來到樂山武漢大學,桂質柏先後將他所熟知的多學科知名學者大名單提供給李約瑟。當李約瑟初到樂山時,由楊端六、朱光潛和桂質柏陪同來到文廟崇聖祠拜會了校長王星拱,隨後參觀了大成殿內的圖書館。在參觀圖書館時,李約瑟看到師生輪流參加刻蠟紙、油印學術期刊、講義、讀本,因陋就簡辦學,讓有限的圖書期刊資料通過有效管理利用率高,無不欽佩。隨後,李約瑟還隨桂質柏等人參觀了武大理學院。桂質柏將武漢大學理科季刊第七卷贈送給李約瑟,但李約瑟在該書上簽名(英漢兩種名字)後回贈給桂質柏。

李約瑟到武大參訪,在樂山武漢大學內外被人知曉傳誦,一個英國生物化學家的訪問讓桂質柏大哥的女兒桂裕福感興趣。當年高中畢業的她就報考了武大生物系,以後桂質柏的二女兒桂裕珍、二兒子桂裕嘉先後報考了華中師範大學、武漢師範大學生物系並就讀。所有這些無不與李約瑟到訪有關。

李約瑟感謝桂質柏為他介紹了大批的中國科學家和學者,並與他們結下了深厚的友誼。1944年,桂質柏收到李約瑟贈送的英國劍橋大學(1209—1939)成立730年的英文銀質紀念章一枚。1964年,中國科學院副院長李四光請武漢科學院圖書館館長桂質柏等人到上海與李約瑟相會。在交談中,李約瑟說:「樂

山武漢大學訪問一別相隔二十年未見，一九五八年我先後到中國作學術訪問，想見見老朋友，未能如願，特別是一九五八年來華，我開了一個一百多人的名單未能見到你們。」

1946年，武大遷回珞珈山，復員委員會委員長楊端六對圖書，儀器等項工作交由桂質柏、方壯猷等人負責。這是史學，圖書檔案學黃金搭檔。事隔近五十年後的武大歷史系教授馬同勳說：「當年武漢大學回遷因為有楊端六，方壯猷，桂質柏這樣一批知名教授的引導和管理，我的高中畢業文憑才得以保存，這是我萬萬沒有想到的。那時考大學除考分達標，還需拿高中畢業文憑做抵押才能就讀。1993年武大110周年校慶期間，在武大老圖書館地下室發現這批檔案資料還登過報請相關人士認領，實在令人叫絕。」

第十七節　孫家琇：年僅二十八歲的女教授

「1942年[179]秋，武大外文系新來了一位教授。她的到來立刻引起了全校師生矚目。這是因為：第一，她是一位女教授。當時全校共有教授114位，其中女教授僅5位（蘇雪林、袁昌英、楊安妮、朱君允、馮沅君，她們全都在文學院任教），孫家琇先生的到來，給薄弱的女教授隊伍增添了生力軍。第二，她年輕，年僅28歲，是當時全校最年輕的教授。第三，這位年輕的女教授，很快就以她的才學和風采贏得了大家的敬重。」[180]

這位孫家琇有什麼來頭呢？

孫家琇，莎士比亞研究專家。原籍浙江余姚，生於天津，所以「在她身上兼有南方人的秀逸和北方人的奔放兩種性格。」（楊靜遠語）父親曾任天津水產學校校長和教育廳長；幾位兄妹都曾留學美國。在家庭環境的薰陶下，她從小學習努力，就讀天津中西女學時，成績全班第一。1933年畢業時被保送上燕

[179] 1942年：應為1943年，疑楊靜遠筆誤。
[180] 楊靜遠：《樂山最年輕女教授孫家琇》，《北京珞嘉》1997年第1期。

京大學英語系。兩年後獲美國加州米爾斯大學獎學金，入英國文學系。1937年以優異成績取得學士學位。她在米爾斯上學時利用暑期去俄勒岡大學和加州大學等校莎士比亞研究班學習。1937年至1939年，她進入蒙特霍留克大學研究院戲劇文學系，獲碩士學位。

1938年，孫家琇看到一美國人偷拍的南京大屠殺紀錄片，被激發起來的愛國心、民族恨，使她無法在國外待下去，迫切要求回國抗日。大概是在1939年，她路經歐洲與先赴柏林學經濟的巫寶三結婚。那時德國法西斯政權正迫害猶太人，他們申請結婚得不到批准，因為他們拿不出沒有猶太血統的證明。後來還是當時中國駐德國大使出了個主意，讓他們在大使館內結婚，把問題解決了。然後，他們一同回國。

回國後，孫家琇在西南聯大任英語系講師，巫寶三返回中央研究院社科所。一年後，她隨巫寶三的單位遷往四川宜賓的李莊。1941年至1942年任同濟大學英語教授。

1942年，孫家琇接到武漢大學的聘書，獨自來到樂山，在外文系任教英文、英國戲劇、英國小說選等課程。她性格活潑開朗、熱情豪爽，很容易和學生接近。而她教課又極認真負責，對學生要求很嚴，仔細評判和修改學生的作業。1941年考入外文系的楊靜遠，在她的《讓廬日記》裏記下了對孫家琇的第一印象：

> 1943年9月28日　下午上小說選讀課，新女教授孫家琇教。她非常男性化，衣服穿得像個醫生，聲音低低的，可是很好聽，態度爽快，乾脆，又很和氣。我想我們會喜歡她的。

這個粗淺的印象，奠定了學生楊靜遠對孫家琇的好感，所以在今後的日記裏頻頻提到：

> 1943年12月8日　昨晚《傲慢與偏見》論文還沒趕出，早上起來抄，直到上課還剩一些，我只得一面聽講一面抄，最後我也交上去。孫先生念我的念到一半就下課了，她說：「I am sorry, this paper is so good！」

（真對不起，這份論文太好了），她說下次再接著念。我非常高興，到底苦功沒有白費，用過心做的東西總有表現的機會。

　　1943年12月22日　　上小說課時發論文卷子，孫家琇說誦讀The best one（最佳作），拿起我來念了一遍。發下來時我的分數是94分，真是光榮得很。

　　1944年5月8日　　下午沒上課，和岫去聽孫家琇給中藝演講。她講的是俄國在革命前後戲劇的發展，是關於舞臺技術方面的，所以我們平日不常聽到。

　　1944年10月23日　　去半邊街找孫家琇先生談畢業論文的事，告訴她我的題目：比較哈代和喬治‧艾略特的人生哲學，她覺得這題目很有意思，值得一做，給我指定了幾本參考書，說：「我想你一定會做得很好的。」

　　總之，在楊靜遠看來，上孫家琇的課，「是一種愉悅、享受，在不覺間深深獲益。」但孫家琇的活動不僅限於外文系內。她發揮自己的專長，給學生們（以及外來的中華劇藝社）做文學和戲劇講座，有托爾斯泰、契訶夫、曹禺等。這在楊靜遠的日記裏也有記載：

　　1943年12月26日　　下午女生自治會請孫家琇先生（用英文）講托爾斯泰，在團契室，歡迎男同學聽。我和冼岫做記錄。人多得意外多，屋裏坐不下，改到院子裏。她講《安娜》、《戰爭與和平》、《復活》。

　　1943年11月19日　　晚上女舍自治會請孫家琇和朱君允講曹禺的《家》（改編）和契訶夫的《櫻桃園》。孫先生講得非常動聽，同學們對她的印象都很好。

　　按，日記裏的這段簡略記載，在朱君允女兒熊性淑的回憶裏有更詳實的記錄：「大約在1943年，巴金的《家》剛由曹禺改編為大型話劇。劇本十分成功，不但保留了原著反封建的革命精神，而且人與人之間的關係也挖掘得更深。這劇本曾在樂山引起轟動。這時就有女生向負責女生管理的朱君允教授建議在女生宿舍裏組織一次有關巴金《家》的報告會。朱君允教授很樂意地接受

了這個建議，邀請當時剛由美國學成歸國的青年女教授孫家琇主講。孫家琇教授那時剛26歲，風華正茂，博學多才，為人熱情率直。她欣然接受任務，三天後如期舉行了報告會，給女生們作了精闢深入的分析。當時會場就設在女生宿舍的飯廳裏。大家圍坐成一圈，靜靜地、興趣盎然地聆聽。半個多世紀後的今天，仍有學生記得孫家琇教授分析四鳳投湖自殺之前那一場戲的情景。她說：『一個孤獨的人臨終之前，哪怕狗能舔自己兩下也會覺得溫暖的。但可憐的丫環四鳳，即將結束自己生命之前卻無法與自己心愛的人說上幾句話……她孤獨地走向死亡。』大家深受感動，大廳裏鴉雀無聲。」[181] 還需要補充一點的是，孫家琇講完《家》已是晚上十點多鐘，學生們要派人送她，她婉謝了，獨自打著火把穿過整個樂山城，走回半邊街的寓所，沒想到火把滅了，差點兒掉到江裏。

　　1945年8月10日，日寇無條件投降了！孫家琇興高采烈，收拾行裝，準備跟學校返回珞珈山，但巫寶三所在的中央研究院復員回南京，為了家人團聚，她只得離開武大，去南京任教金陵大學外文系。

第十八節　繆朗山：首開俄語課的外文奇才

　　他，精通古希臘、拉丁、英、俄、德、法、日等各種語言文字，據說達到十三種，人稱是專攻外文的奇才；他，思想進步，在澳門被日本特務驅逐，在重慶被中統特務追捕，在樂山被警備司令部拘捕，在武漢又被國民黨特務抓走。

　　他，就是武大外文系教授繆朗山。

　　繆朗山，廣東中山人。因為家裏貧困，他12歲就在南洋煙草公司當學徒。美國老商人見其聰慧，支助他學習英、法、德語言文

---

[181] 熊性淑：《永不熄滅的燈光──回憶母親朱君允教授》，《北京珞嘉》1999年第2期。

字，還學習了許多名著。先後獲香港大學文學學士，俄國莫斯科大學語言學學士，德國柏林大學哲學碩士。30年代末，在澳門聖羅薩教會中學任代校長，幫助猶太學者魏納解決生活困難，同時也向魏納學習古希臘語和數學。後來以同等學歷考取廣東中山大學統計學、生物學專業。

「九一八」事變後，繆朗山在澳門從事抗日救亡工作。上世紀40年代初，廣州、香港相繼淪陷，澳門成了華僑支持抗日的重要口岸。日本特務在澳門張貼海報，勒令繆朗山等三位抗日救亡運動的知名人士三日內離開澳門，否則格殺勿論。他被迫離開澳門，到桂林參加郭沫若、李濟深領導的抗日宣傳隊。在桂林結識了武漢大學的教務長朱光潛，他們兩人在美學、哲學上有相同的觀點，相見恨晚。朱光潛表示，如有機會請他到武大共事。

1944年桂林淪陷。繆朗山全家流亡到重慶。為了謀生，他在電線杆上張貼教授外語的小廣告。當時在重慶中央電影製片廠工作的湯曉丹看見廣告，找到他，就推薦他到電影製片廠教外語。重慶中央電影製片廠直屬國民黨中宣部，廠長是特務頭子，當過上海警備司令。繆朗山在廠裏翻譯過兩部對外宣傳片，受到廠長賞識。他突然宣布提升繆朗山的職務，封上校軍銜，還要他填表加入「中統」。繆朗山只得裝病拖延時間，準備逃亡。這時恰好收到朱光潛的信，信中說：武大有位教授去英國，有個空缺，請他到樂山教書。在湯曉丹的幫助下，全家逃離重慶，沿江而上去樂山。製片廠長對繆朗山逃走十分惱火，通電沿途追截。晚上，輪船靠在一個碼頭，突然，憲兵上船檢查。一個軍官走到繆朗山跟前，拿著一封電報說：「繆先生，這是給你的電報。」繆朗山接過電報說：「這上面寫著繆朗山先生收，這不是我的。」又指著行李上貼的名字說：「我叫繆靈珠。」繆靈珠是繆朗山的筆名，他們帶的行李上都貼著「繆靈珠」的字條。就這樣繆朗山一家逃過了一劫，來到樂山武漢大學。戴鎦齡《英語教學舊人舊事雜記》云，繆朗山「是教語音的李儒勉教授從香港推薦來的」，恐誤。

事實證明，朱光潛請繆朗山來武大是請對人了。這從一些學生的回憶中可窺一斑。

1944年考入武大法律系的張孝烈回憶：「教我英文課是繆朗山教授，他通曉多種外文，人稱是專攻外文的奇才，他用啟發式教學，生動活潑，分析課文仔細，清晰透徹，很能吸引同學學習注意力和提起學習興趣，他班來聽課者甚

多，大教室坐不下，到大禮堂去上課，他也講得特別起勁。」[182]

1942年考入武大哲學系的詹奫回憶更為詳實：「記得外文系教授繆朗山先生，初來母校講學，首開俄語課程。開講的第一天，文廟的小教室早已爆滿了系內系外的同學，只得臨時改換一間大教室，然而還是容納不下眾多向隅的聽眾，最後再改在老霄頂的大禮堂，也還是座無虛席，盛況空前。據說還有校外聞訊趕來的旁聽者（後來改在高西門外的三育教室）。繆先生光禿禿的頭頂，架一副深度近視眼鏡，但兩眼炯炯有神，聲如洪鐘。他教學也別開生趣，不首先從教字母入手，卻在黑板上大書俄語『同志』一詞，教大家反覆高聲朗讀；並講『同志』在英語是什麼字，法語、德語、意大利語中又是什麼字。接著就教讀幾句日常簡易的俄語問答。課堂上熱氣騰騰，同學們莫不極感興味。」[183]

外文系楊靜遠在當年的日記裏好幾處提到了繆朗山：

> 1944年11月4日　晚上七點青年會請繆朗山教授講Culture Problem in Russia（俄國文化問題），顧耕告訴我他做主席，用英文介紹。六點多去時，只見室外都擠滿了人，裏面更別想進去……繆的英文發音不純正，俄語味很重，但聲音明朗清楚，每個字都可聽清。他講俄國文化現在大致有三種趨向：從Nationalism（民族主義）到Internationalism（國際主義），從Individualism（個人主義）到Collectivism（集體主義）、從……到……
>
> 1944年11月29日　今晚「貧病作家救濟委員會」請繆朗山公開演講，題目是《中國新文學的動向》，門券每張20元……大禮堂已坐滿，我只得站在窗旁。繆先生講的是桂林文化人歷年來的動態，講得很多也很雜。主要是替作家們呼籲，反對書稿審查制度。
>
> 1945年1月13日　俄文上本學期最後一課。繆朗山說我們寒假繼續上課，問有人反對不？有些四川同學說要回家，一個聲音帶譏刺地說：「回家的不學好了！」繆想了一想，從容不迫地說：「這樣我來一個折衷的辦法：寒假回家的人儘管回家，留校的繼續上課。我們學一些額外

[182] 張孝烈：《不忘母校情、師生誼、同學情，情誼永恆》，臺灣《珞珈》第129期。
[183] 詹奫：《漫話當年武大》，臺灣《珞珈》第118期。

的東西，比方學一點容易的文學作品。這份講義和語法就暫時停止，到開學時再繼續，免得回家的跟不上。」於是皆大歡喜。[184]

　　繆朗山初到武大是教英國文學課，到了1944年冬，部分師生由於學習外語的迫切要求，自動組織了一個「俄語學習班」，請繆朗山講授。不料有一天，當地駐軍機關派兵包圍了學習班，說什麼「俄文教員是共產黨員」、「教俄文就是傳播共產主義思想」。學習班被強令解散。此事引起全校師生義憤，並罷教、罷課三天。繆鐵夷《回憶爸爸繆朗山教授》說，俄語班開設不久，「樂山警備司令部就『請』爸爸去赴宴，警告爸爸不准再作演說。爸爸沒聽那一套，再次被抓起來。朱光潛先生出面保釋了爸爸，為避免意外，爸爸在朱先生家藏了幾個月。」外文系學生楊靜遠的日記裏也有相關記載，更為真實可信：

　　　　1945年2月6日　小瀅告訴我繆朗山恐怕要走了，警備司令部要拘捕他，他已一天沒回家。我十分擔心俄文課學不成了。
　　　　1945年2月8日　今天得到一個最壞的消息：繆朗山被學校辭退了。警備司令部要逮捕他，他見了校長說：「如果我真是共產黨嫌疑犯，那我一定坐在家裏等他們來捉。如果我不是呢？學校應該負責保證。」校長說：「我不能保證你，請你離開吧。」於是我們的俄文班便成了一個美麗的肥皂泡，在過高的希望之光裏破碎了。
　　　　1945年2月15日　朱光潛先生來拜年，他說他要去挽留繆朗山。爹爹hint（暗示）他，要他先弄清校方的意思。現在大家都知道這事全是校方搗鬼，至於警備司令部和青年團並沒有特別注意，更沒有正式公文下來。也許繆還有希望留下。[185]

　　高豔華編選的《散落的珍珠——小瀅的紀念冊》書中，收有繆朗山的一首贈詩：

[184] 楊靜遠：《讓廬日記》，武漢大學出版社，2003年。
[185] 楊靜遠：《讓廬日記》，武漢大學出版社，2003年。

　　喪亂頻年我入蜀，落魄嘉州識小瑩，小瑩愛讀五更書，隔院時聞「詩朗誦」；
問道小瑩志在醫，慈悲憫世似我佛，我心亦有不平氣，午夜煎熬如鼎沸。
文章憎命口抬尤，螳臂難支鐵輪壓，世運如斯復何言？大冶不容金踴躍！
我將亡命走山澤，彩虹再向他鄉逐。浮沉且莫問明朝，寂寞不甘看成局！
小瑩未識天下事，一片冰心無點慮，且待小瑩長大時，當憶顛沛有靈珠。

　　　　　　　　　　　　　　　　　1945.11在樂山下山——靈珠

　　據陳西瀅女兒陳小瀅回憶：「這是繆朗山教授當年留給我的一首詩。他是
武漢大學的俄語教授，也教過我俄文。靈珠是他在特定時期用的名字。他在抗
戰後就面對坎坷，但是我那時候是一個單純的小女孩，正如繆朗山所言『小瑩
未識天下事』，只有以一種愉快與衝動的暢想，在抗戰勝利的喜悅中憧憬著將
來長大建設國家的理想而已。根本無法了解和體會他的心境。繆朗山教授在給
我寫這篇文字時是什麼心境，難道他已經洞察了以後顛沛流離的『我將亡命走
山澤』的坎坷一生？果然他厄運難逃。時隔不到兩年，在武漢大學的『六一』
慘案中遭到通緝。而後在50年代的反右和『文革』中又遭受迫害，聽說要平
反，為他整理文集，一激動突發病去世。」[186]

　　日本投降後，武大復員，學校發了一筆錢作路費。但這些錢不夠，繆朗山
在重慶中蘇文化協會打了一段工，賺夠路費後才來到武漢。
　　1949年之後，繆朗山被安排任武大副校長，然而，他卻希望今後好好教書
做學術工作，不願擔任行政職務。他找到主管分配工作的周恩來，提出想在北
大創辦俄語系的設想。周恩來寫了封信，推薦繆朗山到北大。從此，繆朗山離
開了武大。

[186] 陳小瀅講述、高豔華選編：《散落的珍珠——小瀅的紀念冊》，百花文藝出版社，2008年。

第十九節　高翰：麻將經解說道理的教授

武大樂山時期，曾有人用「高翰高公翰」為上聯，對以「顧如顧友如」。平仄十分工穩。下聯中的顧如字友如，是外文系教授兼女生指導。上聯中的高翰字公翰，是哲學系教授兼系主任、文學院長。

高翰，福建長樂人。14歲在北平清華讀書，在清華八年，畢業後赴美國留學，先後獲科羅拉多大學哲學學士、斯坦福大學心理學碩士、加利福尼亞大學哲學博士學位。後在康奈爾大學心理研究院從事研究。回國後，1929年9月在上海應武大校長王世傑之聘（當時王在滬公幹），來到武昌任國立武漢大學文學院教授。在武大執教期間，主講教育學史、普通心理學、教育心理學、哲學教育選讀、近代哲學、西洋哲學史、倫理學、心理學實驗、比較心理學、心理學、社會學、希臘哲學研究、現代心理學、兒童心理等14門課程。

哲學是一門深奧的學科，以概念解釋概念，聽起來是枯燥無味。然而高翰的講課卻不這樣，他能深入淺出，以通俗的講解引導學生進入哲學的殿堂，無論多深奧的理論，經他道來，無不令人心領神會。學生王陸說，「他的哲學課採取美國式教授法，妙趣橫生，枯燥的費爾巴哈哲學和邏輯學講得生動而有趣。」伍一民說，「《哲學概論》是文法學院的必修課，集中在一間大教室上課，常常是滿座，有時還要爆滿，課堂上是笑聲不斷。」

在戰爭時期，生活非常艱苦，教授們的衣著極為儉樸，大都是一襲布衣，一雙布鞋。而高翰卻是豐神飄逸，衣冠楚楚，服飾整潔，有時是西服革履，有時是長袍馬褂，儒雅瀟灑，儼然一派佳公子模樣也。

吳魯芹在《武大舊人舊事》裏提到一則高翰的軼事：武大初遷四川樂山時，當地的縣立民眾教育館曾經洽商武大教授作一系列的演講。用意相當謙虛，好像是區區小地方，忽然有了一座大學堂，來了這麼多大學者，就請開導一番，啟迪一下民智如何？記得高翰先生的講題是：《笑》。誰不曾笑過？那是並不怎麼費事的事情。可是惟有哲學家、心理學家才說得出那麼多大道理，

而且他深入淺出，談笑風生，並未存心賣弄學問，而處處顯出博學。吳魯芹認為武大能在當地民眾間建立學術地位，高公的一「笑」之功不可沒也。

高翰是語言大師，尤擅長講笑話，常常是一些見慣不驚的事，通過他語言的包裝、點石成金便成笑品，令人忍俊不禁。舉個例子來說，當年有個女學生身材高挑並未引起人注意，但在一次高翰與學生閒聊中說某學生站著像「二條」，坐著像「三條」，雖然有點戲劇但無傷大雅。從此這個女學生便得到了一個雅號「×二條」。

在四川工作的人鮮有不會麻將的，但高翰卻不會打麻將，可是上課的時候，常愛引用麻將經解說書中的大道理。當年在樂山，大家都鬧窮，師長之間，衛生麻將相當流行。不知怎麼捕風捉影，竟認定高翰是此中老手。事實上，高翰不但不會打牌，甚至連看都不愛看。高翰不喜歡冷靜的場面，所以他也不喜歡打橋牌或下棋。儘管如此，他卻愛從打橋牌、下棋的玩意兒，推論出許多作人處事的方法。

1938年武大初遷樂山，高翰暫時下榻在城內公園斜對面當地一家最像樣的旅館裏。一幫學生聽到老師抵達的消息，便相約前去探訪。到了那裏，高翰湊巧不在，大家便在客廳裏等候。大約過了個把鐘點，只見高翰喝得東倒西歪、醉醺醺地從外面回來。他看到自己系裏的學生，興奮不用說，還連聲說：「坐下來，多談談，我沒有醉。」隨口交談了幾句，大家看高翰瞇起了眼，便一面勸他休息，一面七手八腳把他推進房，安置在床上，一夥人才偷偷地離去。過了不久，一幫學生在岷江對岸大佛寺一所小別院裏，宴請高翰。吃的是精緻素菜，喝的是上等好酒。在座的又都是學生，是學生高翰都喜歡，所以他顯得特別高興，不免開懷暢飲。從此，一些學生私底下都認定高翰是個貪杯而沒有節制的人。日後才有人了解，高翰有酒量是不錯，懂得酒的好壞也是真的，可是他並不愛酒。不是那種場合，不遇上合適的對手，他是絕不會開懷暢飲的。通常的情形，他只是禮貌而已。高翰在家裏，或是普通飯局，常常滴酒不嚐。[187]

高翰十分樂於幫助學生。據機械系畢業的范國瑛回憶：「（峨眉）劇社成立，即取得哲學系主任高翰教授的青眼相看，關照備至……劇社到成都旅行出

---

[187] 劉守宜：《誠心的祝福》，《學府紀聞：國立武漢大學》，臺灣南京出版有限公司，1981年。

演《原野》，曾受地方勢力控制，高老師特去成都出邀時任四川教育廳長之留美同學郭有守先生，與其共任演出指導，致能順利演出。」[188]

在武大執教的十三年間，高翰於1932年10月至1942年6月兼任哲學教育系主任；1939年11月至1942年元月兼任文學院院長。說到高翰當文學院長，可謂是「鷸蚌相爭，漁翁得利」。此話怎講？當時中文系教授朱東潤在自傳裏說的很清楚：由於武大內部幫派鬥爭白熱化，1939年10月，文學院長陳源辭職了，王星拱看到劉博平、方重這兩位系主任反對陳源的活動太露骨了，便決定由哲學系主任高翰擔任。「高先生興匆匆地到差了，看到我的時候，他說：『一切照舊，一切照舊，朱先生可以安心工作。』他的好話我領情了……高先生是聰明的，好在他的路道多，不久就辭職了。」[189]

1943年3月，高翰與邵逸周同時離校，文學院長由劉永濟繼任。高翰轉任國立重慶大學教授，抗戰勝利後去臺灣，歷任行政院善後救濟總署臺灣分署副署長，經濟部漁業善後物資管理處處長、中國漁業公司董事等職。

第二十節　胡稼胎：宣揚孔孟之道的「土教授」

　　　　　　　　　　胡稼胎，原名胡稷咸，字稼胎。1899年生於安徽蕪湖。於兄弟六人中排行老二。父親胡宗璆，飽讀詩書，雖居僻壤，但思想開明，雅重教育，曾在家鄉創辦新式學堂（兩齋小學），又傾其家資，除留長子守持祖業外，其餘五子悉令外出讀書，後皆學有成就，所謂一門五教授，鄉里傳為美談。胡稼胎少年時期待在鄉下老家，放過牛，吃過苦。家裏有四五十畝田，雇工種田，

卻同情農民的苦，有農民的情感 。14歲考入香港大學，獲學士學位。畢業後，慨然代父母擔負起供諸弟讀書之重任。

1930年9月至1931年，胡稼胎任武漢大學文學院英文講師，1932年被聘為武漢大學文學院教授。在武漢大學教學期間，主講「基本英文」、「中國哲學

[188] 范國瑛：《武大峨眉劇社的初期活動》，臺灣《珞珈》（1997年10月）第133期。
[189] 《朱東潤自傳》第十章，東方出版中心，1999年。

史」、「哲學教育選讀」、「英國文學論著」、「小說入門」等課程。同時，他還兼任國立武漢大學第一外國語委員會、學生團體生活指導委員會、一年級國文委員會等組織的委員職務。基本英文是全校各院系的基礎課，胡稼胎是講授該課的四大名師之一。講課嚴肅認真，備課一絲不苟，要求學生嚴格。課堂上重點講解語法中的疑難部分，特別是時態和前置詞的各種用法；課後要求學生大量閱讀英文名著和練習英文寫作，使他們終身受益。1934年畢業於武大經濟系的發展經濟學的奠基人張培剛回憶說，「到大學本科時，經濟系的基礎英語課老師是哲學系胡稼胎教授。胡老師講英語是一口『倫敦標準音』，引起學生們的濃厚興趣，也大開其眼界（實際是『耳界』）。我們都很頑皮，比如『Which』一詞，按『韋氏音標』讀法，我們故意譯為『晦氣』，而現在按倫敦口音（或『國際音標』）讀法，又故意譯為『圍棋』，這裏『h』是不發音的。胡老師講課嚴肅認真，不但注重作文，而且非常注重英文的修辭學。」[190]

1938年，武大西遷樂山，胡稼胎任哲學系教授，講授「中國哲學」、「哲學英語」、「倫理學」等課程。1943年秋天考入武大當時號稱「冷門」的哲學系的蕭萐父回憶說，「大一時必修『哲學英語』一課，由胡稼胎先生精心編選一厚本英文哲學名篇，並逐篇導讀。胡先生讀的英國音極準，對學生要求極嚴（常點名要學生起立朗讀、口譯或答問）。這門課把專業知識與外文訓練相結合，效果很好，經一年學習，同學們英文閱讀能力大大提高。胡先生同時另開一門『中國哲學』課，主要選讀一些中國古代哲學文獻，同學們一翻教材，大都早看過，也就不願聽講，只好輪流缺課。」[191]而1942年考入武大哲學系的詹寰，卻對胡稼胎的教學記憶深刻，他在《漫話當年武大》中深情回憶道——

> 最使我難於忘卻的是講授「倫理學」（邏輯學）的胡稼胎先生。他好像畢業於香港中文大學，沒有很大的名氣，也缺乏顯赫的背景，只不過是一名普通的教授。他的外表古樸，布袍布鞋布襪，偶爾還戴一頂瓜皮帽。他的臉色凝重，近於嚴峻；講話地方口音很重，顯得不甚流暢，真有點「剛毅木訥」，悲天憫人的樣子，活像一個鄉間的老學究，是道地

[190] 張培剛：《感恩母校，懷念老師》，BBS 珞珈山水站。
[191] 蕭萐父：《冷門雜憶》，臺灣《珞珈》第142期。

的「土教授」。稼胎先生講倫理學，其實都在宣揚孔孟之道。他把孔夫子作為倫理的化身，認為孔學是齊家治國、待人接物的至高學問，孔子也就是天地間唯一的聖人。我那時年少自負，不自量力，上課時還不免故意向稼胎先生辯難，以致有一兩次還頂撞了先生，弄得場面頗為尷尬。但先生毫不動氣，總是耐心教導。溯自五四運動倡言「打倒孔家店」，對儒家學說不加分析一概抹煞，本來就有過的地方，以後愈演愈烈，真有點「夫子之道至大，故天下莫能容」的形勢，導致在「文革」後期發展到醜惡的荒謬絕倫的「批孔」鬧劇。那時像我這樣心浮氣傲、學無根底的學生，當然不能體會先生的用心了。後來，經過事實的嚴酷教訓，我終於明白了稼胎先生其實是值得尊敬的有心人。他性格耿直，又目睹抗戰後期民生凋敝、貪腐盛行、寡廉鮮恥、道德淪喪的末世景象，當然不勝其憤懣了。先生力倡仁義，而且身體力行，實想以此救治江河日下的世道人心，扭轉社會的腐敗頹風。可是，先生乃不見經傳的一介書生，人微言輕，他的努力自然只能化為泡影。他自己也深知無力回天，但依然擇善固執，「知其不可而為之」，這就是可貴的孔孟精神。至今思之，我對先生不能不肅然起敬。[192]

　　胡稼胎信奉傳統儒家思想，曾言「我從儒家觀點接受馬列主義。儒家是講仁的。所以接受社會主義，我覺得剝削是不合理的。年紀大的人有許多思想不能改掉，而且這些思想與馬列主義並不抵觸，我接受馬列主義是移花接木式的。」他發表的學術論文有：《哲學之基本假設》、《事實關係與意義》、《新近知識的科學與哲學》、《論理想》、《人生哲學之綜合觀》、《物質與精神》、《哲學與宗教》、《實在論辯駁》、《戰爭的哲學論》、《精神哲學：觀念論與價值哲學》、《克洛采及其哲學》等。

　　1946年11月，武大經濟系教授陶因出任國立安徽大學校長，原武大的許多教授均被他聘請過去，胡稼胎即是其一。1948年後，他離開武大出任安大文學院長。

[192] 詹寰：《漫話當年武大》，臺灣《珞珈》第118期。

第二十一節　萬卓恆：一生無著述的哲學名師

　　他的才學不亞於另一位哲學家金岳霖，而且都是終身不娶。然而金岳霖著作等身，他一生卻沒有任何著述。他以為寫書仍落於抄襲，不如不寫。金岳霖高壽90歲，他卻只活了45歲，未等解放就病逝了。

　　他就是哲學家萬卓恆。

　　萬卓恆（1902—1947年），湖北黃陂人。他是世家子弟，其父萬聲揚乃張之洞弟子，辛亥功臣，曾任漢口市市長。每次同學兼同事的高翰去萬府找他時說：「找萬教授。」門房會一時弄不清楚，如果說：「找大少爺。」門房立即引見。高翰說他，「雖然出身世家，卻無紈絝習氣，初次見他，似乎覺得他這人太嚴肅，不易親近；其實，他是個非常熱誠風趣的人，只是老板起面孔，不知者以為是孤傲。」[193]

　　萬卓恆與高翰同一年出生，十四歲時一起入北平清華讀書，在清華八年。畢業後，萬卓恆考入哈佛大學（獲哲學碩士），高翰則進斯坦福大學。回國之後，福建人高翰先進了武漢大學，湖北人萬卓恆卻去了東北大學任教。

　　「九一八」事變後的一天，高翰恰好由武昌到北平度假，在街上意外碰到萬卓恆。高喊：「老萬！往哪兒去？」他說：「剛從東北來，不曉得往哪兒去！」高說：「到湖北來。」他說：「好！」就這樣，萬卓恆於1931年10月來到武大任哲學教育系教授，直到去世，終其身，沒有離開武大。他在武漢大學開設了「數理邏輯」、「倫理學原理」、「西方倫理學史」、「哲學問題」、「現代哲學」、「形上學」、「認識論」、「美學」等課程。萬卓恆還於1942年7月至1944年10月兼任系主任。因為原系主任高翰升任文學院長了。

　　萬卓恆儘管解放前就去世了，但他依然活在當年武大學子的心中。

---

[193] 高翰：《憶萬卓恒教授》，《學府紀聞：國立武漢大學》，臺灣南京出版有限公司，1981年。

　　1942年秋季考入武大哲學系的詹寰回憶，萬卓恆「是一位獨立特行、博學多才的教授」。「我在母校時，他主講三、四年級的『形式邏輯』和『西方哲學名著選讀』。他不但精研西方哲人哲理，造詣甚深，對於文學戲劇理論也很有素養，還能清唱幾段精彩的京劇。遺憾的是，萬先生年輕時過度用功，身體屢弱，瘦削的身材，滿臉的病容，戴一副近視眼鏡，那時已不能走到教室去授課。但他不願耽誤學生的學業，仍然力疾要我們去他家中聽課，他住在那一條街，已記不甚清楚，我們幾個學生通常按時走進他那間臥室兼書房，然後圍繞著他成一個半圓坐下來。他講的很小聲，很吃力，一面喘著氣，嗆咳著，不停地擦眼睛，我們很過意不去，勸他休息，他總是說：『不要緊的。』有時講得過度勞累，不知不覺就睡著了。我們怕驚醒他，就安靜地坐著自修，直到壁鐘敲響十二點，他雇的女工端進午飯來，我們才叫醒他：『萬先生，十二點鐘了，吃午飯吧。』他生活簡樸，午飯多半是半碗麵條加兩個雞蛋。他卻仍要站起來送我們出門。」[194]

　　1943年秋考入武大當時號稱「冷門」哲學系的蕭萐父則回憶，萬卓恆是同學們最為敬畏的嚴師之一。「因為他特有的孤僻性格，平時不苟言笑，經常是一個人背著手，曳著一根手杖，孤獨地散步在大渡河邊，始終處於一種深不可測的沉思神態之中。同學們碰見向他行禮，他也只是點點頭，不說一句話。萬先生為我們開了『倫理學原理』、『西方倫理學史』和『數理邏輯』三門課程。前兩門是萬先生綜合大量研究成果而獨立建構的一個倫理學的歷史和邏輯體系，課前指定許多參考書，講課時不用教材，上課時只帶一支粉筆，以最條理化的板書和最清晰的論證，剖析一個個原理及一個個學派，全課講完，邏輯井然，幾乎沒有一句多餘的話，準時下課。『數理邏輯』一課，萬先生指定的教材是羅素和懷特海合著的《數學原理》，而每次上課仍是拿一支粉筆，從原理、公式到邏輯演算，邊寫板書邊講解，清清楚楚，天衣無縫。那時同學們把上萬先生『數理邏輯』課，視為強迫自己接受嚴格的邏輯思維的訓練。萬先生所開課，正好涵攝了當時中國南北兩大哲學學脈，即南方東南大學為代表的人文主義與北方清華大學為代表的新實在論。」[195]

---

[194] 詹寰：《漫話當年武大》，臺灣《珞珈》第118期。
[195] 蕭萐父：《冷門雜憶》，臺灣《珞珈》第142期。

高翰曾經披露過萬卓恆一些鮮為人知的軼事：

> 他多才多藝，但卻懷而不露，世人少知。例如平劇一道，他學的是鬚生，每年暑假常去北平，專誠投師學習，苦練不輟。
>
> 他也常帶我去聽戲，有次是言菊朋唱《珠簾寨》，他指著演程敬思的對我說：「此吾師也。」我不覺肅然起敬，問他：「你師傅怎麼唱配角？」他說：「豈僅唱戲如此，人生亦一樣，機遇而已。不少好角，不得志，淪為教師，給人說戲。」我聽了默然。
>
> 那天聽言菊朋散場時，我表示今天的戲，不怎麼樣。他說：「聽言菊朋，要坐前三排，我們在後座怎行。」他又表示：「言菊朋是念過書的，吐腔咬字，都合規矩，與別人不一樣。」
>
> 我心想，這是我錯了。又有一次，他同我去東安市場茶樓聽票友清唱，鑼鼓琴弦，又熱鬧，又響亮，聽完後，我欣然表示：「今天蠻不錯嘛！」他冷然說：「光是大嗓門亂嚷嚷，一無可取。」
>
> 我知道，這回我又錯了。從此同他去聽戲，我再不敢讚一辭。他對平劇造詣甚深，而從不炫露，即使在樂山，那時武大平劇風氣很盛，卻少有人知道他。
>
> 卓恆先生中英文俱佳。寫得一手好柳字，遒勁如其人。
>
> 他數理根底甚深，是懷德教授的門生（按，懷德教授與羅素齊名，曾合著《Principia Mathematica》一書，羅素即以此書名噪於世），在武大除教主要哲學課程外，並開一課「符號邏輯」，同學有點對這門課感到「莫測高深」。那時，時照瀛先生，亦任教武大，為這門「莫測高深」課，來問過我，我說：「要按部就班，就容易了解。」時先生有才子稱號，平常很少推許人，但對卓恆先生卻是敬佩備至。[196]

武大復員後，萬卓恆住半山廬，獨身居一斗室。1946年冬天，他已因肺結核惡化，時常咯血，病倒床上。但他仍強撐病體，倚在病榻上指導學生撰寫

---

[196] 高翰：《憶萬卓恒教授》，《學府紀聞：國立武漢大學》，臺灣南京出版有限公司，1981年。

論文。不久，萬卓恆就以貧病交加，在珞珈山淒然去世。他治學極勤，藏書尤多，但去世前，為償還醫藥欠債，不得已賣去了全部藏書。他終身未娶，沒有子女，送殯時只有少數幾個學生，此外就只有一個姐姐。中文系黃焯執筆為其寫了墓誌銘，系主任劉博平親自伏在墓石上書寫銘文。其遺體葬在風光如畫的珞珈山麓東湖之濱，朝夕與湖光山色相伴。

第二十二節　張頤：飲譽世界的東方黑格爾

　　他曾經兩次獲得博士學位。先是獲得美國密歇根大學哲學博士學位，後來又獲得英國牛津大學哲學博士學位，稱為第一位取得牛津大學博士學位的中國人，這在哲學界是很罕見的事。他是歐美學者眼中為「東方黑格爾」。他叫張頤。

　　張頤（1887—1969），字真如，又名唯識。出生在四川敘永縣一個貧寒農家。六歲開始跟隨父親讀書。1907年，在永寧中學求學期間受業師薰陶加入同盟會，後畢業於四川高等學堂。1913年，張頤考取四川省公費出洋留學，就讀美國留學密執安大學。張頤想，「西方各國，何以富強，除科學發達外，其社會思想必有與中國相異之處」，於是他決定選習哲學。1917年初，他畢業轉入研究院，得到了學士學位。1918年春，得碩士學位。1919年夏天，又以特優成績得博士學位。 1919年9月，張頤轉到英國牛津大學繼續學業，他以進修生的身份研究黑格爾哲學。當時的牛津大學裏，中國學生只有張頤一人。好在他人緣不錯，和一些教授很要好，得到不少關照。但是，四川的留學官費已很久沒有寄來了，雖有師友們的幫助，張頤的生活還是有些困難。1921年，張頤聽說德國的生活費用比較低，於是轉學德國埃爾朗埂大學研究班，更深入地研究康德及黑格爾哲學。

　　1923年春，張頤寫成《黑氏倫理探究》（英文版），作為畢業論文，送回牛津大學審查，榮獲哲學博士學位。他是第一位取得牛津大學博士學位的中國人，而他又是第二次獲得博士學位，這在哲學界是很罕見的事。為此書作

序的史密斯教授曾說：「特別重要的是張頤教授討論了黑格爾關於家庭及家庭和國家的觀點。在這裏他以他的批評超過了黑格爾，消除了一般西方思想和制度所根據的偏見……」張頤也因此被譽為「東方黑格爾」。這裏有一則軼聞：抗戰末期，有西南聯大畢業生赴美研究黑格爾哲學，美國某教授告訴他：「中國有張真如教授者，其黑格爾哲學為西方學者所推崇，何不從之遊，而乃負笈國外，真所謂捨近求遠。」當時樂山文廟文學院常有陌生學生隨伺張頤來校上課，並於嘉樂門外賃屋從張頤受業，就是這位回國的留美學生。

1924年，張頤回國任北京大學哲學教授，1926年應陳嘉庚之聘任廈門大學文學院院長、副校長。1929年返回北京大學任哲學系主任。1935年再度赴美考察一年。

1936年，張頤在時任四川大學校長的老朋友任鴻雋邀請下，出任川大文學院院長。第二年任鴻雋因故辭職，張頤代理校長。1938年12月，國民黨教育部任命程天放為川大校長，並令張頤移交校政。這一決定遭到川大師生的強烈反對。很多人都對張頤被無理撤換的事感到憤慨，他們認為張頤是「學術界先進，潔身自好，人格皎然」，「任職年餘，一心校務，眾望允孚」。那些川大的學生，更是乾脆罷了課，老師也罷了教。這次罷教罷課的時間竟然長達18日之久。此時的張頤心裏很難受，他為了顧全大局，毅然離開了他傾注了很多心血的四川大學。校內許多知名教授，如朱光潛、魏時珍、董時進、周太玄等，也紛紛憤然離職。

張頤交卸川大校長職務後，來到樂山武漢大學任教。此外，曾在川大任教與張頤共事的幾位好友朱光潛、黃方剛、桂質柏等先後也來到武大。以張頤年歲最長，還曾在樂山嘉定城最好的館子裏請大家吃了一餐飯，席間大家暢談。據桂質柏說，當時幾個人都互稱老張、老朱、老黃、老桂不稱頭銜。朱光潛講，「張頤為中國哲學界專門研究西方古典哲學的先驅，尤對黑格爾有獨到精深的研究。東方黑格爾德美譽遍及海內外，其次他講授西方哲學史，康德哲學等讓學生悟出道理。每到晚飯後在樂山城的叮咚街、泊水街、白塔街幾處茶館總可看到他的身影。喝晚茶，談古論今相互切磋。有時還擺出龍門陣，讓樂山市民不時叫好。」張頤講的最多的還是三句不離本行。對黑格爾哲學名詞譯法及如何理解黑格爾哲學課題的探討，桂質柏說影響最深的還是張頤講在動盪的戰事年間，馬列主義在中國廣泛的傳播，尤其是其先驅思想來源之一的黑格爾

哲學在中國學界和民眾心中產生的影響。毛澤東的重要著作《矛盾論》、《論持久戰》無不顯著受到黑格爾哲學的深遠影響，同時對傳播黑格爾哲學起到重要作用。[197]

　　六十多年過去了，武大教授群體中有幾位老師的印象依然殘留在伍一民的記憶裏，比如張頤，「他身著一件深灰色布長衫，腳上一雙布鞋。他身軀肥大，面色微腫，踱著方步，慢步上文廟的石級。如果張教授行走在街上，不識者一定以為他是市井中人，一點也沒有名教授的風範氣度，他確確實實是著作等身。他不是每天都來文廟，他任課不多。他名聲大但上課的教室小，除了哲學系高年級選他的課外還有幾個旁聽生。」[198]于極榮印象裏的張頤，「貌豐腴而體格健碩。禿頂，白髮蕭蕭，道氣盎然。御深度近視眼鏡，上課時必另換一副。平時衣著，長衫一襲，或長袍黑褂，步履白襪，四季如一。」還說「從先生遊，數年以還，從未見先生穿西服，結領帶，著革履。蓋先生雖治西洋學術思想，而生活修養則純粹為一東方學者典型。」[199]在老一輩留學生中，張頤獨具一種風格，給諸多學子留下深刻印象。

　　1942年秋季考入武大哲學系的詹寰回憶：

　　　　哲學系的教授中應當首先提到張頤先生……先生主講「西洋哲學史」，
　　　　是系裏的重點課程。他五短身材，身體有些發福，平時總是一襲布料長
　　　　袍，秋冬季則加上一件玄色馬褂，腳穿軟底皮鞋，舉止雍容大度，優雅
　　　　端方，但卻平易近人，沒有絲毫洋學者大名人的架勢，一望而知是傳統
　　　　士大夫學人的本色。先生上課認真，從不缺課或遲到早退，講課時深
　　　　入淺出，而析理精闢，旁徵博引，聽者折服。先生雖然胸藏萬卷，學識
　　　　淵博，卻絕不自炫高深，更不尚浮名，不慕榮利，述而不作，故沒有著
　　　　作傳世。先生號真如，晚年皈依佛學，融匯東西哲理，卓然而為一代宗
　　　　師。我自悔當時少不更事，心有旁騖，沉醉於嚮往的學說，分散了太多
　　　　的精力，以致未能專注於先生的教誨，如入學術寶山，空手而歸。但先
　　　　生當時的一些教誨，至今我依然記得。他說：「我思故我在，這是笛卡

---

[197] 據桂裕民新浪博客。
[198] 伍一民：《回憶在樂山的日子》，臺灣《珞珈》第134期。
[199] 于極榮：《張真如先生二三事》，《學府紀聞：國立武漢大學》，臺灣南京出版有限公司，1981年。

爾的名言。一個人最重要的就是思想，是獨立思考判斷，不可盲從。我們要有吾愛吾師，吾尤愛真理的執著精神。」「學歷史，知人論世，必須看到它的變化發展，看到一個方面是不行的，而要看到各個側面，甚至它的反面。世界上沒有一成不變的東西，不要相信什麼絕對真理。人的一生都應不停止對真善美的探索。」這些訓誨，我當時還不能全然領悟，經過時間的推移，閱歷漸多，才深切感到先生教誨的分量，受益匪淺。[200]

1943年秋考入武大當時號稱「冷門」的哲學系的蕭萐父回憶：

張真如先生，是同學們衷心敬重的另一位嚴師。由於張先生是飲譽海內外的東方黑格爾專家，知名度很高。三年級時張先生新開「德國哲學」課，第一、二次上課，慕名來旁聽的外系同學把教室和窗外走廊擠得爆滿，但聽到了一半就走了不少，到第三次以後，課堂上就只剩下哲學系少數幾個同學了。有次我向張先生談到這一情況，他朗朗大笑說：「這是好事情，人多了，無法講。」他同時開出的「西方哲學史」和「德國哲學」兩門重頭課，受到專業同學的極大重視。張先生的「西方哲學史」課，指定文德爾班的《近代哲學史》（英譯本）作教材，講課時逐章講解，對重點、難點加補充（授引其他著名哲學史家的論述作比較，或補證以最新研究成果），內容極豐厚。至「德國哲學」一課，則以康德、費希特、謝林、黑格爾四家為主要內容。每一家先講一引論，然後解讀重要原著。上課時，以德、英兩種文本對照，逐句譯解，一字不苟；常舉出英譯本不確切之處。我記得講解黑格爾《小邏輯》一書時，他幾次提到：「此處英譯本有問題……那年我在牛津見W.Wallace，已告訴了他。」當時，同學們對於他這樣爽直而不誇張、又毫無自炫之意的平常口吻，對他的研究如此深細，論斷如此權威，真是欽佩之至。張先生在課堂上非常嚴肅，取下常用眼鏡、換上老花鏡後就再不看下面的聽眾，完全沉浸在自己的深密的玄思邏輯之中，也把聽眾引入這一智慧境界。課後的張先生，則平易近人，至性率真。在樂山，生活枯寂，星

[200] 詹霙：《漫話當年武大》，臺灣《珞珈》第118期。

期六下午或星期天常歡迎青年學生到他家（師母李碧芸也熱情接待）去談天、論學，甚至留飯。這時，張先生的爽朗笑聲，常具有一種特殊的感染力，正如他的精湛學識和凝專學風具有特殊的吸引力一樣，不可抗拒，樂山三年，因我常去張先生家求教，對此感受特深。[201]

于極榮《張真如先生二三事》裏更是講述不少張頤逸事，如「抗戰期間，當局為提倡學術，發揚我國民族精神，曾囑意先生翻譯黑格爾之歷史哲學之書，以資借鏡。殊不知黑氏歷史哲學於德國民族復興及其立國精神固多貢獻，然於我國歷史文化既有隔膜，亦且時有譏評，故先生謝而不為。先生治學之謹嚴，類皆如此。」「先生時於嘉定母校除講授黑格爾哲學外，每學年則輪流講授康德哲學或西洋哲學史。先生循循善誘，雖至繁賾難解學說，一經先生講解，莫不渙然冰釋，令聽講者憬然若有所悟，恍然若有所見。加之於講解之際，時複雜以幽默言辭，風趣橫生，令人樂而忘倦。」又如，「抗戰間，湛翁馬一浮創辦復性書院於嘉定烏尤寺。先生與湛翁友善，應邀為該院講授西洋哲學思想。德國哲學源流一書即此時書稿。名山勝水，得二老之優遊其間，益為生色，而隋唐宋明以來古人山林講學之遺風復見於今世。」[202]

抗戰結束後，張頤應胡適之邀，重返北大，講學故都。

第二十三節　黃方剛：長眠樂山九峰的哲學家

黃方剛遺孀黃微華蘭與子黃十九在樂山。

1944年1月17日，武大外文系學生楊靜遠在當天的日記中寫道：

考小說史時陳登恪對一位先生大聲說：「黃方剛死了，今早死的。」我心裏難過，沒心考試了。黃方剛給我的印象太深，我上他一年課，把他的樣子記得清清楚楚。印象沒消失而印象的主體已消失，

[201] 蕭萐父：《冷門雜憶》，臺灣《珞珈》第142期。
[202] 于極榮：《張真如先生二三事》，《學府紀聞：國立武漢大學》，臺灣南京出版有限公司，1981年。

　　這是難堪的。他害的肺病。我將永遠後悔那時我討厭他的態度，和他那
又肥又發紅光的臉，鄙薄他「吃的好」。我不能饒恕自己。他的外國太
太，三個孩子，是別人同情的中心，但他死了我只為他傷心。」[203]

　　楊靜遠日記裏的黃方剛，是「民建」創始人黃炎培之長子，第一位將老子
的《道德經》譯成英文向世界推介的中國人。江蘇川沙縣（今上海浦東新區）
人。1915年至1923年在清華學堂學習。1924年至1927年在美國卡爾登大學獲
文科學士學位。1927年至1928年在哈佛大學獲哲學博士學位。歸國後，先後
在馬君武創辦的廣西大學任英文教師，後赴張學良當校長的東北大學任文學院
院長。

　　1931年「九一八」事變之後，黃方剛先後在北京大學、四川大學、金陵大
學等任教。學生劉君照回憶說，「黃方剛教授是30年代初在四川大學教我們哲
學課的老師。他為人正直、端方、謙遜、誠懇，講課時對哲理闡發入微，娓娓
動聽。黃老師身軀魁梧，健康過人，每逢寒暑假期，他獨自一人登劍閣，進松
潘，深入康定、打箭爐，攀峨眉金頂、訪青城道觀。他旅遊時不怕高寒，不假
肩輿，也不懼綠林『豪傑』。」[204]

　　1938年，東北大學因抗戰遷往四川三台縣，改文學院為文理學院，黃方剛
任文理學院院長。

　　1939年，時在樂山的武漢大學校長王星拱誠邀黃方剛任哲學系教授。1941
年考入武大法律系的陳仁寬，半個多世紀以來都沒有忘記當年系內外多位老師
的教誨，黃方剛即是其一。他說，「在大一時教我們倫理學的是哲學系的黃方
剛教授，可是我和黃教授的交往並不在此時而在大二以後。黃教授當時和他的
美國妻子借住在一個英國牧師住宅的樓下，在一個小山坡上。他家藏有許多古
典音樂唱片，可是卻沒有留聲機。當時電機系的黃建權家中有一臺老式的留聲
機，我和他常常抬著這臺留聲機上黃教授家去聽唱片，貝多芬的第三（英雄）
交響樂、第五（命運）交響樂、第六（田園）交響樂等各曲我都是在黃教授家
首次聽到的。」[205]

---

[203] 楊靜遠：《讓廬日記》，武漢大學出版社，2003年。
[204] 劉君照：《法幣貶值與黃方剛教授之死》，《樂山市誌資料》1982年11月第3期。
[205] 陳仁寬：《回憶樂山時期的老師們》，《北京珞嘉》1997年第1期。

抗戰末期，法幣貶值，物價飛漲，人民生活維艱，教授們更是「越教越瘦」。本來身材魁梧的黃方剛，因家庭負擔重、課務繁多，在貧寒之中不幸染上肺病。他原來每月三百元大洋的優厚的待遇，一下改成法幣，就變得十分菲薄，高級點的藥品和營養品，不但買不到，有也買不起。他性情剛烈，從不向困難低頭，又不願向他人乞求，靠典當衣物維持一家生活。學生劉君照去仁濟醫院看他，「他已不似以前那樣心廣體胖、健壯樂觀的神態，而是顏色憔悴，形容枯槁，萎頓頹喪，舉步維艱，曾幾何時，一位體質十分健康的教授，竟在法幣貶值聲中病得如此瘦削。」「黃老師一生宣揚真理，傳授知識，為人師表，楷模後學，在偽幣騷亂聲中，他竟無法應付那些狡點萬分的奸商手腕，買不到這，買不到那；而國民黨政府對一位大學教授的生活疾苦，又是那麼冷漠無情！」[206]

1944年1月17日，黃方剛病逝於樂山，享年才四十四歲。武大文學院長劉永濟作《黃方剛輓詞》：「塞垣初見時猶泰，蜀國重道世已荒。學道難為豹毅養，論名豈辨穀臧亡。方期鬱鬱凌寒出，孰令昂昂歷塊傷。聞有玄文待稽篆，一阡新草竟埋藏。」顧毓琇《悼黃方剛》云：「彭殤修短倘前知，柱下精研枉作師；豈信著書能卻病，猶憐好學每忘饑。家貧兒讓山中果，世亂妻吟海外詩。嗚咽長江懷故友，清明時節雨如絲。」

抗戰期間，客死樂山的武大師生，都葬在德勝門外一帶荒丘上（今新村陽光廣場）的「武大公墓」。學生們心酸地稱之為「第八宿舍」，因武大一共有七棟學生集體宿舍。武大學生萬澤鬱（1944級機械系）在《樂山武大的「第八宿舍」》[207]一文中說，黃方剛也葬在這裏。其實不然。由於當地的學生李樹芳贈送了一塊墓地，黃方剛得以獨葬在烏尤山後不遠的九峰鄉鞍山村。這個風水寶地是其學生在他病痛中選的。

黃方剛去世後，66歲的父親黃炎培為子書寫了「哲學家黃方剛墓誌」碑石和撰寫的墓誌銘，銘曰：

方剛一生清正，抱道有得，言行一致，誠愛待人，取物不苟，著書講學，到死方休。雖其年不永，亦可以無愧於人，無愧於天地。

[206] 劉君照：《法幣貶值與黃方剛教授之死》，《樂山市誌資料》1982年11月第3期。
[207] 萬澤鬱：《樂山武大的「第八宿舍」》，《武大校友通訊》2008年第1輯。

長兒方剛，窮研哲學，歷任廣西、東北、北京、四川、武漢各國立大學
及華西大學教授，東北大學文理學院院長，凡十六年。以清光緒二十七
年三月十三日生於江蘇之川沙，民國三十三年一月十七日歿於四川樂山
武漢大學教席，年四十四，以同年月葬於樂山淩雲鄉馬鞍山東一里許，
其及門李樹芳贈地。著有《道德學》、《蘇格拉底餘叢》，稿未印行。
母王糾思，妻微華蘭，子十九、海川、岷江。父黃炎培哀記。

黃炎培又有《哭方剛墓》詩曰：

　　生不求人強自支，死留清蛻伴峨眉。三江窈窕堪遺世，百卷叢殘欲
付誰？
　　最後解人空爾索，諸生盧此復奚辭。王師大定中原日，翻待衰翁祭
告兒。

　　白髮人哭黑髮人。這樣的悲劇令人唏噓！據說黃方剛生前因婚姻問題，曾
與其父鬧得不合呢。
　　黃方剛夫人黃微華蘭，美國人。30年代初期隨夫君來到中國，曾任教於東
北大學，後在樂山中學教英文。1944年8月到武大外文系任英語講師。黃方剛
去世後，遺下三個兒子，靠夫人教書兼做點小生意艱難度日。一篇叫做《救命
圈》的文章中有這麼一段話：「在小城街頭，忽然有一天師生們看到一位白種
婦人在賣油炸麵圈圈。當時樂山外國人不過幾人，外國人賣油炸麵圈圈更是聞
所未聞。這個婦人就是黃炎培之子黃方剛教授的外籍夫人。黃方剛因貧病交加
逝世後，其夫人無以為生，只好做油炸麵圈圈出售以謀生計，學生們看到無不
心酸。錢歌川稱這種油炸麵圈圈為『救命圈』。」[208]學生劉君照回憶說，「黃
師母是美國人，她更無法適應那個紛亂的社會。她會製作糕點糖果，有時做些
出來命十多歲的大兒子黃十九（為紀念十九路軍三十二年在上海抗擊日本侵略
軍而取此名）拿去樂山街上叫賣，偏要受街上小兒們的訕罵欺負。黃師母又去

---

[208] 謝紹正編：《永遠的感召——尋找武大樂山時期的故事》，，2003年。

給美軍作翻譯，掙點微薄薪資來養活家口。法幣貶值越來越厲害，黃師母實在無法，就把三個兒子帶著，大概是因為美軍返美之便，回美國去了。」[209]

如今，掩映在一片青竹叢中的黃方剛墓，碑石保存完好，字跡清晰可辨。因為有李樹芳的兒孫輩接力守護著先師。

第二十四節　劉盛亞：慘死山民棍棒下的作家

他是武大哲學系教授，卻以文章名世。不過名氣不算是很大，加之去世早，就更不為人所知。四川人民出版社的《中國現代作家傳略》（上下冊）和《中國文學家辭典》現代部分均失載。他被涂光群稱為「曇花一現的老作家」。

他叫劉盛亞。

劉盛亞（1915—1960），重慶人。筆名SY、軼俞、成敏亞等。民盟成員。少年時劉盛亞隨父劉運籌（北平農學院院長）旅居北平，曾就讀於北平私立文治中學，在學期間與老師黃現璠和同學李石鋒、張天授共同創辦蓓蕾學社，以出版進步書籍和創辦進步刊物為媒介來達到弘揚新文化、新文藝、新史學、新教育的「四新」宗旨。蓓蕾學社創立不久即相繼創辦了進步文藝旬刊《菡萏》、《蓓蕾》，由李石鋒任主編，劉盛亞任主筆，旬刊重點放在新文藝創作和評論上，作為主筆的劉盛亞以銳利的文筆累出傑作，成為「蓓蕾學社四傑」之一。

1935年春，巴金、靳以主編的《文學季刊》發表一篇寫老北京一家有名氣的鏢行鏢師曲折人生的小說，題目叫《白的笑》。在發表小說《白的笑》同一年，劉盛亞赴德國法蘭克福大學留學。1938年回國後，即在在熊佛西主持的四川省立劇校教授德文（時與江安執教國立劇專的吳祖光同被譽為南北神童），並以SY為筆名，撰寫《卍字旗下》系列作品，見諸《文藝陣地》及《抗戰文藝》。1941返重慶，一度擔任過《新民報》副刊主編，還由郭沫若聘為屬下群

[209] 劉君照：《法幣貶值與黃方剛教授之死》，《樂山市誌資料》1982年11月第3期。

益出版社總編輯。後歷任中華全國文藝界抗敵協會理事，成都文協理事，群眾出版社總編輯，《西方日報》周末文藝主編，《大公報》文藝主編，重慶戲協執委兼創作部長，重慶文聯執委等。

劉盛亞譯作甚豐，譯過歌德的詩，改編雨果的小說《巴黎聖母院》為話劇《鐘樓怪人》。而他在抗戰期間完成的最具影響的小說，則是中篇《小母親》和四十餘萬字的長篇《夜霧》。《小母親》寫的是戰時德國的生活，諷刺、揭露納粹德國從精神、肉體上殘害青年的罪行。《夜霧》1945年由群益出版社出書後，曾在國統區相當流行，它描寫的是舊時代北京京劇伶人的生活命運，故事迷離曲折，哀婉，寫了人性的複雜；語言表達，貼切生動，看出作者非常熟悉這方面的生活。此外在新中國成立前，1947年，上海懷正文化社出過他的中篇小說《水滸外傳》。1949年3月，上海春秋出版社還出過他的另一部長篇《地獄門》。

劉盛亞到樂山武大哲學系大概是1944年，任教時間不長，相關文獻資料很少，費盡九牛二虎之力也只找到一些零星的記載。當年外文系學生楊靜遠日記裏有兩則：

> 1944年2月16日　晚飯後，考昭緒來了，帶著兩位客人，原來是劉盛亞──他的合編者，和劉太太。劉辦《文鋒》、《星期文藝》，又是群益書店的經理（？），他要出一種集子，請媽媽和我譯書。
>
> 1944年2月18日　下午同媽媽去洙泗塘劉盛亞先生家。劉家房子又小又黑，比我們的還差。劉先生不是那麼浮囂的。他相當自負，一種不得志的才子的自負。他對自己的言論頗持信心。他談出版界的情形，這是作者們所應曉得而不常曉得的。他最愛談他的朋友，郭沫若，批評他寫作有點扯爛汙（上海土話），自詡天才。不過，「這個人的私德是了不得」，他能夠拋開日本太太和四個孩子，這精神實在難得，「現在他又有四個孩子了」。這是劉太太第一次參與談話。

徐正榜《武漢大學西遷樂山大事記》云：1944年3月23日，武大劉盛亞教授編寫的四幕歷史劇《打漁殺家》在樂山公演，由袁昌英教授擔任導演。

《現代作家任教四川大學摭談》云劉盛亞曾「與武大師生創辦《星期文藝》，只出幾期，旋被迫停刊。」

陳白塵《哀盛亞》說，「後來盛亞去樂山武漢大學教書，我也曾一度隨中華劇藝社去樂山公演。在城內一所古舊的民房裏又見到盛亞。那時他已和賢淑的魏德芳同志結婚了，生活安定而美滿，我以為他無暇寫作了。不然，他仍繼續勤奮創作，同時積極參加武大師生的爭取民主和反蔣活動。《陸沉》的一部分曾在我編的《華西晚報》上連載。此後，盛亞又去四川大學教書，他在創作上和政治上都進入了成熟時期了。」[210]

1949年以後，劉盛亞是自己家鄉重慶市作協分會理事、西南師範學院教授，還兼任民盟四川省委文教委員會委員。1951年間參加赴朝慰問團，回國後即埋首創作，有小說、兒童文學、報告、詩歌、川劇和翻譯等各類作品問世。

劉盛亞最風光時候是1956年文藝界貫徹「雙百方針」那些日子。中國作協書記處第一書記劉白羽曾專程去成都、重慶拜訪那兒的老作家，像成都的李劼人，還有就是重慶的劉盛亞，是頗引起劉白羽注意的。

1957年反右，劉盛亞在重慶被錯劃為極右分子，遠送小涼山彝族地區——樂山峨邊縣勞動改造。該縣山高林密，土地荒野。當時，劉盛亞在勞改中身患重病，由勞教場所派兩人用滑杆抬送至縣城醫院醫治，途中因抬夫偷挖了路旁彝人種的紅薯吃，被主人發覺，立即手持棍棒等物，氣勢洶洶的趕來制止，兩人見狀大驚，拔腿就跑，逃之夭夭。可憐，劉盛亞連同所乘滑杆被棄之路旁，此時他病重在身，氣息奄奄，躺在滑竿上連說話都十分困難，不但無行走逃跑之力，連有口也難辯明是非。當時農村文化落後，山民性格粗野，見偷薯人逃走，便不分青紅皂白把氣出在劉盛亞身上，用亂棒將他活活打死。死時年僅45歲。

劉盛亞死後，家人竟一無所知，直到1979年平反，才確證他已過世多年。

[210] 陳白塵：《哀盛亞》，《劉盛亞選集》，四川人民出版社，1983年。

第二十五節　吳其昌：盡瘁講壇的史學系主任

　　1944年2月24日，武大外文系學生楊靜遠在當天的日記中寫道：「今年於教授不利，一開始就去了兩位。」

　　何出此言？因為「昨天（史學系主任）吳其昌先生去世了」，而一個多月前的1月17日，哲學系教授黃方剛病逝。

　　吳其昌的老師梁啟超有言：「戰士死於沙場，學者死於講座。」吳其昌在去世之前經常拖著孱弱的病體走上講臺，課還沒上完，就突然吐血不止。學生親友勸他注意休養，他說：「國難深重，前方將士效命疆場，後方教授當盡瘁於講壇。」吳其昌也一如其師，竟躬踐其言。

　　吳其昌，字子馨。1904年生於浙江海寧。為詩人徐志摩之從表弟。只是，論家境，吳遠不及徐。他12歲喪母，16歲喪父。自幼酷愛讀書，幼受教於桐城派古文家張樹森（仲梧）。小學畢業後即輟學，但他不肯與其他少年一樣去學「生意」，便自己在鄉里中借書讀。17歲考入無錫國學專修館，從太倉唐文治（蔚芝）治宋明理學。

　　1925年，清華國學研究院開辦，吳即報名應考。此次招生共錄取學生33名，吳其昌以第二名考中，成績驕人。是年9月9日，研究院舉行開學典禮，王國維、梁啟超、趙元任、陳寅恪四大導師先後到校任教。各位教授有不同的指導範圍，如梁啟超負責諸子、中國佛教史、宋元明學術史、清代學術史與中國文學諸學科。而吳其昌擇定「宋代學術史」為研究題目，由梁啟超擔任指導教授。二人因此締結的師生緣，無論對於梁還是吳的學術生命，都極其珍貴且意義深遠。

　　1928年，因梁啟超的舉薦，吳其昌受聘南開大學，在預科教授文史，由此走上高等學府的講壇。1930年，轉任清華大學歷史系講師，講授中國文化史等課。「九一八」事變後，吳其昌全家為逼蔣抗日，與其弟、燕京大學學生吳世

昌以及妻子一同絕食請願，震動全國。其後聲援與繼發的請願活動紛至遝來，民眾抗日救亡的激情進一步高漲。而因「合門絕食」「名傾天下」[211]的吳其昌，卻很快被清華大學文學院長蔣廷黻解聘，旋為武漢大學聘為歷史系教授，南浮江漢。

　　1932年，吳其昌偕妻來到美麗的珞珈山。講授《古代文字學》（含甲骨文、金文）、《商周史》、《中國通史》，以後又輪換講授《中國文化史》及《宋元明清學術史》，還經常作學術專題報告。同時，他不停為救國吶喊呼號、講演撰文。終因積勞成疾，於1937年春患急性肋膜炎住院，醫囑需長期休養。他於病中賦詩道：「寂寞簾扉起暮埃，江城迢遞臥荒萊。離離瘦骨媚孤影，勞勞人間滋百哀。憂國不辭身獨瘠，憶遼常夢鶴重還。何須金箆苦針炙，沸血胸中自往來。」（《武昌醫院中療肋膜炎》）

　　抗戰爆發後，武大西遷四川，吳其昌帶著夫人諸湘、小女令華來到美麗幽靜的小城樂山。淩雲寺的大佛，烏尤寺的綠蔭，使喜愛文物和旅遊的吳其昌留戀不捨。1939年8月19日，日寇轟炸樂山。吳其昌正在重慶開會。一顆炸彈落在吳家後院外，彈片飛進屋內，幸未傷人。吳其昌自渝回來，不問家中有無損失，只問朋友誰家遭難。聽說葉聖陶家房子被燒，葉母差點逃不出去，吳其昌吃也不吃，趕到葉家慰問。轟炸之後，吳其昌和其他教授一起，在鄉下租了間房子躲警報。那裏駐有一支新兵部隊，正進行上前線前的訓練。鄉下寫作條件差，吳其昌有空就去和戰士聊天，給他們上歷史課，鼓勵他們英勇殺敵。

　　1939年，吳其昌陪故宮博物院的馬衡院長第二次上峨眉山，回來即開始咯血，時輕時重，遷延不斷。1941年又兼任歷史系主任，工作忙碌異常，四川氣候潮濕，他的身體完全垮了。但仍白天扶杖上課，深夜支頭撰文。他除繼續進行《中國田制史》、《群史食貨志校勘記》、《王會篇國名補疏》等寫作外，把更多的精力放在了「以史為鑒」的研究上，將歷史研究與抗日形勢結合，如《歷代邊政借鑒》、《民族盛衰的史例觀》、《中華民族生存發展的鬥爭》、《蠻族侵略歷史性的比較》、《民族盛衰的關鍵和我們救國的態度》、《春秋

---

[211] 王蘧常：《吳子馨教授傳》，夏曉虹、吳令華編：《清華同學與學術薪傳》，北京三聯書店，2009年。

的民族主義和復仇主義》、《一千年來民族文化盛衰之症結》、《中日戰爭的一個歷史看法》等，還籌劃成立東亞史研究會。親友勸他節勞，他說：「不至抗戰勝利之日，決不休假。」以至陳寅恪自香港脫險安抵桂林後，來信婉勸他：「尊恙想是過勞所致，不知能稍休養否？念念。」但他仍不肯稍加懈怠。數年中發表有關宋元明清學術史、古史國名考證、古音韻學、歷代邊政借鑒、民族抗禦外侮史鑒，及紀念梁啟超、王國維、姚名達等師友學術精神的論文三十餘萬字，還寫下宣傳長期抗戰、鼓舞士氣的時論文章百餘篇，20餘萬字。他還為高中重編教科書，又打算編一部《抗日英雄賢豪傳》，搜集了許多資料，並已寫出《郝夢齡傳》、《鄭安寶傳》兩篇。每到假期，幫父親抄稿就成了女兒的一項任務。2002年，吳令華在一篇回憶錄中說，「我至今猶記得：在西川偏僻小城的深夜裏，寧靜安謐，只聞大渡河水奔騰不息，洶湧澎湃，只見爸爸書房裏一燈如豆，熒熒閃爍，爸爸獨自邊咯血邊扶頭撰文，直到天明。」[212]

武大學子王禹生在《嘉樂弦歌憶舊》中說，「戰時教授均極清苦，吳師身長消瘦，經常穿一身藍布長衫，吳師的課不論冬夏都是排在下午第一二節——因為上午是吳師念書的時間。授課時精神、聲音、情感，可以使全班學生全神貫注，黑板字寫得細小秀緻。課後同學都不忍擦掉。」[213]

馬同勳1936年8月考入武大史學系，1942年畢業並留校任教，在吳其昌耳提面命、諄諄教誨中度過了最為珍貴而充實的八個春秋，是直接受教於吳其昌時間最長的唯一門生。六十多年後，馬同勳每每憶及老家大庭中央供奉的「天地君親師」牌位，大學時代的恩師吳其昌就如影隨形地浮現在眼前——

抗日戰爭期間，學習條件極差，沒有教材，沒有講義，全靠課堂記筆記獲得知識。吳其昌講課時非常生動和精闢，操一口江浙口音，擔心他講的話學生不一定完全聽得懂，所以每次下課時，都要將所有同學的筆記本收上去，帶回去一一批改、更正後，再發還給學生，班上共有11位同學，他每節課均是如此。後來，吳其昌發現馬同勳的筆記比較全面，就只把他一人的筆記本收回去細改，作為範本，叫其他同學對照馬同勳的筆記訂正修改。據吳其昌的女兒回憶，「有一位學生開始聽不懂他的浙江話，每次下課後都來家請教。爸爸總是

[212] 吳令華：《懷念父親吳其昌教授》，《珞嘉歲月》，2003年。
[213] 王禹生：《嘉樂弦歌憶舊》，臺灣《珞珈》第31期。

耐心地慢慢地再講一遍，實在不懂的字詞就用筆寫。於是我只要見這位學生來訪，就準備好紙筆放在茶几上。」[214]

馬同勳回憶，「先生每次講課都是一篇完整的學術專題講演，主題鮮明，邏輯嚴謹，語言考究，又不失風趣。古代文字學、宋明理學、佛教與禪宗均為義理難解的課程，經過先生通俗易懂、深入淺出的講解，旁徵博引、風趣幽默的闡述，不知不覺間把我們引回歷史長河，大有親臨其境之感，至今記憶猶新。聽先生授業真是比淋浴春風而有過之。」

「先生每次授課，感情充沛，明白曉暢，深入淺出……每逢講到西晉、北宋、明代亡國之痛時，先生惋惜悲憤之餘，總是結合抗日戰爭現實諄諄教誨我們『國家興亡，匹夫有責』，『先天下之憂而憂，後天下之樂而樂！』上課時，先生曾領導我們高唱岳飛的《滿江紅》和抗戰歌曲《松花江上》，大講岳飛、文天祥的抗敵入侵事跡以激勵我們的愛國熱情。在先生的教育影響下，全班十一位同學中，有七人奔赴抗日前線，二人為國捐軀。」[215]

「先生有時講著講著就會咯出一口血來，同學們勸他早點回去休息，先生卻說：戰士死在疆場，教授要死在講堂，我已活了四十歲，如加倍努力，不就等於活了八十歲嗎？稍事休息後，先生又振作起來，繼續上課，我常常是噙著淚聽先生講課，受先生精神的鼓舞，愈加勤奮。」[216]

吳其昌經常做學術報告或宣傳抗日救國的演講。袁征益說他，「旁徵博引，內容豐富，條理清晰，生動感人，而且獨到見解，令人耳目一新！」于極榮則說他，「談吐則常帶感情，能近取譬，娓娓談來，令人欣然神往。」[217]

「貢獻生命的誠懇」，這是吳其昌在武大的一次講演中提出的。他說：「『誠懇』，是一切一切學問的根本態度。無論那一種學問，我都情願用我的生命去換這種學問，我就把我整個『身』和『心』貢獻給這一種學問，我就拼命去做這一種學問，我就真用我的生命去換一種學問。立了這樣一個誠懇真摯忠實的宏願，學問決計不會不造到最高一層。」接著例舉幾位用生命換取學

[214] 吳令華：《懷念父親吳其昌教授》，《珞嘉歲月》，2003年。
[215] 馬同勳：《懷念恩師吳其昌教授》，《武大校友通訊》2007年第1輯。
[216] 蔣太旭：《吳其昌：教授當死於講堂》，謝紹正編：《永遠的感召》，2003年。
[217] 于極榮：《吳其昌先生印象記》，《學府紀聞：國立武漢大學》，臺灣南京出版有限公司，1981年。

問的古人:「別人做詞,風花雪月的玩藝兒罷了,而納蘭成德摳出心血來換它;朱子註四書,到死的那天,還修改《大學》『誠意』章:高則誠做《琵琶記》,填到『吃糠』一句,滾在柴堆裏哭得不能起來;王實甫做《西廂記》,到『西風緊,北雁南飛』,嘔吐鮮血暈倒。我舉的例,固為不倫不類,但他們都是用整個生命去換他的學業。所以他們能在各個不同的方面,造佔各個至高頂峰,永遠不朽的地位。做學問第一個根本態度,應該如此。不但做學問,而且同樣適用到做人。」

抗日軍興,吳其昌更是全力投入繁忙的抗日救國宣傳中。他到處講演,對青年學生講,對抗日軍官講,對大小官員講;講日寇對我侵略的歷史,講歷史上的國難教訓,講抗日必勝的信心,講中華民族的英雄人物,講國民特別是「士」對國家民族的責任。對於抗日戰士,吳其昌往往敬重有加。據其女兒回憶,「有一次,爸爸帶回一個小夥子,說是在浙江同鄉會上認識的,是個空軍,負傷來到樂山;又說是南洋華僑,在此舉目無親,衣食無著。爸爸敬愛抗日英雄,就將他帶到家裏,為他租旅店,送衣被,管飯食,還給錢,並叫媽媽和我常去照顧他。最後發現那人是個騙子,捲錢物逃跑了。媽媽埋怨爸爸輕信,爸爸卻說:下回遇到抗日將士落難,我還要幫。」

由於生活窘迫,吳其昌還曾應嘉峨師管區主辦的「中國之命運讀書心得」徵文比賽,以求薄酬。有人議論:一位大學教授,武漢大學歷史系主任,竟投稿一個師管區徵文得獎,太降格了!有人背後還講他是窮極無聊!更多師生卻深表同情。他確實很窮,且貧病交加,一籌莫展!應約徵文,降格以求,總還是憑勞動所得的正當收入。

戰事膠著,內政腐敗,病中的吳其昌感時傷亂,孤憤填膺。他盼望中興,而屢屢失望,身染重病,心志難酬,生活窮困,醫食無保,在詩詞中不時流露出悲苦之音:

壬午除夕
臘鼓梅花歲又新,偶因兒女覺春溫。匈奴未滅家徒在,饑溺同深恥不貧。
心事無窮搔短髮,萬方多難看浮雲,明年四十驚無聞,髀肉撫摩負此身。
(按,壬午年即1942年。)

秋宵聞雁

相遇天涯魂已消，況於病榻聞嗷嗷。三年作嫁嗟無補，一字為行悲獨高。
鸞鵠稻粱甘自受，鴟雛腐鼠亦何勞。沙清月白江流碧，我欲從君趁暮潮。

西郊野步

西郊路似彈棋局，漸近中心漸不平。白屋低簷凄抱鋏，朱樓夾道競調笙。
藏蕉鄭鹿迷離夢，逐兔韓盧踔躍行。眾庶長勤藜獨醒，微波落葉拜湘靈。

　　家中屋簷上，燕子年年來壘巢育雛，吳其昌在病床上吟成《水龍吟・嘉定寓宅感雙燕賦》兩闋，訴說情懷。其一云：

　　　　同君流浪天涯，偶然相遇瘴煙土。荒城巷陌，殘春院落，飄零賓主。一樣嘺瘏，育雛含哺，漫天風雨。但樓頭高處，關河遠望，問見否，家鄉路。

　　　　軟語呢喃商略，似重期新秋歸去。我歸何日，深懷密意，向君低訴。覆手炎涼，輸心冷暖，眼中可數。愧門非王謝，交成張范，三年如故。

其二：

　　　　與君創業差同，往來口血千回吐。不因人熱，自家締造，自家經護。癡絕如君，朱樓何限，親吾寒素。許誤君青昕，礪吾峻節，都不肯，傍門戶。

　　　　來歲春分重到，想王師已收吳楚。紫金陵闕，烏衣方巷，任君翩舞。我亦卷書，放歌白日，一舸東注。指敝盧園在，錢塘江上，君能來否？

　　1943年歲末，勝利出版社為發揚文化傳統、凝聚民族精神，組織編纂《中國歷代名賢故事集》，特邀吳其昌承擔《梁啟超》一題的撰著。既感師恩，又以民族文化建設為己任，吳其昌因此不顧病勢沉重，慨然應允。無錫國專同學王蘧常曾記其寫作情景：「臨命前一月，尚應當事約，作梁任公傳，都五十

（「十」疑為衍字）萬言，力疾從事。氣若不屬，屢作屢輟，終至不起。」[218]
此語雖簡要得體，卻不如吳其昌自述詳細感人：

> 其昌受命奮興，時病正烈，學校正課，至請長假，而猶日日扶病，搜集史料，規劃結構，創造體例，起打草稿，雖在發燒、吐血之日，亦幾未間斷，其事至苦，……近兩月來，幾於日夜趕撰此稿，朋友勸阻而不果。（《致潘公展、印維廉書》）

> 潘公展、印維廉二先生囑撰《梁啟超傳》，十二月中旬開始動筆，一口氣寫五萬字足，直至一月十九日，始告一段落，身體太弱，寫四五天必須睡息一天，辛苦！辛苦！（《致侯堮書》）

《梁啟超》上冊於1944年1月19日封筆，一個月後的2月23日，年僅40的吳其昌即在樂山病逝，自言「冀少酬先師任公知遇之厚」的這半部傳記，出版時已成其遺著。因此，書稿印行時，也與同一系列的諸作不同，為表哀悼，卷首特別冠以由「勝利出版社編審組」署名的《作者小傳》。

吳其昌在生命的最後階段撰寫的《梁啟超》雖僅成上篇，仍足以顯現其學術精神。他自認「本書為其昌嘔血鏤心之著述，雖片言隻字，未敢稍苟」，其寫作也「正因負責、確實、認真三義堅守不渝之故，乃至誤期」（《致潘公展、印維廉書》）。吳令華在一篇文章中說他父親著《梁啟超》，「真做到了『摳出心血來換它』。父親是在以生命殉他的事業學問呵！」

蒿目時艱，吳其昌熾熱的救國情懷在《梁啟超》一書中展露無遺。在為梁啟超登場所作的時事鋪墊中，特於結尾處設置了「暴日蓄志亡華的深心」一段論說，揭出早在明治之前，日本的維新志士即以吞並中國為日本強大的國策。而吳其昌1942年發表的《梁任公先生別錄拾遺》與《梁任公先生晚年言行記》，無論是寫作心境還是敘述思路，均與《梁啟超》一傳相通。二文所勾勒的梁氏日本觀之轉變，如何從「戊戌亡命日本時」「覺日人之可愛可敬」，到「護國一役以後，始驚訝發現日人之可畏可怖而可恨」（《梁任公先生別錄拾

---

218 王蘧常：《吳子馨教授傳》，夏曉虹、吳令華編：《清華同學與學術薪傳》，北京三聯書店，2009年。

遺》），以及作者不斷提示的梁對日本的警惕，放在抗日戰爭的特定背景下解讀，才可以得到準確的理解。

1943年春夏之交，吳其昌帶病到重慶開歷史學會及史地教育委員會會議，歸途即感不支，到家大口咯血，但仍扶杖授課。馮玉祥將軍到樂山為抗戰募捐，給吳其昌送藥，並要求撰文宣傳。他帶病著文，又寫了幾幅金文書法，參加義賣。12月中旬開始，他為著《梁啟超》一書，從搜集史料，規劃結構，創造體例，起打草稿，至1944年1月19日完成上半部三章五萬餘字。1月24日，新年除夕，吳其昌照例有詩：「兒女歡喜迎好春，夢粱舊事酒邊溫。笙歌匝地哀黃竹，燈火盈城憶白門。血肉長城連海漠，冕旒盟約燦天閶。七年此夕團欒飲，手植榴花已見孫。」

1944年的一天，吳其昌照常拖著孱弱的病體走上講臺，課還沒上完，就突然吐血不止。當時已畢業留校當助教的馬同勳，急忙將老師背回家。進入2月份，吳其昌完全臥床了，最後昏迷不醒。學生于極榮在他去世之前，曾經見過老師一面，「某日上午，余赴文廟圖書館借書，十一時許事畢返舍。當行至圖書館對面過道時，突見先生徘徊於教室外之走廊間。是日春風駘蕩，天氣溫暖，而先生猶著棉袍黑褂，戴暖帽，圍圍巾，扶手杖，形容憔悴。踽踽獨行，似有所思，亦似有所尋。予一見之下，不禁駭然。心念先生臥病已久，何故獨自來校，徘徊於教師之前。於是趨前攙扶，問以何事來此。先生答云：自入春臥病以還，久已不見諸君，心常耿耿。今日精神稍佳，故來探視。予聆聞之餘，頗覺不祥，當勸先生勿以此為念。適歷史系有二三同學從走廊前經過，於是相偕護送先生返家，不數日先生即與世長辭。」[219]

2月23日凌晨，吳其昌忽然清醒，大聲說：「快快做飯，我吃了要去開會。」夫人問：「去哪裏開會？」他拉過夫人的手放在額上，說：「這裏——學堂裏。」隨即又昏過去。早上六時許，吳其昌永遠離開了人間。重慶《新華日報》發布消息，並加編者按對這位愛國學人的早逝表示哀悼。

3月5日，吳其昌暫厝於樂山德勝門外武大公墓。留下一妻一女，身後蕭條，狀極凄慘。同一天，《大公報》發表方壯猷悼文《吳其昌教授事略》。

---

[219] 于極榮：《吳其昌先生印象記》，《學府紀聞：國立武漢大學》，臺灣南京出版有限公司，1981年。

　　吳其昌是帶著諸多遺憾走的,他沒能看到抗戰的勝利,沒能等到杜甫「漫卷詩書」、「白日放歌」、「青春作伴好還鄉」的日子。他還不滿40歲,正是學術創研的豐收年華,他擬革新中國古史研究的課題沒有完成,「東亞史研究會」尚未建立,他還有多少著作沒有完成,僅金文研究方面,《名象疏證》的其他篇章尚待續作,還有《方國疏證》、《習語疏證》、《職官疏證》、《禮制疏證》……的資料等待整理充實,以及《華族亞細亞國群史表及考證》等等。

第二十六節　方壯猷:晚年識辨勾踐劍的教授

　　1965年冬,江陵縣望山沙塚楚墓的發掘,是湖北境內採用科學方法對楚墓進行的首次較大規模的發掘。這次發掘中最驚人的收穫是一柄寒光閃閃、精美絕倫的青銅劍。此劍的出土,震動了海內外史學界與考古學界。在這把青銅劍的劍身一面近格處刻有兩行鳥篆銘文,共八個字。這種古文字,史稱「鳥蟲文」,是篆書的變體,釋讀頗難。考古工作者在現場沒有資料可以參考的情況下,初步釋讀出劍銘中的六個字為「越王」、「自作(乍)用劍(左金右僉)」。春秋時越國先後有九位越王,此劍又是哪一位越王的呢?只有弄清劍上的越王之名方可做出定論。於是,在考古學家、古文字學家之間展開了一場以書信往來為主要方式的、轟動一時的學術討論。專家們經過兩個多月的書信交流、切磋研討,學者們的意向趨於一致,公認劍上的八字銘文為方壯猷所提議的:「越王勾踐,自作用劍。」一件埋藏地下兩千三五百年的國寶級的文物、一柄真正的王者之劍的身份終於認定,一場轟動一時的學術大討論也圓滿落下帷幕。這也是方壯猷晚年學術生涯中的最為輝煌的一頁。

　　方壯猷,字欣安,原名彰修。湖南湘潭人。1902年生於一個貧農家庭。年輕時的方壯猷興趣廣泛,尤愛文學,「浸淫於西洋文學,凡詩歌小說劇本無不畢嗜,亦時有創作……後治毛詩,攻中國文學」;1923年考入北京師範大學後,「又轉其志於社會科學,凡政治、社會、經濟、法律、宗教、心理、哲

學諸書無不攻讀，且及於吾國史、漢、通鑒、通考及紀事本末、宋元明學案諸籍，益期有所成」。兩年後入清華大學國學研究院。在清華研究院，他「治文史之學，著《中國文藝史》十四卷，《太平天國誌》若干卷，此外積稿尚多。然君素不表暴，局諸篋而已矣」。研究院的同學吳其昌說他：胸懷大志，「為磊落慷慨奇男子，然外又以和易隱之，溫柔敦厚，人目之為婦人女子，君笑頷而已」。研究院一年後畢業，他到上海一些大學教書。

1929年方壯猷赴日本東京大學留學，從東京大學白鳥庫吉研究東方民族史。次年歸國，在北平、南京各著名大學講課。後來發生了一些事，他復南下，1934年赴法，入巴黎大學研究院，從伯希和繼續研究東方民族史。

1936年方壯猷歸國，在同學吳其昌的介紹下任武漢大學歷史系教授，直到武漢解放。其間，曾兼任歷史系主任、代理文學院院長。據吳其昌女兒吳令華《我所了解的方伯伯》回憶：

> 一天，父親和母親說起在北平時與賓四（錢穆）、欣安等同遊長城的趣事，兩人大笑，父親順便提到：「欣安從法國回來了，景況還不好，我對某某說了，請他來武大教書。」又過了些日子，方攜全家來訪。與以往不同的是：每次來客，都在客廳接待，除非深入探討學術問題，才請進書房查書。而這方伯伯初次來訪，略事寒暄，父親便把他讓進書房，留下母親陪方伯母在客廳聊天，我則和克強、克定兄弟在地毯上玩「過家家」。過了許久，我們的遊戲角色已經變換多次，我已想不出新鮮花樣了，他倆才從書房出來。後來父親對母親說：「欣安全家剛來，人生地不熟，你多陪陪方太太」，又叮囑我多和克強兄弟玩。正好他家和我家同住在新二區，所以，從珞珈山到樂山，我們兩家來往一直較多。[220]

1938年武大西遷樂山，方壯猷具體負責圖書儀器轉運工作。是年，時任四川大學教務長的朱光潛誠邀方壯猷往川大講學，具體負責學術講座的桂質柏日記中記載川大史學在當時的高等教育學府中是享有盛名的。方壯猷在川大先後主講了《室韋考》和《契丹民族考》，《三種古西域語言文發現及其考釋》等論文的主

---

[220] 吳令華：《我所瞭解的方伯伯》，上海《文匯報》2006年10月15日。

題思想為川大史學研究增添了光彩。方壯猷還與徐中舒（清華國學班）等人撰寫了《東北史綱》具有較高的學術價值，為以後的《東北通史》所引用。

方壯猷二兒媳子黃民智（方克定夫人）致信百花文藝社編輯高豔華云：克定在和我閒談中曾回憶說：「記得當年家居樂山縣鐵門坎的『高望樓』（父親命名），從大陽臺上可正面眺望大渡河，側面還能遠望大渡河、岷江與青衣江匯合處的淩雲山和烏尤山。」他11歲那年父親曾邀請豐子愷先生作客高望樓（好像還有朱光潛先生等在座），宴談盡興，流連忘返，揮毫潑墨，接連畫了幾幅橫軸和條幅形式的樂山大佛（裱糊的橫軸一致掛在客廳裏，現在不知何處）。[221]

在樂山武漢大學，方壯猷出任歷史系主任，主要講授「宋遼金元史」，也開過「史學概論」。還與桂質柏合作主講「中國文學史」、「外國文學史」、「中國社會史」等課程，都編有講義。方壯猷在武大授課有自己的特點，很受學生歡迎。武大歷史系退休教授、1936年考入武大歷史系的馬同勳，在九十多歲時的2010年清明回憶先師方壯猷：

> 1939年9月，四川樂山遭受日寇大轟炸後，先生召集史學系學生孫秉瑩、解毓才、鄧人撰、馬同勳四人座談研究整理《宋史》一事。先生認為，《宋史》是一部內容多達496卷的紀傳體巨著，由於元朝脫脫主持修史時間只有3年（公元1343—1345），因而在資料剪裁、史實考訂等方面訛舛之處頗多，如志、表、傳之間互相矛盾、一人兩傳、有目無文等；但《宋史》也保存了不少已散佚的原始資料，具有一定的史料價值，值得後來的史學工作者去整理校勘以還原歷史的真相。因此，先生希望我們幾個人在課餘時間共同參加《宋史》的整理工作，出版一部《宋史類編》。
>
> 先生拿出自己珍藏的一部線裝本《宋史》分給我們四人剪裁（線裝書係單面印刷，可以剪裁）。在先生指導下，經過討論初步按照政治、軍事、官制、兵制、法制、科舉、賦稅、農業、手工業、礦冶、商賈、經學、文學、史學、藝術、對外關係、農民起義等大類進行剪裁。然後將各類資料分章節進行認真梳理，著文成篇，最後由先生審核定稿。

---

[221] 陳小瀅講述、高豔華選編：《散落的珍珠》，百花文藝出版社，2008年。

　　1940年7月，孫、解、鄧三人畢業，為完成《宋史類編》，在先生力爭下，孫等三人均留校任研究助理（類似研究生），為期兩年。1942年7月孫等三人離校，初稿大部分完成。後續任務落在先生和我身上。1944年夏初（記得在吳其昌先生仙逝後不久），先生通過清華國學研究院老同學衛聚賢先生的介紹，將《宋史類編》送交重慶正中書局出版。

　　此書從策劃到成書歷時5年。1945年抗戰勝利，出版情況就無從查考了。此書在樂山時期極端艱苦的情況下，先生組織部分門生邊學習邊實踐，出版《宋史類編》巨著，彰顯出學用結合的道理，令人懷念不已。

　　師從先生16年，我深深體會了先生愛生如子、恨鐵不成鋼的慈祥胸懷。孫秉瑩，河南滎陽人；解毓才，山西汾陽人；鄧人撰，江西奉新人；我是河南洛陽人，都是家在淪陷區流亡四川樂山的學生，舉目無親，生活相當艱苦。先生和師母殷切教導之外，時時關心我們的生活。每逢傳統佳節，總要邀我們至方府美餐，在與師弟克強、克定和小妹克明的相聚中，享受有若天倫之樂的溫馨。[222]

　　方壯猷在傳道授業之餘，對學生們的工作和前途也非常關心。1940年，孫秉瑩、解毓才、鄧人撰畢業，他想盡辦法留他們擔任文學院研究助理，邊工作邊編寫《宋史類編》。1942年研究助理期滿後，介紹孫秉瑩到西安第八戰區司令長官部任上校秘書，並向老同學衛聚賢（清華國學研究院同班，時任中央銀行秘書）推薦解毓才擔任樂山中央銀行秘書。馬同勛回憶，「最難忘的是先生對我的教誨和關懷。由於我長期隨侍先生左右，每有機會先生總是想到我。1943年8月，教育部規定各大學增開文法學院『中國通史』課，先生和吳其昌恩師推薦我任教。當時，我剛畢業一年，同一時間講授該課的又是名師梁園東、唐長孺教授，我自愧學疏識淺，不敢從命。後在先生和吳師鼓勵指導下我勉強講授，且效果較好，大受學生歡迎，這大大增強了我從事教學的信心。」[223]

　　1942年至1946年就讀武大史學系的辜燮高回憶，「方壯猷老師……我上過他的『宋遼金元史』、『中國社會史』和『中國史學史』課。我對董其昌的字很欣賞，『中國社會史』上講到《民抄董宦事實》一書，我才知道其行徑惡

[222] 馬同勛：《懷念恩師方壯猷教授》，《武大校友通訊》2010年第1輯。
[223] 馬同勛：《懷念恩師方壯猷教授》，《武大校友通訊》2010年第1輯。

劣。在史學史上方先生提出改正史的二經（本紀、列傳）二緯（表、志），為一經（傳）一緯（表）體。當時我即認為能對我國正史體例提出修改是需要勇氣的，而這正是我佩服的。」[224]另據葉聖陶《西行日記》載：「（1941年1月11日）欣安夫婦來，欣安告余以近為教部所編《中國社會史》之大概。」[225]

抗日戰爭時期，方壯猷的學術研究方向是主攻宋史。「以元修《宋史》之蕪陋，曾建議組織力量修新宋史。積多年之力，整理出《宋史資料分類長編》數十巨冊，並將編纂《宋史類編》和《宋史校註》的計劃公諸於世，尋求贊助。後因各方面條件的限制，這一計劃未能實現。這方面的研究成果，如《南宋編年史家二李年譜》、《遼金元科舉年表》等，曾發表於《說文月刊》、《武漢大學文哲學報》等雜誌上；《宋元經濟史稿》、《宋三百年學術年譜》等均未正式出版。」[226]

方壯猷在武大的「中國社會史」課重點是講中國封建社會的土地所有制和農奴制度。1945年到四川三台縣的東北大學兼課時，結識了趙紀彬等左派進步教授，初步接觸到唯物史觀和社會發展史的觀點，以後即力圖貫徹到他所講授的中國社會史等課程中去。其中國史學史講錄成稿於1943年，經鄧廣銘介紹並作序，1947年由中國文化服務社出版，書名《中國史學概要》。

方壯猷在抗戰期間，還兩次參加我國西南地區少數民族的調查研究工作，一次是中英庚款董事會組織的川康科學考察團，一次是邊區建設研究會組織的雷波、馬邊、屏山、峨邊、沐川、犍為、峨眉、樂山八縣彝族調查工作，重點調查研究四川西部大小涼山彝族的奴隸社會制度，寫成《涼山羅族系譜》、《雷波屏山沐川等縣土司家譜》、《蠻夷司文等九土司家譜》等調查報告，發表在蒙藏委員會編輯出版的《邊政公論》雜誌上。這是他的民族史研究工作的繼續，並且把史籍考證和實際調查研究結合起來。另據葉聖陶《西行日記》載：「（1939年5月2日）午後，欣安來談，言將參加西康考察團，或於六月初登程。該團意在探西康之礦產，西康有金礦及他種金屬礦也。又言近接湖南大學及師範學院兩處之聘書，該兩校在湖南，離開家近，或將擇其一處而任職，

[224] 韋慶高：《樂山雜憶》，《武大校友通訊》2008年第2輯。
[225] 葉聖陶：《西行日記（上）》，《葉聖陶集》第19卷，江蘇教育出版社，1994年。
[226] 岳華：《方壯猷傳略》，《中國當代社會科學家》第五輯。

大約離武大為不可免之事。」[227]

　　1944年2月24日，同學兼同事的史學系教授吳其昌去世，方壯猷在其撰寫的《吳其昌教授事略》中強烈呼籲國民政府改善教授的生活境況，「顧自入蜀以來，物價指數率增至三五百倍而有加無已，大學教授薪津所得，遠不逮販夫走卒之差足溫飽。學課之餘，賣文售藝，力竭聲嘶，猶不足糊口腹，贍妻子，更何暇乎節勞養疾之足云哉！」批評當局對「既成之才，棄之若敝屣，悉任其貧病潦倒」，並列舉武大抗戰中死去的教授：「前乎君者，既繁有徒（武漢大學教授先君而卒者為郭澤五、王進展、黃方剛三君，其餘講師助教死者尤多），踵乎君者，恐更將接十連百而未已也！是豈國家前途之幸哉！」

　　1946年初，樂山武漢大學開始復員，復校委員會主任委員楊端六對圖書、儀器等項工作交由方壯猷和桂質柏負責。這是史學，圖書檔案學黃金搭檔。方壯猷說：「經費運力有限，圖書資料一樣不能丟，這是不能再生的，書櫃書架可以做新的。」事隔近五十年後的武漢大學歷史系教授馬同勳說：「當年武漢大學回遷因為有楊端六，方壯猷，桂質柏這樣一批知名教授的引導和管理，我的高中畢業文憑才得以保存，這是我萬萬沒有想到的。那時考大學除考分達標，還需拿高中畢業文憑做抵押才能就讀。1993年武大110周年校慶期間，在武大老圖書館地下室發現這批檔案資料還登過報請相關人士認領，實在令人叫絕。」

第二十七節　唐長孺：魏晉隋唐史的泰山北斗

　　他在魏晉南北朝隋唐這一領域進行了開創性研究，得出一系列極富啟迪性的結論，開闢了一大批頗具潛力的新課題，在陳寅恪的基礎上把本領域推向了一個新的高峰，與陳寅恪、周一良、王仲犖諸先生一道被中外史學界公認為20世紀這一領域的泰山北斗。

　　他逝世之後，北京大學周一良、田餘慶教授合作

[227] 葉聖陶：《西行日記（上）》，《葉聖陶集》第19卷，江蘇教育出版社，1994年。

輓聯：「論魏晉隋唐，義寧（陳寅恪）而後，我公當仁稱祭酒。」日本京都學派代表人物谷川道雄先生稱他「不僅是一位傑出的歷史學家，也是我們日本中國史同行最尊敬的師長，他的學術及其為人將永遠為我們日本學者所懷念」。東京大學名譽教授池田溫電傳輓聯「六朝隋唐，發揮史識；高昌文書，開拓新域。」

他在武漢大學創辦了中國三至九世紀研究所，曾兩度出任系主任，培養了大批優秀人才，奠定了武大歷史系的地位。他1956年被定為國家二級教授，後數次堅辭一級。

他就是與已故山東大學教授王仲犖並稱「南唐北王」的唐長孺。

唐長孺，1911年生於江蘇省吳江縣平望鎮。1932年畢業於上海大同大學文科，以後在多所中學任教。1940年任上海光華大學講師後，受呂思勉的影響，始從他酷愛的古典詩詞創作轉向史學研究，研讀遼、金、元史，所作有關史學論著後來收入他的論文集《山居存稿》中。1942年，他離開上海，到湖南藍田國師任史地系副教授，工作需要他講授魏晉南北朝隋唐史，他因此轉而研究魏晉隋唐史，以至終身。1944年受聘於西遷樂山的國立武漢大學，任副教授，1946年晉升為教授，整整半個世紀躬耕於武漢大學歷史系，曾任系主任。是武漢大學中國古代史學科開拓者和奠基人。

對於唐長孺的治學方法和治學特點，他的弟子、武大教授凍國棟概括了至關重要的三點，即對史料的全面佔有和充分思考；博採眾家之長，「既踵事增華，復獨闢新徑」；在實證研究與理論探討、微觀研究與宏觀考察的結合以及歷史與邏輯的統一上達到了新的高度。凍國棟高度評價唐長孺在人才培養和學人品格方面的大家風範：在人才培養方面始終堅持寧缺勿濫，因材施教，甚至不拘一格；對學生嚴格要求，視嚴謹踏實、富於創新為必備素質。歷來強調：做研究，題目可以有大有小，但必須要有新意，包括新的見解、新的資料或提出新的問題，必須要有自己的心得；必須時常關注中外學術界的研究動態，不可閉門造車、不可重複勞動；不能有一點成績就驕傲自滿，固步自封。並常謂：治史「四長」（才、學、識、德）須銘記，為文切忌「急就章」。唐長孺的學人品格體現在畢生勤於著述，不懈探究，視學術為生命，生命已為學術所化，學術已與生命融為一體，且時刻意識到自己的使命與責任。

　　南開大學歷史系教授辜燮高，半個世紀後回憶1944—1945年在樂山武大選修《隋唐五代史》的情景，猶歷歷在目：

> 　　那是唐先生剛到武大開的一門課。在上第一堂課時，我便為他的驚人記憶力所吸引，因為板書引用的所有原始材料全是背下來的；後又發現他在運用材料上很有特點，如講到唐代紡織業發展水平時，引了白居易的極為形象的詩；待到課程結束時，又發現另一特點，即這門課是按課程名稱基本講完了的。今天看來，一門課應全教完是當然的（專題課除外），但當時卻不是這樣。我上過的歷史課，極少是講完全課的（如商周史連商也未講完，不用說周了）。
>
> 　　由於對唐史有興趣，畢業論文便請了唐先生作指導老師。當第一次拜訪他時，大出我的意料。他住一間不過六、七平方米的屋子，堪稱斗室，光線不好，三合土的地。室內除一張單人床、一張兩屜桌、兩把椅子外，便只有他帶的簡單行李和一些竹書箱而已。抗戰期中，教師生活清苦，住房簡陋，原屬常見，但像唐先生住得那樣差的，還是少有。
>
> 　　在做論文過程中，與唐先生接觸多了，對他有了進一步的了解和認識。他對我既嚴格又熱情，要求凡與論文有關的材料，要在圖書館盡量找。這就有問題了。當時抗戰已勝利，學校準備復員，有些書已開始裝箱。在這種情況下，唐先生慷慨向我提供他所搜集的材料（如《冊府元龜》的記載）。那是他從竹書箱內找出來，全是用土紙本抄的，真使我非常感動。我的論文牽涉到唐代的雜徭和役。有段期間感到同時研究二者有困難，提出是否僅選擇其中之一，唐先生同意了。後來我看的材料多了，感到不分開研究，反更恰當，又向唐先生談及擬同時研究二者，唐先生也同意了。可見他很尊重我從實際材料中得出的看法，而不嫌我的反覆給他造成的困難。他對我的論文看得很仔細，作了不少眉批，有要求改正處，要求提高處，也偶有讚語。正是由於他的精心指導，在全系指導教師集中評議時，受到好評。我之得以略窺治學門徑，飲水思源，實得自恩師教誨。[228]

---

[228] 辜燮高：《憶唐長孺師》，《武大校友通訊》1995年2期／1996年1期合刊。

　　唐長孺實乃自學成才。其深厚的家學淵源、少年時代對經史子集的爛熟於心、上海南洋大學、大同大學的求學經歷以及呂思勉、李劍農、陳寅恪諸史學大師的影響和那個時代的學風成就了他早年的學術道路。其早年學術領域涉及古典詩詞、名著翻譯和遼金元史。曾以純熟的英、俄文素養，先後翻譯《富蘭克林自傳》、《海桑東遊錄》、《元經世大典釋序》、美國傳教士格雷比爾著《新中國》和美國作家賽珍珠小說《大地》系列《兒子們》續編《分家》等多種譯著，另發表遼金元史論文近十篇，並撰寫了大量講義和論著未刊稿。

　　20世紀40年代中期以後，唐長孺的學術研究出現重大轉變：一是在歷史觀上由過去的進化史觀、文化史觀轉為唯物史觀，在方法論上將傳統的考據方法與唯物辯證法有機結合。二是研究重心進一步由遼金元史轉為魏晉南北朝隋唐史。三是對新興的敦煌學給予了充分的關注。四是對當時最新的研究動態有著敏銳的把握。其先後撰寫的《魏晉南北朝史論叢》、《唐書兵誌箋正》、《三至六世紀江南大土地所有制的發展》、《魏晉南北朝史論叢續編》、《魏晉南北朝史論拾遺》、《山居存稿》、《魏晉南北朝隋唐史三論》等學術論著，在《歷史研究》等刊物上發表的數十篇學術論文，對魏晉南北朝時期中許多前人未及或懸而未決的重大問題，進行了開創性的研究，蜚聲於國際史壇，是史學界公認的繼陳寅恪之後最為傑出的中國中古史巨擘。

第二章　法學院的教授

第一節　周鯁生：從籌備委員到復員校長

　　他是早期國立武漢大學籌備委員，抗戰時期的教務長，抗戰勝利後到大陸易幟期間（1945.7—1949.8）的校長。

　　他是著名法學專家，1949年後任外交部顧問。朝鮮戰爭爆發後，他建議中方應以「中國人民志願軍」的名義赴朝作戰，得到了毛澤東、周恩來的採納。

　　他還是新中國第一部憲法起草的四位顧問之一，時任最高法院院長的董必武稱讚他為1954年憲法「作出了很大貢獻」。

　　他對「和平共處五項原則」文字的斟酌、中緬劃界等問題上，都起了重要作用。

　　他就是周鯁生。

　　周鯁生，原名周覽。光緒十五年（1889年）出生於湖南長沙的一個貧寒教書先生家庭。他四歲喪母，十歲喪父。幸得父親的友人、長沙知府蘇先烈的支助，苦讀三個春秋之後，13歲的孤兒居然以文章名列榜首考取秀才，「神童周覽」一時傳為佳話。後來，譚延闓在長沙廢科舉、辦新學，創立湖南省立第一小學（即湖南第一師範前身），並且親任學監（即校長），周覽是首批考取該校的年齡最小的學生。1906年，17歲的周覽告別故鄉只身東渡日本，在早稻田大學攻讀政治、法律、經濟等學科，並加入了同盟會。

　　辛亥革命前，周覽回國，1912年在漢口與好友皮宗石、楊端六等創辦《民國日報》，抨擊軍閥專橫，反對袁世凱獨裁，因而報館被查封。他潛往上海，得黃興資助，並獲湖南省官費，於同年7月赴英留學。在英期間，周覽改名周鯁生。在愛丁堡大學繼續攻讀政治、法律、經濟等學科，並獲政治學碩士學位及金質獎章。隨後他又去巴黎大學深造，獲法學博士學位。

　　1921年回國後，周鯁生先在上海商務印書館編輯所任法制經濟部主任。

1922年後歷任湘軍總司令部秘書長、江西省政務委員會主任和國民黨江西省黨部執行委員。同年任北京大學政治系教授。教學之餘,開始研究國際法和外交史,整理發表了《不平等條約十講》等系列論文,力陳不平等條約對中國主權的危害。1926年初,參與中山大學籌備工作。後任南京國立東南大學教授。1927年參加南昌起義,被革命委員會任為江西省政府主席。

1928年7月,國民黨政府大學院正式決定籌建國立武漢大學,指派劉樹杞(當時湖北省教育廳長)、李四光、王星拱、周鯁生等人組成籌備委員會。周鯁生對於在華中重鎮武漢籌辦一所國立大學非常感興趣,積極支持籌辦工作,在籌措建校資金、協助圈定珞珈山新校址以及聘請教師等諸多方面都作過貢獻。他認為要辦好武漢大學必須注重四點:第一,確定學校經費。「武漢大學的經費,原是由武漢政治分會負擔的,以後要劃定一筆稅款,由中央承認撥給。」第二,進行校舍建築。「一個大學要能在文化上擔負它的重大使命,在環境上必須要有它的基礎。」第三,擴大校內設備。「武漢大學設備的不完善是不容諱言的」,今後「要努力充實設備方面——如圖書儀器各方面——以供研究和實驗的需要。」第四,增添專門教授。「武漢大學因為環境的關係,很不容易延致國內專門學者到這個地方來講學,不過,以後的政治或許比較安定,學校設備完善,我們希望多羅致國內的專門人才到此。」[1]

1929年5月,王世傑就任武漢大學校長。他盛情邀請當時國內一批曾留學英國的知名學者如王星拱、皮宗石、邵逸周等到武大任教。1929年,周鯁生接受王世傑的邀請正式到武大任教,擔任法學院教授兼政治學系主任。1933年8月,他被選為武漢大學東三省事件委員會委員,武大發出的抗戰電文多出自他手。

1937年,周鯁生又兼任教務長。1938年,武漢大學西遷樂山,他們一家住進了城中心的鼓樓街十六號。這是一所相當寬大的兩進四合院,三家教授合住。周鯁生一家住在前院,後院東邊是劉秉麟一家,西邊是楊端六一家。幾位教授每天經府街穿叮咚街,到位於文廟的文法學院上課,大概只需要十多分鐘。日子過得十分平靜安詳。

---

[1] 周如松:《周鯁生先生傳略》,《中國當代社會科學家》第5輯。

　　1939年8月19日，暑假中晴朗炎熱的一天。人們照常過著平和的生活。中午11點半，響起了一長兩短的空襲警報。由於敵機轟炸的目標一直是重慶、成都等地，從未光顧過這無足輕重的小樂山城，人們對空襲警報都掉以輕心。12點，各家人正吃著飯，忽然，一種奇怪的隆隆聲由遠而近。是轟炸機！大家感到不對頭，這回來真的了！出城已來不及，三家人匆匆鑽進堂屋裏用粗木樁做支架，上覆幾層沙袋的小防空棚。只一會，炸彈就呼嘯而下。霎時間，天昏地暗，如同午夜。等飛機聲遠去，嗆鼻的塵埃稍落，大家鑽出棚子窺望。房子倒沒塌，但瓦礫遍地，屋頂已經透光。大家擔心敵機還會掉頭再來，顧不上財物，急忙空身跑了出去。80歲的楊母行動不便，楊端六正著急，周鯁生的大兒子、16歲瘦弱的元松二話沒說，背起老人就跑。人們都往文廟跑，目標是大禮堂背後山坡上的兩眼又深又寬的防空洞。大家挨到四五點鐘，感到敵機再也不會回來了，於是回到住地，可是屋呢？已成一片廢墟。

　　1939年5月，周鯁生參加了國際反侵略運動大會中國分會，被推選為理事。同年9月，他作為中國代表團顧問，出席在美國、加拿大舉行的「太平洋學會」年會。

　　王孔旭回憶，周鯁生任武大教務長期間，深感有的老教授抱殘守缺，所用的教材是多年一貫制，從來不加修改和補充，更談不上在觀念上的更新。對此，他提出一個名單，主張解聘不稱職的老教授。不料此舉引起了軒然大波，對立面竟糾纏不休。在當時複雜情況下，他不得不暫避其鋒，出國去考察。他在出國考察期間悉心物色青年教師，聘請一些刻苦攻讀、有真才實學的留學生在學成歸國時來武大任教。這些留學生感周鯁生知遇之恩陸續來到武大。比如著名經濟學家張培剛、著名法學家韓培德、著名歷史學家吳於廑等三位，都是在美國哈佛留學的高才生。正如此，在武大建立起一支學術力量很強的師資隊伍，使武漢大學享有很高的聲譽和地位。武大復員後有一次北大校長胡適來武大講學，看到武大積聚了這麼多的年輕教授，十分感慨地對周鯁生說：「你真配當大學校長，你很愛惜人才。」

　　在周鯁生的整個生活中，教授國際法、研究國際法佔據了他的大半個生涯，他相繼在北京大學、東南大學和武漢大學任教時，開出的課程有五六門。即使在他擔任武大教務長和校長時，也從來未脫離教學工作，每周至少講兩小時課。他的門生們中，後來許多成為政、法、經領域中的著名學者，他們反映

說：「首先是由於周老師學識淵博，所用教材都是他自己的著作和自己的學術研究成果，對聽講者啟發很大，同時，他的講稿又非一成不變，而是經常修改與增補。此外，他講課嚴肅認真，也是突出的，按時開講，按時結束，從不遲到一分鐘，也不拖延一分鐘，內容安排恰到好處，堂上不說一句空話、廢話或閒話；措詞簡潔，條理分明，筆記下來就是一篇好文章。」還說：「周老師上課時，座無虛席，同學爭坐前排，全神貫注，屏息傾聽。」（周如松，《記我的父親周鯁生先生》）

在1921年到1945年這二十幾年裏，周鯁生寫出了十幾本專著和上百篇重要學術論文，對培養政法界人才和推動該領域的學術發展起著重要的作用。他的《國際法大綱》一書曾經是日本東京帝國大學法學部國際法科的指定參考書。1944年，周鯁生在美國出版了《贏得太平洋上的和平》一書，其中的論點在當時引起國際法學界的興趣與重視。

又據學生王孔旭回憶，周鯁生平易近人、生活儉樸，「他不論是在小縣城樂山還是山城市武漢，總是身著不顯眼的舊西服，穿著舊皮鞋，手提舊皮包出現在校園內外。一次全校大會上，他專門講節約的問題。他把武大的經費收支情況原原本本地公諸於眾，要求大家注意節約，大至校舍的興建、儀器的購置，小至水管籠頭要擰緊、窗戶風鉤要掛穩等等都要求大家不要掉以輕心。我還記得在樂山時，有一天我和同班同學王君等一道正走在文廟大門前，王君脫口而出吐了一口唾沫，沒有料到身後有人在批評：『喂！為什麼隨地吐痰？要講衛生嘛！』我和王君等不約而同地回頭一看，原來是周校長和劉秉麟教授。周校長和劉先生走上前來，輕言細語對王君又說了幾句。王君很不好意思連聲稱是。」[2]

1945年4月，聯合國成立大會在美國舊金山開幕，周鯁生出席會議。同年7月，國民黨政府教育部議定調王星拱為廣州中山大學校長，決定由周鯁生接任武大校長。王世傑日記載：「（1939年5月1日）六年前余離武漢大學時，原擬推薦周鯁生繼任，皮皓白以王為教務長，周為教授，謂宜推薦王撫五，予不得已允之。」[3]可見周鯁生校長之職遲到了十二年。

---

2 王孔旭：《回憶周鯁生校長二三事》，臺灣《珞珈》第110期。
3 轉引自臺灣《珞珈》第103期。

這一年7月，周鯁生由美回國，於8月8日正式到校就職。楊端六的女兒、武大外文系學生楊靜遠當年的日記裏有兩則記載：

> 1945年8月7日　爹爹和周（鯁生）叔叔等到了。下午五點爹爹坐人力車回來，周叔叔和杭立武（教育部次長）在交通銀行。飯後陳俊和陳維珊來約我去聽朗毓秀獨唱會……回來，家裏高朋滿座。周叔叔比以前胖多了……別了六年的周叔叔，風度依舊。我相信現在會更喜歡他的。
>
> 1945年8月8日　新校長第一天接事，整天他們忙於應酬。下午3點大禮堂召集學生，聽杭次長訓話。周校長作一番介紹後杭立武演講。今天學生到得很多，情緒也很好，完全是為歡迎周校長。他一站上去，那老學者的風度不由得令人生敬。我為武大的前途慶幸。[4]

周鯁生受任校長時，面臨最緊迫的兩大難題：

第一，由於武大進步力量強大，鬥爭激烈，被特務密告的人和事頗多，校長左右為難。

第二，抗戰勝利在即，遷校復員武昌成了當務之急。

周鯁生對於第一個難題的態度是效法蔡元培先生，決不無故開除一個學生。然而第二，抗戰期間的珞珈山校舍表面上看依然宏偉，然而校舍內部設施卻被日軍破壞無遺。師生員工急不可耐地盼望著東還珞珈山。東還與西遷相比較更為困難：一是學校人員增加了兩倍以上，還有大量的圖書文件、儀器設備要裝運；二是交通工具緊張，飛機、輪船等主要交通工具多為國民黨行政官員和軍隊徵用，學校復員只有靠木排和徒步。由於周鯁生的精心籌劃安排，總算一個個地解決了。涂允綏回憶說，「周校長在復校這段時間內，奔波往來於樂山、重慶、武漢、南京等地，籌措復校經費，攬聘知名教授如燕樹棠、吳宓等教授，並延聘武大在外留學有成之校友回校任教，最大之貢獻是恢復農學院，並交涉接收之大批善後救濟總署所贈的大批醫療設備器材和藥品，在武昌市區內東廠口原武大建築內成立了醫學院及實行醫院，至此武大之聲譽正是如日中天。」「周校長為了復校工作，辛勞備嘗，記得周校長頭一次由四川來珞珈山

---

[4]　楊靜遠：《讓廬日記》，武漢大學出版社，2003年。

視察復校工作，晚間只有請周校長住在趙師（按，指趙師梅）樓上一間客房裏，一切都是那樣的簡陋，次晨待我睜開眼來，忽然聽見有人在樓上朗誦英語聲音，這正是周校長歷年讀英文的習慣和晨課，堂堂譽滿國際學者勤奮如此，直使我這剛畢業冒頭小學士慚愧不已，汗顏無地。」[5]

　　1945年11月5日，周鯁生在樂山武大補行的開學典禮上作了一次演講。儘管抗戰結束，但一些困難並沒有完全去掉，許多事情都不方便，因此，「大規模的開學典禮，還不能像在珞珈山一樣的舉行」，他在開場白中說，「要想維持武大的長久歷史，就必須充實學術，就必須加入新的人才，用新的人才來充實學術文化……當明年遷校以後，教授團的陣容，不但要重整，而且要一天一天擴充起來。」關於上任以後要做的事情，周鯁生談了四點：

　　第一件事，是調整行政機構。「在一個大學裏面，行政機構應該是較小的一部分，而學術工作才是主要的一部分。不過行政機構如果不靈活，無論教書和學術工作，都要受到影響的。」

　　第二件事，是改善教職員和學生的生活。「在教職員方面，熬過了8年的苦，我們讀書人雖然是安貧樂道，但政府究不能叫教職員枵腹從公，也不能看同學們長此營養不良……好在現在政府對員生的待遇已經增加，本校自身亦當盡經濟力量能做到之範圍內，對教職員福利和學生生活設法改善。」

　　第三件事，是增加教學的效能。「抗戰中，大學的教學效能是遠不如抗戰以前的高了；用合作的精神減少行政困難，遠不如抗戰以前的高了。……現在抗戰結束，經濟生活亦有改善，便應該回到常軌上去。」

　　第四件事，是關於武大復員計劃。「當本人8月間離開重慶的時候，就曾和同事們商量，等辦完招生以後，立刻準備復校的事情。不久戰爭驟然結束，更使人們不能不積極籌備復校。現在復校委員會已經成立，委員們大部分仍舊為當年主持遷校來嘉定之先生們，準備明年夏天遷回珞珈山。上次的遷川，是分批來的，大家都有逃難的意味；這次下去是有組織的復員，就要有計劃地下去。而人員比從前增多了，交通也許比從前更困難，最遲在今年年底就要有人下去佈置一切。」

5　涂允綏：《武漢大學復校雜記》，臺灣《珞珈》第108期。

周鯁生又說，「其實，武大基本的任務，還是在學術的發展。我們的努力應當一致朝著這目標進行。」接著又談了涉及大學教育根本方針的三個問題。

第一個問題是，「將來的高等教育，是趨向於平均發展呢？抑還是集中幾個少數的學校來充實呢？……儘管我們的設備和師資都好，倘若不能容納更多的學生，又怎樣能負起一等大學的責任呢？武大原來的建築只能容納1000人左右，在將來至少要辦到能夠容5000人，甚至於1萬人。……姑且不問教育當局究竟採納哪一種辦法，我們的學校應該注意質、量並重，大家對於這種可能的擴張，便應當有準備。」

第二個問題是，「現在的高等教育是應當注重應用呢？還是應當理論與應用並重呢？過去幾年，政府似乎是傾向於前一種方針……武大今後的政策，對於理論尚要多注重。」

第三個問題是，「對於高等教育是注重整齊劃一呢？還是讓它自由發展呢？過去多年的政府的方針，亦似乎傾向於前一種。大學教育的整齊劃一，推到極端，確實妨害了大學教育的發展。這也不單是同學感到困難，辦行政的人同時也感到困難。……要知道，一個大學的學術工作乃是基本，而學校行政，不過是輔助學術工作的進行。我們今後應當本著這種精神，使本校一切避免衙門的習氣，維持學術的尊嚴。不然的話，就是一個一等的大學，在學術上站不住腳，地位也會降低下去的。」[6]

1946年3月10日，武大第一批物品從樂山啟航，同年6月20日首批人員起程。師生們歷盡艱辛，終於全部平安東還。

1946年10月31日，先期達到珞珈山的師生在學校禮堂舉行了「武大成立十八周年暨三十五年度開學典禮」。

---

[6]　引文原載《國立武漢大學週刊》第353期，轉引自徐正榜、陳協強主編：《名人名師武漢大學演講錄》，武漢大學出版社，2003年。

第二節　劉秉麟：抗戰勝利後的代理校長

　　1946年2月至1947年1月這一年的時間裏，武大校長周鯁生離開樂山到珞珈山敦促修復校舍以及到南京籌款，校務工作交由法學院長劉秉麟代理。

　　劉秉麟，1891年生，湖南長沙人。又名炳麟，別號南陔，筆名劉陔。因他在對學生的選課表等簽名時常用「劉南陔」三字，故從此被人尊稱為「南陔先生」。其中既有平和、平等、尊敬、深情的一面，也有在學術中敬佩和景仰的一面。

　　劉秉麟8歲入私塾讀書，深得教師章士釗的喜愛。1909年入上海中國公學中學部，後轉入大學預科。1913年入北京大學經濟系，1917年畢業後回湖南高等商業學校任教。1918年到北京大學擔任圖書館館員，在李大釗的直接教育下，開始研究和學習馬克思主義學說。1919年擔任上海中國公學大學部教務長。1922年出國留學，先後在英國倫敦大學經濟學院研究生班、德國柏林大學經濟系研究員班畢業。這樣從北京大學畢業到英國倫敦，再到德國柏林，這三個著名大學的學習就奠定了他經濟學的堅實而深厚的基礎和學術思想的進步傾向。

　　1925年，劉秉麟從歐洲回國。先去上海中國公學大學部任教授並兼任商學院院長，後來進入商務印書館編輯部任主任。這是由於他的好友楊端六（1921年進館）、周鯁生（1922年進館），他的老師陳獨秀、馬寅初等均在商務印書館，所以他樂於轉入商務印書館從事學術編輯工作。正當他想在商務印書館大幹一番事業時，「一二八」淞滬之戰中，商務印書館因被日寇炸毀而解雇全部職工。當時正值國立武漢大學在教育部長蔡元培的精心指導下在武昌珞珈山興建，蔡元培要把武大辦成一流的國立大學，而非地方性大學，因此從北京大學調來一批有事業心的著名學者組成籌建委員會和進行教學工作，如李四光、王世傑、王星拱、皮宗石、周鯁生、任凱南等。這些知名人士都是劉秉麟的好友和同事。所以劉秉麟從1932年8月來到武大任教授，一幹就是數十年，直到

去世。

1936年6月，武大歡迎新同學特刊上有篇短文，寥寥數筆勾勒出了劉秉麟：

> 找遍了全校的教授，你如能找出比劉先生更高的來，我請你去合作社吃一頓。
>
> 近視眼戴一副沒邊子的金絲眼鏡。
>
> 每看見他穿西裝，even中服，也少見綢的。
>
> 口音是不純粹的長沙官腔，有時會夾兩句上海話如「慢慢交」之類的在內。
>
> 人是熱心極了，有事請，請劉先生幫助，別人家僅能夠出十分之九的力，他卻出十二分。
>
> 劉先生是法學院的「幽默大師」，有劉先生的講演，別忘了去聽，枯燥的學理中，夾兩句笑話，比吃冰淇淋還來得清爽。
>
> 告訴你，劉先生的小女兒生得活潑可愛，沒有事時，可到山前去會會這位小妹妹。[7]

1938年，武漢大學西遷樂山，劉秉麟一家住進了城中心的鼓樓街十六號。這是一所相當寬大的兩進四合院，三家教授合住。教務長周鯁生一家住在前院，後院西邊是楊端六一家，東邊就是劉秉麟一家。幾位教授每天經府街穿叮咚街，到位於文廟的文法學院上課，大概只需要十多分鐘。日子過得十分平靜安詳。

1939年8月19日，暑假中晴朗炎熱的一天。中午12點左右，各家人正吃著飯，忽然，一種奇怪的隆隆聲由遠而近。是轟炸機！只一會，炸彈就呼嘯而下。霎時間，天昏地暗，如同午夜。幸好大家躲避及時都保全一條性命，可是屋呢？已成一片廢墟。[8]再後來，劉秉麟遷居「岷江河河對面一個小山溝的草房裏，每次到校上課要坐小木船過渡，闖過岷江急流，上岸後又爬坡上坎，加以過渡經常要在渡口等渡船，進城一次至少要花一個多小時。」[9]

---

[7]　斐瘦：《我們的教授》，龍泉明、徐正榜主編：《走近武大》，四川人民出版社，2000年。
[8]　楊靜遠：《我所經歷的1939年樂山大轟炸》，《武大校友通訊》2008年第1輯。
[9]　彭迪先：《我的回憶與思考》，四川人民出版社，1992年。

　　抗戰伊始至大陸易幟前夕，劉秉麟除走上講臺教學第一線外，1937年7月至1949年8月，兼任法學院院長；1942年11月至1943年8月，兼任經濟系主任；1943年9月至同年11月，兼任政治系主任；此外，還兼任武漢大學《社會科學季刊》、出版、聘任、學生團體生活指導、特種法規審議、公共經濟等委員會委員。1943年，他被教育部定為部聘教授。

　　1941年考入武大經濟系的萬典武回憶，「法學院長劉秉麟教授主講財政學，湖南口音頗重，他是留英的，基本上他是參照當時出版的一本厚厚的《財政學》展開他的教學的。……老師十分推崇英國古典經濟學家亞當・斯密斯、李嘉圖，新古典學派的馬歇爾以及當時名噪世界的凱恩斯等。」[10]事實上，自20年代北大經濟系畢業以後，劉秉麟一直致力於財政經濟學的研究。1919年在《新潮》雜誌發表《經濟學上之新學說》、《分配問題》等論文，著有《經濟學原理》一書。1932年到武漢大學任教後，講授經濟學課程之餘，他撰著了《經濟學》一書，注重論理與事實並述，闡述了自己的經濟觀點。

　　劉秉麟在英、德等國留學五年，學習西方資產階級經濟學知識及其代表人物的經濟著作，有意識地涉獵了世界歷史及各國社會主義運動史，積累了較扎實的理論基礎。歸國之後，劉秉麟痛感中國學術之疲弱，以經濟學為甚。「以斯學數十年來，進步若是之速。而吾國之所知，恐仍是生財有大道之理，甚為遲緩，又何容諱。先民有言，不恥不若人，何若人有。治斯學者之恥也。」於是勤奮著述，成果頗多。寫作出版了《各國社會運動史》、《世界各國無產階級政黨史》、《李嘉圖經濟學說及傳記》、《亞當・斯密經濟學說及傳記》、《李士特經濟學說及傳記》等專著和《中國古代財政小史》、《亞當・斯密》、《李嘉圖》、《公民經濟》等小冊子，翻譯出版了英國馬沙所著《分配論》和蘇聯《俄羅斯經濟狀況》等書籍，為介紹外國的經濟學和社會學理論、開拓中國的社會經濟研究，尤其是宣傳馬克思主義的唯物史觀、階級鬥爭、剩餘價值理論和國際無產階級運動史，作出了一定貢獻。

　　1946年2月，劉秉麟代理武大校長。在代理期間，正是武大由四川樂山遷回武昌珞珈山之際，在物價暴漲、交通工具緊缺、政府當局克扣教育經費的情況

[10] 萬典武：《我在武漢大學是怎樣學經濟學的》，《情繫當年》，中國商業出版社，2001年。

下，他團結廣大進步師生，共渡難關，使遷校工作有條不紊。同情和支持師生的進步活動，多方設法營救被捕師生，為保護學生安全和學校利益，同國民黨反動派進行了堅決鬥爭。為進步學生補課、補考，並積極籌集經費，修復日軍破壞的珞珈山校舍，很快恢復了教學工作。

1946年10月31日，在慶祝武大建校18周年，同時又是復員後第一次開學典禮上，代理校長劉秉麟作演講。首先，他講到，「本校一年來最艱難的工作，也是最重要的工作為復員，這可以分成旅運和修建兩方面講：本校自去年十月起，開始準備復校，運輸方面，更積極規劃，從事進行，乃因交通不方便與政令上的限制，以致發生許多困難。現在教職員均全體到達，舊生返校者，亦在半數以上，即最後一批公物與儀器，亦已分裝一大木船及五木排，由樂山駛抵瀘州，不久即可到達武昌，可以說旅運方面的任務完成了。其次修建方面，自去年成立復校委員會，請趙師梅先生回鄂主持，當時這珞珈山荒蕪遍地，淒涼滿目，真不知從何處收拾起。這中間所遭受到的痛苦，當然是大而且多。」

接著談到，「我們的職責……必須更向前進。比如戰前就計劃了的學院組織，是文、法、理、工、農、醫六院，這很顯然的，在武珞公路本大學牌樓上，就明白標出，到今天依舊巍峨矗立可以看到。所以復校後，首先恢復農學院……其次醫學院，這一方面是本校的原計劃，同時也是華中的急切需要。」最後，他說，「我們秉著當仁不讓之精神，至少要起而與老大哥似的北大、清華……諸校相抗衡，完成大學教育的神聖使命。十餘年來，經各先生之決心及各方面之熱情，與同學們之努力，尚能名實相符，蔚為國用。及抗戰軍興，播遷川西，雖說艱苦倍至，不減他校，而八年以來，弦誦不輟，且學生人數年年增加。今後，我們更應秉於本身使命之日益繁重，當本兩千年來聖哲孔子所謂：『德之不修，學之不講，聞義不能徒，不善不能改，是吾憂也』的襟懷，發揚光大，以立己立人，以達己達人為目的。目前雖政治、經濟、社會……各方面，不免仍有種種困難，令人喪氣，但從歷史方面來看，這是一時的現象，唯學術是永久的事業。」[11]

1949年以後，劉秉麟除在校任經濟編譯室主任外，並兼中南軍政委員會財經委員會委員，以發揮其專業特長。

[11] 原載《國立武漢大學週刊》第361期，轉引自徐正榜、陳協強主編：《名人名師武漢大學演講錄》，武漢大學出版社，2003年。

第三節　李浩培：海牙國際法院的中國人

　　1993年9月15日，聯合國大會進行前南斯拉夫問題國際法庭法官選舉，達到94票（過半數）方可當選。他以111票的多數與美、加、意、法等國的法官候選人在第一輪投票中便一舉成功當選。此時他雖已87歲高齡，但從他的經歷來看，當選國際法庭的法官當之無愧：他擔任外交部法律顧問30年，是國際法研究院全世界132名院士之一。

　　1997年11月6日，離國際法官四年任期屆滿只差10天，他在荷蘭海牙病逝。海牙國際法院內高高飄揚的聯合國旗幟徐徐地降至旗杆的中間。他的靈柩由荷蘭女王的宮廷衛隊守護在周圍。聯合國秘書長安南為他發來唁電。主持前南國際法庭的庭長說：「他是國際法官的楷模，他是真正獨立的法官，具有絕對完整和深邃的國際法造詣。」

　　他叫李浩培。

　　李浩培，筆名江左。1906年出生在上海虹口一戶平民家庭。李浩培兄妹四人，他是家裏的長子。他父親李頌熙開了一個小米店養家糊口，過著清貧的生活。他小時候就在鄰居家的私塾就讀。那時，家裏的人都不懂法律，只好受人欺侮。他曾談起過家裏發生的一件事：父親和伯父都開了一個小米店，分別叫「同德」和「同德太」。有一年，伯父欠了別人400元債還不起，過年前躲債出逃了。債權人一張狀紙告了父親，讓父親替伯父還債。父親非常膽小怕事，嚇得連公堂也沒敢上，就為伯父還了債。可那400元錢也是個大數目，攢那點錢也不容易。李浩培覺得那時讓父親還債極不公平。這件事促使他上大學時選擇了東吳大學的法律專業，為天下人求公平成了他為之奮鬥終身的事業。

　　進東吳大學法學院學習，要先讀兩年其他大學學科，李浩培憑他的聰明努力，在持志大學只學了半年就取得了這一資格。李浩培拼搏苦讀了三年，最後以全班第二名的優異成績畢業，獲法學學士。1930年又獲法學碩士。大學畢業後，他一面繼續在上海旦華中學教書並擔任校長，一面作執業律師。同德米店

門前多了一塊李浩培律師的牌子。1936年，他參加了法官訓練班的學習，在學習期間，他聽到招收庚款留英生的消息。這時李浩培已30歲，膝下有三個年幼的孩子，但他深造心切，閉門準備考試，竟一舉考中，成為第四屆庚款留英生的幾名佼佼者之一。

李浩培這次留學是他人生命運的一大轉折。1936年，他乘船去英國，在倫敦政治經濟學院學習國際公法、國際私法和比較民法。他原準備結束三年留英生活後，再到法國學習一段時間，後來第二次世界大戰就爆發了，李浩培陷入了去與留的矛盾之中。就在這時，武漢大學法學院院長周鯁生邀請他回國任教。1939年冬，李浩培匆匆回國，未來得及在英國參加考試取得學位。直到1941年底他從樂山回上海省親歸途經過香港，參加倫敦大學的學位考試補考，以便取得學位。這時恰逢太平洋戰爭爆發，他在九龍滯留約一個月後，他從日寇佔領區死裏逃生，輾轉回到樂山武大。因此他從不知道他那次考試的結果和是否獲得了學位。

李浩培從英國歸來，沒來得及回到上海與家人團聚，於1939年12月下旬直接抵達已遷至樂山的武漢大學，任法律系教授，講授國際私法、法理學、英美法和近代大陸法等課。1941年開始兼任法律系主任。「他在課堂上聲音洪亮，重點突出，條分縷析，使人聽了不僅知其然，也知其所以然，因此易懂易記不覺枯燥。」[12]

1941年秋進武大法律系的張孝烈，半個多世紀後回憶第一次聽李浩培講法學緒論課的情景，歷歷在目，「他身著西裝，手挾講義皮包，態度雍容溫和瀟灑，一派大學授學者的風度；上課時，沒有講義、教材，他憑著撰寫的講稿紙頁講，以他淵博的法學理論和熟悉的法律知識，根據法學的特點，從理論與實踐相結合上，運用比較的方法，旁徵博引，中外法結合，中英文結合，時而配以大板的英板書，釋疑分析，綜合論證，說理清晰透徹，邏輯系統性強，涉及廣泛的法學基本問題；老師循循善誘的傳道、授業、解惑，使我們這批青年學生，極易理解接受掌握，逐步引入了法學領域的門徑。」[13]

---

[12]　胡明正：《我所知道的李浩培老師》，《北京珞嘉》1998年1期。
[13]　張孝烈：《李浩培老師畢生獻身法學事業的精神》，臺灣《珞珈》第142期。

　　法律系學生陳仁寬回憶，在樂山的教授們中，對他影響最大的教授當數李浩培。「李先生學識淵博，講課內容豐富。在李先生影響下，我對國際私法這門功課產生了很大的興趣。在大四時，我選擇了《國際私法中的公共秩序》為自己畢業論文的題目，以後我考取公費留學瑞士、法國，也是以國際私法作為進修的主要科目。李先生也是我寫畢業論文的指導教師，當時我寫論文的主要參考書是多卷本《海牙國際法學院講義集》，而這些書都被李先生借在家中，我時常去樂山城外李先生家中取書、還書。和其他武大教授們一樣，李先生的居住條件也是很差的，平房、泥地、光線不好，李先生就是在這樣的條件下辛勤工作的。」[14]

　　1944年暑假，由政治系轉入法律系的陳立人回憶恩師李浩培，「他生活儉樸，學習勤奮，教書育人，循循善誘。我經常去他家裏候教，雖然他家徒四壁，卻是滿屋書香。在接觸中我深感受益。他囑咐我生活要節儉，學習要勤奮，要學好外語，打好基本功，專心學習法理，畢業後考入司法部門繼續深造，再轉律師部門積蓄財力和學識，圖謀到國外深造，將所學知識報效國家，這樣方不負自己一生。兩年時間過去了，我專心學習了基本外語、法律理論、司法知識，哲學和一些外國法學評論、律師專業知識，在恩師指導下獲得了不少應試和處事能力。」[15]

　　1940年，法官訓練所所長洪蘭友寫信請李浩培任該所的教授兼教務處長，被他謝絕。1943年，他又謝絕受聘當時國民黨政府教育部的高等教育司長和司法部參事的職務，潛心鑽研學問。「業精於勤」一直是李浩培的座右銘，他在樂山武大期間發表了大量的法學論文。1941年，在《今日評論》上發表《建設新中國和發展法律教育》，在《讀書通訊（重慶）》上發表《怎樣研究國際私法》一文。1942年在《世界政治》上發表《在華領事裁判權發生之原因（上）》。1943年，在《國立武漢大學社會科學季刊》上發表《契約實質成立要件及其效力之準據法》，在《世界政治》上發表《新約與移民法》、《美加澳移民法與華僑問題》，以及《法治與建國》。1944年，在《中華法學雜誌》上發表《國際私法中之反致與轉致的問題》、《評王著「新約的研究」》。

[14] 陳仁寬：《回憶樂山時期的老師們》，《北京珞嘉》總第3期。
[15] 陳立人：《憶恩師李浩培》，《武大校友通訊》2006年第2輯。

1945年，在《中華法學雜誌》發表論文《國際私法中的公共秩序問題》、《關於侵權行為的國際私法問題》、《死亡宣告的管轄衝突與法律衝突問題》和《權力能力的準據法》，並由武漢大學法律學會出版了一本專著《國際私法總論》。

　　早在1936年李浩培準備報考「庚款留英」名額時，他就是兩個兒子和一個女兒的父親了。三個嬌兒，大的剛剛六歲，小的不到一歲。考，還是不考？妻子凌日華柔聲勸道：「你去試試吧，要不，你會後悔一輩子的。」看著如此善解人意的妻子，他感動得半天無語。沒想到他一舉考中。去，還是不去？如果一走，生活的擔子就全部壓在妻子一個人的身上了！妻子又輕聲勸他：「你放心去吧，家裏有我。」妻子的話語輕鬆而簡短，卻字字千鈞。

　　一晃三年後，李浩培歸國後直接去了樂山武大，沒能回家看看。

　　日子抽絲一樣挨到了1943年，苦苦守候了七年的凌日華收到了李浩培的家書，信中說讓她帶著孩子去四川他那裏。自從上海淪陷的消息傳到耳邊，李浩培的心就為妻子兒女的安危懸在嗓子眼裏。七年過去了，他再也不能忍受這種擔憂和煎熬了。而這七年，對於凌日華來說，是怎樣不堪回首的七年啊。身在淪陷區的一般上海市民尚且缺衣少糧，東躲西藏，過著膽戰心驚的日子，何況她一個婦道人家拖著三個年幼的孩子！

　　凌日華攜帶著兩個兒子在其弟、弟媳的陪同下（女兒體弱留在了上海），從上海乘船出發，到了溫州，然後又繞道福建、廣東、湖南、廣西、貴州等省，曲曲彎彎地穿過了七八個省市才到達四川樂山。離開上海時，他們坐的是大船，後來又坐人工搖櫓的小船，小船也沒有的時候就走路。忍了多少飢渴，整整顛簸了四五個月的時間，這年11月，凌日華終於見到了生疏的丈夫，孩子們見到了陌生的爸爸。

　　李浩培離家時，長子頌孫還是六歲孩童，此時相見，已經是十三歲的少年。在他們心裏，爸爸和眼前這個人一時間還吻合不起來。後來，爸爸帶他們打撲克、踢球、爬山，一起生活了一段時間，他們才和爸爸親熱起來。在樂山，一家人吃的是粗茶淡飯，但因為有了爸爸，他們感覺比什麼時候都幸福。而凌日華從此一直陪伴在李浩培身邊，再也沒有分離。

抗戰勝利後，1946年武大從樂山遷回武漢，李浩培遂攜家人先回上海省親。浙江大學竺可楨校長親自登門誠邀，並函請武漢大學周鯁生校長許可，借調到浙大籌辦法學院。李浩培只身前往。原來說好只借一年，但後來沒有放他走。於是留下擔任浙大法學院院長和教授。

第四節　劉迺誠：不願從政的市政學教授

「文化革命時他以耄耋之軀被遣送鄉下，據說住在一個老農民的家裏。幾十年動嘴握筆之人，要佝僂著挑水、燒火、打柴、煮粥充饑。大概是在看管不嚴的時候他跑回了珞珈山，他蹲在新二區某教授門口的臺階下喘息，此教授在樂山讀書，儘管學生物，也應該算他的學生了。他給了他一碗稀飯，昔日西裝革履今朝襤褸潦倒的劉訓導長呼啦啦喝下了肚。颼颼的秋風掃下幾片梧桐黃葉，一縷血紅的殘陽斜抹在劉教授灰濛濛的臉上，他的幾根白髮也隨之抖動，下巴下的白鬍子上掛滿了粥粒。他已經真正到了衣不裹體食不充饑的地步了。」[16]

到了文革末期，歷經十八載狂風暴雨的摧殘之後，他終於含冤去世了。他去世時，達到幾乎無人知曉的程度，但人們似乎並未忘懷他。當雨過天晴、門戶開放之際，海內外桃李紛紛登門拜望其遺孀、眷屬，以表悼念之情。

他，就是曾任武漢大學政治系教授，後兼系主任、訓導長的劉迺誠。

劉迺誠，字篤生。安徽巢縣人。1901年出生於一個中產家庭。其履歷表雖填寫為漢族，但若按家鄉族譜記載，實則應為蒙族。在家庭出身方面，父為店員，母為自耕中農。當年巢縣廢私塾興學校，劉迺誠六歲進小學，依賴全部免費念完小學。中學階段完全依靠半工半讀，頭兩年當藤器學徒，其後教授低年級課程，耗時八年才念完中學。

1920年，劉迺誠考入南京金陵大學，並經友人推薦，在江蘇省立工業專門學校兼職英語教師，每周教十六節課，月薪八十元，實現經濟自立，半教半讀

[16] 項煉：《組織》，據項煉新浪博客。

地念完大學。1924年在金陵大學畢業獲文學士之後，他到安慶市的省立第一女子中學任英語教師。

　　1925年，劉迺誠考取安徽省的公費留學生，赴歐洲留學。1926年8月，他在英國考入倫敦大學所屬的倫敦政經學院，被編入研究部攻讀博士學位。選讀了英國憲法、公共行政、各國政治制度、地方自治及市政學等課程，並加學德文和法文。1928年暑假，在完成博士論文初稿之後，轉學德國柏林大學，選讀了德國憲法、德國公共行政、各國政治制度及市政學等課程，獲得市政專家證書。1931年4月，在倫敦大學通過了博士論文答辯，獲得倫敦大學博士學位文憑。1931年暑期轉學法國，假期在巴黎大學的法文研究所學習法語，考試合格後，進入巴黎大學攻讀法國憲法和公共行政等課程，並在外語學院學習意大利語。他為啥這麼拼命地到好幾個國家學習呢？原來，劉迺誠從小個性很強。他哥哥劉迺敬考取赴美留學，進了哥倫比亞大學，他就立志也要留學，而且不去美國，去英國進倫敦大學。後來他果然如願以償。為了超過哥哥，在英國拿到博士後，又去法國和德國深造。

　　劉迺誠留歐時，還利用假期到德國、瑞士、丹麥、荷蘭的三十幾個大中小城市參觀考察其市政建設。在國外時，他曾應聘任柏林大學和巴黎大學的研究員，待遇應屬優厚。但日本侵略中國東北三省後，他於1932年9月毅然繞道回國。其子劉光誠說，「家父是一名愛國者，『國家興亡，匹夫有責』的思想根深蒂固。」由此可窺一斑。

　　1933年，劉迺誠在武漢大學法學院任教授，從此終身任教，主講市政學。1936年至1949年兼任政治系主任，共14年。後又兼任法科研究所政治學部主任。

　　劉迺誠勤奮學習的宗旨是：「要為社會做些有益的工作。」1933年他應聘為漢口市政府參議，屬義務兼職。雖然日常工作繁忙，卻從不缺席每月召開的市政例會，並將各國經驗提供作為決策參考。當時的交通非常不便，他每次要從珞珈山出發，渡過長江赴漢口開會，十分辛苦。有一次，由他出面申請，漢口市政府撥出大洋十多萬元補助武大建校，還是以在武大開設市政講座名義報銷的。1934年應聘為武昌市政府評議，也屬於義務兼職。鑑於武昌基礎設施簡陋，萬端待興，經費又短缺，劉迺誠提出了「全面規劃，逐步分期實施，首先

抓幾條幹線建設」的建議，獲得採納。

　　樂山武大政治系學生唐汝厚，是劉廼誠的外甥。他們班上的同學知道廼誠教授是其舅舅後，經常拿他開玩笑，在他面前不稱劉教授，而稱「令舅」，久而久之，「令舅」就成了廼誠先生的代名詞了。甚至連唐汝厚自己，也叫起「令舅」來。把自己的舅舅叫作「令舅」，未免滑稽可笑，但大家都那麼叫，他也只好學孔夫子的「吾從眾」了。他在《懷念廼誠舅》中說：

　　　　舅舅花了畢生的精力研究各國的政治制度，他所著的比較政治制度一書，在國內外享有盛譽。連有些留學美國的學子，也用他的這套書作為研究政治制度的教材。我仔細看過這套書，深感舅舅治學的謹嚴，旁徵博引，深入淺出，不嘩眾取寵，不掛一漏萬，而是把必要的知識和盤托出，又不下結論，好讓讀者自己去思考。這種科學客觀的治學態度在時下顯得尤其可貴。

　　　　一般人認為，學政治的人都是想去做官，這就大錯而特錯了。舅舅有好幾次做官的機會，他都毫不吝惜地放棄了。不僅不願做官，連行政工作也不願做。抗戰勝利後，教育部物色安徽大學校長，曾請舅舅擔任，舅舅堅辭不受，介紹陶因先生擔任。在擔任武大訓導長期間，經常在我面前發牢騷，說沒有時間看書，問我怎麼辦，我說那還不簡單嗎，死了張屠戶，不吃帶毛豬。後來他果然把訓導長辭了，為此和周鯁生校長產生了誤會。

　　　　舅舅和任何人打交道，都不佔人家便宜，總是盡量幫人忙。從來不拉拉扯扯，結黨營私。他凡是要求別人做到的，自己首先做到，以身作則，誠以感人。他像一塊透明的水晶石，看不到任何瑕疵。……

　　　　抗戰勝利後，全國民主氣氛高漲。有一次我問舅舅，怎樣才算民主？他毫不猶豫地回答：「自由選舉就是民主。如果人民選出來的人不好，還可以罷免。」這給我很深的印象，我後來參加武大學生自治會競選，無疑是受了這句話的影響。[17]

---

[17] 唐汝厚：《懷念廼誠舅》，臺灣《珞珈》第123期。

1943年4月，按中美兩國政府的文化交流協定，雙方派教授互訪。劉迺誠被武大選為「中美第一屆交換教授」，和浙大張其昀、聯大金岳霖、中大蔡翹和雲大費孝通等五人到美國講學，宣傳「中國是在積極抗戰」，以爭取美援。據說他是五人中英語說得最好的一人，美國大學爭相請他去演講。他在十七所大學講過學，考察了數十所美國大學。大概是翌年9月回國。這在楊靜遠《讓廬日記》裏有記載：

> 1944年9月27日　黃昏時媽媽、乾媽同一位遠歸客來，那是剛從美國回來的劉迺誠先生（政治系教授）。他這次出國一年多，走遍了美國，到各大學演講，聯絡中國學生，思想也更新了不少。……[18]

劉迺誠認為，「中國只能是以我國歷代政治制度為基礎，吸收先進國家的經驗，改革或者建立國家與地方的政治制度；同時，也應借鑒國外先進經驗，搞好本國的市政建設和管理。」所以，他除了致力於教書育人之外，還將自己多年積累的豐富資料，投入全部精力潛心著書立說。劉迺誠還認為，「若著作既能夠提供國內一切開設相關專業的高等學府作為教材，又可供社會建設作參考，那就對社會做出了奉獻。」[19]

1932年至1949年是劉迺誠一生事業的巔峰時期，先後在各種雜誌上發表論文六十多篇，內容涉及到政治制度、憲法、公共行政、地方自治和市政建設等學術領域。同時，他還編寫書稿達二十多部，除部分為大學內部編印成講義外，由出版社正式出版了十部，總計達二百多萬字。其中，五部被商務印書館選定為「大學叢書」，兩部係正中書局委託主編的「地方自治叢書」。這些著作自出版後至60年代中期，被大陸一些開設相關專業的高等學府選定為教材，或者指定為主要參考書。

---

[18] 楊靜遠：《讓廬日記》，武漢大學出版社，2003年。
[19] 劉光誠：《熱血報中華——憶家父劉迺誠》，《珞嘉歲月》，2003年。

第五節　王鐵崖：第二任前南刑庭大法官

1997年5月2日，在有160多個國家代表參加的聯合國選舉大會上，84歲高齡的他以123票在當選法官中名列第一，成為繼李浩培之後的第二任前南斯拉夫國際刑事法庭大法官。在國際法院之外，聯合國安理會設立了兩個特別法庭。一個是前南斯拉夫國際刑事法庭，一個是盧旺達國際刑事法庭。

1989年，他被海牙國際法學院聘為客座教授為該院夏季講習班講課，成為第一位走上國際法學院講臺的中國學者。

1981年，他與顧明合作撰寫第一本中國國際法教科書，並被選入世界國際法研究院，這是該院建院100多年來第一位入選的中國院士。

他主編的《國際法》，被譽為「一本經典國際法教科書」、「一本中國國際法名著」，現已被列入法律出版社的「21世紀法學規劃教材」。

他就是國際法學界的「常青樹」——王鐵崖。

王鐵崖原名慶純，號石蒂，進入中學前改名「鐵崖」。1913年出生在福州一個士紳之家，十個兄弟姐妹中他最小。父親王壽昌早年留學法國，就讀於巴黎大學政治學院法律系。辛亥革命後，王壽昌任福建省外交事務專員。王壽昌在日本帝國主義對福建省擴張時，上書中央，痛斥「廿一條」對於中國主權的侵犯，幼年的王鐵崖深受其父影響，他從父親那裏接觸到大量西方進步刊物，使之立志要從事法律，維護國家的尊嚴。父親雖接受了進步思想，但對子女的教育卻很傳統。在12歲之前，王鐵崖一直在家中接受私塾教師授課。可是好景不長，到1925年因時局的變更，父親的官職被罷免，家境逐漸衰落。因為經濟條件不允許，父親只好將私塾教師辭退，送王鐵崖進入由西方傳教士辦的學校上學。後來父親又去世了，全家僅靠母親一個人掙錢度日，王鐵崖又從貴族教會學校轉到公立學校繼續求學。

高中畢業後，王鐵崖考入上海復旦大學。他深受父親的影響在復旦由西語

系轉修政治系。由於對上海各個院校學術空氣的不滿，1931年他經過考試轉到北平的清華大學。不久「九一八」事變爆發，他參加了學生救國運動，但對於學業他一天也不曾放鬆。1933年王鐵崖畢業時，因成績優異而深造研究生，攻讀國際法專業。三年的研究生生活雖更為緊張，但對於學識的積累和日後的研究而言卻受益匪淺，他在通過嚴格的論文答辯後，他獲得了法學碩士學位，實現了多年想要繼承父業的心願。

上世紀30年代，設有國際法專業的學院並不多，但對於這個冷門專業王鐵崖卻情有獨鍾。在獲得了碩士學位之後他並未停步不前，由於國內的教學方法已十分陳舊，王鐵崖準備去國外深造。1936年他參加了「庚子賠款」中美獎學金的考試，國內只此一人。他聽從了自己導師周鯁生的建議，前往英國倫敦大學政經學院留學，成為英國著名學者羅德柏的弟子。留學的日子使他眼界大開，接觸到了新鮮的理論，王鐵崖以《中日關係》作為他博士論文的題目，在獲得博士學位之後，他便一心準備報效祖國。

正當他準備回國一展宏圖之際，二戰爆發，一切都化為泡影。1939年9月，他取道法國、越南終於回到故土，但這裏等待著他的只有失業、戰亂和饑餓。從昆明到重慶王鐵崖一直未謀到一份工作，為生計所迫，他曾一度以賣文為生。後經人介紹在《世界政治》雜誌當了編輯，卻因編輯部遭到日機轟炸而重陷困境。但這次最重大的損失是他多年傾心搜集的圖書資料在日本轟炸中被燒毀殆盡。

就在他失去工作之時，在美國的周鯁生邀請他到樂山擔任武漢大學政治學系教授。於是，他欣然應允。1940年8月底，王鐵崖從重慶乘小輪船，溯江而上去樂山，躺在甲板上一天一夜，一路想得很多：「開始任教，這是我一生的轉折點。」這一年，他27歲，被稱為青年教授。

「與我同時被邀請到武漢大學政治系任教的是樓邦彥，前一年法律系任教的有李浩培。他們都是我在倫敦政經學院的同學，在樂山經常來往。武漢大學前輩如劉炳麟、楊端六、桂質廷、袁昌英等人都對我十分照顧。當時的政治系主任是劉迺誠，也是留英同學。和我平常來往的還有歷史系的陶振譽、楊人楩，英語系的費鑒照和物理系的胡乾善等人。」[20]

---

[20] 王鐵崖：《樂山兩年》，《北京珞嘉》總第2期。

　　初當教授，對王鐵崖來說功課壓力很大。按照武大的規定，教授必須擔任二至三門課程。王鐵崖的課程更重，第一年是國際法和歐洲外交史，第二年是國際法和中國外交史，都是全年大課，另外還有國際法判例等高年級學期課程。這些大課原來是周鯁生擔任的，很多人擔心他年輕，經驗不多，承擔不起。而且，王鐵崖上課時，學生人數眾多，在大禮堂上課。這些，的確使他有點緊張。好在那時年輕氣盛，毫不畏縮，盡力而為，兩年的成績總算不差。

　　為了教好課，王鐵崖可以說是「拼命」備課。每天從早到晚，閱讀參考書，寫講稿，幾乎不停；除周末外，沒有休息時間。每次上課一定先有詳細講稿。雖然他從來不照稿宣讀，但是，有了講稿，心裏就有了依靠。當時生活條件很差。第一年，王鐵崖和樓邦彥一家三口同住在一家舊當鋪的舊庫房裏，第二年和費鞏照租了兩間小房，他住後房。「住房環境惡劣，光線不足，白天往往要點燈。燈是菜油燈，別人點幾盞，我為了省錢，只點一盞。在微弱的燈光下，日以繼夜翻看書寫稿。工資低，物價高，夥食極為簡單，一星期只吃一次肉。屋裏只有一張竹椅，學生來訪問，不是坐在床上，就是站著。」[21]他的一位學生，後來擔任過最高人民法院副院長的端木正回憶說：「我記得王鐵崖老師在1941年住在樂山一間自租的舊式房子裏，臥室、書房、會客室都在一間裏，同學來多了就只能有坐有站，但照樣在講學論道！」

　　教課很緊張，在樂山的兩年裏，王鐵崖沒有時間和精力從事專門科學研究，撰寫學術性文章。只是應昆明西南聯大伍啟元等人的要求，擠出時間寫點評論性的短文章，發表在《當代評論》刊物上。因此，樂山兩年是王鐵崖緊張的教學生活的兩年，為以後幾十年的教學奠定了良好的基礎。

　　1940年秋天考入武大的黃鎰晚年曾經回憶說，「有一種學術報告，很受同學歡迎。即每逢星期一總理紀念週，學校事先掛牌公告學術報告題目及報告人姓名，每次報告大禮堂幾乎擠滿了人。半個多世紀過去了，很多內容豐富的學術報告，我都記不清了。經過回憶，有三次我還記得它的題目大意及演講人」，其中之一就是王鐵崖《論兩戰（兩次世界大戰）之間》，「他論資本主義國家爭奪資源、爭奪市場的戰爭，平時是備戰之日、戰時是用兵之年。」[22]

---

[21] 王鐵崖：《樂山兩年》，《北京珞嘉》總第2期。
[22] 黃鎰：《樂山學習生活雜憶》，臺灣《珞珈》第144期。

　　樂山兩年，王鐵崖生活中的一件大事就是與在金陵女子學院學習的王彩相識相愛。他們由胡乾善介紹認識，經過三次在成都相聚，然後於1942年7月在樂山結婚的。外文系學生楊靜遠日記裏有記載：

> 1942年7月7日　抗戰五周年紀念。一天來了四次客，三次是親送結婚請帖來的。一個是劉廼誠先生（武大政治系教授），一個是爹爹的學生，一個是王鐵崖先生（武大政治系教授）。[23]

　　又據王鐵崖晚年回憶：「本來定在7月7月抗戰紀念日在樂山舉行婚禮，後來因路上（按，指去成都路上迎接王彩）遇洪水，婚期延至7月10日。婚禮很簡單，但是，樓邦彥夫婦幫我們做了籌備工作，不少武漢大學同事和朋友都來參加了。特別使我們高興的是，王星拱校長充任了證婚人，在結婚證書上簽了字，並講了話。到現在，我們還感激他。」[24]

　　結婚後，王鐵崖和王彩離開了樂山，轉到重慶中央大學，應當時的政治系主任張匯文之聘擔任教授。後來王鐵崖說到離開武大的原因是，「樂山地方比較偏僻」，想到重慶「增加交遊和擴大見識」，但是，他認為，「武漢大學對於中國教育和科學的發展是有貢獻的，特別是在社會科學方面，貢獻是顯著的，而在國際法方面，我深有感觸。」[25]

　　1986年，王鐵崖在83歲高齡搜集材料，編了《周鯁生國際法論文選集》，算是對老師的懷念，「也算是我對武漢大學深切感謝之意」。

第六節　楊東蓴：號稱「四不怕」的「奸黨分子」

　　他是建黨初期的共產黨人。大革命失敗後，在同黨失去聯繫的情況下，潛心研究唯物論，翻譯、出版馬列經典著作，積極宣傳馬克思主義。抗戰期間在

---

[23] 楊靜遠：《讓廬日記》，武漢大學出版社，2003年。
[24] 王鐵崖：《樂山兩年》，《北京珞嘉》總第2期。
[25] 王鐵崖：《樂山兩年》，《北京珞嘉》總第2期。

桂系上層搞統一戰線工作，為反蔣民主運動出謀獻策。

　　他在樂山武大講壇上，自由講授馬克思主義學說，宣傳革命理論，抨擊國民黨反動統治。因此被政治系某教授稱為「托派」，被國民黨稱為「老奸黨分子」，受到特務嚴密監視。

1949年後，他官至國務院副秘書長、中央文史研究館館長。

他叫楊東蓴。與史學系教授、胞弟楊人楩，成為樂山武大時期的兄弟教授。

　　楊東蓴（1900—1979），湖南醴陵人。名豈匏，又號人杞，在白區地下工作時曾用羅東蓴等化名。他的講話頗為平易近人，一開口就自我介紹：「我叫楊東蓴，常被叫作楊東蓴（蓴的本字為蓴），名字取得不好。」[26]

　　楊東蓴父母早喪，幼時與胞弟楊人楩依乾媽童氏生活。早年畢業於北京大學，曾參加1919年的「五四運動」。1921年他結識了革命先驅鄧中夏與劉靜仁、羅敖階等人，發起組織了北京馬克思學說研究會。1923年加入中國共產黨。大革命時期，他擔任總工會宣傳部長和工人日報社長。大革命失敗後，遭受國民黨懸賞銀洋五百元緝拿，又同黨組織失去了聯繫，便逃亡日本研究唯物論。

　　1930年楊東蓴從日本回國，1931年擔任廣西師範專科學校校長，並由他邀請了薛暮橋、夏征農等一批進步學者到校任教。該校公開講授馬列主義，宣傳民主思想，實行科學管理，學風端正、思想活躍，在全國頗有影響。1938年，楊東蓴在徵得上級同意後，擔任廣西地方幹部學校教務長，利用合法身份宣傳進步思想，再次受到頑固派的攻擊。1939年白崇禧作為新設立的桂林行營主任，擬請楊東蓴出任行營秘書長，遭蔣介石否決。1941年「皖南事變」後，楊再次被迫離開廣西撤往香港，擔任香港達德學院代理院長、香港大公報顧問，繼續從事革命工作。1943年1月，楊東蓴受聘於樂山武漢大學法學院教授。

　　初到樂山時，楊東蓴與胞弟楊人楩（時任武大史學系教授）兄弟倆同住在嘉樂門外武聖祠一個較好的四合院內，後來為了節約開支和躲避敵機轟炸，也

---

[26]　章開沅：《憶東老》，《實齋筆記》，東方出版中心，1998年。

為避特務耳目的盯梢，先後在市郊斑竹灣汽車站附近一個偏僻清靜的地方租了一座茅屋，住了一些時候，又另遷一個地方。據楊正甫回憶，1944年1月上旬的一天下午，「在張公橋西端的轉彎處，尹先生（按，指中央博物院的考古學家尹子文先生）領我倆爬上幾級石階，在山道傍一土圍牆圍著的磚瓦平房前止步，但見院落門口掛有一塊『武漢大學教職員工宿舍』的木牌（地址在今樂山市棉紡織廠）。進院落後，尹先生在一住房前叩門，身材魁偉，面目慈祥的中年長者楊東蓴先生含笑迎出門外，一一與我們握手致意。」「楊先生的居室很窄，是兩間一套的平房。地面的三合土都已剝落，透過屋頂稀疏的青瓦，可以看到天空的絲絲白光，但室內卻佈置得井井有條。外間是書房兼會客室，靠牆放著六個竹制書架，整齊地放滿各種書籍，壁上掛有幾張條幅。中間是一張小條桌，四把小藤椅，雖說簡陋，然很淡雅。」[27]

當時教授薪俸微薄，為了糊口楊東蓴不得不到武大附中（珞嘉中學）、省立樂山中學（今樂山一中）兼帶初高中國文課。在家抽空還撰寫了一部《開明高中歷史課本》，得些稿費貼補家用。楊東蓴嚴於律己，對生活上的要求從簡從樸。外文系教師戴鎦齡回憶，「抗戰時期，他在四川，每當寒季到來，總是披掛一件破敝不堪的舊布袍，在街道上大搖大擺，自得其樂。」當時在樂山工作的同鄉廖有為回憶，「那時他僅43歲，春秋鼎盛，精力飽滿，而在儀態上卻頗衰萎。夏天穿一身白土布唐裝，冬季著深灰色精布棉袍，頭戴瓜皮氈帽，腳上穿的則是他夫人馮愛瑩親手做的布鞋布襪，一年四季剃個大光頭，左手夾一個用黑布包裹的書包，右手拄一根拐杖，龍鍾老態，酷似衰翁。抽的煙則是地攤上擺的五十支一紮、質劣價廉、一擦火柴就燃旺火的『紙煙』。他這種形象與其當時年齡比較是很不相稱的，反映出他當時的心情。」[28]武大學生丁宗岱回憶，「一次偶然的機會，我在文廟學生壁報欄前，看到一位陌生的教師，在認真閱讀壁報上的文章。他五十多歲（按，楊東蓴當時其實只有四十三四歲），穿舊藍布長衫，布鞋、綁腿，腋下夾個舊布書包，是當時一般教師的裝束。」

楊東蓴主講「中國政治思想史」和「中國政治史」兩課。他授課演講時寓莊於諧，旁徵博引，援古例今，議論精當，鞭辟入裏，有強烈的鼓動性和極大的說

---

[27] 楊正甫：《回憶良師楊東蓴先生》，《樂山市中區文史資料選輯》第七輯。
[28] 廖有為：《和楊東蓴同志相處的日子》，《文史資料存稿選編》。

服力，教室經常為之堵塞。外文系學生楊靜遠在當年日記裏有真實地記載：

> 1943年4月19日 星期一 上紀念週聽楊東蓴講「談生活」。聽的人真多，
> 許多人沒位子坐，站在旁邊。他講的很短，也沒有一個具體的論點，不
> 過很動聽，穿插一些逗笑的句子，叫人不得不笑。聽完和張韻芳、劉琅
> 一同下來，張說他好像沒講出什麼來，可是實際上是講出來了。我補充
> 道：「他不下定義。」她說是的。我笑著說：「下定義是不容易的，很
> 危險。」張大笑道：「對的，危險，這兩個字用得好極了。」[29]

1945年畢業的倪明將楊東蓴講課概括為「啟發誘導，充分說理」，並說：
「楊老師講課，對自己要求很嚴，每一堂課都認真準備。他知識面廣，學識淵
博，教育內容十分豐富。楊老師善於接近同學，平等相待。講課時循循善誘，
充分說理，還歡迎同學提問，共同探討。記得有一次，一位同學提問：封建帝
王欺壓人民，為什麼竟願意減少稅賦，讓農民修養生息？楊老師解答說：封建
統治集團驕奢淫逸，橫徵暴斂，殘酷剝削、壓迫農民，加之災荒頻繁，戰亂不
斷，生產力經常遭到極大破壞，以致社會動盪，政權不穩。在這種情況下，有
些帝王看到自己的統治岌岌可危，就採取『免徭役，減稅賦』的辦法，給農民
修養生息的機會，以挽救他垂危的政權。幾年以後，生產得到恢復，農民生活
得到改善，社會趨於安定，這個政權也就維持下來了。這樣的情況確是有的。
但是，當封建王朝的統治搖搖欲墜的時候，如果不採取緩解的辦法，那麼，陷
於絕境的農民在走投無路的情況下，只能揭竿而起，舉行農民起義，若參加起
義的人數越來越多，範圍越來越廣，就可能進而推翻這個封建王朝。這在中國
歷史上是屢見不鮮的。所以說：事情總是相反相成的，矛盾又對立統一，歷史
就是這樣發展過來的。楊老師的講解不但揭示了封建王朝的興亡規律，而且對
同學們進行了一次具體的辯證唯物主義歷史觀的教育。同學們聽了，都心悅誠
服。」還特別強調，通過聆聽楊東蓴的講課，以及與他的接觸交往，「還學到
了許多書本上學不到的知識，在為人處事、待人接物、分析事理和觀察社會等
許多方面，都受到了深刻教育。」「特別使我感動的是：楊老師不但教給我們

---

[29] 楊靜遠：《讓廬日記》，武漢大學出版社，2003年。

知識，而且教育我們怎樣做人，他關心同學們的前途，並滿腔熱情地鼓勵我們走一條推動社會進步的人生道路。」[30]

楊東蓴輔導學生，十分注意從實際出發，因人制宜，因時制宜。在這方面，學生倪明就是得益很深的，五十年後他在回憶中說，「當我與楊老師開始接觸的時候，曾流露出自己對現實不滿，渴望理想社會的心情，並選讀了一些理想主義的書籍。當楊老師知道這些情況後，對我說：理論雖然要，但應從實際出發，從現實中去尋找理想。脫離現實的理想，只能是空想。並說：若要了解當今世界，你可以看看『布史』（聯共黨史）。他的這一指點，對我克服空談理想的缺點，起了很大的作用。」

1943年，24歲的湖南人廖有為到樂山警備司令部工作，認識了楊東蓴。由於同鄉關係，彼此一見如故。楊東蓴甚至在兄弟倆所住四合院，撥了一個三開間的臥室給廖有為一家居住。從此朝夕相聚，無話不談，逐漸建立了忘年交的深厚友誼。

當時，楊東蓴家訂有一些進步書刊，廖有為每晚去他家閱讀《新華日報》和擺「龍門陣」，談家常、論國家大事，天南地北，常常談到深夜。那時《新華日報》要經重慶新聞檢查所的審查才能付印，新聞檢查所經常對一些事實報導和老百姓的正義呼聲加以刪改或乾脆取締，以致報紙上常出現一塊塊空白版面——「開天窗」。楊東蓴對國民黨反動派這種控制輿論的卑劣手段極為不滿。他氣憤地說，蔣介石對外屈辱妥協，對內積極反共，迫害愛國志士，好話說盡，壞事做絕，當了臭婊子還要建貞節牌坊，真是無恥之尤！蔣介石就是師承蜀人李宗吾「厚黑學」的衣缽，是「厚黑學」的徒子徒孫。所謂「厚黑學」者，即臉厚、心黑之謂也。他說，蔣介石這種法西斯統治企圖掩人耳目的勾當，適足以表現蔣家王朝的虛弱、醜惡與惶恐，從歷史上看，凡屬殘民以逞的獨夫民賊都是沒有好下場的。當時已是抗日戰爭進入到第六個年頭了，日機經常狂轟濫炸，四川各地防空指揮部在空襲警報之前還有「預行警報」，每逢「預行警報」發出，我機成群結隊起飛，不是去堵擊敵機，而是倉皇逃逸。同時又盛傳陪都重慶有遷西昌之議。他非常憤慨地說：登堂入室，國已不國，自

[30] 倪明：《永遠銘記楊東蓴老師的教誨》，《武大校友通訊》1995.2／1996.1合刊。

己不戰，卻還汙衊八路軍「遊而不擊」，煮豆相煎，真是親者痛，仇者快，其結果將是鷸蚌相持，漁翁得利！他說，值此國亡無日之際，竟有人大發國難財，在美國大買橡膠園，連馬桶、哈巴狗也從香港空運進來，弄成「民國萬稅（歲）、天下太貧（平）」水深火熱的局面，而我們這些堂堂大學教授，卻窮入骨髓，當局美其名發給所謂研究費，實際上連「煙酒費」猶嫌不夠。他對馬寅初提出「對豪門資本家及發國難財者課徵重稅」的主張極表讚賞。後來聽說國民黨反動派對馬寅初進行迫害，他義憤填膺地說，對他們提意見有屁用？病入膏肓的人是不能起死回生的！有一次，廖有為同他談到國民黨警備部官吏的一些貪汙腐敗情況，他對廖說：「你大名『有為』，顧名思義，應該有所為，有所不為……」[31]

楊東蓴在樂山武大執教期間，正是抗日戰爭接近勝利的艱苦時期，又是中國人民解放戰爭轉入大反攻，國民黨加緊鎮壓民主運動的時期。他利用講授中國政治思想史等課程的機會，鼓舞學生堅持抗戰、迎接勝利的熱情，支持進步師生追求民主、反對內戰的群眾運動，系統地向學生宣傳馬克思主義的歷史觀。他自始至終全力支持學生的革命活動，在武漢大學時，他為學生的正義鬥爭提出了許多充滿辯證法精神的意見：第一，進步同學生活在學生之中，要廣交朋友，不要侷限在在小圈子裏面。這樣既可以避免過多的突出，受到敵人的注意，也可以影響更多的人，還可以了解各種人物對各種事物的反響，了解群眾的思想情況，在認識形勢、分析問題的時候，不至於狹隘和片面；第二，進步社團不一不定期要清一色，可以由左、中和落後的學生組成，但要防止特務分子打進來。這樣做，既可爭取中間分子，也可以影響落後分子，既避免進步社團過於紅，又便於接近群眾；第三，進步學生開展革命工作，要盡量利用公開合法的形式，利用同鄉、同學、甚至過去的中學同學關係，廣泛了解敵情；第四，要注重調查研究；第五，要用學術研究的方式來排斥政治活動；第六，鬥爭要有理、有利、有節，要適可而止，不要走得太前，只能走到大多數群眾能接受的地步，不能脫離群眾。楊東蓴的這些意見，對武漢大學學生開展「反內戰，爭民主」等革命活動起了重要作用。

[31] 廖有為：《和楊東蓴同志相處的日子》，《文史資料存稿選編》。

　　1944年5月，政治系的學生社團——「政談社」，召開「紀念五四運動座談會」，楊東蓴應邀出席並講話。他談了他親自參加五四運動的經過情況，主張應高舉德先生（民主）和賽先生（科學）兩面旗幟，發揚五四運動的光榮傳統，使在場的師生倍受鼓舞。進步學生社團的成員三三兩兩結伴登門拜訪，去向他請教。拜訪時，學生們提出各種書本上和與國家前途命運有關的問題請他解答。特別是有關毛澤東《論持久戰》和《新民主主義論》中的問題。對此，他不作正面回答，實在是追問緊了，只說了一句：「對毛澤東的理論，我懂！」但不作具體解釋。他的家裏幾乎每夜坐滿了武大師生，或請益學術，或縱論形勢，或商量工作，或研討鬥爭。

　　這些活動終於不免引起敵人的注意，據時在樂山警備司令部任職的廖有為回憶：

　　　就在那時候，重慶行轅派了兩個「聯絡參謀」來警備司令部，會同常駐樂山的軍統特務雷大鈞來對我說：「楊東蓴經常在家裏開秘密會，不但有武大的師生，還有外面來的人參加。在課堂上公開煽動學生『反饑餓、反獨裁、反迫害』，主張廢除一黨專政，還政於民。他一上課，教室裏坐得滿滿的，連教室外面也站滿了學生旁聽。上面來的材料說，他是個『老奸黨分子』，在桂林搞『奸黨活動』站不住腳了，才跑來樂山的，上面要我們採取行動。」我說，一個政治系的教授難道要他去教數理化，不談政治嗎？孫總理說，政者，眾人之事也；治者，治理也。治理眾人之事也，國家興亡，匹夫有責，政府倡導民主，豈能不讓人說話！我同他住在一個院子裏，朝夕相處，一言一語，一舉一動，我一目了然，我知道他是個正直的有良心的學者教授，並不是「奸黨分子」。何況我還是警備部的軍法官，看到奸黨活動能夠坐視不理嗎？……與此同時，我向警備司令向敏思（1948年率部起義後調任110軍軍長）說明我所了解的情況，並以個人的身家性命具結擔保。另一方面，也把這些情況告訴鮑公夫婦，當時，鮑公沉思了片刻，氣憤地說：「我楊某人做事從來就是：『主張不怕硬，應付不怕軟，心髒不怕熱，頭腦不怕冷』……」[32]

---

[32] 廖有為：《和楊東蓴同志相處的日子》，《文史資料存稿選編》。

　　1944年12月22日，蔣介石給國民黨中央政府教育部的電令中聲稱：「據武漢大學法學院政治思想史教授楊東蓴，平日言論反動，詆毀本黨及政府，並對學生時加煽動……希注意整頓為要。」此後，楊東蓴的教學和社會活動，都受到特務們的嚴密監視。[33]

　　楊東蓴在樂山武大教書期間安全無恙，主要是由於王星拱校長和趙師梅訓導長多次以學校名義呈文駁斥特務分子，為其辯護的結果。例如，學校於1945年2月6日給教育部的呈文中說：「法學院教授楊東蓴所授政治思想史一科，範圍只止於先秦時代史，其人在校教學亦甚努力，平日言論並無涉及任何實際問題。」

　　抗日戰爭勝利後，1946年武漢大學復員，楊東蓴先後擔任四川大學、廈門大學教授。1949年後，他先後擔任廣西師範學院（後改為廣西師大）院長，華中師範學院（後改為華中師大）院長、國務院副秘書長、中央文史研究館館長。

第七節　　陶因：他從安大來回到安大去

　　他是經濟學家，卻擔任了國民革命軍第十一軍的政治部主任。

　　他與馬寅初齊名，在中國經濟學界有「南陶北馬」之說。

　　他從安徽大學來到武漢大學，又從武漢大學回到安徽大學去。

　　他就是陶因。

　　陶因，字實中。安徽舒城人。1911年，年僅17歲的他赴日本留學，畢業於日本帝國大學經濟系。留學期間，曾和同學合譯《資本論》。後轉赴德國法

---

[33] 楊慎之：《楊東蓴傳略》，《紀念楊東蓴先生文集》，廣西師範大學出版社，1994年。

蘭克福攻讀經濟學博士學位。1924年從歐洲學成歸國。回國後，陶因先後任北京師範大學、中法大學、中國大學教授。1926年，他赴廣州參加北伐戰爭。不久，任國民黨軍事委員會總政治部養成所副所長，後又任十一軍政治部主任。

兩年後，陶因結束了短暫的軍旅生涯，回到了學術界，依舊從事自己的教學生活。1928年，他到了廣州中山大學，任經濟學教授。此時，故鄉安徽剛建了一所現代化的大學，就是安慶的省立安徽大學。校長王星拱知道陶因歸國，向他發出加盟邀請。出於對家鄉的熱愛，1929年陶因接受了邀請，來到安徽大學任教授兼法學院院長。不久，王星拱被南京國民政府教育部任命為武漢大學副校長，離開安徽，前往武漢。因安徽大學尚無經濟學科，陶因頗感遺憾，加上朋友王星拱離去，更堅定了他離去的念頭。1930年9月他也辭去安大教授和法學院院長職務，來到武漢大學經濟系任教授。1936年9月至1941年，1943年8月至1945年兩次出任經濟系主任。1945年1月至7月，又曾兼任教務長。

樂山時期的武漢大學，雖物質條件艱苦，但學術空氣濃厚，思想活躍。陶因的經濟學講義中，博採各家學說；並且全面闡述了馬克思從商品出發研究的資本論中各項基本觀點，對馬克思的勞動價值學說尤為推崇；鼓勵學生獨立思考，善於鑽研。這在當時環境下是很不容易的；不但要有真知灼見，且須承擔風險！對於延聘教師，只要有真才實學，能教書育人，為人師表，不管他們信仰什麼主義，更不分學術流派，都兼容並蓄。當時的左派教授，如彭迪先、陳家芷等，都在經濟系任教。這樣用人，需要有膽有識；在當時環境下，還需頂住多方壓力。由於陶因等提倡學術自由，校園生活活躍，各種學術團體達一百六七十個之多。陶因對有志青年都關愛備至。如對經濟系同學組織的「珞珈經濟學社」非常關心；還有當時左派色彩比較明顯的「岷江讀書社」，也是以經濟系左派學生唐宏鎔、黃雲高、熊毅齡等為主組織的。陶因對他們都很關心和愛護。

1940年進武大經濟系的袁征益回憶，「陶教授中等身材，清瘦；但精神矍鑠」，講授經濟學，「思路清晰，條理清楚，語言簡潔，闡述各家學說至為精闢。」[34]當時沒有教材，陶因自編《經濟學大綱》講義，文字不多（約十萬字），重在提綱挈領，言簡意賅，內容卻極為豐富，取各家學說之精華。要消

---

[34]　袁征益：《追憶陶因教授》，《珞嘉歲月》，2003年。

化吸收其全部內容，還得參看眾多相關書籍。何廣揚在《難忘的記憶》中回憶陶因說，「他的講課，最受同學歡迎，往往課堂總是爆滿，座無虛席，他編的講義簡明扼要，不拖泥帶水。他講課從不帶講稿，娓娓道來，條理清晰，語言生動活潑，句句扣人心弦，實有難能可貴的講課技巧。」[35]

陶因對學生要求非常嚴格，上課如不用心聽講，一旦提問時答不出，就當場批評，不留情面！1940至1944年就讀武大的黃鎰回憶，「一次他呼名叫一位同學講重農學派某段大意，那位同學錯把當中『School』一字譯成學校，陶老師打斷他的話說：『你當校長？』弄得滿堂大笑，使我至今還記得當時上課的情況，可見當年老師對外語要求嚴格，對常用單字都譯錯了（School在該處應譯成『學派』）就不加諒解。同時促使同學們事先備好課，以免在課堂上出洋相。」[36]

陶因經常在課堂上告誡學生做學問要扎扎實實地深入下去，不可浮在表面上；學習不能被書本束縛住，要善於運用所學習的理論解決實際問題。他反對所謂純學術或為學術而學術的觀點，他認為學問研究從根本上說是由現實問題所引發，是為改革現實問題服務的。他在課堂上對學生說：「你們在考試做題目時不能照抄講義上的論點；我閱卷，你要把我當作不懂經濟學的人，要用你自己的話把論點闡釋清楚，使我明白你講的是什麼道理。」他的一個學生後來回憶說：「陶先生上課，手上有他編的講義，又聽他詳細口授，就便於我們領會了。可是，學期考試時，這門課我竟險些未能及格。幾道試題看來並不難，都可以從講義上找到答案，限定兩小時內做完的試題，我只用一個鐘頭便做完交卷了，還感覺做得不錯。哪知後來公布成績，我這次只考了65分。後來聽了先生在課堂上說的這番話，我心裏熱辣辣的，感到他給我65分還算是照顧的。他是在教給我治學之道和讓我在提高思維能力上應該怎樣多下功夫。」

嚴師出高徒，武大經濟系畢業學生中，出了很多著名經濟學家、著名教授學者。例如國際上公認的發展經濟學的創始人之一張培剛，已被英國劍橋「國際傳記中心」列入《國際知識分子名人錄》，潛心研究凱恩斯主義達半個多世紀，鍥而不捨的劉滌源，已成為研究凱恩斯的權威。此外還有北大經濟學院名

[35] 據臺灣《珞珈》第144期。
[36] 黃鎰：《樂山學習生活雜憶》，臺灣《珞珈》第144期。

譽院長胡代光，武大經濟學院名譽院長譚崇臺等等。陶因為培養這些人才，傾注了許多心血，使他們在校讀書時，就奠定了堅實基礎，才能有日後的成就。

　　抗戰後方，物價飛漲，物質條件較差，教授生活極為清苦，而陶因卻拒絕一切額外收入，清貧自守，刻苦治學。外文系學生楊靜遠當年日記裏有這樣一則記載：

> 1942年4月9日　　下午回校看夢蘭，一會兒菁也來了。我們說到同學，說到先生們。……說到苦的，是謝文炳家、陶因家等。她說陶因有骨氣，韓文源曾請他教書，他拒絕了。另外兩個像方重和某某就答應了。聽說每星期三個鐘頭，一個月500元哩！軍人有了錢有了勢，就想和文人結交結交，博個名聲。文人欠清高的何樂而不為。像陶因這樣清高的有幾個？[37]

　　大概是1943、1944年間，陶因應當時教育部長的邀請，擔任部督導室主任，當了「竹頭官」（簡任）。還經常回武大視察工作，給學生們作報告。「每次返校，都輕裝簡從，衣著樸素，只是過去當教授時的長袍子，換成了一套絳色中山服，質量一般，也不是什麼毛料的，不像有些人一當了官就西裝革履。作報告也談及官場中的一些不正之風；他老都一身正氣，堅決頂住。」[38]

　　抗日戰爭勝利後，1946年1月，國民政府教育部決定恢復安徽大學，並由省立改為國立。由朱光潛、陶因、楊亮功等12人組成國立安徽大學籌備委員會，朱光潛任主任委員，陶因為秘書。4月，陶因離開武漢大學，抵達南京，商討籌建安大事務。後朱光潛因「素愛讀書寫作，無意於行政工作，辭謝再三」沒有到職，於是改命陶因為籌委會主任。9月，國民政府教育部任命陶因為國立安大校長。

　　陶因於1946年11月接任國立安徽大學校長後，原國立武漢大學的許多教授均被他「挖」過去，文學院長胡稼胎、法學院長韋從序、理學院長張其浚，農學院長齊堅如，教務處長湯藻真，訓導處長桂丹華，總務處長為胡子穆都齊聚在他的周圍。

---

[37] 楊靜遠：《讓廬日記》，武漢大學出版社，2003年。
[38] 袁征益：《追憶陶因教授》，《塔嘉歲月》，2003年。

第八節　楊端六：西遷和東歸的功勳教授

毛澤東年輕時候以特約記者身份聽他演講，現場作記錄。

蔣介石慕名請他為其個人講了兩次經濟學課，因此得了個「蔣介石的老師」之惡名。蔣介石還任命為他軍事委員會第三廳廳長，他提出了三個條件，即不離學校，不離講臺，不穿軍裝。蔣一一答應。他也就成了國民黨軍中惟一不穿軍裝的「上將」。

他曾經使商務印書館的財務扭虧為贏，被譽為商務的「金櫃子」。

他的著述是很多大學經濟系的必讀教科書，被尊崇為「中國現代貨幣金融學的奠基人之一」。

他就是楊端六，武大西遷史上是一個絕對不能繞開的人物。

楊端六（1885—1966年），原名楊勉，後易名楊超。原籍江蘇常州，祖輩落籍湖南長沙。清光緒二十九年（1903年）畢業於湖南省師範學堂。1906年赴日本留學。辛亥革命期間回國，擔任海軍陸戰隊秘書長。後回湖南，在《長沙日報》社擔任撰述。1913年得黃興資助，到英國入倫敦大學政治經濟學院攻讀貨幣銀行專業。1920年回國後即在吳淞中國公學兼任經濟學、會計學教授，在商務印書館擔任會計主任，對商務的會計制度進行了改革，並迅速實現扭虧轉盈。郭沫若曾稱讚他「在商務管著銀櫃子」，中國會計界稱他為中國商業會計學的奠基人。1926年楊任中央研究院經濟研究所所長、社會科學研究所研究員。

1930年後，楊端六一直受聘於國立武漢大學，曾任法學院院長、教務長、教授兼經濟系主任、文科研究所經濟學部主任。1937年盧溝橋事變爆發後，中華民族面臨亡國的危險，中國高等教育正常的發展歷程被打斷。國民政府被迫遷都重慶之後，國內的大學為躲避戰火也紛紛內遷。那時的大學，可以說是西部大逃往。1938年，國民黨戰場節節潰退，武漢的局勢日益惡化，武漢大學也被迫考慮遷校。

　　1938年1月初，武大委派楊端六、邵逸周兩位先期前往四川考察遷校地址。選在何處最適宜呢？楊端六和邵逸周認為最好是在江邊，如果從長江坐船可以通達，這樣搬遷最為方便。由於武大到了1938年才搬遷，是大學裏面搬遷得最晚的，選址十分困難，沿江的重鎮如重慶、瀘州、宜賓等地已沒法落腳。楊端六和邵逸周只得從岷江北上走得更遠，最後選定岷江邊的小縣城樂山作為校址。2月26日，教育部批准武大遷校方案。同日，武大校務會議議決：成立遷校委員會，楊端六為委員長。4月2日，第一批遷校委員楊端六等六人到達樂山，開展前期工作。

　　當時武大的很多學子們都認為，「在民族危亡的極端苦難中，能在四川樂山這個山青水秀的小縣城讀大學極為難得。一所著名大學在一個幾萬人的縣城，充分利用了當地的文廟作為校本部及文學院、法學院的教學地址，利用城郊一片建築作為理學院、工學院的教學地址，利用教會的一些設施作為女生宿舍，利用龍神祠等作為男生宿舍，還修建了一些簡易的教室和宿舍。教師們則分散租用民房，共度戰爭歲月。對比小說《圍城》描述的抗戰時期某大學學生及教授們逃難的狼狽情景，武大的師生就太幸運了。」[39]葉聖陶當初來到武大也讚嘆文廟的教學施舍，「以視重慶之中大與復旦，寬舒多矣。」[40]

　　在樂山這樣一個小縣城全面而又迅速地展開修繕、製造等工程，肯定需要大量的木工、泥工、油漆工等，這又非要取得當地人士的合作與幫助不可。當時四川各地普遍存在幫會組織，樂山當然也不例外，這裏「袍哥」的大哥蔣某，很有勢力，原是湖南人，後來落戶樂山。而負責遷校委員會的楊端六也是湖南人，他便以同鄉之誼登門拜訪蔣某，爭取他大力幫助。這一著棋十分有效，這位蔣大哥號召力強，動員樂山及附近鄉鎮的所有工匠大力支援武大，各項工程進展神速。據說原定於5月1日開學，實際上4月26日就開始上課了。

　　楊端六作為一位著名學者，又具有組織領導紛繁複雜事務的卓越才能和高度責任感，令武大師生萬分敬佩。經濟系學生向定回憶說，「曾記得1938年4月份，我們由漢口初到樂山時，親眼看到他與郭霖老師在文廟指揮修建工作，真是晝夜繁忙，全力以赴，事無巨細，都親自過問，親自檢查驗收，竟把一個

---

[39] 萬典武：《緬懷恩師楊端六教授》，《珞嘉歲月》，2003年。
[40] 葉聖陶：《嘉滬通信》第一號，葉聖陶：《我與四川》，四川人民出版社，1984年。

破爛的舊式廟宇，在短期內改建成大學課堂和圖書館，使學生們能很快繼續上課。與此同時，還在龍神祠、觀斗山等處改建成了許多學生宿舍和教室。這期間，端師真是廢寢忘食，費盡了心血。文廟大成殿改建成為圖書館後，很快就將從武昌運來的圖書，開箱裝架，端師時兼圖書館館長，他親自和圖書館的同事們把一捆捆圖書分類整理，裝上書架。他雖然自己不辭辛苦，整日忙碌，卻對同他一起工作的同事，體貼入微，要他們注意休息。圖書管理員整天坐在木板硬椅上，忙於辦理借書還書手續，實在很累，為此，端師特為他們配備藤椅，讓他們坐著舒適一些，端師對同事們如此關懷備至，使他們深受感動。」[41]

　　楊端六先期抵達樂山，而其夫人袁昌英，則帶著楊的母親，以及長女靜遠、兒子弘遠隨後溯江而上。先是在重慶南岸暫住，然後再到樂山，住進了城中心的鼓樓街十六號。這是一所相當寬大的兩進四合院，三家教授合住。前院是武大教務長、後來的校長周鯁生，後院東邊是經濟系教授劉秉麟，西邊是楊端六一家。幾位教授每天經府街縣街，穿叮咚街，到位於文廟的文法學院上課，大概只需要十分鐘。日子過得十分平靜安詳。

　　1939年5月間，武大發生了一起辭職風波。據葉聖陶《西行日記》記載，「校中有若干同事脅迫校長，請其公開經費收支，以後教師之聘任加薪，由系務會議決定之。校長於是公開聲明，在抗戰期間，校中教師決不更動。此事殊違背大學法，而校長受人包圍，且怕生事故，遂有此違法之表示。文學院院長陳通伯先生，法學院院長劉南陔先生，工學院院長邵逸周先生，及法學院教授楊端六先生因而辭職。校長雖挽留而意不誠，遂成僵局。」5月3日，武大經濟系學生貼出布告，挽留楊端六，並請校長依照大學組織法辦理校務。到了月底，「學校之風波已解決。校長修正其所公布之新法，謂進退教師討論於系務會議不過咨詢性質，其決定仍由院長校長主之。而辭職之幾位，即以所爭者已貫徹，打消辭意。」[42]

　　8月19日，日機忽然轟炸樂山。楊端六一家所住院子成為平地，全部家產蕩然無存。一段時間，楊家幾口人衣食無著，只得分散寄居朋友家，仰仗各家接

[41] 向定：《追憶先師楊端六先生》，臺灣《珞珈》第129期。
[42] 葉聖陶：《西行日記（上）》，《葉聖陶集》第19卷，江蘇教育出版社，1994年。

濟，度過難關。楊端六這位理財專家也一點不會理自家的財，不做生意也不會
囤積生活資料，工資還是存入銀行，加上貨幣不斷貶值，結果生活十分拮据，
過著窮教授的清苦生活。

為逃避空襲，楊端六一家和工學院院長邵逸周一家在離城四十里的通江
敖壩鄉間租了一處農舍暫住。秋季開學後，楊端六在北郊岷江邊一個叫「石烏
龜」（今屬樂山高墩子社區）的地方買下一處農舍，稍事修整後住下。當時武
大機械系主任白鬱筠和楊家合住一宅。這裏到文廟步行需要一個多小時。據楊
靜遠的日記記載，住石烏龜時期的生活是很美好的。不過楊端六本人的生活較
為單調，茶餘飯後除了讀書看報就是侍弄菜園。《讓廬日記》就有不少這樣的
記載：

（1941年7月14日）四點鐘幫爹爹在園裏拔了一會草。

（1941年7月18日）天黑以後在園裏幫爹爹除草。

（1941年9月20日）爹爹看報，報告我們明天有日蝕，一定要留心看。

（1941年11月11日）吃過晚飯聽爹爹講重慶的各種故事、新聞，聽得津津
有味。

石烏龜一住就是三年。後來日寇的空襲少了，楊端六一家便於1942年8月底
搬回城內，住進城西陝西街盡頭一處名叫「讓廬」的中式樓房。這裏也是三家
人合住。文學院的蘇雪林住東側，外加樓上二、三間；楊端六家住西側，包括
堂屋；樓上住著經濟系教授韋從序一家。房前有個大院子，「院子南端一道牆
外，還有一個小院，一排平房，是三家的廚房、柴草間。我家的三間居室，緊
挨堂屋的一間是父親的臥室兼書房，後面一小間用作盥洗兼馬桶間，堆放箱籠
雜物，朝西的一間狹長的房，塞著一大一小兩張床，兩張書桌，一個五屜櫃，
是母親、弟弟和我的棲身之所。」[43]

楊端六一家在讓廬一直住到抗戰勝利，武大復員。

楊端六一生有兩大貢獻，「一是在經濟學特別是貨幣銀行金融財會方面開
拓性研究論述，一是在教壇上嘔心瀝血默默耕耘，培養了一代又一代財經界傑
出人才。」（楊靜遠語）他教過的學生無不終生感激，尊崇他為「中國現代貨

---

[43] 楊靜遠：《讓廬舊事》，楊靜遠編：《飛回的孔雀——袁昌英》，人民文學出版社，2002年。

幣金融學的奠基人之一」。

在學生中，楊端六素有「菩薩」之稱，其理由有二：第一，從性情來講，楊端六為人和藹可親，很少板著面孔對人；第二，從體態上說，楊端六生得很魁梧，但不缺少慈祥之氣，像一尊佛。「你如果記住這兩點去法學院的教授中找一找，結果包你不會錯。」[44]旅美散文家吳魯芹回憶，當年武大經濟系「特別斯文」的兩位大牌教授，一個是楊端六，一個是劉秉麟。

抗戰時期的武大教授們多以手抄講稿授課，學生記筆記作為學習的主要資料，也有幾位是以他人的著作為基本教材的。經濟系主任陶因教授有一本油印的教材就顯得很稀罕，而楊端六講「貨幣與銀行」課用的教材卻是商務印書館1943年正式出版的，有數十萬字的楊端六專著《貨幣與銀行》。這本書是當年大後方各大學廣泛選用的著名教材。楊端六也成了二十世紀40年代武大經濟系中唯一出版專著的教授。

1941年考入武大經濟系的萬典武回憶道，「在當時通貨膨脹瀰漫世界各國的背景下，我饒有興趣地聽了楊先生講授『貨幣與銀行』這門課，並反覆研習了楊先生的專著。楊先生的這本書，講的是基礎原理，常常引用英文原文，而且開列了大量的英文原著目錄作為參考資料。我就是根據楊先生的這些指引，讀了幾十本英文的這類專著，其中有的泛讀，有的精讀。楊先生的這種著述和教課方式，非常適合引導青年學子進入這門新學科，為我國培養了第一批掌握這門學科的人才，他的專著成為我國貨幣學、金融學的奠基專著之一。」「在我按楊先生名著《貨幣與銀行》所列參考書目不斷研習的過程中，常常遇到一些不懂或不甚明了的問題，我都夾上小紙條，過一些時日，就集中起來，專程到楊先生府上（租用當地民宅）去請教。他摘下眼鏡仔細翻閱英文原著的有關段落，有時還看一看書名、作者、目錄等，然後慢條斯理地給我講述和解答。我一再受到有針對性的指點，茅塞頓開，啟迪良多。我的大學本科畢業論文是關於凱恩斯（J.M，KEYNES）的貨幣理論的，研究生的畢業論文是關於凱恩斯就業理論的。論文的提綱呈送楊先生，均得到批准。寫成後，他又仔細審閱，勞神費心，令我沒齒難忘。」[45]

[44] 溪香：《楊端六先生》，《老武大的故事》，江蘇文藝出版社，1998年。
[45] 萬典武：《緬懷恩師楊端六教授》，《珞嘉歲月》，2003年。

「楊先生教的課是貨幣學與工商組織兩門，其要者為貨幣學，他教貨幣學，不先告訴你貨幣的種類有硬幣、紙幣、支票，……然後再告訴你貨幣制度可分為金本位、銀本位、複本位、跛金本位……。他卻一開始即告訴你可以拿『錢』把它買來的又有些什麼。」「讀楊先生的貨幣學，他所開的入門參考書最好都得看一遍，因為他講授這門功課，不分章，不分節，好像都是各自獨立的Lecture，其實都是相關聯的，他所講的次序，幾乎與他所開的參考書的次序差不多。如果你閱讀參考書與所講並進（最好是前者先與後者）那才有辦法；如果你一味地只靠聽講，準是讀完一年貨幣學，說不懂罷又知道一點，說懂罷老像有點昏頭昏腦地打不過轉來。」[46]

1935年考入武大經濟系的學生向定，在《追憶先師楊端六先生》中說：「1939年秋，我畢業了，被留校擔任助教，工作地點在法科研究所，當時，端師兼任法科研究所經濟學部主任。從此，我和端師接觸的機會就更多了，差不多每天都見面，在治學、治事和為人處世等方面，經常得到端師的諄諄教導。我深深感到：端師平時和善可親，平易近人，秉性剛直，襟懷坦白，待人處事，總是堅持公正，嫉惡如仇，常以『富貴不能淫，貧賤不能移，威武不能屈』勉勵學生，並以此自勉。他和同事研究處理問題時，遇有不正確意見，他會堅持真理，決不苟同，但態度和藹，以理服人。他平時對學生親切關懷，如同自己子弟，但遇學生有不當之處，他也會嚴肅指出，不予遷就。記得有一次，我為某事以法科研究所名義給校長寫報告，字跡潦草，敘事不清，報告須經端師核閱，時近中午，端師拿起皮包，準備回家，已經從法科研究所走到文廟圖書館前，我追去，把報告送他看，他看了報告，很生氣，說：『給校長寫報告，怎麼能這樣草率，拿回去重寫！』這是對我以後工作的寶貴教訓和有力鞭策。端師對學生關懷、幫助，無微不至，不僅對在校學生如此，對畢業離校學生亦如此。經常有畢業離校的同學向他寫信問安，匯報工作，或請示問題，端師亦必一一予以親切答覆。」[47]

1942年夏，武大社教推行委員會在樂山舉辦會計學校，為期三個月，由向定主持教務，楊端六對如何開設課程，聘請教師，乃至籌措經費等事宜，均細

[46] 溪香：《楊端六先生》，《老武大的故事》，江蘇文藝出版社，1998年。
[47] 向定：《追憶先師楊端六先生》，臺灣《珞珈》第129期。

心予以指導，他說：「不辦則已，要辦就辦好。」他再三敦促要認真授課，一定要讓學員有所得。在楊端六的關懷下，那一期會計學校辦得比較成功。結業時還和學員們合影留念。

楊端六的女兒楊靜遠說到父親，「在家，他不是一個溺愛孩子的父親，但對學生，卻像慈父一樣關愛有加，傾其所有地傳授知識，耐心地解答一切問題，並利用自己的社會關係為畢業生謀職。」（《我的父親楊端六》）1943年，由於楊端六在學生心目中的地位和影響力，武大學生發起成立了以他的名字命名的獎學金。這在楊靜遠《讓廬日記》裏有兩處記載：

> 1943年1月30日　　戴銘巽先生送來一張東西，是許多畢業學生為爹爹發起的「端六獎學金」，發起人有一百多，可見爹爹對於學生的影響。
>
> 1943年6月6日　　今天是爹爹的六十壽誕慶祝會，其實他才滿五十八歲。武大畢業同學創設了端六獎學金，大舉募捐，校內於是也響應來這麼一個慶祝會。我沒去，一則明天考文學史，不考，也不會參加這樣一個半公半私的會。

萬典武《緬懷恩師楊端六教授》中也有相關的回憶，「記得大學三年級時，在校的楊先生歷屆學生（不少已是教授）為楊先生舉行六十華誕慶祝會，我因忙於打工（教小學）未能參加。同班張汝楫同學是班上參與這次活動的骨幹，事後他向我介紹了當時的盛況，給我的印象是楊先生德高望重，受到學校廣大師生的崇敬。張汝楫同學還在當時的《大公報》上發一篇紀念文章[48]，頌揚楊先生是年高德劭的著名教授。」

楊端六的侄女楊宜福1940年考取武大經濟系，所以楊端六既是她的伯父，也是她的老師。她「深深記得這樣一件事」：1944年6月，經濟系的同學為他做六十大壽（虛歲），那時物質條件十分困難，同學們不知從哪兒找來一些彩色的紙，做了一個大壽字，壽字下有祝壽者的簽名，請他坐在茶話會的中間，合影留念。在武大，這樣的尊師盛會是少見的。[49]

---

[48] 紀念文章：據考，該文即《尊師重道和明道擇師》。

[49] 楊宜福：《回憶我的伯父楊端六》，《湖南文史資料選輯》第22輯。

　　楊端六在學校是名優秀的教授，但在家庭裏未必是優秀的丈夫。他和袁昌英是一對半新半舊的結合，兩個新式男女卻依從父母之命。

　　1913年初，楊端六到倫敦留學時已是28歲，這個年紀的男子未結婚，在當時的中國簡直是一個奇跡了。他到英國後便認識了袁昌英。袁昌英比他小十歲，在蘇格蘭愛丁堡大學攻讀英國文學。她的父親袁雪庵是湖南的名士，也是理財專家，楊端六在國內即受到他的器重與賞識，遂介紹女兒與楊見面並訂婚。他們回國結婚時，楊端六36歲，袁昌英26歲，是前一代學人中晚婚的典範。

　　在外人看來，他們真是天造地設的理想一對。這樣一個美滿的現代家庭，在中國可謂鳳毛麟角。但作為女兒的楊靜遠卻知道，「以最高境界的情愛觀看，他們的婚姻不是完美無缺的。性格的巨大差異，造成心靈難以完全溝通。經濟學家楊端六是個理性的務實的缺少藝術氣質的人，他不懂浪漫，缺乏詩意。由於年長許多，他對母親的關懷是兄長式的。他無法深入她的內心世界，不能滿足她對兩性情愛的至高期冀。他雖也愛文學，但只限於中國古典文學，而對於外國文學從不沾邊。至於中國現代文學，他毫無興趣，這就使得他和母親難得有共同的話題和深層的交流和共鳴。他不聽音樂，偶爾被母親拉去看場電影，工餘唯一的樂趣是園藝。」[50]

　　楊端六也許算不上好丈夫、好父親，卻是有名的孝子。楊端六的父親壯年病故，能幹的母親獨立支撐窮家，把六個子女撫養成人。楊端六是母親最鍾愛的二兒子，八個月時患天花，母親用雙手托著他好多天，直到天花出透，沒落下一粒麻子。楊端六從小事母至孝，關愛姊妹，發奮進取，六人中數他成就最大，扶助弟妹子侄不遺餘力。

　　抗戰開始，楊端六的母親隨著武大西遷入川。1939年8月19日，日寇轟炸樂山，楊端六的八十多歲老母，幸虧鄰居周鯁生之子周元松的救助才撿回一條性命。楊家後來到城北岷江邊石烏龜居住期間，遇到夏天洪水上漲，楊端六為安全起見就將母親送到城裏陳源家「躲水」。後來考慮到老家或許更安全，楊端六便將母親送回湖南。不久，楊端六看見報紙上報導湖南發生戰事，於是「又急了」，說把母親送回湖南是錯誤。後來一見戰況報導，楊端六就在

[50] 楊靜遠：《母親袁昌英》，楊靜遠編：《飛回的孔雀》，人民文學出版社，2002年。

家裏走來走去，煩躁不安；一收到老家兄長來信說母親生病，楊端六便趕緊匯錢寄藥。

1942年9月1日，楊端六收到長兄來信，告知85歲高齡的老母病逝。楊端六放下才吃幾口的飯，跑到房間裏「唏唏地大哭起來」。女兒靜遠「嚇得進去看他」，但他「哭得很厲害，我知道沒法勸他」。[51]

楊端六雖然一心想避開政界，卻都沒有躲過。抗戰前，他被蔣介石任命為軍事委員會第三廳（審計廳）廳長。抗戰期間，蔣介石幾次讓他到重慶做官，他都以侍奉老母為由婉辭。1838年至1947年，他作為國民參政會參政員去重慶開過幾次會，但很少發言和提案。1945年，在他本人不知情的情況下當選為國民黨六屆中央執行委員。他視政途為畏途卻難以脫身，他追求「只做事不做官」卻又做不到。

1945年8月11日，武大新任校長周鯁生聘請楊端六為教務長。

1945年8月15日，日寇宣布投降。1945年9月1日，武大成立「復校委員會」，推定楊端六為主任委員。1946年10月，武大如期在武昌開學，重現弦歌一堂的景象。學子萬典武回憶說，「1946年武大從樂山遷回武昌，我也是有親身感受的。那時逃難到四川的政府機構、各種單位及民眾找船、找車，想早日回到原處的那種緊張而混亂的場景，影片《一江春水向東流》中有生動描寫，我至今歷歷在目。武大還有大量圖書、儀器需要裝箱搬運，這又是何等艱難。這次從樂山遷回武漢，楊先生又積極參與其中。楊先生是武大這所著名大學西遷東歸，八年抗戰期間堅持辦學，回到武昌又發展壯大的無名英雄，應當永載青史！」

第九節　戴銘巽：思想進步的會計學教授

在樂山武漢大學時期，有兩位最讓進步學生難忘的教授：一位是利用國民黨元老的資格，和國民黨中央訓練團畢業的身份，為保護進步師生、維護學校的學術自由和民主秩序作出了重大貢獻的電機系教授趙師梅；另一位則是以國

---

[51] 楊靜遠：《讓廬日記》，武漢大學出版社，2003年。

民黨黨員身份，多次聲援進步學生運動、關心學生成長、幫助學生走向革命的具有開明思想的會計學教授戴銘巽。

　　戴銘巽，字凝之，又名靖。1904年出生於京口望族，祖父是前清翰林大學士。其父戴恆為清同治戊辰進士，殿選庶吉士，授翰林院編修，主張維新務實，獲功名後無意仕途，從事實業救國，受挫後退隱。他自幼天資聰穎，善於學習。1923年和1924年先後就讀國立南京高等師範商科和國立東南大學商科，受恩師楊杏佛的影響很深。在上海商務印書館任會計一年後，1926年去廣州投身革命，在國民黨中央學術研究院從事經濟研究。1927年隨軍北伐至滬，先後在上海兵工廠和中央研究院社會科學研究所任會計和助理研究員。後感政治複雜，乃於1929年負笈英倫，先是就讀倫敦大學經濟學院，後在愛丁堡大學商科畢業。

　　1931年，戴銘巽回國後受聘為國立武漢大學經濟系教授，直至1970年患癌症去世。其中，1938年在漢口，1940年在重慶，1941年在西安，先後曾兩次任國民政府資源委員會任技正（按，技正為舊時中國技術人員的官職，頗類似今天的總工），參與了資源委員會二百多項廠礦會計制度的建立工作。1941年在西安任陝西省政府會計長。在武漢大學經濟系主授「簿記學」、「會計學」、「統計學」等課程近四十年。早年撰寫過《土地增值稅問題》（刊於《廣州學術研究院院刊》，1926年）、《通貨膨脹的會計》（刊於《武漢大學報》）等論文。

　　袁征益從1940年考入武大經濟系，至1948年秋離校，時近八年，經常親聆戴銘巽教益。他在《緬懷恩師戴銘巽教授》中詳述先師的教學特色：「師教學主張循序漸進，先易後難，打好基礎。即先學簿記，再學會計。先弄通借貸原理，再學記帳編表。反對一開始便講會計理論，令人難以理解。同時，他老又很重視基礎理論，以理論指導實務。反對一開始便鑽研會計實務，在帳簿格式和處理程序上多費功夫，認為這是本末倒置。所以，他講授的會計學分為兩部分，各約百課時。會計學第一部分為必修課，大學二年級修，每周三課時。從會計學的定義、分類、借貸原理、商業簿記等、講到合夥會計、公司會計，大體相當於現在的會計基礎知識或基本會計學。內容相當廣泛，而對一些重要內

容又講得相當深入。會計學第二部分為選修課，大學三年級修，也是每周三課時。主要講成本會計、銀行會計、政府會計、分店會計（當時跨國公司尚未興起，因而主要洪國內分店會計）等專業會計和審計學。還講一些會計學專題，例如現代會計學的發展趨勢、借貸學說、通貨膨脹會計、各種資產與負債的評價、公司合併、破產與清算等。」

戴銘巽授課時，「對會計學中一些重要問題，都列舉各家學說然後分析比較，指出其立論根據，分析其優點與不足之處。一般把他傾向於否定的排列在前，肯定的列後，從分析、比較各種不同學說中引出正確的結論。」這樣講授，不但傳授了專業知識，豐富了講課內容，更重要的是啟發、培養了學生們的分析批判能力，使學生們在讀參考書籍、接受前人知識時，能夠有分析有選擇地吸取。既不隨便否定，也不盲目照搬。

戴銘巽的課時不多，講的範圍很廣。「對一些重要問題，比較、分析又深。在內容取捨上就需高度濃縮，十分簡練，提綱挈領，去粗取精。在講授方法上也極為考究，他只有講授提綱，不寫詳細講稿，但有充分思考的腹稿。他經常失眠，睡在床上，想第二天的講課內容。不但要決定內容取捨，連講課時聲音那裏應該高，那裏應該低；那裏應該用手勢，那些應該板書，寫在什麼位置等都事先考慮好。」他常對學生說，「講課不但要唱功，有時還要做功。」所以他講課，不但內容精闢，言簡意賅，條理清晰，善於啟發，而且抑揚頓挫，音調鏗鏘，有聲有色，非常動聽。所以很多學生認為，聽戴銘巽講會計課是一種享受。[52]

1945年，周熙文從湖北恩施踏入戰時武大所在地的樂山文廟報到時，選擇了以「南陶（陶因）北馬（馬寅初）」聞名於世的經濟系，受業於戴銘巽。「戴先生在教學中嚴肅認真，一絲不苟、邏輯嚴密、娓娓而談。對所有基本原理必然重點講深講透，對具體操作方法則脈絡分明，明確完整。會計學是一門橫跨文理的應用學科，時常有類似數學的會計演算。戴先生的演算和板書也是精心設計的。每當他在黑板上演算完畢，整板板書無異於一副完整的核算圖，從圖形上為全課作了精彩的總結。在《高等會計學》中，內容至為豐富，涉及

---

[52] 袁征益：《緬懷恩師戴銘巽教授》，《武大校友通訊》1999年1輯。

成本計算、財務會計分析、審計原理和方法以及企業經營活動的評論等。他在講課時，抑揚頓挫、重點突出、條理清晰、速度適中，不僅聽來順理成章，而且筆錄下來，就是一篇簡明扼要的講義。稍加充實整理，即成了一部會計科的專著。」

「戴先生教學尤其善於理論聯繫實際，無論是《會計學》或《高等會計學》，他都不指定教科書，因而他從不照本宣科，而是按每一課題，把基本理論與操作技術方法巧妙地結合，引導我們獨立思考，觸類旁通，相互聯繫地綜合運用所學知識，從而加深了理論的理解，又訓練了會計核算的操作技術，提高了分析問題和解決問題的能力。」[53]

戴銘巽富有正義感，且感情豐富，容易激動。他對國民黨政府的貪汙腐化、倒行逆施的行為極為不滿。每次談及，無不義憤填膺，深惡痛絕。因此，對進步學生的革命活動均積極支持。1940年春，國民黨掀起第二次反共高潮，白色恐怖籠罩樂山，國民黨政府為了進一步控制武大，要把一向主張學術自由的王星拱校長調走，另派程天放任武大校長。為了捍衛學術自由的尊嚴，反對國民黨的法西斯統治，在地下黨組織的領導下，他與葉聖陶、朱光潛、丁燮和、彭迪先、郭霖等教授和學生一道發表宣言，抵制了程天放來校。

戴銘巽積極支持進步同學的革命活動。學生們參加革命工作耽誤了學習，他就主動為他們補課、補考，直到滿意為止。使進步同學既能搞好革命工作，又能按期畢業，免遭留級開除的處分。1940年7月6日樂山大逮捕時，全校師生員工無不憤慨。戴銘巽積極掩護進步同學，先把地下黨員王淑靜（王若林）接到家中隱藏，後又送出成都，並將身邊僅有的而且一直捨不得動用的200美元資助她作為去革命根據地的路費。

戴銘巽身為國民黨員，卻經常談論國民黨的種種不是，毫無顧忌。武大外文系學生楊靜遠日記裏就有兩則記載：

> 1944年10月18日　和叔哥同去拜訪戴銘巽先生。……我們坐了一點多鐘，聽他一人擺老事，發牢騷。他的風趣加上那幽默的表情，逗得

---

[53] 周熙文：《懷念恩師戴銘巽先生》，臺灣《珞珈》第153期。

我們大笑。他愛說、愛罵，可是樂觀。臨走時他還說青年人不應該考慮太多，要不怕事。他的精神是近乎年輕一代的，雖則在年齡上他恰夠做我們的父親。說起青年團，他毫不顧忌地勸叔哥：「這些事你還是越少沾邊越好。那些人（三青團員）不會有什麼出息的，他們做不出事業來的。」韋（按，韋指韋潤珊之女韋衍鐘）在旁說：「戴伯伯自己還是國民黨員，說這樣話！」我笑著說：「正因為他是黨員，才說這種話，不然他就不說了。」戴說：「就是呀，你父親是主席，我還敢在他面前說哩！」韋不自然地解釋：「我說著玩的，戴伯伯別當真呀！」

　　1944年11月30日　……戴銘巽先生來，談到國內黨派問題。戴說他看清了將來國民黨和三青團是無可救藥的，因內部已腐化得不可收拾了。他說C.P.(中共)在中國一定佔大勢力，最好能使雙方調解合作。他說將來中國惟一的出路是介乎三民主義和共產主義之間的，在經濟上最合適的是「合作制度」。

　　戴銘巽為人耿直，脾氣較大。武大在樂山時期有個「社會教育委員會」的組織，楊端六、趙師梅教授等主管其事。活動之一是舉辦會計夜校，招收樂山城內機關企業職工業餘進修財經方面的課程，免試入學，水平不齊；他講授《商業通論》，只講了一次，就堅決不肯再教了。原因是他開頭講「商業的演進」，未作板書，坐在第一排的兩拉女向學竊竊私議：「商業有啥子眼睛呵！」他聽到了，認為這些學生水平太低，教起來沒意思。

　　抗戰時期，樂山物價飛漲，教授生活極為清苦，戴銘巽除認真教學外，曾創辦「戴靖會計師事務所」，掛牌營業；但他性情倔強，不會交際應酬，不願向地方士紳和富商大賈低頭，因而業務情況不佳。

　　戴銘巽早年曾患肺結核，當時生活艱苦，醫學又不發達，認為肺結核難治將影響壽命。袁征益是個窮學生，很瘦，且常失眠。他懷疑袁征益也有肺結核，常給他講些養生之道，介紹他練靜坐氣功。其實這個學生經醫生檢查，未發現肺結核，也未遵照他的指示練坐功。因為肺結核，戴銘巽曾打算終生不婚，以免連累女方。樂山時期有很長時間，他都一直過著獨居生活。一間房幾本書，一床一桌；別無長物。有一次，學生袁征益碰上他吃飯，看見除米飯外，只煮了四個雞蛋，去殼後沾點醬油下飯，再無其他蔬菜。他還對學生說：

「吃,我是從不苛刻自己的。」其實這樣的生活已經夠簡單的了。後來與他關係較好的張直夫回武大作短期講學,對他半開玩笑地對他說:「你虛火上升,要趕快結婚。」大約在抗戰末期,他和武大畢業生官成韋戀愛結婚了。楊靜遠1944年10月18日的日記裏記載:

> 和叔哥同去拜訪戴銘巽先生。他結婚後搬到玉堂街住,和韋潤珊同院。……戴先生有三間房,靠左一間的臥房,是花大本錢粉刷過的,佈置得夠稱「教授新房」。新娘已回五通橋永利了,因為只請了一星期的婚假。(《讓廬日記》)

第十節 彭迪先:馬克思主義經濟學教授

他曾出任四川大學第一任「校長」、民盟中央副主席、四川省副省長等職。

他曾拒絕加入國民黨,不為「少將政治教官」所誘惑。

他曾是中國留學生任日本九州帝國大學助教第一人。

他在武大五年,國民黨教育部三令五申要求解聘他,校長王星拱總是再三續聘。

他就是彭迪先。

彭迪先,原名彭偉烈。四川眉山人。他的青少年時代,正是「五四」新文化運動影響廣泛傳播,中國人民反帝反封建的革命鬥爭高漲的時代。1921年,年僅13歲的彭迪先毅然離開家鄉,考入當時成都最好的中學——成都高等師範附中。成都高師的校長是中共四川省委創始人之一的吳玉章。彭迪先所在附中第八班中就有不少先進的青年,楊尚昆就是其中突出的一位。這裏的學習與生活使他呼吸到政治上的新鮮空氣,形成了他進步的思想傾向。

　　1926年彭迪先抱著「讀書救國」的願望東渡日本留學，先在東京慶應大學預科學習。1932年2月，以優良成績畢業於這所大學的經濟系預科。然而他最終放棄了不經考試直升慶應大學的機會，因為慶大的教學內容主要是英美資產階級經濟學科，而馬克思主義經濟學，只能在課外抽時間自學。彭迪先根據早已形成的思想傾向，選擇了具有不同特色的九州帝國大學。1932年春，他考入了該校經濟系本科。在這裏，彭迪先以極大的努力提前一年讀完在本科畢業所需要的全部學分，利用最後一年時間，全力以赴地系統研讀馬克思主義經典著作，這為他以後進一步深入鑽研馬克思主義經濟學打下了基礎。1935年2月，彭迪先在九州帝大本科畢業，因成績優異而留校任助教。中國留學生任九州帝大助教，他是第一個。

　　1937年，彭迪先畢業於研究院時，在日本潛力致志，鍥而不捨，已是八年了。他治學得力於腳踏實地，既有勇猛奮進的精神，又有循序漸進的恆心。他主攻馬克思主義理論，但也不放鬆對資產階級經濟學說流派的深入研究。「七七事變」爆發後，彭迪先出於愛國熱情，毅然放棄了學術研究的優良環境，謝絕了帝國大學教授們的挽留，歷經艱難險阻，返回祖國，投入抗日救亡運動中。

　　彭迪先歸國一年後，1938年9月應西北聯合大學之聘，去任經濟系教授。翌年6月，他因受國民黨迫害而離陝回川。由於他在西北聯大反對CC派鬥爭的堅決態度，反動派不但解聘他，而且將他列入黑名單。這使得他回成都後竟然找不到地方任教，只好返回眉山老家從事著述。1939年下半年，彭迪先利用失業在家的時間，撰寫出三十萬字的《世界經濟史綱》由生活書店出版。該書的終極目的在於啟發人們正確認識中國社會，思考中國的未來。

　　1940年9月，彭迪先應武大經濟系之聘來到樂山。當時，他家住在嘉樂門外徐家華新絲廠附近，與其同住在一起的教授還有：哲學系的張頤、歷史系的汪貽蓀等，鄰近居住的有法律系李浩培、中文系朱東潤、數學系李國平等八九人。「上課時，不管風吹雨淋，我們都是靠兩隻腳徒步前往，從半邊街進嘉樂門，然後爬城牆，下到月咡塘，到文廟教室，要走四五十分鐘才能走到。來回一趟，稍事休息，要花兩個小時。」[54]

---

[54] 彭迪先：《我的回憶與思考》第四章，四川人民出版社，1992年。

　　彭迪先在武大先後教過政治經濟學、經濟思想史、高等經濟學、西洋經濟史等課程。武漢大學經濟系是當時全國有名的經濟學教學和研究中心之一，老教授較多，所以，彭迪先開講西洋經濟史和經濟思想史這兩學科時，有些學生對這位三十歲左右的教授不免持某種保留態度。但在聽課後，覺得能啟發思維，系統性高，邏輯性強，能深入淺出，循序漸進地提高學生的理解水平，從而無不心悅誠服。彭迪先晚年回憶說，「從1940年秋到1945年暑期，我在武大經濟系教書較受同學歡迎，每堂課我不點名考勤，同學一般踴躍來聽，有時還有外系同學。」[55]當年武大外文系學生楊靜遠日記裏就有這樣的記載：「（1943年4月26日）上經濟課彭迪先大談通貨膨脹，講得有聲有色，眉飛色舞，的確相當動聽。」（《讓廬日記》）

　　然而更為重要的，還在於彭迪先在武大以及此前在西北聯大和此後在川大等校講授各門經濟學科時，都堅持馬克思主義的立場和方法，具有較強的馬列主義思想性。教學中他注重學科的系統性，全面性，有重點、有目的地貫穿著一條馬克思主義政治經濟學的紅線，使學生們聽課後認識到，是馬克思完成了政治經濟學的革命，並從而信服馬克思主義政治經濟學的科學性。圍繞這一目的，他講課具有兩個特點：

　　尊重這門課程的歷史發展。從希臘、羅馬的古代經濟思想起直到近代經濟思想流派止，對於每個代表人物都給予全面介紹，使聽講者得窺全貌。對於他們的謬誤和不足之處，也給以認真細緻的批判。

　　對於各種經濟思想的發生、發展，都描述了它們特定的歷史背景，其目的不但是要使學習者認識到每一種學說都有它的社會根源，而且是要通過論證，啟發他們認識馬克思主義政治經濟學的產生是無產階級革命時代的需要。若干論點，也許現在看來比較平常了，但當時在國民黨統治區，要在大學講壇上作這樣立場鮮明的系統講授，確是難能可貴的。他在講授古典學派的興起時，介紹十八世紀後半期英國歷史條件的詳細情況，論證了亞當·斯密是應運而生的產業革命前夜英國產業資本的代言人。斯密那部剖析了當時社會，反映了資本家階級要求的輝煌大著《國富論》，正是十八世紀英國新生的資本主義的旗幟。就在這種鬥爭相交錯的時代裏，孕育了亞當·斯密的繼承者李嘉圖。李嘉

---

[55] 彭迪先：《我的回憶與思考》第四章，四川人民出版社，1992年。

圖無疑是產業革命時代勝利的資產階級經濟學家,最後他又講述到工業資本家
階級登上統治者王座之後的階段。過去模糊不清的階級,現在有了明顯的分
野。社會上分成資本家、地主和勞動者三個階級。隨著貧富懸殊與日俱增,勞
資衝突遍及於英國及歐洲大陸。資產階級感到他們的大敵已經是無產者群,他
們必須辯護其剝削的合理,而過去亞當‧斯密以及李嘉圖所大膽描繪的資本主
義社會內在矛盾的理論,在這時便成為危險思想了。客觀地社會情勢使他們起
而為資本辯護,粉飾太平,從而出現庸俗經濟學派。馬克思批判繼承了英國古
典學派,創立了無產階級的政治經濟學。

對於經濟思想史這門課程,他通過上述的系統論證,使學生們對馬克思主
義獲得了認識,看到了真理,從而收到他預期的效果。1941年考入經濟系的萬
典武半個多世紀後回憶說,「教經濟思想史的是彭迪先教授,他是日本著名左
派經濟學家河上肇的門生。他講的課基本上是按馬克思主義的思路對於各家各
派加以評介,深受學生歡迎。」[56]

1941年暑期,彭迪先在武大經濟系教滿一年後,一般學生對他的教學比較
滿意,在教師中關係也好。按照當時武大規定第一年是「試教」(有如企業雇
傭職員一樣,要試用一段時間,才正式雇傭),教滿一年,學生表示歡迎,學
校當局也找不出解聘的理由,就可以續聘,繼續在學校教下去。由於當時執掌
武大的領導人都是一些留英或留美的,而彭迪先卻是留日的,派系有所不同。
其次,原來教經濟思想史的教授程英祺(四川人,留學英國)因為要到成都辦
長江銀行兼華西大學經濟系主任,他離開武大後,武大校方實在找不著留英美
的教授來接替程英祺講授經濟思想史,拖到九月學校已經上課了,再也無法應
付,不得已才通過彭迪先在日本九州帝大同學、歷史系教授汪貽蓀的介紹,找
他去接替程英祺。由於彭迪先在西北聯大鬧過風潮,反對過陳立夫等人,而教
學內容中又有馬克思主義經濟學的理論。因此,反動當局把他看成「異端」,
如果不是廣大學生對他有好感,彭迪先在武大是待不住的。儘管這樣,到了
1941年暑期還是發生了國民黨反動派對彭迪先進行迫害的事情。

---

[56] 萬典武:《我在武漢大學是怎樣學經濟學的》,《情繫當年》,中國商業出版社,2001年。

1941年暑期，國民黨樂山縣黨部、樂山縣三青團團部和國民黨駐防樂山的第17師（師長劉樹成）的特別黨部勾結在一起，強令武大解除彭迪先的教授聘約，妄圖把他趕出武大後再進一步加以迫害。他們說彭迪先是「共產黨」，但拿不出證據；說他「思想不純」，宣揚馬克思主義，拿出來的證據是彭迪先在生活書店出版的幾本書。主張自由、民主的教務長朱光潛說，這是政府圖書出版檢查機關批准發行的，不足為憑。武大訓導長趙師梅是同盟會員，有正義感，也不同意反動派對他妄加的「罪證」。加以很多學生喜歡聽彭迪先講課，進步學生更接近他。學生們聽說樂山國民黨、三青團威逼武大要解聘彭迪先的時候，起而反對。反動分子懾於眾怒難犯，群意難違，耽心引起學潮，只好由學校續聘。這樣，彭迪先就在進步師生的支持下，過了「試聘」一年這一關，繼續在武大教下去。但校內外的國民黨、三青團反動分子對其陰謀未能得逞，並不甘心。三青團骨幹分子、經濟系學生劉舫秋趁彭迪先暑假離校回眉山老家後，在校門貼出不署名的牆報，對他肆意攻擊，捏造事實進行誣蔑，企圖逼彭迪先辭職離校。對此，廣大學生憤起反擊，經濟系一些進步學生紛紛致信表示義憤和慰問。彭迪先在眉山得信後才知道發生了這樣的事情。在進步學生與特務學生之間，經過一場尖銳激烈的鬥爭，進步力量終於勝利了。但校內外反動分子並不就此甘休，此後，國民黨教育部在每學年開始前總要三令五申強迫武大當局解聘彭迪先。

雖然武大校長王星拱、教務長朱光潛傾向民主，主張學術自由，未予解聘，但教育部卻扣發了彭迪先的研究費，意圖使他難堪，自行辭職。反動派把彭迪先和政治系教授楊東蓴、外文系教授繆朗山等一起列入黑名單，並從各方面加以歧視迫害。在武大五年時間裏，由於廣大學生的支持與鬥爭，彭迪先仍能站穩腳跟，與反動派鬥爭周旋。如參加進步同學所舉辦的各種集會（座談會、演講會、時事研討會等），針對國民黨的反動行徑進行嚴正的口誅筆伐，毫不退縮，對反蔣抗日救亡作了一些工作，起了積極作用。

在武大五年時間（1940年秋—1945年秋），彭迪先除了繼續自學馬克思主義經濟學之外，還盡量閱讀很多經濟學方面的外文書刊，系統地研讀了資產階級各派經濟學說，充實了教學內容，為撰寫1948年在川大出版的《經濟思想史》初稿（當時川大經濟系教材，約30萬字）積累了不少資料。當時，他還指導了一個攻讀經濟思想史的研究生丁良誠，教學相長，使他潛心自學了好幾年。這段時間，是彭迪先在學習了較長時間的馬克思主義基礎上，又在資產階

級經濟學說方面有相當收穫的五年。

　　1945年8月，抗戰以日本無條件投降而取得最後勝利，舉國歡騰。這時武大準備復員回珞珈山。武漢是長江沿岸有名的「火爐」，彭迪先很怕熱，不願離開四川去武漢，就接受了四川大學的聘請，轉到川大經濟系任教兼系主任。

　　1949年之後，彭迪先曾出任四川大學第一任「校長」（之前的謝文炳、周太玄稱為校務委員會主任委員，未以「校長」相稱）。

第三章　理學院的教授

第一節　王星拱：主政流亡大學的化學家

1949年10月8日，在中華人民共和國成立剛好一週之際，一位原國民黨中央委員、教育家、化學家、哲學家，因積勞成疾、貧病交加，在滬病逝，終年61歲。時任上海市長陳毅親書「一代完人」輓聯致哀。

他，就是國立武漢大學創始人之一，在武大工作並主政前後長達17年之久，是武大西遷樂山到抗戰勝利時期的校長——王星拱。

他逝世的噩耗傳開，樂山文廟老霄頂上捲起愁雲，武昌珞珈山麓東湖水騰湧嗚咽，全校師生低聲悲泣。

王星拱，字撫五（原名芳辰，字盛時）。安徽省懷寧人。祖籍山西。父親王厚祺是個窮秀才，終生在鄉里教私塾。王星拱三歲喪母，因家貧寄養在外祖父家。他天資聰穎，勤奮好學。光緒廿八年（1902年），清政府廢除科舉制度後，安慶敬敷書院改為安徽省高等學堂。是年王星拱首批考入該校肄業。1908年，王星拱以優異的成績考取安徽省第一批官費留英名額，被選送倫敦理工大學研習化學。1916年獲碩士學位後回國。

回國後王星拱被蔡元培聘為北京大學理科學長和化學系教授，時年28歲。1927年4月，軍閥張作霖殺害了李大釗，王星拱受到牽連，被迫離開北大，赴南京任第四中山大學區高等教育處處長。時隔不久，被中央大學聘為化學教授兼教務長。1926年回老家安慶，擔任省立安徽一中校長，後來出任省立安徽大學校長。

1928年7月，國民政府大學院正式決定籌設國立武漢大學。大學院院長蔡元培指派王星拱為國立武大籌委會委員；8月，又指派他為武大建築設備委員會委員，與王世傑、周鯁生、李四光等一起負責籌建國立武漢大學，並任化學系教授；1929年2月，任理工學院院長；3月，理工學院分為理、工兩個獨立學院，王星拱擔任理學院院長；同月，教育部任命王世傑為武大校長，在其到任前由

王星拱代理；5月，王世傑校長到任，6月，校務會議議決增設副校長一人，並聘王星拱任副校長；1933年6月，王世傑被任命為教育部部長，王星拱正式擔任武漢大學校長。

在國立武漢大學初創時期，王星拱兩度代理校長，總攬校務；即使是在王世傑擔任校長時，主要校務也仍是由他負責。他在確定新校址、建設新校舍、籌措辦學經費等工作方面居功甚偉。對此，王世傑在離任時曾高度評價道：「近四、五年來，撫五先生及各位教職員先生，對於校務發展，均竭知盡能，不辭勞苦。撫五先生忠誠勞苦，尤為全校所共仰。」從1934年6月到1945年7月，王星拱正式擔任武大校長11年有餘，其任職時間之長，在武大的歷史上僅次於後來的李達校長（近14年）；如果算上此前實際主持校務的幾年時間，那麼王星拱在武大工作並主政前後長達17年之久，堪稱空前絕後。他為武大的發展嘔心瀝血，任勞任怨，立下了汗馬功勞。

早在擔任代校長和副校長之初，王星拱便已提出了「秉承學術獨立的精神」、「抱持不管政治的態度」、「努力使武漢大學不愧為全國知識的中心」、「讓武昌變成文昌」的希冀；在教務長任上，他更提出：「大學的任務，在道德方面要樹立國民的表率，在知識方面要探求高深的理論，在技能方面要研究推進社會進步的事業。」在長期的教學與教育管理工作中，王星拱逐漸形成了一些頗有見地的辦學主張，其中主要包括：辦教育要有深遠的眼光，學校教育要適應健全社會的需要；學校要養成「研究實學」的風紀，在教學與科研中擺正理論與應用的關係；學校要注重基礎課的教學，傳授給學生探求知識的方法等。在他的不懈努力下，武大有了更進一步的長足發展，逐漸與北京大學、清華大學、中央大學、浙江大學等國內頂級水平的高等學府一道，被世人並譽為「民國五大名校」。

1937年，日本發動全面侵華戰爭，中國高等教育事業的正常發展進程被打斷。此時，王星拱高瞻遠矚，及時而穩妥地做好了遷校的準備工作並有力地貫徹執行。1938年初，通過先期派人前往四川考察校址，最後選定岷江邊的小縣城樂山。學校將一至三年級的學生先送去，四年級學生留校畢業。在炮火連天的西遷途中，被日本飛機炸沉一條船，好在損失不大，辦學物品基本完整到達樂山，成為大後方儀器設備最好的大學之一（武大當時擁有一台先進的示

波器,這是大後方高校中惟一的一臺),能正常開出實驗實習課程。這在當時是為數不多的大學,從而形成40年代初期後方「四大名校(中央大學、西南聯大、武大、浙大)聯合招生」的局面。

王星拱將師生全部送走後,才與工學院院長邵逸周兩人乘一輛小轎車(福特1936型)及一輛裝載汽油的卡車離開珞珈山。他們一路顛簸,經湖南、貴州奔赴四川。這條路線山高水險,經常出車禍,還有土匪出沒。當時王星拱夫人和子女們在重慶等候他們,心情十分焦急,因為前不久王星拱的秘書王煥然先行赴川,不幸在湘西翻車身亡。後來王星拱他們總算平安到達樂山。

武大遷到樂山後,原定於1938年5月1日開學,實際上4月26日就開始上課了。 當時很多武大學生都認為,「在民族危亡的極端苦難中,能在四川樂山這個山清水秀的小縣城讀大學極為難得。一所著名大學在一個幾萬人的縣城,充分利用了當地的文廟作為校本部及文學院、法學院的教學地址,利用城郊一片建築作為理學院、工學院的教學地址,利用教會的一些設施作為女生宿舍,利用龍神祠等作為男生宿舍,還修建了一些簡易的教室和宿舍。教師們則分散租用民房,共度戰爭歲月。對比小說《圍城》描述的抗戰時期某大學學生及教授們逃難的狼狽情景,武大的師生就太幸運了。」[1]葉聖陶當初來到武大任教也讚嘆文廟的教學施舍,「以視重慶之中大與復旦,寬舒多矣。」[2]

王星拱那時所謂「校長辦公室」,設在文廟最後一進的一排平房。總共三間小室,左邊是教務長室,右邊是校長室,中間隔著一間廳堂,美其名曰「會議室」。訪客進出,都必須先經過中堂,再揭簾而入左右小室。「以如此規模簡陋、湊合而成的辦公廳,與珞珈山當年富麗堂皇、美輪美奐的建築物,自不能相提並論。」雖是陋室,但「往來均為碩學、議論全屬鴻儒」。在會議室,「常看到在那張古樸的長方形桌旁,環列著幾張未髹油漆的木靠椅上,校長端坐中央,正在默然獨進早餐。舉目望去,通常是兩片烤麵包和一杯飲料—不知是牛奶還是清茶。偶然加上一碟煎蛋。中午多半是一碗湯麵。如此簡單的飲

食，尚不如我們學生輩的享受。」[3]

1941年夏天，西南聯大校長梅貽琦和教授羅常培、鄭毅生遊歷蜀地，路過樂山。7月10日上午九點，他們到文廟看望了王星拱、朱光潛和陳通伯三位。當時，王星拱「穿著一件灰色羅衫，頭髮全白了，臉下還有好些黑痣」。羅常培不由感歎，「回想二十年前，我在北平漢花園的紅樓裏聽他講科學方法論的時候，他正在革履西裝，精神飽滿，那是何等少壯英俊！幾年沒見就變成這樣，可見在學校裏管行政事務也會讓人老的快。」[4]

劉盛亞在《一個大學校長》文中用白描的筆法勾勒出了一個活靈活現的王星拱：

> 那個大學校長年紀已有六十，生得很高大，可是後來的營養情形很壞，所以更顯得衰邁。他住在城外，由學校供給一部人力車。每天早上九點鐘他到學校去，下午兩點半或是三點回去。但是這裏所說的，只是通常情形，以星期一而論，他就到學校得早些，因為八點起有紀念週。如果遇見開校務會議或者別的事情，他的到校與回家的時間就會改變，總之，來去都在白天則是一定了的。

> 街上的人都認識他，只要他的舊包車叮叮噹噹地從街上拉過時，人們就會看見那精神萎頓的大學校長。他頭上無論冬夏都是呢帽，同人打招呼時總是取下它來。就在這時候人們可以望見他灰白的頭髮向後梳得整整齊齊。除了冬天，他的腳上總是穿著黑色尖頭皮鞋，而且總是擦得很光亮的。在冬天，大約是因為年紀太大了，怕冷，才換上氈靴子。成年他都是穿長衫的，秋冬季加上馬褂。他唯一的隨從用品是一個黑色的大皮包。他是老留英學生，所以他的臉每天都是刮過的。[5]

關於王星拱的「坐騎」，還有一段典故：「那時大學校長地位頗高，備受尊敬。國民政府曾為王星拱配置一輛小轎車，這是與部長、省長同等的待遇。但王校長對此並不熱衷，多是步行至校，間或坐黃包車，優哉優哉上下班……

[3] 殷正慈：《我所知道的王撫五先生》，《學府紀聞：國立武漢大學》，臺灣南京出版公司，1981年。
[4] 羅常培：《蜀道難》，河南人民出版社，2008年。
[5] 劉盛亞：《一個大學校長》，《劉盛亞選集》，四川人民出版社，1983年。

後來到了樂山，他乾脆把轎車也賣了，每日坐黃包車上下班。」[6]

至於王星拱的「行頭」，另有這麼一個說法：曾有學生問道：「我國的傳統禮服，為長袍馬褂，校長為什麼只愛穿長袍，而不穿馬褂呢？」王星拱答道：「馬褂帶有封建官階之意，過去帝王賜『黃馬褂』就是一種官職，我是搞教育的，不是來做官的；我只穿長袍，既簡便，又保暖，也表示我們為人處世，要『一身正氣，兩袖清風，剛正自立，不卑不亢』之意。至於西裝，又要硬領襯衫，又要佩領帶，既麻煩，也不保暖，還有幾分洋氣，所以我也不愛穿它。」王星拱到底穿不穿馬褂已無從考證，但其生活儉樸，廉潔奉公，卻是有口皆碑。

武大在西遷樂山之後，經濟條件落後，物質匱乏，經費極度困難，但王星拱殫精竭慮，克服重重困難，堅持教學與科研工作的正常開展，使武大得以繼續存在和發展，顯示出了卓越的才能。他不顧疾病折磨，四處奔波，廣攬學者名流，充實教學力量，不問出身、派別，一律兼容並包，從而延聘了不少出類拔萃的教授。為此，他跑遍了大後方的大中城市，而且往往是親自登門相邀。他繼承了蔡元培「自由講學」、「學術無禁區」的辦學思想，禮聘各類知名教授。如外文系既有教英詩的朱光潛，也有教俄語的繆朗山；哲學系既有弘揚儒家中庸之道的胡稼胎，也有講康德、黑格爾的張頤；中文系既有主講新文學的葉聖陶、蘇雪林，也有傳授古典文學詩詞的劉永濟、劉賾；化學系有留英的徐賢恭、留美的鄔保良、留法的黃叔寅、留德的鍾興厚等等，可謂人才濟濟，盛極一時，就連清華大學著名教授曾秉鈞也不由感歎道：就教師質量而言，清華不如武大。在樂山的八年裏，武大教授少則100餘人，多則近120人。他對各學派一視同仁，尊重他們的講學自由，待人接物彬彬有禮。當時趙學田是一名講師，受命創辦實習工廠，每次當他向校長匯報工作後，王星拱必親自送至辦公室門口，並向趙學田躬身行禮。他在路上遇到教師和學生向他行禮時，也必脫帽點頭答謝，藹藹然有賢者之風。

王星拱還聘請外文系名教授朱光潛出任教務長，曾參加過辛亥革命的趙師梅教授出任訓導長，這對於提高武大的社會聲譽、養成優良的校風起到了積極的作用。另據趙學田回憶，「我從《武漢大學校史》中看到，王星拱校長與朱

---

[6] 謝紹正：《王星拱校長在樂山》，《永遠的感召》，2003年。

光潛、趙師梅教授曾多次營救進步學生,以及教育部指責王星拱校長對導師制採取陽奉陰違,敷衍塞責的態度。看了這些材料,使我回想起當年王星拱校長懇請趙師梅教授出任訓導長的良苦用心。才明白教育部在抗戰勝利後,不讓王星拱校長回到武大繼續主持校政的原因。所有這些,當時的武大師生都是不了解的。」[7]另外,他還延請郭沫若、黃炎培等著名愛國民主人士蒞校講演、評論時局。

武大繼30年代躋身「民國五大名校」之後,再次與西南聯大、中央大學和浙江大學一道,被並譽為「四大名校」,還贏得了著名科學史家、英國劍橋大學李約瑟博士的高度讚賞。武大「樂山時期」的輝煌,王星拱當居首功。

王星拱赤誠愛國,關愛學生,對進步師生的革命活動不加任何干涉,而且不畏權勢,對於國民黨當局對武大校務的干涉非常憤慨。早在抗戰初期,當國民黨武漢警備司令部把抓人的布告貼到珞珈山校內時,王星拱就憤而指出:「學校是學術天地,我的學生出了問題由我負責,你們不得擅自進校抓人。」武大西遷樂山後,國民黨要在校內建立區分部,被王星拱嚴詞拒絕。1940年7月,樂山國民黨軍警特務突然進校逮捕了一批進步學生,王星拱極為震怒,上書教育部要求辭職,以示抗議,在得到「不再發生類似事件」的保證後方才打消辭職念頭。在進步學生潘乃斌被特務跟蹤時,王星拱主動找他談話,資助路費,讓他趕快離校。當一名學生與軍訓教官發生衝突,教官以辭職相威脅,要求將該學生開除學籍時,王星拱卻表示:「我寧願更動一個教官!」1941年5月,教育部為了加緊「黨化教育」,突然下令要對應屆畢業生實行總考,特別是第一要考黨義。王星拱同情學生,決定將畢業考試與總考分開進行,前者先考,後者則一再延期。後來實在拖不下去了,學校向學生表示,總考不影響畢業、只要參加考試交卷,不管答得如何,都算及格。

1944年4月26日,外文系學生楊靜遠在當天的日記裏這樣記載:

上午白崇禧在月咡塘演講,出了一件亂子。王校長的車子被憲兵推翻,人摔在地上。武大同學圍著講臺大鬧,一定要處罰憲兵。當時壓了下

7　趙學田:《珞珈瑣憶》,《武大校友通訊》1998年2輯。

去。可是等到白上大禮堂講演時，學生還是不罷休，當面給韓文源下不
了臺，不許他進來。白講軍訓，就以這事舉例，訓斥學生不守紀律，當
他提到韓處長時，底下咳嗽聲大起，白誤以為是針對他自己，頓時沉下
臉，責備武大同學沒有校風。講完後，同學想再提處罰憲兵的事，他不
聽，走出去。韓文源一出門，學生大喊：「打倒韓文源！」[8]

之後在一次宴會上，這個一向囂張跋扈的國民黨高官韓文源，不得不向王
星拱陪酒道歉。

面對校內特務學生監視進步師生的革命活動，王星拱多次以校長名義呈文
駁斥國民黨特務分子及其情報工作，為進步師生極力辯護，或是公開保釋被捕
學生，甚至冒著丟官殺頭的危險，保護和營救進步師生。當時繆朗山在武大教
授俄語，並宣傳馬克思主義，深受廣大學生的歡迎。但特務對此卻大為驚恐，
欲以赤化之罪逮捕繆朗山。王星拱隨即針鋒相對地駁斥：「教俄語是赤化，教
日語豈不成了漢奸？！」特務遂無言反駁，鎩羽而歸。不久教育部訓令其解聘
宣揚先進思想的楊東蓴，王星拱也以「上課雖有過激之語，但無越軌行動」加
以推託。

在自由寬鬆的學習風氣薰陶下，學校出現了自由結社、百花爭豔的局面。
抗戰問題研究會上演話劇《雷雨》以及《黃河大合唱》時，學校當局還予以
150元的津貼。這體現了王星拱力主誓死抗日的愛國情懷，他在一次紀念週上作
《抗戰與教育》演講時說：「只有拼命抗戰、長期抗戰，才是我們惟一的民族
生存之路。」面對山河破碎、民族危亡的局面，他在樂山寫下了「痛心疾首，
奮起抵抗，一腔熱血，培育人才」的誓言，由此可窺見他抗日救亡的赤誠心
胸。1944年的12月2日，當日寇攻佔貴州獨山，他與友人談到國事，曾慷慨表
示：「如果日寇真打到四川，我們也要守住學校與之共存亡！」王星拱的愛國
熱情，感動和喚起了許多武大師生。

王星拱對於困難的教師家庭也是格外關照。據郭玉驥回憶，「1942年2月我
父親郭霖教授因工作太繁重，積勞成疾，不幸在樂山病逝。當時我們家十幾口

8　楊靜遠：《讓廬日記》，武漢大學出版社，2003年。

人的生活全靠父親的工資維持的，父親病逝後全家人的生活就很困難了。幸有老校長批給了撫恤金，這樣我們一大家人才度過了那最困難的時期。兩年後堂兄和我都完成了學業，開始工作，這才基本解決了家庭的生活難題，想起那段時間老校長給予我們家的關懷和幫助，至今仍然銘記在心，深深地感念啊！」[9]

當然，王星拱對學生更是關愛有加。大約是在1939年末，外文系學生吳魯芹已經是一病不起。樂山小地方，醫藥設備差，而吳的病情似乎又複雜迷離，幾個好朋友決定死馬當活馬醫，把他送到成都三大學聯合醫院去碰碰運氣。「行前有人到秘書室要封公函，請求醫院體念該生來自戰區，經濟斷絕，貧病交迫，酌情減收醫療費用等等。」吳魯芹回憶，「等到我的好朋友去拿這封公函的時候，秘書室辦事的人又給他一封王撫五校長親筆寫給『壽南院長吾兄』的私函。三大學聯合醫院是中央、齊魯、華西三個大學醫學院合辦的，院長是中大醫學院院長戚壽南，我一見到這封信就知道是校長的親筆。」「那時的大學沒有今天大學學生兩三萬人的規模，兩三千人也還是有的。做校長的肯在百忙中為一個並無一面之緣的學生親筆寫封求助的信，這種人情味是很難得的。」[10]

王星拱關心畢業學生的出路，特別是學業優秀的學生。他於1945年春到北碚，歷史系的嚴耕望帶著論文《兩漢郡縣歷史考》去請他審看，他很高興，告訴嚴說：武大計劃下學年度在每個系設立一個「研究助理」的名額，屆時你可回到母校歷史系專心讀書。後來嚴耕望沒有去，卻寫信給中央研究院歷史語言研究所毛遂自薦，寄了三篇論文給傅斯年院長，傅覆信同意。當他前去該所報到時傅斯年對他說：「撫五先生曾有信推薦。」可見王星拱始終記掛著學生的事。

1939年，樂山遭受日寇大轟炸之後，武大教師們紛紛遷徙到郊區鄉間居住，上課在城裏，就這樣每天辛苦來回奔波。王星拱四處奔走，多方設法，竭盡全力解決師生困難。他多次發表演說，號召抗日，告誡廣大師生，要臥薪嘗膽，不忘國恥，團結互助，共度難關。王星拱一家也在東郊石烏龜（今屬高墩子社區）蓋了一排草房居住，窗戶沒有玻璃，是用刷上桐油的皮紙糊上，晚上

[9] 郭玉騂：《懷念王星拱校長》，《武大校友通訊》2008年第2輯。
[10] 吳魯芹：《武大舊人舊事》，劉雙平編著：《漫話武大》，武漢大學出版社，1993年。

點的是菜油燈，一般照明就點一個燈芯，看書時就用兩個燈芯。王星拱的四個子女平時都住校讀書，星期天才回家。後來由於通貨膨脹，工資不變，教職工的生活水平下降很快，入不敷出。王星拱次子王煥晰回憶，「我記得都靠每月的一袋平價米生活，米中有老鼠屎、沙粒，黴變成灰色，難以入口。我家在門前籬笆外種菜養豬，母親還打豬草，日子過得艱難辛苦。」[11]

到了抗戰後期，物價飛漲，貨幣貶值，教師們的生活十分清苦。作為一校之長的王星拱一家也非常艱苦，夫人在家操持家務。一家人節衣縮食，穿則粗衣布履，食則雜以瓜薯。最困難時，王夫人甚至將保存多年的四只大樟木箱子和一些衣物變賣了。王煥晰回憶，「記得1942年暑假，由於生活艱苦，工作壓力重，父親患嚴重胃病前往成都華西大學醫學院看病，去時借了輛小轎車，他躺在車後排，母親只身陪同。他們借住在華西壩金陵大學農學院蠶桑系一個教室中，母親陪伴燒飯伺候兩月餘。我們兄妹都留在樂山家中。」

王星拱嚴以律己，公私分明。還在武漢時期，一次司機順道載其女兒到漢口，他知道後大為生氣，並堅持補足車費。到了樂山時期，兩兒兩女都在讀書，他們都屬戰區學生，理應享受學生貸金，但王星拱堅持不允申請，認為那些遠離家鄉的學生更為困難，應優先把名額讓給他們。他的兩個女兒住校內宿舍，不參加宿舍炒菜包夥，而是每星期六回家帶一罐醬炒黃豆當菜用。以後兩女兒都在中學兼課，以貼補零用。1939年夏，他的兩女兒煥理、煥葆同時參加武大、中大、浙大、西南聯大四大學聯合招考，小女兒煥葆成績合格，被武大生物系錄取，大女兒煥理因成績稍差而落選。如果按走後門的作法，王星拱以一校之長去疏通關係的話，大女兒準能入學，但他以身作則讓女兒去重慶白沙念了一年大學先修班補習功課，第二年才正式考入武大。

王星拱雖然學的理科化學，卻能詩而不以詩名，其作品罕見流傳。1941年2月他作五律《答斛玄先生》：

> 斛玄先生出示近作，多敘寇亂離徙之辭，悲壯跌宕，感人實多。謹賦短章，以志敬佩，錄呈哂政。

---

[11] 王煥晰：《憶先父王星拱》，《武大校友月刊》2008年第9期。

　　錦里馳書至，開編玉屑紛。杜公詩是史，白傅事為文。

　　為客燕巢室，思鄉雁度雲。待傳收薊北，縱酒賦官軍。

　　斠玄先生，即陳中凡（1888—1982），著名教育家，當時在成都任教。錦里，指成都。「開編」句，贊其文采之美也。杜甫詩有「詩史」之稱，白居易《新樂府序》有「為君、為臣、為民、為事而作」之說，頷聯藉古以寓今也。頸聯言為客思鄉之意，贈答雙方皆是如此，心心相通也。杜甫詩《聞官軍收河南河北》有「劍外忽傳收薊北」句，意謂他年抗戰勝利，我們再舉杯相慶，返回故鄉。王星拱作為大學校長、科學家，兼有詩人之致，其風度令人欽仰不已。

　　外文系學生吳魯芹回憶王星拱，「他雖然是科學家，可是詩做得好，字也寫得好」，「那時樂山有一家裱畫鋪，我路過時總進去看看，常見到校長的書法。」[12]武大學生、後任教務長室助教的殷正慈說王星拱，「不僅是位化學名師，且是位書法大家，一筆字寫得『硬是要得』（川語：了不起、很好之意）。他的行書秀逸，篆體遒勁，求書者絡繹不絕。」有一次，殷正慈也買了兩大張宣紙，裁好格式後送進校長室求字。但見他案頭卷帙如山，心想：不知何時可以書成見賜？姑且等待。大約過了一週，王星拱忽然步入教務長室，親自將寫好的字幅遞給殷正慈，還說：「我的字寫得並不好，不過你既然想要，我就寫了送你，希望你還喜歡。」他的態度如此謙虛、誠懇，使殷正慈一時間瞠目結舌，不知所措。

　　由於王星拱辦學主張違背國民黨的獨裁方針，抗戰勝利前夕，國民政府準備調他到教育部做研究工作以便於控制，但他決辭不就，而願意繼續當一名大學校長，最後在廣州中山大學最困難的時期，臨危受命，出任校長。王星拱次子王煥晰回憶，「1945年8月抗戰勝利後，教育部突然將父親調離武大前往中山大學。父親沒有思想準備，於是到峨眉山下的報國寺住了兩個月，當時的報國寺方丈果玲是安徽桐城人。後來由於生活所迫才去廣州接任中山大學校長一職。」[13]

[12] 吳魯芹：《武大舊人舊事》，劉雙平編著：《漫話武大》，武漢大學出版社，1993年。
[13] 王煥晰：《憶先父王星拱》，《武大校友月刊》2008年第9期。

徐正榜等編《劉永濟先生年譜》云：「（1945年）7月7日，國民政府教育部批准王星拱校長辭職，任命周鯁生接任國立武漢大學校長。」7月8日，武大校友會在文廟武大禮堂舉行盛大茶會，歡送王星拱。7月11日，樂山暴雨，武大教授會在文廟大禮堂舉行盛大茶話會歡送王星拱校長，200多位教師冒雨參加送別茶話會。文學院院長劉永濟當日賦《贈別撫五校長》一首：

自笑迂疏百不宜，從君江漢更峨眉。滋蘭荒畹情彌苦，斂袖殘枰事未遲。
老去襟懷原坦蕩，亂來文字足娛嬉。詩書漫卷行當共，何用攀條惜別離。

第二節　湯璪真：數學家與毛澤東是同學

　　北平解放不久，毛澤東得知他在北京師範大學，馬上打電話到師大來和他聯繫。他對毛澤東說：「我去看你吧」，毛澤東卻說：「還是我去看你吧。」

　　不久後的一天下午，毛澤東在秘書田家英等人陪同下，來到他家。他招呼妻子拿茶杯泡茶。此時，警衛人員捧著毛澤東專用的茶杯走上來。毛輕輕一擺手，說道：「這是我老同學的家，就用主人的吧。」隨即接過女主人用家裏的江西細瓷杯沖的一杯龍井茶。毛澤東一邊喝茶一邊愉快地和他談起話來，直到晚上九點左右才起身告別。

　　他是誰？是毛澤東什麼同學？他叫湯璪真，小時候和毛澤東在湘鄉東山學校的同班同學，曾任國立武漢大學數學系教授。

　　湯璪真，號孟林，1898年（清光緒二十四年）生於湖南湘潭一個普通農民家庭。他是長房嫡孫，因而在家族中享有特殊的地位。自幼聰明好學，深受父母和族中長輩的喜愛。依靠家裏省吃儉用和族人的接濟，他在湘鄉東山學校讀書。由於學習成績特別優秀，經學校特許，兩度跳級，創該校優秀學生「跳班」歷史紀錄，從而與同鄉毛澤東（潤之）成了同班同學。毛澤東博覽群書，勤於思考，極富創新精神，文科成績特優。湯璪真在班上年齡最小，學習卻極

為認真刻苦。毛澤東很喜歡這位好學的小同學，湯璪真也很倚重情同兄長的毛澤東，二人相處十分融洽。他們還有一個共同的愛好──游泳，經常相約到瀏陽河裏游水。在東山學校幾年，湯璪真和毛澤東建立了深厚的友誼，經久不逾，堪稱「終生契友」。

1913年，湯璪真考進長沙紅光師範學校，從此離開了家鄉。1915年他以優異成績考入北京高等師範學校（北京師範大學前身）數理部。1919年他從高師畢業後，「破例」分配到北京女師大任教。1920年至1923年曾在北京大學兼課。

1923年底，湯璪真因出色的工作成績經選拔被派往德國，先後在柏林大學和哥廷根大學從事數學研究。他的研究工作受到德國同事們的尊重和好評。但他謝絕了德國朋友們的挽留，1926年與章伯鈞等人同時回到了日夜思念的祖國。

歸國後，年僅28歲的湯璪真任國立武昌大學（武漢大學前身）教授。後來武昌大學遭到重組繼而解散，於1928年初到上海，先後在國立勞動大學、暨南大學和交通大學等校任教。

1928年8月，國立武漢大學籌建，校長王世傑延聘海內外專家學者來校任教。理學院數學系從1928年招收第一屆本科生，系主任是曾昭安，教授有：葉志、蕭君絳、劉乙閣、湯璪真，以及後來到校的吳大任、李國平、李華宗等八位。

湯璪真受王世傑校長聘請回到武大數學系。此時學校正創辦學術刊物《武漢大學理科季刊》，曾昭安任主編，編輯有：湯璪真（數學）、桂質廷（物理）、鄔保良（化學）、章蘊胎（生物），四人皆是本學科名家。在《理科季刊》工作期間也同時激發了湯璪真的創作熱情，他在教學與編輯工作的同時，將研究心得撰寫成系列論文，陸續在《理科季刊》上發表。抗日戰爭時期武大西遷樂山，《季刊》繼續刊行，1940年湯璪真擔任了該刊主編，接替調任教務長的曾昭安。通過他與同仁的共同努力，《理科季刊》聲譽日隆。

湯璪真在艱難的環境中奮鬥著，一方面飽經戰亂之苦，另一方面仍頑強地堅持教學和研究工作。他無論做數學研究工作還是教學都極為勤奮努力。他好深思，思維敏捷而大膽，作風嚴謹而認真。他的這種數學家的良好素質是在多年的教學和研究工作中自然形成的。他講課深入淺出，循循善誘，既重視基礎

理論又鼓勵學生敢於創新。他自己就是在研究工作中不斷創新並有所突破的。這一時期他研究成果頗豐，很有新穎見解，可惜限於當時的環境和條件，許多研究成果沒有能夠及時整理出版。最令人痛惜的是，抗日戰爭中，湯璪真隨武大遷往四川樂山，後來在貴州榕江遭遇大水，一家數口死裏逃生，他自己多年積累的藏書和幾篇尚未完成的著作都付之東流了。

　　抗戰時期的武大校長王星拱提倡「學術自由，無為而治」，為學校創造了寬鬆的學術環境，在校學生自發組織的社團、研究會很多，湯璪真參加理學院學生的「數理學會」被聘為「特別會員」。學會定期召開集會，由會員報告讀書心得和研究成果，湯璪真經常將其研究成果在會上講演，其中就有他用英文寫成的關於《數理邏輯》的論文多篇。這些講演引起會員們的濃厚興趣，增強了學生們的求知欲。後來他陸續將這些文章寄往《美國數學會會刊》，以及《美國數學月刊》發表。

　　在武大任教時，湯璪真曾把「拉蓋爾幾何」（Laguerre Geome－try）的研究成果張貼在教室裏，引起學生們很大的興趣。1937年中央大學、武漢大學和浙江大學聯合招生，數學命題由湯璪真擔任，其中一題即是從「拉蓋爾幾何」裏取來的。在樂山武大，一次全校數學水平測試，也由湯璪真命題。據外文系學生楊靜遠1941年8月份的日記記載：

> 18日考數學，可氣苦了我，四個大題，一題不會，真是一輩子沒有碰到過這種徽頭。回來都要哭了。這次題目是湯璪真先生出的，好本領，難倒這麼多人。[14]

　　在那戰火紛飛的年代，湯璪真與武大的師生員工們在一起同生死、共患難。他始終關心著國家的命運和前途，滿腔熱忱地參加抗日救亡的活動。抗戰之初，為了實現「教育救國」的理想，實現學生時代為家鄉人民造福的願望，他在湖南寧鄉縣創辦了宗一中學，並任董事長。由於他為人真誠、正直，學識淵博而又平易近人，因此深受朋友和學生們的敬重和愛戴。他雖然身為大學教授，但依舊保持生活儉樸的習慣。他經常將節省下來的錢寄回老家（這時已搬

---

[14] 楊靜遠：《讓廬日記》，武漢大學出版社，2003年。

到寧鄉），或用於辦學或用於幫助親友。

湯璪真先後任武大教授十餘年，培養了很多傑出的人才。中國老一輩數學家曾昭安之子曾憲昌是他的學生，40年代末留美，獲美國哥倫比亞大學碩士學位。1950年11月25日他從洛杉磯寫信給湯（這時湯已在北京師範大學任教），念念不忘老師春風化雨之恩。他寫道：「……生在美已過兩年，回思所學，莫不得吾師所界之根基，偶自思有所進步，亦莫不吾師所賜也。」他還表示願「從吾師教益以盡服務之旨」，決意提早回國獻身祖國建設事業。曾憲昌後來也任武漢大學教授，係國內知名的電腦專家。

湯璪真在武大任教期間，交往的國內外知名人士很多。周谷城在《懷念章伯鈞教授》一文中，深情地回憶起：「……我們每有暇時，常到武漢大學湯璪真教授家中聚會。湯是我的同學老友，與章1926年同時留德回國。」周、章二位與湯璪真都有幾十年的友誼。

1943年，湯璪真離開武漢大學。之後，先後在廣州中山大學、廣西大學、湖南大學、安徽大學任教。1948年9月，他返回母校北師大任教授兼教務長，年底任代理校長。

解放不久，湯璪真因病於1951年病逝。住院期間，毛澤東特派田家英到醫院慰問照顧；逝世之後，毛澤東又派田家英到北師大傳達他悼念之意。毛對湯的英年早逝深感悲痛，稱其為「我們國家科學界的一大損失」。

第三節　吳大任：樂山房東逼走的數學家

吳大任夫婦與姜立夫

1921年秋，南開中學開學，初一新生出現了四個南方少年。他們年紀相仿，個子差不多高，長相也酷似。去盥洗室或食堂，四人結隊而行，相互間操著別人聽不懂的粵語，在校園裏十分引人注目。這就是吳氏堂兄弟──大業、大猷、大任和大立，他們是廣東高要縣一個書香門第的後代。

由於他們的父親吳遠基一個人供四個孩子上學經濟負擔太重，吳大任的學費和生活費便由一位朋友資助。因常常不能按時拿到錢，影響了吳大任的生活和學業，小小年紀便品嘗到生活的苦澀。幸好吳大任成績優異，1926年中學畢業後，他是全校保送上南開大學的三名畢業生之一，還得到免去大學四年學宿費的待遇。

初入大學時他選了物理系，後來轉入數學系，主要原因是這時數學系主任姜立夫返回南開大學。姜立夫的講課深深地吸引了他。1930年，吳大任與同班同學陳省身雙雙考取清華研究院數學系。但吳大任因父親失業，家庭困頓不能入學。經過一年艱苦奮鬥，他攢夠三年的生活費，回清華復學。

1933年夏，在姜立夫的鼓勵下，吳大任考取了中英庚款第一屆公費留學名額，入倫敦大學，註冊為博士研究生。根據規定，公費三年前兩年必須在英國學習，到第三年可轉到別的國家。這時陳省身在德國漢堡大學，漢堡數學系蜚聲世界，師資陣容強大。吳大任一心想在兩年內拿到倫敦大學博士學位，第三年去漢堡。他向校方提出把博士學位改為碩士學位，以便盡早去漢堡。直到他來倫敦將近一年，導師才為他擬定論文題目。他僅用半年便完成了論文，獲碩士學位。來到漢堡時吳大任的公費留學只剩最後一年，後來又申請到研究補助，能在德延長一年。他本可申請讀博士學位，但讀博士需修一年半的副課課程，「這樣做論文的時間就少啦，我只要學會做研究，有沒有學位沒關係！」吳大任性格認真，對學位太淡泊，又急著按時回國，所以用陳省身的話來說，他是把「博士」藏在囊中了。

吳大任在德國時就接到了武漢大學的聘請，於1937年6月下旬和夫人陳䴉（按，吳夫人為陳衡哲之妹）動身回國。他們在船上聽廣播，才知道國內發生了盧溝橋事變，而且平津已經淪陷。8月13日抵達香港和廣州之日，恰巧是抗日戰爭戰火燒到上海的第一天。

9月初，吳大任到珞珈山武漢大學數學系任教。武漢遭到轟炸後，學校停課，翌年吳大任隨遷校隊伍先到宜昌，在那裏又遇到敵機轟炸。是年陰歷年後到了重慶，三月份到了樂山。在樂山，由於看不到國外的數學雜誌，很難進行前沿研究，吳大任感到很苦悶，唯一的辦法是讀書，教不同的課。他曾對夫人傳授教學經驗：「教數學課和別的課不同，是靠邏輯，不靠記憶。備課熟練到成為自己知識的一部分就不會忘記。要能吃透內容，慢慢講，學生的思維跟著你走，他們當堂就能吸收。欲速則不達，你應該懂得這個道理。」他在武大開

了《微分幾何》、《高等代數》等好幾門課，受到學生的歡迎。

吳大任教學十分認真負責，他教《微分幾何》用的是外文教本，但決不照本宣科，而是根據全書精神，重新編排講稿，講解如行雲流水，清晰易懂；學生下課後整理的筆記，就是一本近代微分幾何講義。而且在整個學年最後一次課，吳大任正好將全書講完，其計劃性之強，令人折服。他工作的認真態度，教學的高超藝術，成為學生們一生學習的榜樣。

1937年入校的學生楊恩澤回憶，「吳老師在教學上循循善誘，處處鼓勵學生學習的積極性，有一次，吳老師在課堂上宣布說，同學們如果願意自學也可以，那就不需要來上課而自己學，最後參加考試，不過要求應高一點，70分才算及格。這使學生感到上課不是被動地遵守紀律，而是自己的需要。吳先生對學生的學習要求也很嚴，有一次一個同學拿到自己的考卷，考卷的分數是A，他開始很高興，但是當他看到旁邊同學得的是A＋時，他很不滿意地說只忘了寫一個積分常數也不是不懂就被扣掉一個『＋』，吳先生連一個積分常數也不放過，是很嚴的。」[15]

1937年考入武大數學系的陸秀麗回憶，「我在四年級時跟吳先生學代數幾何，那是一門選修課，只有我和德瑝兩人選，採用的教本是德文書，作者為E. Sperner（聽說30年代他曾在北大講過課），當時買不到課本，吳先生是用英文講課，他想訓練我們聽英文的能力。他講課十分清晰簡明，黑板也寫得整潔，因此我們筆記也好記，我們兩人都學得好。」[16]

1939年考入武大數學系、後留校任教的路見可回憶：

> 1940年秋，我進入數學系二年級。吳老師為我們上了第一次課後，佈置了《高等代數》的家庭作業。下來後我自認為認真地完成了，並規規矩矩地用英文印刷體謄寫好，交給了吳老師，他在下一次上課時把他親自批改了的作業發給我，並說：「你的作業寫得不規範。例如，寫的a1，a2，…，an中的『三個點』有時你寫三個，有時寫四個；還有，在an前面，有時有個逗號，有時又沒有。你看，教本上都是一律的。這次我為你改正了；下次如果還是這樣，我就不改了，發回你重做。」這使從無

---

[15] 楊恩澤：《六十載教誨，音容尤存》，《吳大任紀念文集》，南開大學出版社，1998年。
[16] 陸秀麗：《懷念恩師吳大任先生》，《吳大任紀念文集》，南開大學出版社，1998年。

規範訓練的我吃驚不小。在做第二次家庭作業時我費了很大氣力努力使書寫規範，弄得我滿頭是汗。吳老師對學生的嚴格要求，由此可見一斑。而這種嚴格要求，使我終生受用，至今銘刻在心。

路見可還說，「吳老師在學術問題上實事求是，一絲不苟，也給了我深刻的印象。有一次在《微分幾何》課後，我向他提了一個問題，他當即給我解答了。第二天他見到我就說，他昨天的答案還不夠完全，應該要如何如何補充。這件事使我對吳老師更為敬重。他的這種治學態度，為我一生的楷模。」[17]

在為人方面，吳大任自律甚嚴，平易近人，對人熱情，肯於幫助。在樂山時，有一天學生陸秀麗和一位同學去吳家，吳大任要留他們午餐，但此時恰好任鴻雋（按，任鴻雋為陳衡哲丈夫、吳夫人姐夫，曾任川大校長等職）遠道來訪，他們就要告辭，但吳大任夫婦兩位都不讓他們走，吳說：「不要走，吃飯時也不要因為有達官在座就感到拘束，仍如往常一樣隨便些，讓他感到我們師生之間有平等隨和的氣氛。」他們的真誠心意，使兩位學生十分感動。學生楊恩澤上大學時正是抗戰時期，生活很單調也很困難。吳大任及夫人就經常約楊恩澤和另外一個同學到他家裏去玩，去吃飯改善生活，大約每一學期總有兩三次。起初學生們對這種約會還有些不好意思，覺得不好打擾老師。曾經有一次吳大任約他們的時候，他們就推辭，吳大任就說，不勉強，你們有空就來，要是功課忙就不來。這一下楊恩澤才體會到老師是實在人，不搞客套。所以後來他們就不再推辭。

到老師家玩經常就是打橋牌，因為當時沒有什麼娛樂活動，橋牌就變成很好的娛樂活動。學生們的橋牌水平遠不能同吳大任夫婦比，但是他們不嫌棄學生，從沒有因為學生們打得不好或打錯了牌就批評他們，而是耐心教他們，從基本算分、叫牌、算牌、攻牌的方法教起。高水平的人與低水平的人打牌，非有愛心與耐心是做不到的。在老師家玩的時候，有時學生們也和吳大任論談對政局的看法。吳對當時國民黨的腐敗甚為不滿，對當官的則敬而遠之。有一位與吳大任比較熟的教授投筆從官，吳就說他「當官了有了官架子，與我們不一樣了」，遂與其疏遠。對當時的報紙，吳大任認為《大公報》比較客觀，可

---

[17] 路見可：《恩師光輝形象永遠活在我心中》，《吳大任紀念文集》，南開大學出版社，1998年。

信，讚賞他們的論點。吳先生一身正氣不為權貴所左右。

對學生的幫助，吳大任甚至超越課堂，超越學校。1942年秋他去四川大學任教，但武大學生路見可的畢業論文仍是請他指導的。1943年路見可在武大畢業後，去成都急於赴陝西探親，那時長途汽車票既貴又難買到。吳大任想方設法，使他免費搭上便車直達寶雞。抗戰勝利，他還推薦路見可去上海中央研究院數學研究所師從陳省身教授研習。所以數十年之後，路見可回憶說他們之間不是一般的師生關係，點滴幫助使他「感激不盡，感動不已」。

吳大任對同事也是極盡可能地提供熱心幫助。武大生物系教授石聲漢之子石定機半個多世紀後回憶往事，「1941年夏，我才8歲，先父石聲漢由四川宜賓同濟大學應聘到樂山武漢大學任教，全家乘小火輪溯岷江而上。船到樂山剛靠岸，吳伯伯就親自登船把我們接到他家住下。記得他家住得並不寬裕，但仍擠出一大間給我們住，並且讓我們和他家一起吃飯。這樣住了十來天，我家租到房子，搬了出去……吳伯伯深知房租是我家一大負擔，所以當42年春和他同住一院的朋友搬走後，又邀我家去住了近一年。」[18]

樂山時期，當時的中英庚款董事會董事長、教育部長朱家驊曾經兩次來信要吳大任到同濟大學，第一次要他當數學系主任，第二次要他當理學院院長，他都沒有接受。西南聯大的江澤涵也兩次來信要他去，他也沒去。第一次是因為夫人懷孕在身，第二次孩子出生不久。那時交通不便，吳大任夫婦安於現狀，怕坐長途公共汽車。所以兩次都只好婉言謝絕。其實更深層原因是，吳大任既怕耽誤業務，又怕捲入人事糾紛，只是埋頭教學和科研，不參與學校事務。

1942年，房東毀約另租給有錢有勢的人，氣勢洶洶地逼吳大任搬家，他們夫婦只好到處找房子，都沒找到合適的。那時四川大學在樂山西數十里的峨眉山。正在他們夫婦走投無路時，四川大學理學院許多骨幹教師因派別鬥爭離校，很多課開不出來。暑假開始，川大理學院院長周厚復到樂山請武大教師假期去講課。為了圖短時的頭腦清靜，吳大任去教了兩門課。他發現當時武大正在後山上蓋著教師住宅，於是提出希望蓋好後，給他們夫婦一幢，卻沒有得

[18] 石定機：《三十八年知交，五十六年關愛──永遠懷念吳大任伯伯》，《吳大任紀念文集》，南開大學出版社，1998年。

到批准。吳夫人只好在樂山繼續奔走找房，仍然徒勞無功。後來周厚復了解到吳大任夫婦房子出了問題，就要他們兩人到川大任教，並且答應專為他們蓋宿舍。吳大任想：武大待不長，太平洋戰爭已經爆發，抗戰可能較早結束；只羨慕峨眉風光，能朝夕與它相對，也是快事。於是他就同意去川大，既解決了房子問題，又可以暢遊峨眉美景。

吳大任結束川大的課回到樂山，武大一些領導人知道他要到川大，就極力挽留。理學院院長桂質廷還怕吳把武大的人拉到川大去。吳大任向他保證：絕不拉走武大的人。許多學生也來挽留，但吳大任去意已定，不便更改。當他們夫婦倆一切準備好將要動身時，教務長朱光潛也來挽留，並且同意教授宿舍蓋好後留一幢給他們。他們不願意讓人們認為他們走是要挾要房子，因此再三講明要走的理由，朱光潛只好同意放他走，並和他談妥，讓他在武大告假一年。

川大數學系原有三位教授，包括系主任柯召都已離校。吳大任到川大，首先是重整教師隊伍。他為系裏添聘了一位教授，把柯召請回。在柯召到校前，他只好代理系主任。剛剛安排就緒，川大校長換了黃季陸。他是國民黨四川省黨主委，省黨部設在成都，他要把學校搬回成都。吳大任和夫人只好告別峨眉搬到成都去。

1942夏，武大朱光潛來成都招生，約好吳大任同船回樂山。他把行李都收拾好，只等上船。沒想到他到圖書館還書時，被學生發現報告了校長黃季陸。黃季陸和吳大任在成都的姑母、姑夫是很熟識的朋友，他立即拉了吳大任姑母來他家，硬把他們夫婦請到飯館吃飯。那時，吳大任姑母正鬧家庭糾紛，需要他調停，在幾個人的再三勸說下，吳大任勉強同意留下，未能回到武大。

武大回路已斷，吳大任只得安心待在川大，一待就是幾年。後來他說，「我在武大五年，川大四年，都沒有能培養出和我研究方向一致的學生。主要原因是我本人研究工作開展不夠，方向不專，教課龐雜，不系統。另一個原因是時間都不夠長，當我親自培育的學生即將成熟時，我就離去。這樣，我就未能培養出能夠和我合作的助手，也影響我日後業務的成長。在武大，我不參與學校事務；在川大，我代理半年系主任，是參與學校事務的開始。後來，因為我的教研活動受到干擾，感到有必要保護自身的利益，參加了教授會的活動，這對我來說是一個轉變。」[19]

[19] 吳大任：《我的自述》，《吳大任紀念文集》，南開大學出版社，1998年。

第四節　李國平：東方數學奇才的師生戀

　　1937年春的一天，一個中等個子的中國青年走進法國巴黎科學院的會議室，把自己寫好的手稿交給數學家波列爾，標題是《級數大於二分之一的半純函數的波列爾方向》。不久，這篇論文就被發表在《巴黎科學院院報》上。

　　鑑於這位中國青年一系列研究成果受到數學大師們的關注與認同，他到巴黎不久即被法國數學會接受為會員，時年27歲。當時留歐青年，成為法國數學會會員者極其鮮見，此事震動國際數學界，讚譽其為「東方數學奇才」。這位中國青年名叫李國平。

　　李國平，1910年出生於廣東豐順一個貧瘠的小山村裏。11歲時被他的伯父李介丞帶到廣州接受現代教育，就讀於廣州南海第一高小。1923年考入中山大學附中的前身廣東高師附中，1929年考入國立中山大學數學天文系。1926年，伯父停止了對他的供養，為生計所迫，他不得不從16歲起便走上一條自食其力的道路。他「邊學習、邊教書」，讀高中時就教工人夜校，讀大學時就教高中。由於他掌握了自學方法，因此這種生活的壓力不僅沒有影響到他學業上的精進，反而培養起他一種頑強的獨立性格。

　　1933年大學畢業後，李國平跨過了助教階段，直接被聘為廣西大學數學系講師。1934年經校長馬君武推薦，他東渡日本，成為東京帝國大學數學系主任竹內端三教授的研究生。由於他勤奮努力，刻苦鑽研，很快便以其卓著的學術成就被日本數學物理學會接納為會員。

　　1937年他回國才27歲，就被中山大學破格聘為數學系教授，成為當時中國大學裏最年輕的教授。後經著名數學家熊慶來舉薦，以「中華教育文化基金會研究員」的身份，前往法國巴黎大學龐加萊研究所工作。三年寒窗，李國平就寫成了五篇具有較高價值的論文。這些論文都由數學家波列爾和蒙特爾推薦發表在《法國巴黎科學院院報》上。

　　1939年正值抗日戰爭時期，國家民族處於危難之際，李國平懷著科學救國的願望毅然歸國。10月，由四川大學數學系主任柯召與李華宗推薦，他應聘擔任川大數學系教授。

　　一年後，李國平受武漢大學校長王星拱和數學系主任曾昭安聘請，只身來到樂山任教。從此，他再也沒有離開過武漢大學。

　　李國平在樂山武大艱苦的環境下，把科研與教學有機結合。其課堂講授獨具魅力，中英文板書交相輝映，流水行雲，雁飛鳳翔，十分優美，以為筆記之綱；他講課聲若洪鐘，內涵豐富，言簡意賅，動人心弦。他記憶力極強，不看講稿，複雜公式以理推演，水到渠成。他對所講內容瞭如指掌，論述精確，思路清晰，揮灑自如；他學識淵博，觸類旁通，言之所至，餘味雋永。一些學生回憶，聽他講課如沐春風，易誘發深思。尤其是他隨課程進展介紹當代科研動態，引人入勝，催人奮進，指引學生進入科研領域，其信心無形中「應運而生」。李國平講授過「實數理論」、「數學分析」、「集合論」、「微分方程」、「函數論」以及「半純函數理論」等專門化課程，親手編寫教學講義，從英、法、德文譯出大量最新資料，供教學科研之用。即使在日機頻繁轟炸的極端惡劣的環境下，仍然頑強奮鬥在教學科研一線。他雖寫了大量論文，但無處發表，真是英雄無用武之地。他在一首詠懷詩中寫道：「滿城看花人，誰惜踐花足。繁華有憔悴，世路多屈曲。」他「不為宿林鳥，願作人間鵠」的志向在當時又怎能實現呢？

　　1941年春夏之交，李國平在茶館裏遇見了未滿17歲的青年學生王柔懷（1924—2002），當他得知李是武大教授時，便訴說他原來也很喜歡數學，夢想將來當數學家……由於家貧，不得已才考進機械專科。李國平正色道：「你多半是為了以後好找工作才不上數學系的，年輕人應該有理想，不應只著眼於生活出路。」當時武大、浙大、中大與西南聯大向全國聯合招生，王柔懷在李國平的激勵引導下，當年暑期再次考取武大數學系。國難時期武大在王星拱校長和朱光潛教務長主持下，教學管理十分嚴格，淘汰率極高，與王柔懷同時考入數學系的8名同學，二年級時還剩3人，畢業班裏就剩他1人了，出現「教授到學生宿舍上課」的奇景。李國平對他的影響尤大，指導他學習方法，開設函數論、微分方程等課程。介紹他閱讀Borel Collection（《波萊爾文集》），對他

後來的科學研究奠下扎實基礎，並提高了英、法文的閱讀能力。此外李國平還對他格外關懷，冬天把自己的小棉襖送他禦寒，成為溫暖身心的珍貴紀念。後來在李國平70歲生日那天，已是吉林大學著名教授的王柔懷從東北趕來為他祝壽，送上了夫人為李國平做的一件羊絨襖，並含著熱淚告訴李國平的子女，李老師當年是如何將自己身上的棉襖脫下來披到他身上的。此事在武大數學系傳為佳話。

在樂山工作期間，李國平受到一位女大學生的愛慕，她叫鄭若川（1918─2002），浙江慈溪人，出生於進步知識分子家庭。1936年考入上海暨南大學。翌年抗日戰爭爆發，她轉學來到四川樂山，就讀武漢大學哲學教育系，畢業時獲得哲學、漢語言文學雙學士學位。鄭若川長於詩詞歌賦，於學習餘暇撰述《天問校釋》，成為蘇雪林的得意門生，是樂山時期武大學生中有名的「女才子」，深得系裏老先生的關注和愛護。她參加抗日歌詠隊，投身於抗日救亡運動，是一名充滿活力的隊員。

在樂山，武大經常舉辦學術報告會，性格開朗活躍的鄭若川興致勃勃地去聽取青年學者李國平的演講。與其說去聽演講，倒不如說去領略青年數學家的風采。結果聽不懂，似乎聽得「要是不能在茅廁做數學題者，就成不了數學家」云云。然而鄭若川卻被這位才華橫溢青年的翩翩風度深深吸引，被他那鑽研精神暗暗折服。講演過後給她留下了極為美好的印象，久而不能忘懷。由此也就「油然」引發了「許廣平與魯迅的愛戀故事」16年後的重演，只不過從北京女師大「轉移」到了樂山武大而已。

鄭若川畢業後，和她心儀已久的青年數學家李國平結為伉儷，由其師尊、兩位國學大師劉永濟、劉博平主婚、證婚，文、理學院許多與李國平建立學術友誼的名教授和老先生都參加了婚禮。武大歷史系教授李工真說，「我母親鄭若川是劉永濟的學生，父親李國平是劉永濟多年好友，1942年7月13日，父母結婚時，儘管小小的婚宴極其簡單，但有劉永濟親自前來作主婚人，令父母不勝欣喜。劉永濟還當場揮毫，為父母新婚寫下賀喜之詞。這件事在樂山城一時傳為佳話，賀詞也成為我家的傳家之寶。」劉永濟《李鄭合婚歌》詩云：

白也嶔奇歷落人，豐順先生豈後身？襟懷碧海波瀾闊，囊句綠水芙蓉新。
巨眼喜逢通德女，學成師範行成矩。韻事欣傳下玉臺，同心端合修簫譜。

瓏瓏曉日射梅梁，並蒂交枝入鏡妝，今宵風月真無價，不羨劉郎復阮郎。

我來作歌前致賀，更有一言歡四座，今年賀罷賀明年，仙李蟠根結子大。

鄭若川於1941至1945年先後在重慶南溫泉中學、四川樂山淩雲中學任教。那時武漢大學條件艱苦，物質缺乏，物價飛漲，生活拮据。李國平家庭生活也每況愈下，布衣素食，米薯參半。國畫家關山月當時曾作了一幅畫描繪李國平的窮困生活，題名《今日之教授生活》：一位身著破西服的學者坐在爐子旁邊，嘴裏銜著煙斗，一手捧著書本在凝神閱讀，身邊一堆書旁，蜷縮著一只小貓。這幅畫真實地表現了舊中國高級知識分子所過的窮困潦倒生活。1944年他們的大女兒李小川出生，家裏平添了活躍氣氛，李國平對科研教學醉心依然，鄭若川則更添大量家務活動。一天，李國平只顧忙活工作，沒有及時將剛領得的薪水「金元券」（幣值「一落千丈」）兌換成大米，當月竟出現教授家中揭不開鍋的「奇聞」。

令人稱奇的是，李國平懂點中醫，還會把脈，幾個兒女們生了病，也幾乎從不去醫院看病、打針。他治病的「絕招」就是「鉗砂」，頭疼腦熱之類的疾病，經他一「鉗」，頓時手到病除，真是神了！據說李國平的五男二女七個孩子，個個都是他親自接生的。這在整個珞珈山上都絕無僅有，因而也一直被人們傳為佳話。[20]

李國平還是一位詩人兼書法家，據說他從沒有讓任何一位上門求字的人遭到過拒絕，無論他是大學教授、國家幹部，還是工人或學生，老人還是少年。李國平也喜歡作畫，著名國畫大師關山月、黎雄才都是他的摯友，他也曾向他們討教過，一旦情緒上來，便大寫意幾筆。但那畫中總不見人物，只有碧水青山的大自然，還要邊吟邊唱、揮毫題上一首詩詞，並蓋上印章，隨後便拿圖釘將畫釘在書架上或牆壁上，自我欣賞。李國平著有詩詞集《人天緬妙集》、《李國平詩詞選》。如《念奴嬌》云：

---

[20] 李工真：《懷念我的父親李國平院士》，《數學理論與應用》2011年第1期。

冬青花白，又薰風，吹徹楚天時節。如水桐陰怯暑氣，午夢單衣猶怯。
大佛臨崖，烏尤勝景，一度曾相別。嘉州人返，一腔心事曾說。　　聞道
演武街頭，張公橋上，行人猶見條條轍。舊友飄零多不見，新月如鉤奇
絕。料得明秋，峨眉重見，大渡河邊碣。也應尋問，竹林幽徑芳潔。
（《人天繡妙集》）

又如《憶舊遊》：

記嘉州分手，萬戶懸燈。款語江邊。只為舌耕故，忍單身上路，千里山
川。隔歲迎來好女，卻在豔陽天。喜結髮情深，居貧樂業，一往無前。
心連。故鄉土，有飛瀑流泉。春樹鳴鶯。此日齋中，悵半生辛苦，揮筆
濤箋。猶憶邊喬幽穀，西海趁樓船。賦如琢如磨，他山有石可言宣。
（《李國平詩詞選》）

第五節　　李華宗：從不向書本請假的書蟲

他是一位英年早逝的數學家。早在1949年就病逝了，年僅38歲。

數學大師陳省身曾經評價他，「是一位富於開創性的微分幾何學家，他的
關於酉幾何、辛幾何及許多李群與微分幾何的工作成於五十年前，現在已都成
了熱門的課題。」

他叫李華宗。原國立武漢大學數學系教授。

李華宗，祖籍廣東新會縣。1911年出生於廣州一個職員家庭。1923—1929
年在廣州讀中學。1929—1933年在廣州中山大學天文數學系學習。當時該系的
學生中以李華宗和與他同班的李國平最為傑出。他們不僅數學好，對中國文學
造詣亦深。他們畢業後還同時到桂林廣西大學數學系任講師。1933年中山大學
天文數學系從德國購得一套四十件用石膏製作的幾何模型，李華宗為此寫了一
篇《幾何模型概論》的文章詳細解釋這些模型的構造及相關定理。這篇文章就
是他的畢業論文。其後在中山大學出版的《自然科學》雜誌上發表。

　　1935年，李華宗考取中英庚款公費留學資格，到英國愛丁堡大學學習，師從斯楚克（D·J·Struik）攻讀微分幾何。1937年獲博士學位。1937—1938年在法國巴黎大學龐加萊研究院（Poincaré Institute）學習，主要聽嘉當（E·Cartan）教授的課。

　　1938年，李華宗不顧當時的局勢，毅然回到正受日本帝國主義侵略和蹂躪的、苦難深重的祖國。他回國後到四川大學任數學系教授。川大於1939年8月遷到峨眉，理學院設在保寧寺。李華宗無論寒暑風雨無阻，每晨至午，回家吃飯（家住保寧寺附近）後由午及晚，除上課外，均在保寧寺的辦公室中讀書寫作，從不間斷，比鐘錶還準時，即使春節也不例外。這對青年教師和學生是極好的身教。開學時由於保寧寺年久失修，青年教師宿舍很破爛，難以攻讀，李華宗就叫一位勤奮的助教在自己的辦公室中讀書，並對所讀波動力學和量子力學等書予以指導，闡明群表示論對量子力學的重要意義。

　　李華宗到川大不久，與他同一屆中英庚款公費去英國曼徹斯特大學深造的柯召也來到川大任教。李國平於1939年由巴黎回國也到川大任教。那時川大已遷到峨眉。李華宗、柯召、李國平三位分別講授數學系的幾何、代數和分析的主要課程。他們志同道合，又都年富力強，工作嚴肅認真，把數學系辦得生氣勃勃。在此期間，李華宗分別與柯召和李國平合作，在矩陣代數和數學分析方面做出了很好的工作。

　　1942年9月，李華宗步同窗好友李國平之後塵，也來到樂山任武漢大學數學系教授。二李皆全校聞名的「從不向書本請假的書蟲」，他們精力旺盛，是教學科研的生力軍。李華宗並從1944年起兼任中央研究院數學研究所籌備處的研究員，成為當時該數學所的八位兼任研究員之一。另七位為姜立夫、陳建功、蘇步青、江澤涵、陳省身、華羅庚、許寶騄。

　　武大學子陳榮悌在《憶李華宗教授》中回憶道：

　　　　1942年秋，我考入武大研究生院。那時研究生不多，還沒有專門的研究生宿舍。我就住在新建的「三育」教師宿舍。李華宗夫婦新從峨眉搬來，也住在那裏。因為是簡易宿舍，主要是分給單身教師住的。全宿舍約有二十間屋子，但只有一個未隔開的公用廁所，雖有一個廚房，但

那時還未啟用。生活條件十分困難,對有眷屬的教師來說是很不方便的。我去了之後,李先生見到我非常熱情,就像老友重逢一般,問長問短,使我感到意外。因為在川大時,我以為他是不同別人交往、很難接近的一位孤傲學者。我和他夫婦相處較長時間以後,完全改變了我對他的印象。他待人十分誠懇熱情,尤其對青年教師和學生非常關心和愛護,是一個十分令人欽佩和尊敬的師長。

我去三育不久,就和陸元九被推選為第一任夥食經理。新雇了一個年輕農民為廚師,因是生手,所以燒火煮飯、去市裏買菜都不熟練,大家只好湊合著。我和李先生夫婦常在一起,時間久了,我們竟成了好朋友了。有時到他房間聊天,天南海北,談笑風生。他的學識十分淵博,上至天文,下至地理,似乎無所不知,無所不曉,使我受益匪淺。尤其他對當時抗戰的情形,歐亞局勢,知道得很詳細。那時樂山閉塞,外界消息一時無法得悉。但李先生卻知道很多最新的消息,我很驚訝,不知道他是否有收音機。真是「秀才不出門,能知天下事」。

1943年5月,武大將在三育體育場開全校運動會。一天早飯後,李先生對我說:他今天要放假一天去看運動會,問我可否陪他去。我以好奇的目光注視著他,未立刻作回答。他似乎意識到我對知道他從不向書本「請假」而對他今天的決定表示懷疑,馬上接著說:「今天是我的生日,所以要放假一天。」我欣然答應陪他去看運動會。實際上,他並不是真正對運動會感興趣,而是由於平時很少外出,趁此機會出去走走,看看熱鬧,曬曬太陽。[21]

李華宗治學嚴謹,勤奮刻苦,富於開創精神,不論在川大還是在武大,都是眾所周知的。我們從他的學生的深情的回憶中,可以了解到他的高尚品質和對學生的熱情關懷和幫助。他對青年教師及學生不僅熱情,諄諄教誨,且多方給他們以幫助。當時因處於抗日戰爭時期,購書極為困難,他們往往想讀無書,他常把自己從國外購得的新書借給他們看,甚至不惜把原版新書贈送給學生,而在當時國內是買不到的。

---

[21] 陳榮悌:《憶李華宗教授》,臺灣《珞珈》第132期。

　　李華宗認為中國要富強，首先需要科學，而數學是科學的基礎，因而更需要數學。他曾對學生說過，波蘭現在受到德國納粹的侵略，發生民族災難，但波蘭還是出了許多有名的數學家。當前是抗日戰爭時期，我國遭受日本帝國主義的侵略，處於民族災難之年，也應能出一些數學家。這說明他自己懷有壯志，同時也是對學生的一種鼓勵。

　　抗戰勝利後，李華宗隨武大遷回武昌。1946年秋，應陳省身的邀請，赴上海任中央研究院數學研究所籌備處專職研究員。1949年11月5日病逝於香港，年僅38歲。

第六節　桂質廷：電離層物理學的開拓者

　　對地磁的研究，中國古書上有不少記載，而且處於世界領先地位。但對地磁常量的測量，卻落後於國外。從清朝末年開始，在中國境內主持地磁普測工作的沒有一個是中國人。直到1931年，有一位大學教授，在卡內基研究院地磁部的資助下，利用學校的假期在華北、華南、華西等地區進行地磁巡測工作。這個首次巡測自己國境內地磁常量的中國人，就是著名物理學家、中國地磁與電離層研究領域的奠基人之一的桂質廷。

　　桂質廷，祖籍湖北武昌，1895年生於江陵一個基督教神職人員家庭。父親是沙市聖公會會長兼教會小學校長。桂質廷幼年即受過洗禮，教名保羅（Paul）。1912年，他以總分第一的成績考入北京清華學校高等科文科。因英文成績很好，畢業後留校擔任了一年中等科英語教員。1914年被保送留美，進入耶魯大學，先學文科，後轉學理科。1917年獲學士學位，隨即進入芝加哥大學讀研究生。1919年6月，他再到康奈爾大學，研究無線電，1920年獲碩士學位。在康奈爾，他結識了美籍華人許海蘭。1920年，桂質廷先期回國。次年，許海蘭也毅然放棄美國國籍，來到上海與桂質廷結婚。從此他們開始了互助互勉共同獻身祖國科學和教育事業的生涯。

　　1922年，桂質廷進長沙雅禮大學任教，次年由洛克菲勒基金獎學金資助，

再次到美國普林斯頓大學深造。以後再回長沙雅禮大學任教。後來又到東北大學、滬江大學任教。

1930年桂質廷到武昌華中大學任教授、理學院院長兼物理系系主任。他的許多科研成果都是在華中大學工作期間，在極其艱苦的條件下完成的。除了地磁常量的巡測以外，他還在中國進行電離層的探測。當時正是抗日戰爭時期，武漢經常遭到空襲，他和同事們克服重重困難，取得了1937年10月至1938年6月共9個月的探測記錄。這是中國首次對電離層的常規觀測和研究，並取得了兩項突破性的成果：一是桂質廷幾乎與美國科學家同時注意並報導了「擴展F層」的重要現象；二是桂質廷發現武漢地區F2層臨界頻率明顯超過了按緯度分布的預期值，他把這種現象歸結為「緯度效應」，也就是電離層赤道異常現象。

1939年3月起，桂質廷受聘於武漢大學教授，直到1961年去世一直沒有離開武大。其中，1939年11月至1945年11月，兼任物理系主任、理科研究所主任；1939年11月至1952年，兼任理學院院長；此外還兼任國立武漢大學儀器委員會委員長，第一外國語、教員升等審查、特種法規審議、建築設備等委員會委員職務。

武大空間物理系原系主任王燊，1940年至1944年就讀於武大物理系，本科畢業後成為武大空間物理學開創者之一桂質廷的首位研究生。王燊回憶當年的桂質廷，「身材魁梧，金絲眼鏡後面的雙目炯炯有神，面容和藹，舉止斯文，說話輕言細語，循循善誘；只要一見面，誰都立刻感到他是一位可親可敬的好師長。」又說「桂老喜歡抽煙，為了工作、吸煙兩不誤，他練就了一套獨特的吸煙功夫：把煙粘在上唇邊，這樣，閉口可以吸煙，張口可以說笑，連煙灰都不掉下來！好吸煙的同學們都想學這一招，可誰都沒有學到手。」還回憶起桂質廷和他第一次單獨面對面談話的情形，「很巧，也很有趣」：

> 那是1941年下半年，在樂山，一位同學病了，我們幾個人把他弄到了醫務室。但還沒到上班時間，進不了門。我們就把鎖撬開進到裏面坐等。這顯然闖了個禍。果然，一兩天後桂老便叫人通知我去見他。當我誠惶誠恐地走進他的辦公室準備挨訓時，他卻慈祥關愛地跟我談起了家常。等我平靜下來以後，他才談到兩件正事。一是撬鎖，我承認了錯誤。他

沒再追究，只是鄭重地提醒我說：「要知道，這是犯法的啊！」二是叫我不要私拆別人信件。我說我沒幹這樣的事。他說：「那就好。私拆別人信件也是犯法的，那叫侵犯別人的隱私權。」接著又微笑地問我「隱私」的英語是怎麼說的。我說：「是不是secret？」他高興地說：「差不多。還有個更恰當的詞叫privaccy。」就幾分鐘的談話，卻影響了我幾十年。[22]

桂質廷教過的課程有高等數學、普通物理、電磁學、光學、無線電、近代物理等。大家都知道，物理學方面的課，總跟實驗操作和公式推導打交道，聽起來難免感到枯燥。可是，桂質廷講授的《近代物理》卻不是這樣。例如：講到氣體放電時，他就講起了他當年跟康普頓先生一起做著名的「康普頓實驗」的情況。講到X射線時，他就講到第一次世界大戰時，他作為一名志願者在歐洲用這項設備為傷員服務的情況。非常生動親切，以致一些學生說，上桂質廷的課，就像是「聽電影」。

桂質廷教學之外的科研工作都具有中國的特點。地磁巡測和電離層的研究，體現了中國的地域特徵。他一度從事測定介電常數的工作，也將對象選定為當時中國大宗出口的特產——桐油。1942年4月在成都舉行的中國物理學會第十屆年會四川分會上，他和他的同事報告了兩篇測定石油和潤滑油的介電常數的論文。他長期在教會學校和國外學習，對中國古代書籍接觸不多。但在30年代研究地磁時，親自翻閱資料，查找我國古代在地磁方面的成就。這些在他的日記和遺著中都有所反映。

1943年桂質廷作為中國知名學者被派出訪美國。這在楊靜遠的《讓廬日記》裏有記載：

1943年2月8日　今天是我20整歲的生日……爹爹、媽媽還是請了客，不過並不專為我，因為乾爹和桂質廷要到美國去，上午忙著洗地板，到廚房切菜、切肉，到12點才弄得像個樣子。

[22] 王棻：《敬憶桂質廷老師》，《珞嘉歲月》，2003年。

在美期間，桂質廷一手促成武漢大學與美國標準局訂立了一個合作觀測和研究電離層的協議。並於1945年回國時，與許宗岳一道帶回一臺DTM－CIW3型的半自動電離層垂測儀運到了樂山。經過物理系和電機系一些老師與負責運送及安裝的幾位美國海軍人員共同協作，一整套半自動式電離層垂直觀測儀很快建成。

1946年元旦零時在四川樂山武漢大學戰時校址開始正式觀測，武漢大學游離層實驗室也由此創建。樂山上空電離層的第一份正規的頻高圖，正是桂質廷親手觀測描繪的。

電離層這一自然現象，無論是對當初馬可尼的越洋電報，還是對當今信息時代滿天飛的各式各樣的電波，都有這樣那樣的正面或負面的影響，對人們的生產、生活關係重大。對這一重要現象的研究，在國際上是英國的愛潑登在1925年前後開始的。在中國，1936年陳茂康、朱恩隆、梁百先幾位先生觀測了一次日蝕效應；1937—1938年，桂質廷和他的學生宋百康作了幾個月的常規觀測；1940年，呂保維在美國作過電離層吸收作用的研究；40年代中期，也有一組人在重慶作過垂直觀測。但從設備的先進性和觀測數據的密度看，桂質廷的這一項目卻是甚具優勢的。自那時起，經過桂質廷和梁百先、許宗岳、龍咸靈等人接力式地辛勤培育，特別是1949年以後，原來那個單一的「游離層實驗室」已發展成面對空、地、海進行多項目研究的國家重點「電離層實驗室」。

桂質廷見多識廣，胸懷坦蕩。他是地球物理專家，卻鼓勵學生不必一定跟著自己的腳步前進。1945年下半年，他指導自己的第一個研究生王燊時，就為該生指出了兩個可供選擇的研究方向。一是自己從事研究的電離層物理；另一是生物物理。當時，生物物理還處於萌芽階段，他竟高瞻遠矚，預見到它將會來臨的蓬勃發展。另外，如哨聲傳播問題，他在40年代就給予了密切注意。這些都證明了他在科學上的遠見卓識。

第七節　鄔保良：研究原子核的化學教授

他在日寇吃了兩顆原子彈後，立即做了關於原子彈原理的學術報告，並預見到「原子核聚變」原理製造氫彈。

　　他還是武漢解放後的武大首任校務委員會主任委員（即校長）。

　　他就是曾任國立武大化學系主任、武大現代物理化學課程的開創者鄔保良。

　　鄔保良，廣東龍川人。1900年出生。1922年至1925年在美國列度大學學習。1928年獲美國加多力大學理學博士學位。同年回國後，先後任廣州中山大學教授、安徽大學教授。1933年9月起任國立武漢大學化學系教授，1939年至1942年兼化學系主任，1947年兼任理科研究所所長，《理科季刊》編委會主任、總編輯，儀器委員會委員，中國化學學會《化學》編輯等職。

　　鄔保良長期從事化學教學和研究工作，精通英、法、德、俄4種外文。在國立武漢大學講授物理化學、無機化學、膠體化學、原子構造等課程，對原子核理論的研究有獨到見解。講課條理清晰、簡明扼要，善用比喻法，深入淺出地講授艱深的化學理論，深受學生歡迎。陳時侃晚年在美國回憶鄔保良說，「他教的物理化學是化學系學生最感興趣的功課。抗日戰爭開始後，武漢大學遷往樂山，很多借讀生也選修他的功課。班上學生從十餘人增至三十餘人，實驗室有人滿之患。」[23]

　　在科學研究方面，鄔保良從1939年起，帶領化學系教師開展對原子核理論的研究，曾提出「原子能可由重原子分裂或輕原子合成而得出」的論斷，並在英國著名學術期刊《自然（Nature）》雜誌上發表《原子核之形成》等多篇研究論文，呼籲利用原子能造福人類。1940年1月，鄔保良又在《自然》發表《A Simple Rule for Evaluating Atomic Constants》論文，從精細結構常數 α 等已有關係式出發，推導出了一種計算某些原子常數的簡易計算法，並得到與實驗值非常近似的計算結果。今天，中國每年在《自然》發表的文章數，還沒有每年增選的院士數多。

　　1943年5月下旬，英國著名科學家李約瑟博士在樂山對武漢大學進行了為期五天的訪問。後來，李約瑟在1943年9月25日出版的《自然》雜誌發表《川西的

---

[23] 陳時侃：《憶鄔保良老師》，臺灣《珞珈》第121期。

科學》一文，他在「武漢大學」一節寫道：「地處嘉定的武漢大學，由化學家王星拱博士任校長……理化兩系都位於高西門李公祠內……化學系的系主任是鄔保良博士，一個物理化學家，就近發表了一篇有關全程電力與靜核的有趣論文。他需要收集核物質研究的最新資料，這個身處偏僻之地的科學家對其與世隔絕的處境身懷感觸。」

1945年8月，美軍在日本廣島、長崎先後投了兩顆原子彈，大家都不知道原子彈是何怪物，殺傷力又如此之大，令萬惡的日寇無條件投降。此時，武大電機系學生、力訊社成員周克定及時請了化學系研究原子理論的教授鄔保良作了《原子能和原子彈》的報告，當時全校師生來得空前踴躍，演講廳的走廊和窗臺上都擠滿了人。鄔保良指出，「投在廣島、長崎的原子彈是利用鈾238撞擊鈾235，使之發生連鎖的原子核分裂反應，從而釋放出巨大的能量，引起爆炸」，「另外還有一類利用氫院子核聚變，產生巨大的能量而引起爆炸。果然，幾年後第一顆氫彈爆炸，就是利用熱核聚變的原理。這一次學術報告給我留下了極深刻的印象。」[24]事後，鄔保良撰寫了《原子核能的釋放與原子炸彈》，刊於1946年《力訊（樂山）》第2卷1-2期。

袁瓊玉1937年秋考入武大中文系，本科四年，轉外文系二年級一年，研究所三年，凡八年。他在武大期間，「（鄔保良）先生與玉『平生風義兼師友』，待玉如一家人。嘗語玉曰：『回國後曾學道一年，藉探求吾國古代之化學，並研究老子道德經對世界物理學的貢獻。』」[25]因賦《高陽臺·宇宙論──記鄔保良教授學道》云：

> 隱入名山，潛心學道，飄然彷彿神仙。晚醉流霞，清曦空氣新鮮。朝暾湧出扶桑國，吐汗塵、納入丹田。待歸來、目送煙嵐，回到廬前。打開老子藏經卷，那原初動力，道乃根源。宇宙茫茫，無名天地開端。四時變化長無有，聚輕清、質子為天。再尋思、氣體為無，故謂之玄。
> （1944年）

[24] 張文燾：《50多年前母校幾次學術活動瑣憶》，《武大校友通訊》1998年2輯。
[25] 袁瓊玉著：李允基編校：《多麗集》，香港印刷，1993年。

《鷓鴣天——鄔保良先生述愛因斯坦》云：

> 一克東西盡化「能」，太平洋水煮翻騰。鯨魚海豹沉湯底，野鴨閑鷗四
> 處奔。驚偉論，聽新聞。從來科學想成真。高深數學書三卷，計算無差
> 一秒分。（1944年）

　　袁瓊玉自註：愛因斯坦說：「一克物資如果全部把它變作「能」，就可
以煮滾太平洋裏的水！」愛因斯坦寫了三卷書，去證明他的理論。鄔先生說：
「他計得一點都沒有錯。」[26]
　　袁瓊玉詩文集裏還有一首《深山問道——記鄔保良先生山中研究老子哲
學》：

> 上馬別江亭，猶聞水調聲。天涯斜照闊，人海月殘寧。
> 去國尋珠寶，還鄉讀道經。深山惟鳥語，探問自然情。（1944年）

　　1949年5月16日，共產黨軍隊佔領武漢。武漢軍事管制委員會（以下簡稱軍
管會）代表朱凡到武漢大學的第一天，就登門拜訪學校的知名教授，廣泛徵求
人事安排意見。「聽取了很多教授的意見後，軍管會拿出了一個名單，讓我們
討論。」據武大社會學教授劉緒貽回憶，「……大家新提名了知名化學家鄔保
良坐這個位置，鄔是無黨派，但過去是學校裏鮮明的反國民黨人士。軍管會同
意了這一提議。」[27]
　　鄔保良自1949年8月至1952年10月，出任武漢大學校務委員會主任委員（校
長）。他在任時期的武大，正逢中國易幟，新舊政權交替，院系調整。鄔保良
在這非常時期，做了非常多的工作，為曾經為民國五大名校的國立武漢大學走
向武漢大學的過渡，為武大的發展，花費了大量的精力和心血。

[26] 袁瓊玉著、李允基編校：《多麗集》，香港內部印刷，1993年。
[27] 朱文軼：《進城：1949》，廣西師範大學出版社，2010年。

第八節　張珽：中國植物生理學創始人

他是中國近代植物學的先驅、植物生理學創始人之一，他講課喜歡將學生帶到野外，將這些野花野草作為最好的標本；1947年3月武大師生迎來了回歸武昌後首次櫻花盛開的時候，他將課堂再次搬到了櫻花樹下，和學生一起去欣賞櫻花。面對「櫻花之爭」，他對自己的學生說：「這本是我們中國人的恥辱，不過現在，日本人被打敗了，這幾株櫻樹反而成了戰利品，成為日本侵華的歷史罪證。」

他就是曾任武昌大學代校長，任武漢大學生物系主任二十年的張珽。

　　張珽，字鏡澄，又名張肇。1884年生於安徽桐城。受桐城派文學的影響，少年時期就愛好文學，並喜歡種植花草。十九世紀末新式學堂桐城中學創立時他以高分被錄取。在校學習刻苦，歷年成績均居第一，1903年在桐城中學畢業後，保送日本留學。當時他感到要使國家富強，必須學習西方的自然科學和發展教育，走「教育救國的道路」。到日本先入宏文書院學習，三年後以第一名的成績畢業。1906年考入日本東京高等師範博物科學習植物學，1912年畢業後獲得理學士學位。

　　辛亥革命前，張珽學成歸里被薦舉為皖都督府教育司普通科師範課員，不久，到安徽優級師範學校教書並兼教務主任。1914年8月，他受聘到武昌高等師範學校教授植物學，是中國最早在高等學校講授現代植物學的教師。1923年9月，武昌高師改名為國立武昌師範大學，1924年9月又改名國立武昌大學，他任教授兼生物學系主任。1926年2月至1926年5月曾代理國立武昌大學校長，同年改任國立武昌中山大學教授兼理科委員會主席。

　　1928年，張珽任國立武漢大學教授，1929年兼生物學系主任。在他任職生物學系主任期間，曾先後聘請國內知名學者鍾心煊、湯佩松、葉雅各、高尚蔭、石聲漢等人，分別擔任植物分類學、生理學、生態學、微生物學課程，以提高教學

質量，使學生學習更加深入與提高。他對新教師的教學和科研工作，是指導不遺餘力的良師。他待人寬厚真誠，在處世接物方面也為他們樹立了榜樣。

周淩雲在一篇紀念文章中說，「張珽學識淵博，在教學工作中為了適應當時創業人手短缺的需要，曾講授植物學、生物學、植物形態學、植物生理學、植物解剖學、植物生態學等課……至其它各課也都曾以文言文編寫講義近百萬字；每本講義均附有精美繪圖，可稱圖文並茂，當時在植物學書籍稀少的情況下，這些講義給學生幫助極大。張珽在教學中強調實物教學，除使用臘葉標本、液浸標本、實物、模型等外，在上課前必親自赴野外補充植物標本，以昭確切，並加深學生的印象。此外，於一定教學階段，組織學生赴野外採集，如每年赴廬山高山實習，赴青島臨海實習等野外工作，培養學生認識大自然，了解大自然，以加強植物學為實驗性學科的實踐鍛鍊。在課程考試中，不重講義的死記硬背，認為全記住一課的內容是很難的，即令強記一時，過後又會忘掉，只有通過在實踐中使用，才能嫻熟，以免浪費學生的腦力，而把更多的精力用在深入研究之中，提高學生的科學水平。」[28]

德溥在《生物學系教授素描》中這樣描繪的張珽：

> 無論是誰，只要他和張先生見過一次（自然要談話），就再不會忘記了他。他給人的印象，永遠是那麼深切，謙和的態度，懇摯的談話，就這樣夠了，再不會忘記他了。
>
> 有人說：「張先生不像一位老師，而像一位慈母。」這句話，就在他和我們日常相處中得著了證明。前不久一位遠方的同學，不知怎樣一來把手臂折斷了，張先生異常痛苦，趕快拿錢給這位同學醫治。說他是慈母，不是隨便胡說的。
>
> 在課堂裏，五十分鐘的時光，張先生忙得不可開交，寫字、畫圖，拿標本，裝模型，聽的人如果再要不懂，那就只有傻子了。可是，張先生說：「諸君懂嗎？不懂我再講一遍。」張先生愛護每一個學生，怕有一人不懂而不肯問他。[29]

---

[28] 周淩雲：《紀念張珽教授誕辰一百周年》，《生物學通報》1984年第6期。
[29] 德溥：《生物學系教授素描》，《老武大的故事》，江蘇文藝出版社，1998年。

　　張珽早在1918年撰成《武昌植物名錄》一書，是中國最早的一本地方植物名錄。1930年又與中山大學董爽秋合編出版《植物生態學》，是中國最早出版的一本植物生態學著作。1919年曾參加國立武昌大學博物學會，為創始人之一。當時曾創辦《博物學雜誌》（季刊），1924年更名為《生物學雜誌》。1933年6月贊同北平靜生生物調查所籌備發起組織中國植物學會的倡議，並參加發起，同年8月中國植物學會成立，為該會最早的會員之一。

　　張珽既是武大的開山鼻祖，又是武大的數朝元老，可以說在武大度過了他一生的教學科研生涯。從1924起，國立武昌師範大學即為他舉行過任職十年慶祝活動，武昌師範大學《生物學雜誌》六卷一期（12月25號發行），為「張鏡澄教授任職十年紀念號」，刊有張的同事、國學大師黃侃的賀詩，稱「鏡澄道兄先生授植物學吾校盈十年矣諸生為刊雜誌紀念其績敬頌一律即希繩正」，詩曰：「博物千秋數茂先，羨君淹雅繼前賢。離騷草木煩重蔬，桂海虞衡待續編。心似松筠經凍洛，門皆桃李競喧妍。自慚小學多竦闊，欲就通才辨蕙荃。」1933年，武大生物系始設「張鏡澄教授任職二十周年紀念獎學金」。

　　1943年5月23日，武大在樂山舉行張珽教授講學三十周年紀念慶祝典禮，武大師生及校外企業團體代表共800餘人參加紀念會。王星拱校長報告張鏡澄三十年在學術上之成就，尊之為「一代人師」。文學院院長劉永濟作《鏡澄先生講學三十周年紀念賦贈》：「桐城耆舊最清華，曾看瑤池闐苑花。自有詩書傳世業，肯緣溫飽作生涯。洽聞不數司空老，珍獲還同博望槎。卅載上庠桃李盛，升堂入室盡侯芭。」武大外文系學生楊靜遠在當天日記中寫道：「今天是張鏡澄先生教學三十周年紀念會。張先生是生物系教授，自武昌高師時就開始在這裏任教，直到現在，沒有一天離開過，而生活極清苦。像這種正氣確實值得提倡。這樣大大慶祝一下，不但給老先生一種精神安慰，也振興這種堅貞的風氣。聽說賀禮很重，送了他一雙青緞鞋，一床紅被面，一根拐杖，還有對聯之類的東西。」（《讓廬日記》）

　　田林《回憶〈峨眉劇社〉》云，「1947年冬我們演出了《萬世師表》，是為祝賀生物系張珽（鏡澄）老師執教30周年（按，疑為「34周年」之誤）演出

的。該劇通過三代教育工作者自甘淡泊、謹於守成的清苦生活，來歌頌那些足以永世為人師表的社會中堅……許多大學教授改行另謀生路，他卻執著堅守在崗位，為培養後一代所作的奉獻，用這種犧牲奉獻精神來感染人、教育人，演出效果極佳。」[30]

1948年5月16日，復員後的武大舉行張珽教授任職三十五周年紀念會，來賓百餘人，在校師生一千八百人，盛況空前，遠道而來的弟子包括國立蘭州大學校長辛樹幟。張珽教授過、最早一級畢業的學生、也已經成為武大生物系教授的何定傑，和最遲（1947年）畢業之何海平父女二人向張獻茶，場面溫馨感人。

第九節　高尚蔭：中華桃花水母的發現者

「春來桃花水，中有桃花魚。淺白深紅畫不知，花開是魚兩不知。花開正值魚戲水，魚戲轉疑花影移……」這首古詩裏提到的「桃花魚」讓古今無數文人墨客盡情發揮想像、揮灑筆墨。這些小精靈在水中翩翩起舞，如朵朵桃花般盛開在。它們神秘、柔弱而美麗，帶給人們異樣的驚喜和震撼。

桃花魚真的是「魚」嗎？答案是否定的，如同鱷魚和鯨魚就不是魚一樣。它其實叫桃花水母，是一種瀕臨絕跡、古老而珍稀的腔腸動物，已有15億年以上的生存歷史，是地球上最低等級生物。由於其對生存環境有極高的要求，活體又極難製成標本，所以，其珍貴度可媲美大熊貓，被國家列為世界最高級別的極危生物。因此又被人們稱為「水中大熊貓」、「水中活化石」。

資料顯示，世界上目前存在兩種桃花水母，分別是1880年6月英國倫敦皇家植物園發現的索氏桃花水母，另一種是1939年2月在中國四川省樂山縣大渡河邊發現的中華桃花水母。

---

[30] 田林：《回憶〈峨眉劇社〉》，臺灣《珞珈》第130期。

　　中國的桃花水母是誰發現的？國立武漢大學生物系教授、中國病毒學研究的開拓者和奠基人高尚蔭和他的助手。

　　1909年，高尚蔭出生於浙江嘉善一個書香世家。他父親是一位能接受新思想的學者，曾在家鄉創立陶莊學校。他是幼子，七歲進入陶莊學校接受啟蒙教育。1926年考入蘇州東吳大學，1930年獲該校理學學士學位。同年赴美深造，次年獲佛羅里達州勞林斯大學文學學士學位。1931年秋入美國耶魯大學研究院，1933年獲洛克菲勒基金會獎學金，在著名原生動物學家L.L.伍德拉夫教授指導下攻讀博士學位。1935年，他以優異成績獲耶魯大學自然哲學博士學位。同年2月赴英國，在倫敦大學研究院從事短期研究工作。

　　1935年8月，高尚蔭受湯佩松邀請回國到武漢大學任教（當時他年僅26歲，是武大最年輕的教授），直到1989年病逝，在武大整整工作了54年。其中他兼任過教研室主任、系主任、所長、理學院院長、副校長、湖北省科協副主席……兼職不計其數。當然他主要還是一級教授（1956年評定），中國科學院學部委員（1980年當選）。

　　1937年，高尚蔭與武大女教師劉年翠結婚，共同的理想和對事業的孜孜不倦的追求把他們聯繫在一起，這一結合不僅使高尚蔭的生活上得到了志同道合的終身伴侶，而且在科學事業上也得到了一位得力助手。劉年翠在50年代曾任武大生物系微生物教研室主任，講授微生物學課程，80年代任武大病毒系教授、昆蟲病毒研究室主任。

　　抗戰爆發後，武大西遷四川，高尚蔭夫婦和助教公立華離開珞珈山，一路風塵僕僕，於1938年4月28日到達樂山。吳魯芹在《我的大學生活》中寫道，「到了嘉定，似乎發現生活退回到了19世紀，用慣自來水的人，改到要用臉盆去大木桶中取水，這一吃驚的認識，實在是非同小可。至於校舍，當然更談不上了，文、法學院設在城內的文廟，理、工學院在城外，都是破屋數椽，粉刷一新，尤其是粉刷工作大半是急就章，事先沒有修整過，白粉牆高低不平，斑斑點點，就像半老徐娘匆忙中打扮，掩飾不了底細。」[31]

---

[31] 吳魯芹：《我的大學生活》，臺灣《傳記文學》第26卷第2期。

高尚蔭所在的理學院，位於樂山城外大渡河邊的李公祠（現樂山人民醫院宿舍所在地）。武大一些師生每日必出城南高西門，沿城牆下坡左行數十米至大渡河北岸，挑回河水存於大木桶中，留待取用。夏日波濤滾滾，冬季河水極淺。

1939年初春，就在與河水相連的一處水塘，高尚蔭和公立華見到了當地人屢見不鮮的「桃花魚」。中國古書記載「非魚也，生於水，故名之曰魚；生於桃花開時，故名之曰桃花魚」。早春時節，一朵朵桃花魚在清澈見底的河水中上下漂蕩，悠然自得，晶瑩透亮。這是幾個直徑約為18毫米的桃花魚，拇指般大小，外形似一把撐開的傘體，邊緣有256條線條觸手。公立華手捧舀滿「魚」水的燒杯一路跑回實驗室，引得路人紛紛側目觀看。高尚蔭和公立華立刻投入生物學物種腔腸動物門淡水水母的分類形態結構和生理研究，這是中國學者最早在無脊椎動物學領域的開創性研究。

1939年2月，30歲的高尚蔭和27歲的公立華合作論文《四川嘉定淡水水母之研究》「生理問題之初步研究報告」篇寫到：「淡水水母，在實驗室中，可生活於pH4.6–8.8之淡水中。其傘部之伸縮運動並不受任何影響。其口部對於食物之性質無辨別能力。當食物運至口管中部時，其能消化者如水蛭及水蚤等即進入腸脈腔中消化之。」

1943年考入武大哲學系的蕭萐父回憶，「哲學系大一的學生，必須選修一門自然科學。我選了生物學，由當時留美博士、剛回國的青年教授高尚蔭先生講授。他從生命科學的基本原理和最新進展（他當時就講到『病毒』的發現及其對研究生命起源的意義等），講到他對大渡河中淡水水母的研究成果等，同學們聽得津津有味，並受到多方啟發。」[32]

從1935至1945年，高尚蔭在武大先後講授過普通生物學、原生動物學、無椎動物學、微生物學、土壤微生物學等課程，其中普通生物學由他連續教授了十年。除擔任教學工作外，還積極從事科學研究工作。他和他的助手，幾乎每天都在實驗室工作，中午總是在實驗室吃點自備的乾糧。在教學、科研經費極度困難，工作環境很差的條件下，不知疲倦地工作。有個學生這樣描繪他：

---

[32] 蕭萐父：《冷門雜憶》，臺灣《珞珈》第142期。

第一次見到高尚蔭先生，他給我的印象是他有一個高大堅實的身體。啊，這就是高先生，真正是高得很！

高先生也是籃球健將，網球名手。在他房裏書架上，還有一個在國外獲得的銅製網球錦標。

前面說過，生物系有三位不著長衫的教授。高先生也便是其中之一。可是有一年冬天，高先生穿了一件灰色長衣，我幾乎不認識他了。

在研究室裏，高先生和其他先生一樣，一變而為很沉默的人。沉默是研究科學的人應具備的條件之一。[33]

1945年，在武漢大學連續工作了十年的高尚蔭獲得校方同意，利用兩年學術休假的時間第二次來到美國。作為洛氏醫學研究訪問研究員，在美國著名生物化學家、病毒學家、諾貝爾獎金獲得者斯坦利（W. M. Stanley）教授實驗室中從事病毒學研究工作，從此開始了他在病毒學研究領域中的近半個世紀的奮鬥。

余傳隆在《我的導師高尚蔭教授》中說，「早在1942年武大遷至四川樂山時，高教授就開始招收研究生，幾十年中，先後為國家培養了二十餘名病毒學研究生，這些人後來絕大部分都為從事病毒學和科研工作的骨幹。」

第十節　章韞胎：吟詩寫史的生物系教授

他獲得過巴黎大學國家理科博士學位，是國際知名的生物學家。

他的論述和學說被英國李約瑟等多國學者在著作中引用。

他研究了三十多年的歷史，編寫了《中華古史發蒙》。

他在古體詩詞上有一定的造詣，得到陳三立的稱讚。

他就是武大生物系教授章韞胎。

[33] 德溥：《生物學系教授素描》，《老武大的故事》，江蘇文藝出版社，1998年。

　　章韞胎，字盈五，1897年（清光緒二十三年）生於安徽東流縣（今東至縣）白笏村的一個世代書香之家。六歲入私塾。1911年入池州中學，次年轉入安慶池州六邑中學。1916年秋，考入北京大學預科。1919年秋，入北京大學法科學習經濟。1920年11月赴法勤工儉學，係華法教育會選送赴法第15屆留學生，與周恩來等197人同乘法輪皮爾多號西渡。先入法國南部尼翁中學補習法文。時以科學救國為志趣，乃於1921年秋入巴黎大學生物系學習。1922年夏，曾去德國參觀學習。1924年，獲巴黎大學碩士學位。繼入巴黎大學生物進化研究所，從事昆蟲生理的專門研究。1929年秋，獲巴黎大學國家理科博士學位。十年的留學生涯，章韞胎曾在《讀書》詩中感慨道：「未可無書敢信書，一人立說萬人迷。只求心目無疑問，覓解原因物不齊。」

　　1930年2月，章韞胎自法國經西伯利亞回國。隨即任北京師範大學教授，講授細胞學。8月，入北平研究院生物研究所為專任研究員，不久又兼任北平大學農學院教授、北京大學生物系教授。在此期間，在《北平研究院匯報》、《法國生物學會會刊》等刊物上發表了《桑蠶胎本》、《金魚的鱗與鰭》等論文三篇。

　　1932年秋，章韞胎受聘於國立武漢大學生物系，先後講授現代生物學、細胞學，編著了《現代生物學講義》、《細胞學講義》等教材（均由武漢大學印行）。德溥在《生物學系教授素描》裏寫為我們描繪章韞胎如下：

　　　　在生物系六七位教授中，章盈五先生是唯一戴橢圓形眼鏡的一位。
　　在實驗室裏，用高倍顯微鏡看切片的時候，章先生取下了他的眼鏡。
　　　　論隨便，章先生與何定傑先生不相上下，這大概是由於他們倆都曾
　　留學法國吧。章先生曾經說，巴黎的人是和中國人一樣隨便的。可是章
　　盈五先生，留著很光亮的頭髮。章先生很健談，你到他房裏，只聽到他
　　在談話，你全沒有插嘴機會。他談的話，句句都是經驗，是教訓，到他
　　房裏走走，不是沒有收穫的。[34]

[34]　德溥：《生物學系教授素描》，《老武大的故事》，江蘇文藝出版社，1998年。

　　1938年夏，章韞胎攜家眷隨校遷至四川樂山縣，卜居大渡河畔，名其居為「待渡廬」。除繼續在生物系授課外，約於1940年起，他涉足成都、峨眉、灌縣、青城山、崑崙、弱水，從事上古部落地位及淵源的考察，他從生物進化演變角度，研究遠古朝代的史地，致力於中華民族源流的考證工作，歷時四載，不避冬夏寒暑，持續不斷，為後來編著《中華古史發蒙》準備了大量的資料。晚年他在該書的主旨的說明中謂：「依據中國古籍來探討，並參考一些西籍，發現中華古史約近萬年，分為上古、中古兩期。上古期，亦可稱滇蜀期，三皇五帝世代，約歷五千年。上古開國於雲南、四川，為中華文化發源之所，謂之滇蜀文化。自黃帝以至堯舜大禹皆在此期。中古期，亦可稱中邦期，古稱古邦，後稱中國，故也可謂中國期。上古末期，滇蜀發生可能是地震的大災難，大禹氏統帥滇蜀先民遷入長江中游，奠居湘鄂，發展至淮北，漸次開拓中原（河南），次第建立虞夏商周四代，至秦為止，約四千餘年。總之，中華文化發源於長江流域，而不在黃河。黃河流域自古為遊牧民族所居，五穀不生，五金不出，不能創作文明。古籍記事，皆關滇蜀，鮮有涉及北方。古人所記動植物，大多屬於熱帶與亞熱帶。」此說可謂獨立創見也，但能否成立，尚待後人深入考證。可惜此書未能成篇，只有某些綱目。

　　樂山因三江匯流於此，河灘面積極廣，石源豐富而且質量很好。章韞胎在樂山期間還寫下了《嘉陽拾石記》一文，對「嘉陽石」讚美有嘉，並歸納為「八彩」、「八品」。「八彩」是（1）純全，純全難得；（2）合好，兩合亦好；（3）韭葉，散同剪韭，簇似落花；（5）彩璣，小如粉米，大如花瓣；（5）錦藻，三彩六等，水璣浪織；（6）雲根，飄如雲影，隱入浮雕；（7）羅紋，粗則帆影，細則峨眉；（8）環帶，九環照池，一衣定天。「八品」是（1）柿核，斜方；（2）菱仁，三菱；（3）螺髻，螺形；（4）龍骨，骨形；（5）水鏡，扁圓；（6）天球，正圓；（7）雷斧，鏟狀、圭狀；（8）浪框、槌狀、鑿狀。章韞胎經調查研究寫出論文，見諸報端，並總結其感受。他說嘉陽石「文石斑斕，光彩繽紛，美不勝記。可見礦品之夥，出產之饒，玩此文石，其思寶藏……狀似古玉者，亦不鮮見。」「陳之案頭，亦殊清雅。」[35]

　　1946年夏，章韞胎隨校遷回武昌珞珈山。

[35] 轉引自周文華主編：《樂山歷代文集》卷十五，樂山市市中區地誌辦，1990年。

　　章韞胎在詩文上，尤其是古詩，亦有所造詣。青少年時期的詩篇多謳歌家鄉美景，清新自然，生氣勃勃。留法十年，積詩四十餘首為《遠遊集》，詩中流露了戀國思家的情懷。回國初有《萬生集》，抗日中有《牛喘集》和《待渡廬吟稿》。此期的詩作，充滿著憂國憂民的思想和對國民黨消極抗日的諷刺，並且熱情謳歌抗日救亡將士的精神和氣概。建國後由於忙於教學和科研，詩作漸疏。他平生所作詩文近二百篇，其中一部分詩作清稿，曾經陳三立散原先生品題謂：「氣疏達而能真切，語質淡而多新警。」並題其稿為《盈五詩鈔》。茲錄幾首抗戰時期吟詠樂山的詩：

《嘉定初居》
山濃洲淡水邊飄，城擁高標萬景招。雲裏峨眉屏戶戶，夜來江氣冷蕭蕭。
常蔬青筍霧宜竹，奇品烏魚墨染苗。日飽花紅與紫李，不禁懷想到香蕉。

《遊淩雲山》
沿江鬧磴訪山阿，林藪扶疏寺宇峨。頑石一鐫成大佛，讀書隨寓悵東坡。
登臺益見川原美，本地非關景物多。頓覺閑心歸竹筏，輕飄西上達天河。

《烏尤山》
登覽烏尤解籜紛，未如遠望帶斜曛。翠翹玉女三盤髻，青蓋龍神一片雲。
山小近城宜好事，地多古跡廣疑聞。舍人臺畔添新感，何日魚蟲補闕文。[36]

　　年逾花甲後，章韞胎曾作《自述》詩云：「廿年江夏樹滋繁，桃李成蔭松檜軒。伏案夜深忘老至，補苴文闕待誰論。」從這首詩中可以看出，他欣喜於所教學生多已成才，為國家作出貢獻，而以為自己則要加倍努力，寫下中華古史的論著。詩雖簡短，可也反映出他的愛國思想和樂觀思想。他曾有一首描寫家鄉升金湖的詩，題為《青草湖》，詩云：「春為沃野夏為湖，水漲菱鋪水退蕪。一片蔥蘢常在望，只因煙雨暫模糊。」煙波浩淼的升金湖哺育了這樣一位

[36] 轉引自周文華主編：《樂山歷代詩集》卷三十五，1995年。

知名學者，他的學術貢獻將如升金湖水那樣，熠熠生輝。

第十一節　石聲漢：「很有劍橋氣質」的科學家

他是第一屆中英庚款留英公費生。

他一生在國內十三所高等院校任過教，足跡遍及粵、浙、蘇、陝、滇、川、鄂、桂、甘九省。

他被李約瑟稱為是「一位很有劍橋氣質的真菌學家和植物生理學家」。

他叫石聲漢。

1941年8月，在宜賓李莊同濟大學生物系任教兼系主任的石聲漢，被老師張珽（鏡澄）「挖」到樂山武漢大學生物系任教。

石聲漢在武大連續任教將近十年，主講植物生理學，也開過第二外國語德文課，還為1947年生物系畢業班學生開過動物生理學。其間，1941—1946年在樂山五通橋黃海化學工業研究社兼任研究員；1942年10月，在峨眉四川大學講學一月；1943年春至1946年兩次在樂山中央技術專科學校兼課。樂山時期，石聲漢還應全華醬油公司之聘，開展過醬油防腐的科研工作，後因抗戰勝利武大回遷而終止。

石聲漢淵博的學識，人所共知，不但在植物生理學方面有很豐富的知識，而且對於中國古代的生物學典籍和現代自然科學的若干分支，都有比較深入的了解。所以他講課內容豐富，表達生動，很有啟發性。當時武大生物系的師生都很稱讚他，器重他，公認他是一位水平較高的教授。蘭州醫學院教授楊浪明說，石聲漢「在各大學教課或做學術報告，都是內容豐富、深入淺出、條理清楚、循循善誘、引人入勝」。因此，他上的每一堂課都深受學生歡迎。

石聲漢當年的學生、復旦大學生化系教授薛應龍，為紀念其八十誕辰回憶道：「1941年秋季開學，石聲漢老師應武大生物系的聘請來講授《植物生理學》，全班同學聞聽後無不高興。植物生理學在當時是生物系的一門新興學科，石老師講的講課不但內容豐富新鮮，並且講得深入淺出，條理清楚。全班

同學對石老師的淵博學識無不欽佩，我更是佩服得五體投地。……聲漢老師的學問也不是只停留在書本上，而是有著豐富實踐經驗。我記得很清楚，在石老師一年的教學中，多次利用星期天帶領我們班上同學到野外郊遊，這不僅僅是為了觀賞景色，陶冶性情，更有意義的是循循善誘地引導我們注意路旁不同生長發育的植物與環境的關係，使我們把知識學活了。聲漢老師的這種引導方式，無形中還交融了師生間的感情，使我們深深地感受到聲漢師不僅是位學者，更是一位長者，同石老師在一起，大家都感到輕鬆愉快。」[37]

石聲漢最早的研究生、西北農業大學教授丁鐘榮在紀念文章中寫道：「先生知識淵博，講課深入淺出，語言精煉，條理清晰，材料新穎。他為我們講授高級植物生理學、高級生物化學時，親自搜集國內外最新資料，編印成冊。並克服哮喘病、肺氣腫和心髒病的折磨，堅持上課甚至昏倒在講臺上，甦醒後仍繼續上課。」這是怎樣的敬業精神啊！石聲漢是在用生命創造他講授的每一堂課。

石聲漢來武大之前，生物系因為沒有適當的師資，已經多年沒有開出植物生理學這個重要的課程了。他來校後，從教學大綱和教材的準備以至實驗室的建設，幾乎都是從頭開始。他初來乍到，還沒有助教或實驗員幫忙，一個人要操心許多事情。那時他身體已不太好，但高度的責任感和嚴格認真的精神促使他不辭辛勞，忘我工作，很快就把植物生理學的講課和實驗按照提高教學質量的要求開了出來。他在樂山籌建了被英國皇家學會會員、科學院院士李約瑟譽為「巧思過人」的植物生理實驗室。武大生物系教授吳熙載曾撰文回憶當時的情況：「教育經費不如殘羹剩飯，要辦好學校真是難上加難。在這種極端困難的情況下，石聲漢教授並沒有打退堂鼓，而是盡量開動腦筋，想方設法讓學生多學到一些科學知識，多掌握一些實驗方法。比如，沒有自來水怎麼辦？他就用高地的水泥池盛水，連接竹管通入室內，一樣有效。沒有天秤怎麼辦？他就用戥子來作代用品。沒有玻璃容器怎麼辦？醬菜瓶子、泡菜壇子不都可以借用嗎？就是這樣，以土代洋，以粗代精，雖然難免影響實驗的準確性，但是處於無可奈何的境地，這些土氣十足的『設備』在一定程度上還是可以用來驗證課堂講授的正確與否，也可以使學生在實驗方法上得到一些基本的訓練。這樣做的好處，就是在今天看來，仍然是很明顯的，何況這種因陋就簡、艱苦辦學的

---

[37] 薛應龍：《懷念恩師石聲漢教授》，《石聲漢教授紀念集》，1988年。

精神總是值得大為提倡的。」[38]石聲漢說過：「教學工作是不摻假的真工夫，教學質量的好壞好比把你擺在天秤上一樣，一下子就稱量出來了。」[39]

武大化學系畢業的著名漫畫家方成在《我的老師石聲漢先生》回憶說：「1942年，我入黃海化學工業研究社任助理研究員，聲漢先生兼任研究員，我們開始有多些交往。我的畢業論文是在這個研究社裏完成的，聲漢先生是我的導師。在學校我沒上過他授的課，不知道他有多深的學問，只知道薛應龍對他佩服得五體投地。黃海化工研究社是國內有名的研究機構，他能被聘任研究員，自非等閒之輩。在一次喪禮中，聲漢先生致悼詞，辭情悲切，讀時聲淚俱下，感人至深。我驚奇地發現，他作的悼文，竟是古雅的楚辭，非深通古文是寫不出來的。我那時二十五六歲，聲漢先生也就三十多歲，比我大不很多，這使我也佩服得五體投地了。那時他還未留鬍鬚，穿一身灰布大褂，樸實得像小學教師，但看他炯炯有神的雙眼，談話時講得深刻入微，臉上不時浮起意味深長的微笑，又坦率平和，使人感到信任和友情，因之我們相處，既是師生，又如朋友，無話不談，他還講笑話，開人的玩笑。我深愛他的正直和湖南性格中常見的剛毅，喜歡他的寬厚和幽默感。」[40]

張翼伸在《懷念石聲漢教授》中深情回憶：「我是武大化學系44級（40—44年）畢業的，大學期間我和石聲漢教授較熟，有來往。抗戰時期中國化工巨子范旭東創建的永利化學公司、久大鹽業公司、黃海化學研究所三個單位都內遷四川，在樂山設有三個單位的聯合辦事處，處長是一位學識淵博的湖南籍老先生閻幼甫。武大的幾位湘籍教授如楊東蓴、楊人楩、石聲漢等均與閻有往來，常去辦事處與閻會見。其中石老師去的次數較多，他和閻很談得來，諸如政見、時事、哲理、詩詞、文學、書法等等，無所不談。我因是湖南人，和閻家認識，也常去辦事處，從而認識了石教授。閻的全家及《海王》刊物主編石上渠先生和辦事處的其他同仁，無不對石老師推崇備至，盛讚石老師才華橫溢，學識淵博，中文外文均極好，中文根基深厚，可以到中文系當教授等等。」[41]

[38] 吳熙載：《石聲漢教授在武漢大學》，《石聲漢教授紀念集》，1988年。
[39] 石定機等：《用生命去創造》，《珞嘉歲月》，2003年。
[40] 方成：《我的老師石聲漢先生》，《石聲漢教授紀念集》，1988年。
[41] 張翼伸：《懷念石聲漢教授》，《北京珞嘉》1999年2期。

　　1943年5月，李約瑟一行到四川參觀了解中國戰時的科學與教育機構狀況。26日下午，李約瑟一行抵達樂山，在樂山的五天時間裏，他們參觀了武漢大學、中央技藝專科學校和中央工業試驗所的木材試驗室。在李公祠武大理學院，李約瑟第一次結識了生物系著名的植物生理學家石聲漢。生物系的各實驗室設在不遠的城郊，其中包括一座石砌望樓——它是舊城牆的一部分——改成的一個出色的實驗室。山坡下，「是巧思過人的石聲漢從事植物生理及病理學，真菌學和農業科技教學活動的場所」（李約瑟語）。

　　按照李約瑟的日程安排，結束對武漢大學訪問後到位於宜賓李莊古鎮的同濟大學訪問，學校特意安排石聲漢護送他們赴宜賓。6月3日，在石聲漢的陪同下，他們乘鹽船從五通橋向李莊進發。李約瑟在日記中寫到：

　　　　你可能不相信，但我是正在一條中國木船上順流而下，從五通橋去
　　李莊。這是由一位很有劍橋氣質的真菌學家和植物生理學家石聲漢安排
　　的。他實際上正和我們一道旅行。開始還有別的一些旅客，多半是小商
　　人，但他們已下船，實際上只剩我們了……

　　　　為紀念我們這次順流而下的旅行，石聲漢觸景生情，用中文寫下了
　　南宋蔣竹山這首頗為傷感的詞：

　　　　少年聽雨歌樓上，紅燭昏羅帳。壯年聽雨客舟中，江闊雲低，斷雁
　　叫西風。而今聽雨僧廬下，鬢以星星也。悲歡離合總無情，一任階前，
　　點滴到天明。

　　　　……

　　　　在李莊……石聲漢就要和我們分手了，和他一道旅行成了最大的快樂。

　　臨別，石聲漢書贈立軸與李約瑟，題名為「遊嘉紀念」，內容為「人道敏政，地道敏樹」。

　　經過這次親臨訪問與交流，李約瑟對武漢大學留下了深刻而美好的印象，對武大學者倍加賞識。許多年後李約瑟博士深情回憶這段經歷時說：「有一天，我和他在一起時，他開了一個玩笑，此後一直留在我的記憶裏：當時有許多人在望樓工事旁的一條小路上走成一行，因為天下著雨，他們都打著傘，石

聲漢轉身朝我說：『瞧，一行蘑菇在走路。』」[42]

　　李約瑟的科學史巨著《中國科學技術史》第六卷第一分冊（植物學）出版時，李約瑟特在扉頁上題記：謹將本分冊作為對植物和真菌學教授石聲漢的紀念，以感激他那激勵靈感、輕鬆愉快的談話，並追憶嘉定雨中的「人蘑菇」，在書中談到石聲漢教授所做工作時稱其為「我的朋友」。他在讀到石聲漢著作時深情地說：「他在西方世界已很出名。因此，石聲漢是不會被忘記的，而我個人將一直最深切地記著他。」他生前一直將石聲漢書贈的立軸掛在書房最顯眼處，凡各國漢學家和中國學者到訪，他都要與其評品欣賞，介紹石聲漢非凡的才能和傑出的農學史成就。李約瑟逝世後，石聲漢書贈的條幅、立軸都作為特藏保存李約瑟研究所圖書館。

　　在武大工作期間，雖任務較重，仍能擠出時間從事譯著。1944年他用八個月的業餘時間，傾注滿腔心血，在他37歲生日時（1944年11月19日）寫成了一本命名為《生命新觀》的書。數學家吳大任讀完，「深感這本篇幅不大的書包含一個『大千世界』。它是科學和哲理的結合，而這種哲理則體現著聲漢的人生觀。書中材料豐富，描寫生動細緻，分析詳盡，充分表現了作者閱讀之勤，見聞之廣，記憶力之強，觀察事物之深刻。作者把深沉的思想感情融合於對事物的刻畫之中，使讀者不能不感到書中處處都蘊含著某種寓言。此外，這本書文筆暢達，辭藻豐富，亦莊亦諧，足以代表聲漢的文風。」[43]在序中，石聲漢提到有人嫌該書「態度不嚴肅」，他表示接受，但又引用有人評論狄更斯的話「每一笑後面都有一滴淚」。接著他寫道：「我見到許多的事，都值得傷心落淚；我不敢把他們嚴肅地寫成一滴滴眼淚，讓人家跟著傷心；寫成了笑，便無法嚴肅了。」該書的主題為「生命是根據過去，利用現在，創造未來，是連續和諧的變化。」這是石聲漢在參加他的老師張鏡澄講學三十周年紀念大會的慶典時，想到老師把畢生精力灌注在教育事業上並創造了不朽的盛業受到啟發而擬定的。

[42] 據王國忠：《李約瑟與中國》，上海科學普及出版社，1992年。
[43] 吳大任：《懷聲漢》，《石聲漢教授紀念集》，1988年。

　　石聲漢寫《生命新觀》正值抗戰末期，一家人的生活是極其艱難的。每月微薄的工資要分成兩份，一份供養母親和接濟三個弟弟上大學，另一份要養活自己的七口之家。當時石聲漢有五個孩子，定機十一歲、定杜七歲、定枎五歲、定樸三歲、定桓不到周歲。為了節省開支，石聲漢每餐硬是少吃一碗飯，家中一些稍微值錢的東西和他珍愛的書籍也忍痛拿去寄賣。曾和石聲漢同在樂山一個院子裏生活的數學系教授吳大任回憶，「雖然國難深重，生活壓力特大，聲漢的幽默感並未減少。一天，他買完了菜，去看個朋友，開大門的朋友同居者，見他衣冠不整、瘦骨嶙峋，面有菜色，又挎個菜籃，便以僕役相待，他也將錯就錯，恭謹有加，略不辯解。回家談到這番遭遇，相與失笑，而我在笑中不免隱念著辛酸。」[44]

　　剛強的石聲漢始終以樂觀、豁達的態度笑對人生的艱難和生活的重負。他以幽默的筆調寫下一組《浣溪沙》（嘉州自作日起居註甲申夏末），共六首，描寫了他當時一天的生活，充分表現了他窮困而絕不潦倒的硬骨頭精神。茲錄如下：

其一

五鼓敲殘露薄曦，匆匆推枕起尋衣，漸聞啼鳥弄晴暉。

汲罷井華僵指活，燒明冷灶倦眸眵，營門吹角報升旗。

（石定枎註：當時我們家住嘉峨軍分區司令部附近，所以能聽見早上的號角。）

其二

白足提籃上菜場，殘瓜晚豆費周章，信知菰筍最清腸。

幼女迎門饞索餅，病妻揚米倦憑筐，鄰廚風送肉羹香。

（石定枎註：抗戰時樂山菜市場上野生的竹筍、蘑菇價格便宜，是我家餐桌上的主要菜肴；1941年秋，母親已懷孕9個月。一日，父親的學生敲門，母親趕去開門，不慎被門檻絆倒，導致早產，因此患了血崩之疾，加以家務繁重，又缺乏營養，身體非常虛弱。）

---

[44] 吳大任：《懷聲漢》，《石聲漢教授紀念集》，1988年。

其三

十號才能幾日過，頻翻掛曆待如何，縱教發放也無多。

寄賣行前低問訊，舊書攤畔再巡邏，近來交易有成麼？

（石定枎註：每月十號為發薪水的日子。）

其四

雙袖龍鐘上講臺，腰寬肩闊領如崖，舊時元是趁身裁。

重綴白癜藍線襪，去年新補舊皮鞋，羨它終日口常開。

其五

課罷歸來喘未紓，繼雛蹀躞掃庭除，添薪落葉也都疏。

脫粟飯成兒女樂，滌盤水竭病妻呼，一燈先課大兒書。

其六

驟雨驚傳屋下泉，短檠持向傘邊燃，明朝講稿待重編。

室靜自聞腸轆轆，風搖時間見影懸，半枝燒剩什邡煙。

（石定枎註：因屋漏會澆滅油燈，故要打著傘編寫講稿；什邡煙在當時是一種廉價煙。）

　　石聲漢自小酷愛文學，在祖父和師長（如明德中學時的老師、後在武大任教的劉永濟）的薰陶、培養下，十多歲就開始賦詩填詞，寫了近四百首詩詞。石聲漢賦詩填詞是為了「自寫塊壘」，抒發自己的情懷，除親人、密友外很少示人。詩詞家葉嘉瑩謂《浣溪沙》諸詞，「所寫者雖為具體之日常生活，用語也極為通俗直白，但其意境卻又與古典中之憂饞畏饑的傳統隱然相通。」1944年秋末冬初，石聲漢作《南歌子》（過青衣壩），詞曰：

> 雲壓長楸噤，風飄墜葉嘩。荒村破屋兩三家，撐在夕陽山外醬朱霞。
> 亂草憑岡怒，澄江任渚賒。失行孤雁認天涯，肯向寒林雜遝羨歸鴉。

　　描寫了深秋蕭瑟冷落的自然景色，寄托了自己寧做失群的孤雁去追求理想，也不願與烏鴉為伍的情懷。有人回憶，當時在樂山作威作福的某國民黨軍長娶小老婆，有人為討好這個軍長，請石聲漢為他寫一幅賀喜對聯。石聲漢聞之勃然變色，拂袖而去。

　　石聲漢不僅精通詩詞古文（他的一些講義就是用古文寫的），在西方文字方面，非但能用英語德語講學，就連日、法、拉丁等文字也能運用自如。所以他在樂山期間翻譯出版了《動態生物化學》、《比較生物化學引論》等，是我國最早的生物化學譯著之一。特別一提的是他的漢字書法，很受武大師生的稱讚。學生薛應龍回憶說，「聲漢師的漢字書法，真是字似其人，灑脫飄逸，毫無俗態，為科學界同人喜愛欣賞收藏。作為石老師的弟子，老師曾為我揮毫多幅。我記得聲漢師最愛書寫辛棄疾稼軒詞以贈人，在我畢業那年從樂山赴昆明時，行前聲漢師寫了一幅稼軒詞定風波送我，後來聲漢師又陸續寫了幾幅稼軒詞送我，記得其中有滿江紅及破陣子兩幅。聲漢師選書的幾幅稼軒詞，細細捉摸，無不隱含著吾師述懷之意。」[45]與石聲漢在共事的吳大任回憶說，樂山遭受日寇兩次轟炸後，「物價已飛漲，拮据可想。他書法功底極好，獨創一格，就嘗試賣字，可廣告貼出，反映毫無。這不算意外，抗戰已將及五年，樂山一隅，不能期望有多少人有閒情逸致欣賞書法藝術，何況聲漢還不是書法名家。」「他還善於刻圖章，並且能在筷子頭上刻一首詩，即現在所謂的『微雕技術』。真是多才多藝。他為我寫了一張行書條幅，刻了一顆名章。」[46]

[45] 薛應龍：《懷念恩師石聲漢教授》，《石聲漢教授紀念集》，1988年。
[46] 吳大任：《懷聲漢》，《石聲漢教授紀念集》，1988年。

第四章　工學院的教授

第一節　俞忽：中國結構力學一代宗師

他在工程力學方面特別是結構力學方面造詣極深，被譽為中國結構力學的一代宗師。

他的「結構力學」課淘汰率極高，是學子們的「夢魘」，學生成績往往是一片紅（不及格的論文打分用紅筆）。某次公布考試成績，結果全班30多人中只有1人及格。

1956年中國國務院評定全國高等院校教師的職稱和級別時，他被授予「一級教授」的稱號，是當時武漢大學唯一的工科國家一級教授。

他就是武大土木工程系教授俞忽。

俞忽，號子慎，1894年（清光緒二十年）生於安徽婺源（今屬江西）。幼年讀私塾，1912年入蘇州拓殖學堂。1913年赴英國格拉斯哥大學深造。在該校期間，他勤奮學習，成績優異，獲得老師和同學的好評，稱讚他是「Chinese wise man」，1919年獲得了土木工程學學士學位。並於同年回國。

俞忽回國後應聘到上海交通大學，任教半年後轉入鐵路局工作。先到上海滬杭甬鐵路局擔任統計科長，1921年後到北寧鐵路豐臺段任副工程師，在那裏工作了十年之久。由於得罪了洋人上司，多年得不到升遷，一些技術發明也被無理壓下，不能使用。俞忽一氣之下便離開了北寧鐵路豐臺段。俞忽離開鐵路後經人介紹認識了胡適，胡適要為他介紹工作，但他不想攀附名人，婉言謝絕；最後還是通過留英同學的關係到武漢大學工學院擔任教授。

俞忽是1931年到武大的，當時珞珈山的武大校舍尚未全部完工，他暫時住在武昌城裏。他的朋友多，每逢星期天，總是高朋滿座，大家在一起議論學術和國家大事。抗戰爆發後，國民黨以財政困難為由，發行了大量救國公債。為了支持抗日，俞忽拿出所有存款買了公債。1938年他隨校遷至樂山，翌年他夫

人帶著三個子女也到了樂山。俞忽很奇怪，問夫人哪兒來的路費，夫人告訴他是用她積攢的私房錢。

抗戰期間，國民黨貪汙腐敗，戰場上節節敗退，後方樂山的物價飛漲，就連武大教授們的生活也日益困難，以至每當學期開學，俞忽為了三個子女的學費不得不典當古玩和衣物。他為此激憤不已，曾多次寫詩針砭時弊，1943年還給《大公報》寫稿，反對國民黨政府濫發紙幣，呼籲嚴懲貪汙腐化的政府官員。當然，在當時蔣介石的統治下，所有這些做法都起不了多少作用，但是對俞忽本人來說，卻使他更深刻地認清了國民黨的本質。

儘管社會現實黑暗，生活困苦，但他卻以極大的熱情和努力，搞好教學和科研工作。俞忽教學認真，責任心強，對學生既慈祥，又嚴厲。俞忽教學的最大特點就是平時練習很多，而且都是帶思考性的，但奇怪的是，考試的時候，那些平時見過的練習題就幾乎都不見了，他會另外想出一些你沒見過的題目。因此，在他手下的土木工程系學生考「結構力學」，考試成績往往是一片紅（不及格的論文打分用紅筆）。據說，俞忽某次公布考試成績，結果全班30多人中只有1人及格。一個俞忽與弟子的有趣故事在學生中流傳甚廣：有一位離校工作多年的學生，每年都要回來補考一次俞忽的「結構力學」，但從未通過。有一次該學生自覺考得還可以，便到俞忽家中拜訪，他問起考試成績，俞忽坦然笑笑說「明年還得來」。

土木系的新生一入學，常常聽高年級學生說到：「俞老師的課是最難過的一關！」而俞忽則對學生說：「大學階段的學習主要還是打基礎，真正的成就要靠以後在工作崗位上繼續學習和鑽研。基礎不打好，不僅不可能有成就，而且可能犯錯誤，使工程失敗，造成損失！教師對學生不嚴格要求，就會誤人子弟，就是不負責任！」他分析學生做錯題的原因是基礎課程未學好，如應用力學概念不清、數學基礎沒有打好等。他說：「數學是解決工程技術問題的一個有力工具，花點時間多學習數學是非常必要的！」為此，他曾給土木系的學生開過「應用力學」、「材料力學」、「微積分」、「微分方程」課。

1942年畢業於土木系的蔣詠秋回憶說：「俞忽教授教我們的結構力學課是在抗日戰爭中期，學習條件很差，敵機又頻繁到樂山轟炸。他仍然安心教學，要求我們刻苦鑽研，不僅要弄懂課堂講授的內容，還要求我們去閱讀有關參考書，培養分析問題與解決問題的能力，能舉一反三。他在課堂列舉算例時，三

位數字相乘，能通過心算立即得出結果來。他進行科研時，對繁重的計算工作，總是根據計算步驟，排成表格，用高檔的長算盤和對數表，進行大量有效的計算。他用自己的模範行動，啟發、培養了我們喜愛計算並科學地進行計算的能力。由於他這種嚴謹刻苦的治學態度；嚴格認真的教學要求，使我喜愛上了結構力學和工程力學。」蔣詠秋後來留學美國，1949年之後曾任西安交通大學工程力學系教授、主任。

1944年考入武大土木系、畢業後留校任教的劉大明也寫文章說：「嚴厲而慈祥是我對俞忽先生最深刻的印象。說他嚴厲，一是因為他在課堂上態度嚴肅，上課時除講專業內容外別的什麼都不多說，幾乎沒一句閒話或帶玩笑的話，常使人有敬畏感；二是因為他嚴謹的教風，上課時講得並不太多，卻在黑板上不停地寫。只要把黑板上寫的記下來，就是一篇系統而完整的講稿。他講課時，對理論依據、公式推導、計算方法等都有詳盡的交待，結論明確肯定，絕不模稜兩可；三是因為他對學生的嚴格要求，無論平時作業、期中或期末考試，他都要求學生說理或答案完全正確，差一點都要扣分，58分也不給及格，以致好些同學都覺得他的結構力學這一關難過。但俞先生並不是一位難接近的人，有時下課後我問他未聽懂的地方，他總是耐心地講解，並在黑板前面再寫再講。有一次聽說他身體不大好，我就約了一個同學到他家去看他。敲開了門，俞先生招呼我們坐下後，就和我們談起來了。他告訴我們：讀書一定要有鑽研精神，不要怕困難，有問題一定要弄明白，不要囫圇吞棗，學校學習是打基礎，一定要扎實等等。這次談話使我深深感覺到他那慈祥可親的長者風度。」

又據1947年畢業留校的吳國棟說，「俞老師曾以代系主任的身份兼任『三民主義』課，可是他從不上課，只要求學生期末交一份學習『心得』即可。奇怪的是記分牌上只有兩種分數，不是90分就是95分。更奇怪的是，交了『心得』的，有的是90分；未交『心得』的有的反而得了95分。可見學生交的『心得』他根本未看過。」其實這正反映了俞忽的政治態度。

俞忽搞科研常常需要作大量的計算。當時沒有計算機，他只有依靠算盤和對數表。由於他成天敲打，算珠被磨得油光發亮，七位對數表也被他翻得零散了。他計算的結果──一串串的數字，都記在一頁頁廢紙的背面。一位鄰居的

女兒看了感到奇怪，問過：「俞伯伯要收多少租啊？」他的論文要用不少的數學知識，在這方面他也有較深的造詣。有位數學教授曾對他子女說：「數學中有一種級數我一直沒找到用處，想不到你父親在他的論文中用上了。」

除精通理、工有關學科外，俞忽還喜歡讀文學作品。他經常到學校圖書館借閱外文小說，一借就是十幾本，看完後再借。抗日戰爭以前他翻譯過法國文豪雨果的作品《活冤孽》（商務印書館出版）譯文生動流暢。作品中的人物名字都採用漢語拼音，不直譯，可能是怕直譯不準確。這表現了他忠實於作品，忠實於作者的一絲不苟的精神。

抗戰爆發之前，有一次俞忽在輪船上被小偷偷去了懷錶和煙斗。他很生氣，從此決然戒了煙。抗日戰爭期間，他還在沒有麻醉的情況下撥過牙一聲也沒吭，醫生們欽佩不已。1941年日本飛機轟炸樂山，別人跑的跑躲的躲，俞忽卻打開大門，觀察敵機的動向。1945年，抗戰勝利後國共兩黨進行和平會談，共產黨提出和平建國的基本方針，國民黨則假和談、真內戰。在這種情況下，俞忽在學校布告欄上貼出贊成成立聯合政府的意見書，一時引起轟動。武大遷回武昌珞珈山後，俞忽經常在夜間聽中共廣播。

第二節　丁人鯤：擅長網球的土木系教授

他在大學裏讀土木系，留學美國又獲得土木工程學碩士。

他卻喜歡體育，曾率大學生足球隊赴新西蘭參加遠東國際運動會，任隊長兼後衛；

他還擅長網球，獲得過網球男子單打亞軍，與人合作得過湖北省網球雙打冠軍。

他就是在武漢大學土木系擔任教授20年的丁人鯤。

丁人鯤，字西侖，1898年10月生於蘇州陳墓鎮（今昆山市錦溪鎮）。青年時代就讀於上海南洋模範中學，和鄒韜奮同學。畢業後考入上海南洋大學（交通大學前身）土木系。1920年入清華大學，以庚款留學美國。先後在美國康乃

爾大學和威斯康辛大學深造，分別獲土木工程碩士、教學博士學位。1923年丁人鯤歸國後，先後任廈門大學、上海交通大學體育系主任，江蘇省土地局技正，湖南大學、唐山交通大學、杭州浙江大學土木系教授。

1934年，丁人鯤到國立武漢大學土木工程學系任教授。蔣傳澔為我們描繪了丁人鯤當時的形象，「他身穿藍色陰丹士林布長衫，頭戴禮帽，腳穿布鞋，手裏拿著文明棍，樸素而瀟灑，完全是一派教授學者風度。」「先生不但教書認真負責，在道德品行上，對學生的要求也十分嚴格。凡同學中出現一些不良傾向，一經先生發現，決不輕易放過。有時即使在講堂上，也會毫不留情的批評一頓，所以同學對先生都是既敬重又不無畏懼之感。」[1]

作為留過洋的學者是不該迷信的，但丁人鯤留學歸國帶回來一個洋迷信，他極相信13這個數字（尤其是13號同時是星期五）是不吉利的。坐輪船或火車逢到座艙、座位是13號，他定可退票也不坐13號這個位置。他對封建迷信嗤之以鼻，但有一次卻相信算命。那是1938年武大準備從武昌遷往樂山時，丁人鯤為入川還是轉道香港回上海舉棋不定。當時漢口璿宮飯店有一個相命先生頗有名。他找去說明來意後，這個相命先生只說了兩個字：「往西」。再問，仍是兩個字：「往西」。就這樣，決定了他後半輩子的生活，也決定了一家人的命運。其子丁維培說，「因為如果不是舉家入川，我也不可能在1942年考入武大了。」

在樂山時，丁人鯤一家人開始住在城內油榨街，樂山遭日寇「八一九」大轟炸後，搬到城外斑竹灣，與經濟系教授韋從序同住一幢房。當時武大教授與丁人鯤常來往的有土木系主任陸鳳書，數學系教授葉志，經濟系教授戴銘巽，化學系教授陶延橋等。他們有時談得晚了，就點燃一根竹條編的火把回家。這種竹編火把相當經燃，買一根這樣的火把，從城裏回斑竹灣可以照亮全程。

丁人鯤夫人王文焙雖也是大專畢業生（即蘇州滸墅關蠶絲專科學校，這所學校抗戰時也搬到樂山），但一生操勞家務，撫育五個子女。抗戰前丁人鯤一人外出工作，王文焙和孩子們始終住在蘇州。抗戰後她才與丁人鯤一起入川，從此廝守終身。其子丁維培回憶說，「我從未見到二老爭吵過，但為我考大學讀哪個專業卻爭了個面紅耳赤（我是我們家中第一個考大學的，我的攣生哥哥丁唯均因病比我晚兩年進武大）。父親要我繼承他的專業念土木系，母親卻要

[1] 蔣傳澔：《網球場上的往事》，《北京珞嘉》1998年2期。

我考武大當時最有名的經濟系。我見他們各不相讓，乾脆都不服從，自行選擇了理學院化學系。後來哥哥唯均考進武大經濟系，弟弟唯堅念浙江大學土木系，他們兩人滿足了二老的心願。」[2]

在武大，丁人鯤講授鐵路工程、道路橋樑工程、市政工程等課程。他講課基本上鄉音未改，但學生還能聽得懂。他備課相當認真，第二天有課，當天晚上就在一盞油燈下備課到深夜。丁維培回憶說，「在樂山時教授生活相當清貧，每次發薪父親就進城買米，一袋麵粉他能從城裏背回斑竹灣。他雖出身富家，但熱愛勞動，重家務活都自己動手，直到老年。」還有人回憶說，為節省雇請工人的開支，許多教授不得不親自操勞家庭細務，土木系教授丁人鯤也要自己劈柴，學生們看到了無不潸然。

丁人鯤從小就喜歡體育，在南洋中學、南洋大學時是名聞全校的體育健兒，最擅長網球和足球。據《南洋公學─交通大學年譜》載：「（1918年）六月七日，東方六大學網球比賽在本校舉行，本校奪得錦標。《交通部上海工業專門學校學生雜誌》第二卷第三四期合刊號刊登『民國七年東方六大學網球比賽本校奪標網球隊員攝影』一幅」，其立功人員名單中就有丁人鯤。他在美國留學時，曾與當時全球聞名的網球健將T. idem交過手。回國後，曾率中國大學生足球隊（實際上代表中國體育隊）遠征新西蘭。當時丁人鯤任隊長兼後衛，其弟丁人夒任前鋒，一門雙雄，在新西蘭傳為美談。從新西蘭回來後，上海交通大學校長唐文治懇留丁人鯤任體育系主任。上世紀20年代足球水平最高的是上海的兩所大學，即交通大學和聖約翰大學。足球名將李惠堂是聖約翰大學體育系主任。兩校進行足球比賽時轟動全上海。丁人鯤在廈門大學繼續擔任體育系主任時，友人勸他不要再幹當時不被人看重的體育工作，他才「改行」回到本專業。但他仍未放棄體育運動，1938年在武大還與生物系教授高尚蔭合作，取得湖北省網球雙打冠軍，並準備代表湖北出席全國運動會，因抗戰爆發未果。

武大土木系畢業的嚴威回憶說，上課時，大家請丁教授講一講遠東運動會的情況。他很久默不作聲，大家一再敦促之下，他說：「沒有什麼好說的。運動場上只見人家升國旗，我們是東亞病夫，誰都沒有把我們放在眼裏，我們不

2　丁維培：《回憶父親丁人鯤教授》，《北京珞嘉》1998年1期。

敢抬頭見人。運動會還沒開完，我們就偷偷溜回來了。」1940年武大機械系畢業的蔣傳漪回憶說「（丁人鯤）先生不僅網球球藝高超，而且對網球的理論知識也很豐富。我上中學以後，即喜歡打網球，但從未受過正規訓練。至今我所知道的一些網球基本知識，還是從先生那裏學來的。諸如，關於握拍、移步、發球、接球、扣、抽、攔網等等要領。先生都講得十分生動、精闢。乃至怎樣選購和保養球拍，先生都可以講出一個道理來。」

抗戰興起，武大西遷入川。那時學習和生活條件都十分艱苦，當然談不上打網球了。1953年，丁維培所在同濟醫科大學化學系周冠軍教授，也酷愛網球，是全國聞名的網球運動員，慕丁人鯤之名，還特地到珞珈山與其交過手，讚其打球極瀟灑。當時丁人鯤已55歲。

丁人鯤一生未參加過任何黨派，亦未曾擔任過任何行政職務（體育系主任除外）。他生性耿直。敢於直言不諱，在樂山時許多老教授都知道他的脾氣，所以選他為教授會主席。丁人鯤一方面喜歡體育健身，一方面又嗜好卷煙，一直到逝世為止卷煙不離手。在樂山時他買不起好煙總是買最便宜的煙抽，當時學生們稱之為「教授牌」。其子丁維培說，「我的煙癮就是從父親桌上偷嘗開始的。父親82歲時，從蘇州寫信告訴我，因為咳嗽已戒除卷煙了，我聽了很高興。但是當我從武漢回蘇州探親時發現他仍在抽煙，不過改抽雪茄了。他告訴我，是卷煙的紙引起他咳嗽，抽雪茄就不受影響。我聽了哭笑不得。1983年時他得了肺癌，但仍未戒煙（我們未告訴他的病症），直到1985年逝世時他仍不知道是煙卷奪去了他的生命。」[3]

第三節　涂允成：樂山武大附中的創辦人

他是留美歸國的水利專家。1954年武漢遭特大水災時他任防汛指揮部副總工程師，為保衛武漢立下過汗馬功勞，現在漢口江邊的防汛紀念碑所記下的功勞就有他的一份。

---

[3]　丁維培：《回憶父親丁人鯤教授》，《北京珞嘉》1998年1期。

他是抗戰期間武大工學院教授水利的唯一人，更是樂山時期武大附中（樂嘉中學）的創辦者和第一任校長。

他就是曾在武大土木工程系任教十年的涂允成。

涂允成（1903—1969），字述文。1903年出生於湖北黃陂一戶農家。他有兄弟姐妹九人，他排行第三。涂允成的父親念過書，但沒有功名，而且死得很早，家裏靠他母親操持。他父母都是具有新思想的人，所以他和他兄弟很早就出來讀書，五個姐妹也都上過學。

涂允成年幼即離家到武昌求學，從湖北省師範學校畢業後，心懷科學救國的理想，刻苦攻讀，終於在1924年考取唐山交通大學（西南交通大學前身）的土木工程系。讀到大學二三年級時，因家中經濟接濟不上，加之他身體不好，曾休學一年。當時唐山交大的課本都是用原版美國書，他買不起，除了主修課如力學之類選購校中的「二手貨」外，其餘均靠筆記與借閱，足見苦學之一斑。1929年從唐山交大畢業後，曾在湖北省水利廳工作，任技士。1931年考取湖北官費赴美國留學，在康乃爾大學攻讀土木工程，獲碩士學位，後轉入依阿華州立大學，專修水利工程，獲博士學位。1935年學成歸國，曾受聘天津北洋大學（天津大學前身）教授，開出水力學講座。

1936年，涂允成受聘國立武漢大學教授，那一年他33歲。從此開始了他一生中從事教育事業的最重要的時期。他在武大工學院土木工程系任教十年，教授水力學、水利工程、水工計劃等課程，當時工學院教授水利的，僅他一人。他在武大一向以教學嚴謹認真而著稱。他上課時教室內清靜無聲，學生們聚精會神聽講，下課後學生中有疑難問題，他都不辭煩勞，一定要講清講透，使學生理解貫通，方才罷休。師生之間既嚴謹認真，又融洽無間，贏得了學生們的敬愛。

1937年盧溝橋事變後，大片國土淪喪。武漢淪陷前，1938年，武大決定舉校從武昌遷往四川。涂允成參與組織了這次武大全校向大後方的搬遷工作。他作為遷校先行小組成員，曾先期到樂山，為武大遷校選址做安排。他在樂山為武大選好校址後，返回了珞珈山。當時武大決定，除了四年級暫不搬遷、留在原址上課外，其他班級一律遷往四川樂山。每個系留下兩名教授給留校學生上課。土木系留下的教授是俞忽和涂允成。他們是隨最後一批撤離武漢的教職員到達樂山的。

　　因為有組織遷校的那段經歷，在樂山期間，涂允成1941年曾兼武大總務長，並參加了校務委員會。當時校部設在文廟，校辦公室及文、法學院也設在那裏，工學院則在高西門。他每周除了幾次到工學院上課外，還要到校辦公室去一兩次，處理一些重要事務。

　　1939年8月19日，樂山遭到日軍飛機轟炸，為躲避空襲樂山原有的地區或縣立中學都紛紛遷到附近較小的縣城（嘉屬聯中即遷到了夾江），異地上學增加了家長們的負擔。同時，由於戰亂，物價飛漲，法幣貶值，使得原來並不寬裕的教授們變得交不起學費，子女就近求學成了他們面臨的大問題。樂山城遭到日軍轟炸後，人們在城裏再也住不下去了，便紛紛搬到郊區或鄉下，住得更分散，學生上學就更困難了。涂允成家這時也由樂山城內搬到了城西鄉下的辜李壩。1941年，又搬到岷江對面山頭上的一座孤零零的小山莊陳莊（今屬篦子街道辦）。子女輟學，就成了武大教職員心上的大問題。家長們迫切要求有人出面在樂山就近辦一所好的中學，以便子女在家裏吃飯，就地入學。那時，涂允成年富力強，交遊甚廣，常有教授們相約來岷江對岸的陳莊涂家，商談辦學的事。由於有遷校先遣工作的那段經歷，涂允成結交了許多樂山地方人士和軍政人員，這也為籌辦附中創造了條件。

　　於是，由涂允成出面約集有這一願望的學生家長，開了幾次會。大家商議決定要辦，經過樂山地方人士范個生，蔣煥庭先生的努力，籌集了八千元的開辦費，用在修理房屋及製作桌椅上。校舍就定在樂山銅河邊的一座舊廟裏。

　　涂允成受命於戰亂，白手起家，多方奔走，苦心籌措，延聘有經驗的教員，幾經周折，終於1941年在戰亂中的樂山，創辦了武漢大學附屬中學。受教授們推舉，涂允成兼任武大附中的第一任校長。那一年他38歲。

　　1941年9月，武大附中招生開學。學校成立之初稱為「私立樂嘉中學」，開學不久，樂山地區專員柳維垣告訴涂允成，說成都四川省教育廳有公文來，稱附中「未經呈准，擅自設校招生，應予查封」。他說：「你得趕快到成都去疏通，否則再有公文來催，就不好辦了。」於是，涂允成趕到成都去找人設法疏通。經人向省教育廳廳長郭有守疏通，郭說，私立中學是可以辦的，但要有三個條件，即三十萬元的基金，校舍及校董會。涂允成雖有籌集八千元開辦費的經驗，但對籌集這三十萬元的基金實在無能為力。好在郭有守沒有催辦，柳維

垣也沒有執行查封，但學校仍處在沒有立案的狀態。

1943年下半年開學後，學生家長們著急了起來，因為轉瞬之間高一班畢業，學校仍未立案，將來學生不能考大學。於是家長聯署向當時的教育部籲請，涂允成又專程到重慶找教育部高等教育司司長吳俊升，並設法找了教育部常務次長余井塘。最後，教育部在批復武大教職員聯署的籲請書時，將「私立樂嘉中學」定名為「國立武漢大學附屬私立樂嘉中學」，簡稱武大附中，「每年補助經費八千元，到抗日戰爭結束後一年為止」。

武大附中從一創辦就有遭查封的危險。作為附中的創辦人和第一任校長，涂允成認為只有把學校辦出特色和影響來，學生功課學得扎實，升學率高，上面要再查封，必遭致社會上的廣泛反對，學校自然也會贏得社會的同情和支持。所以，武大附中從初創起就治學嚴謹，嚴格升留級制度，樹立嚴格要求的校風。學校紀律很嚴，考試就更嚴。每逢招生考試或期末考試，涂允成對教學管理工作總是抓得很緊，很具體，往往睡得很少。在學校管理上從不徇私情。武大附中當時規定，嚴格淘汰，兩門課不及格就要留級。當時不少同學留了級，包括一些武大教授的子女。涂允成秉公辦事，不講情面，為此得罪了一些人。

武大附中良好的校風、學風，還表現在提倡尊敬師長，愛護學生，倡導學生要和睦相處，反對學生中任何無益的爭吵。當時，涂允成的長子涂光暉也在附中高一班讀書，他平時喜歡寫文章，辦壁報。有一次，他在壁報《竹林》上寫了一篇雜文，其中有一句什麼話。高一班上有個女生，人比較厲害，嘴巴凶，她懷疑這話是說她的，於是就向涂校長告了一狀，說涂光暉罵她。涂允成為此事大發脾氣，事後，學校張貼出了一張大布告，說「查高一班學生涂光暉，在文章中含沙射影辱罵同學，經研究決定給予記大過處分，以懲效尤」。涂允成作為校長，不徇私情，辦事秉公，鐵面無私，在武大附中是有口皆碑的。[4]

涂允成作為一校之長，是以「嚴師」出了名的。他從早到晚，全身心地撲在辦學上，在「嚴」字上狠下功夫。他經常在教室外巡視、查堂，觀察、了解教員上課和學生聽課的情況。一次，許海蘭老師（後來成為武大外語系教授）正在高一班上英語課，班上的孫法理和同桌的陶坤（武大教授陶因的兒子）在下邊說笑，沒有好好聽課。下課後，涂允成對這兩個學生嚴厲批評。事情過去

4　涂光瑜：《我的父親涂允成》，《北京珞嘉》1997年1期。

半個世紀後，已成為西南師大外語系教授的孫法理回憶往事，感激之情溢於言表。他在《炸出的學校的第一班——記武大附中高一班》中寫道：

　　我們的校長涂允成教授……他是如何跟當時的武大當局辦交涉，如何和樂山的地方人士打交道，如何千方百計籌措經費搞到房子桌凳，如何施工修繕、延聘老師、招生開學的，我們固然無法知道，但只從他在各種集會上對我們苦口婆心耳提面命的教導，我們便已能感到他辦學的辛苦了。正是他點點滴滴地處理了一千零一條重大的和瑣屑的事務才使武大附中得以生存下來，並形成了良好的學風，取得了優異的成績。

　　那時的歷史條件特別，有些事往往不可以常規對待。有一次涂校長突然在大會上宣布，禁止男女同學在課外舉行Party。現在看來這似乎有些不近人情。但涂校長解釋說：「我也到過別的國度，我很明白這種交往是正常的，但是由於目前的種種情況，我們只好決定禁止，希望你們體諒學校的苦衷。」他的苦衷，我們不全明白，但當時的樂山還很閉塞，又處在抗日戰爭期間，再加上創建良好學習風氣的需要，他作這個決定想是經過反覆考慮的。因此也的確得到了大家的體諒和遵從。

　　為了溝通師生之間的關係，涂校長還規定了學生每周要寫周記。周記有固定格式，除了一般記事還有質疑和批評的欄目，這樣就便於各班級任了解情況，搜集反映、解決問題，也加強了學校和學生之間的互相諒解和支持。考慮到學生情況，他還要求我們每天寫墨筆字一篇，並設有專人收閱檢查，練了兩年字，同學們的書法的確頗有長進，有的人還產生了濃厚的興趣。……

　　從涂允成校長創辦武大附中到現在，整整半個世紀過去了。時光是緩緩飄落的輕塵，一層層覆蓋在昨天上，五十年淹沒了不知多少記憶。武大附中，那個崛起在轟炸之後的學校，正漸漸被人忘卻。但它於我們卻是一個影響深遠的存在。我們的校長，我們的老師，同學們朝夕相處的日子，甚至那些斷壁殘垣中的教室，都還閃著不滅的亮光，煌煌地活在我們心裏，是時光的微塵所淹沒不了的。[5]

5　孫法理：《炸出的學校的第一班——記武大附中高一班》，臺灣《珞珈》第111期。

　　涂允成追求的武大附中辦學目標，是向當時的重慶南開中學看齊。果然，功夫不負有心人，武大附中的教學成果斐然，學生成績優異。高一班前後共約五六十人，1944年高中（第一屆）畢業時僅二十一人，全班個個都考上了國立大學，有的還同時接到兩、三所大學的錄取通知。在抗戰時期高等學校較少的情況下，這樣百分之百的升學率，實屬罕見。一炮打響，名噪一時，於是，四川省內五通橋、榮縣，甚至遠到成都，都有不少學生慕名前來樂山，要求轉入武大附中，以致學校一時應接不暇。1944至1946年高中共畢業五個班（半年一期），升學率都很高。

　　抗戰勝利後，由當時的湖北省政府，根據省政府顧問、唐山交大校友朱泰信的提議，向國民政府中央水利委員會（後改為中央水利部）舉薦，涂允成擔任江漢工程局局長，主管湖北全省的堤防水利工程。涂允成接到任命後，於1945年9月，到漢口籌備接事。同年11月，江漢工程局本部由恩施遷回漢口。涂允成遂於1945年11月正式接任江漢工程局局長職務。

第四節　郭霖：精研潛艇的機械系教授

　　他在縣城一所公學讀書時只讀了半年，老師們認為實在沒有本事教他，於是乾脆送他一張畢業證書。他參與公費留學生考試那一年只取三名，其中一人就是他。

　　他在留英期間解決了數學上的一大難題，為國人揚眉吐氣。當時英政府電賀段祺瑞政府，段電賀省政府，省府令縣長親赴他家道賀。

　　他在武昌為長江上的輪渡設計了「建陽」輪，航速快、能耗小、外觀美，以後又設計出「輕快水雷艇」作殲滅敵艦的利器；在樂山，又為四川樂西公路設計大渡河汽車的渡船。

　　他曾為武大工學院機械系的材料力學實驗室、熱工實驗室設計過不少試驗用機器和裝置，並領導籌建了這兩個實驗室和實行工廠；他負責武大在樂山校

舍的建設工作，親自設計的一座大禮堂，橫向跨度大，中間不用一根柱子。

　　他就是英年早逝的原國立武漢大學機械系教授、系主任郭霖。

　　郭霖（1894—1942）又名景祥，字澤五。湖北當陽縣錦洪鄉郭家畈人。父親郭鴻建是前清秀才，在家鄉作私塾教師時，郭霖和幾個弟弟都是父親的學生。父親對他的教導最為嚴厲，因為他是老大，又有過人的聰穎，可造就性特高。他跟著父親讀過不少古書和詩詞，有很好的中國語文基礎，能作詩詞和寫出色的文章，且擅長書法，在學工程的人中是不多見的。

　　21歲時，他始走出家門，也就是才離開私塾，進入當陽縣的一所公學讀書，在那兒讀了半年，老師們認為實在沒有本事教他，於是乾脆送他一張畢業證書。他拿到畢業證書，到宜昌去考入湖北省第三師範，只讀了一年半，即以同等學歷考入北京工業專科學校（現北京工業大學前身）。畢業後於1921年以優異成績考取湖北官費留學生。據定居臺灣的郭霖外甥蕭正回憶：「此次考試，只取三名。正當段執政時期，段祺瑞的侄子參加考試，只是一種形式，另一名某大員的兒子，也是內定好了，因此，實質上只錄取一名，而我的舅舅居然被錄取了。」[6]

　　郭霖遠渡重洋去英國，在著名的格拉斯科大學造船設計專業學習，1925年取得學位後，又在該校專門研究潛水艇一年。1926年受聘在英國費克斯（Vivkers）造船公司任造船工程師一年。據蕭正回憶，「舅舅留英期間，以過人的天資，不懈的努力，解決了數學上的一大難題，因此名震全球，為國人揚眉吐氣。當時英政府電賀段執政，段電賀湖北省，省令當陽縣長親赴舅舅家，代表國家向外祖父道賀，確為殊榮。在我依稀的記憶中，那次放的鞭炮特別多，又特別長，都是八卦形的，叫做寶卦鞭炮，客人也特別多，別的都記不清了。後來媽媽告訴我，那次賀客盈門，絡繹三天，一共吃掉三頭肥豬，沒有那一次喜事，有如此盛大而光彩。」[7]

　　1927年，郭霖學成歸國。據早期武大學子傳言，他畢業回國之前，曾將造船的關鍵尺寸，作成日常生活流水帳目方式（由於當時英方檢查甚嚴，不能攜帶圖紙資料）帶回中國。足見其愛國熱忱，用心良苦！回國後他在福建馬尾船

[6]　蕭正：《悼念郭霖教授》，《學府紀聞：國立武漢大學》，臺灣南京出版有限公司，1981年。
[7]　蕭正：《悼念郭霖教授》，《學府紀聞：國立武漢大學》，臺灣南京出版有限公司，1981年。

政局和上海江南造船廠任機械設計師各一年，主持輪機設計。

1929年武漢大學成立工學院，校長王世傑延聘國內著名學者來校任教，請郭霖任工學院教授，從此開始從事教育工作。那時的他「身材瘦小，留著一撮小鬍子，頭戴禮帽，常穿燕尾服，手中不時的揮動著斯蒂克，總是精神抖擻，一副英國紳士風度。」[8]他住在武大十八棟，並迎來父親及夫人等赴珞珈山，共享天倫之樂。

當時的武大工學院只有土木工程系，郭霖給學生講授材料力學、材料試驗及機械原理等課程。他學問淵博，理論基礎厚實，教學有力，對學生要求嚴格，深獲學生信仰，譽滿珞珈，稱郭霖教授的材料力學是工學院的「王牌課」。

1933年武大設立了機械工程系，郭霖以充沛的精力，滿腔熱情，協助工學院院長邵逸周致力於機械系的籌建工作。1934年郭霖任機械系主任。

郭霖還擔負著繁重的教學任務。系裏的幾門主要課程都曾由他親自講授過。包括應用力學材料力學、材料試驗、熱工試驗，船機設計，內燃機設計，鍋爐設計、機械設計等十多門，並用英文寫了很多講義。他準備極為認真，是一位不可多得的良師。據郭霖外甥蕭正回憶，當時武大理工學院的教授中，「能詩詞歌賦者，唯舅舅一人，又說他平時上課，總是座無虛席，因旁聽者非常踴躍，每逢假日，學生至其家中請益者，總是來來往往，川流不息，而其師生情誼，亦甚融洽。」[9]

1937年抗戰開始後，郭霖就從很有限的積蓄中拿出1000元（約佔積蓄的三分之一），以他父親的名義捐獻給國家，支援抗日；為滿足抗日戰爭的需要，還積極設計壓機、活性炭爐，由武大工廠較快地製造出鋼盔、防毒面具等供前方抗日戰士使用；他積極設計，提出了《輕快水雷艇計劃書》，請學校轉送國民政府海軍部，後因海軍部荒唐地要他先「自製艇在漢演示」而告終；他還為學生開戰時課，如艦艇知識、航空工程等，提高大家的有關知識，以應急需。

8 蕭正：《悼念郭霖教授》，《學府紀聞：國立武漢大學》，臺灣南京出版有限公司，1981年。
9 蕭正：《悼念郭霖教授》，《學府紀聞：國立武漢大學》，臺灣南京出版有限公司，1981年。

　　在形勢日趨險惡的情況下，1938年春，武大決定西遷樂山，成立了遷校委員會，郭霖為該委員會成員之一。因他是造船專家，對建築結構也較熟悉，校領導便委託他負責經管武大樂山校舍的建設（包括修繕）工作。他設計了位於樂山文廟（當時校本部所在處）內供全校開會用的大禮堂，容納人數多；橫向跨度大而中間不用一根柱子，各項用料也很節省；他設計的（實習）機械廠、材料試驗室、熱工試驗室、水工試驗室等，都是就地取材，桁架採用木結構，跨度較大，顯得既寬敞、又便於安裝機器設備；當時師生看到設計得那樣好的大禮堂和有關的實驗室及（實習）機械廠，都大加讚揚！據學生朱開誠回憶，在武大遷校樂山建房期間，郭霖用的手杖上面刻有尺碼，他用來代替長的皮尺，只要看見他在建房地基上比劃著，佈置草圖就出來了，回家加以設計計算，而後便成施工草圖，不久成群的校舍便建造起來。

　　武大開學以後，郭霖又為學校用張裕釗字體書寫「國立武漢大學」的大字招牌，掛在樂山文廟。牌上每個字高約四十公分的楷書，字體筆畫流暢，剛勁有神。郭霖書法造詣之深，當時武大師生均極贊許。有不少熟人或親友也常請他書寫條幅、對聯和題字。他曾給人題詞：「修詞立誠，在於無愧；造物指事，莫非自然！」其子女視為家訓。

　　1940年，郭霖又為四川樂西公路局設計了大渡河上專用的汽車渡船，對貫通該重要公路起了決定作用。

　　郭霖以其學識和畢生精力，在十分艱苦的條件下，勤奮努力。他曾長期擔負著繁重的教學任務，系裏的幾門主要課程都曾由他講授。機械系二年級的材料力學及材料實驗課，三、四年級的機械設計及製圖、船用機、蒸汽機設計、鍋爐設計、高等機械設計等課，他都曾親自講授過許多次。他講課系統性強，條理清晰，深入淺出，而且他的實踐經驗豐富，能經常聯繫實際，引人入勝。朱開誠回憶郭霖，說他「備課極其認真，我們看到他反覆修改的講稿，深切地體會到他的嚴格認真的教學作風。」

　　郭霖喜歡用一些幽默而又深入淺出的語言和事例與人交談。例如，有一次上完設計後他和學生們聊天，有位同學問他：「如果潛艇在水下漏水怎麼辦？」他笑著說「你leak in（漏進），我pump out（抽出）不就解決了嗎？」這些話中英文都是妙對，弄得大家都笑了。

　　學生們有時借閱他的英文參考書和新的機械產品樣本。打開一看，常見許多地方有密密麻麻的圈點批註，好像金聖歎批註的《水滸》一樣。有的地方，接連寫「妙！妙！妙！」有的加上他自己的意見，看後令人欣喜和深受啟發。所寫的文字既有中文也有英文，真是琳琅滿目，美不勝收！

　　郭霖常對學生們談到：資本主義國家的工業發達，自由競爭是一重要特點，他很讚賞，認為我國也應效法。聯想起來，我國現在推行的社會主義市場經濟，不也是在實行自由競爭，而取得經濟顯著發展的嗎？他還讚賞西方工廠培養學徒；實行專利法制度，也正是我們現在振興經濟所推行的一種辦法。

　　羅光廷回憶，武大1939年招收機械專修科第一班學生，他有幸被錄取。他說，「在去學校報到時，接見我的是機械系主任郭霖老師，當他知道我是去報到的，便問我課餘之後喜歡看什麼書籍？我說：『喜歡看《宇宙鋒》。』他說：『這個雜誌還不錯。』接著說：『我們學校過去畢業的同學中，也有一個羅光廷和你的名字相同。』在短暫的交談中，我對郭老師有著和藹可親、平易近人的尊長之感。郭老師雖然沒有給我們班授課。但關心我們班上學的師生情誼，是很深的。」[10]

　　1939年8月19日，樂山遭到日本飛機空襲，羅光廷家全被焚毀，生活無著，曾輟學就業，以圖糊口。在同學的關心和勸導下，叫他向學校申請「非戰區生活補助」。他回憶，「當晚我照同學的指點，前去拜見郭霖老師，在老師家中，老師的兒子給我倒茶。當我向老師呈明家遭不幸，不得不申請貸金的意圖後，郭老師深切地關懷我的家庭被炸情況，叫我寫個書面申請。」[11]

　　郭霖在武大任教十三年，培養的學生近千人，大多成為中國機械事業的重要人才。郭霖的論文、著作甚多、在武大印過的講義和講稿有：《應用力學》、《材料力學》、《機械設計》、《鍋爐設計》、《內燃機設計》、《熱工試驗》、《材料試驗》、《高等機械設計》（講稿）。其中不少講義當時還會被其他大學（如四川大學等）用作教材，教學效果很好。他發表在報刊上的論文有《潛行艇》、《巡岸艇與國防》、《建陽輪及其主機設計概要》等。

[10] 羅光廷：《懷念崇敬的郭霖老師》，臺灣《珞珈》第146期。
[11] 羅光廷：《懷念崇敬的郭霖老師》，臺灣《珞珈》第146期。

　　由於長期勞累，生活清苦，郭霖終於積勞成疾，於1942年2月20日夜，因患黃疸肝炎和肝硬化病，逝世於樂山，終年四十八歲。據蕭正說，「（郭霖）罹染黃疸病，西藥無效，乃改服中藥，於是病情轉劇，終至不起」，「家二哥精通中醫，後來覽其藥單，問其病情，乃歎曰：『庸醫殺人！黃疸概分三種，此乃應予疏通膽汁，何予阻塞，致人於死？』」[12]

　　郭霖去世後，武大校方為他舉行了隆重的追悼會。學生朱開誠有輓聯曰：「滿腹經綸，鴻圖未展；遍山桃李，化雨長沾。」外文系學生楊靜遠在其日記裏更有詳實的記載：

　　　　1942年2月21日　　今天得到一個頂壞的消息：郭霖伯伯死了。他得病不到一個月，想不到竟死了。一個人的生命是如此脆弱的。郭伯伯真是個好人。他的學問、道德、人格修養、待人接物都是無缺點的。我永遠忘不了在東湖游泳池的情形。他那瘦精精的身子上套著一件黑線游泳褲，蹲在架子上伸手伸腳做姿勢，和下面水裏的一個人大聲談笑。媽媽說：「郭霖真是個好人，待人那麼誠懇！記得剛到樂山不久，在鼓樓街，他和我們在一起住過一個多月，天天騙弘遠吃飯，故事都不知講過多少，真有耐心。唉！想不到現在就這樣去了。十幾年的同事，傷心！」為什麼好人都早死？該死的人卻不得早死？郭伯伯這樣去了，留下一大家子的妻兒，以後怎麼辦？

　　　　1942年2月28日　　今天是郭（霖）伯伯下葬的日子，媽媽早上坐車去了。吃過早飯，我也出去。由高北門下來，遇見一大群人，原來是給郭伯伯送葬的隊伍。我看見一個黑木棺材，外面罩著花圈。後面跟著兩乘人力車，坐著兩位女人，正倒在車背上哀哀地哭，那是郭太太和他的妹妹，棺材前面，是白帶子牽著的家屬。兩邊和更前面的就是送葬的同事和學生了。我難過極了，想想那黑箱子中躺著的是那活生生的人，矮個兒，一團和氣，天哪！他睡在裏面不氣悶嗎？我的臉燒紅了，我忍住眼淚。我知道媽媽一定在前面的人群裏，穿過人叢找到她。她的臉色真

[12] 蕭正：《悼念郭霖教授》，《學府紀聞：國立武漢大學》，臺灣南京出版有限公司，1981年。

難看，黃蠟一般，她愁苦地望著我，要我同行，我因菁在等著，只得匆
匆離去。走了不遠，眼淚止不住地湧出。（《讓廬日記》）

抗戰勝利後，郭霖之子郭玉驊扶著父親靈柩，雇木船沿長江而下，至宜昌
改雇汽車，運回當陽，安葬於縣城西門外長阪坡公園正中央。規格係縣葬，由
縣長主祭，備極哀榮。

第五節　譚聲乙：三個學位的工學院院長

他留學九年，攻讀機械、電機、造船專業，獲得了
三個學位。

回國他立即受到上海各大洋行的歡迎，但他放棄了
九倍於大學教師的薪水，選擇在大學任教。

他參與創建武大工學院、是第三任院長，在機械系
兩進兩出，前後任教十多年。

他就是被推崇為「中國第一代力學家」的譚聲乙。

譚聲乙，字蜀青，安徽合肥人，生於1900年。自幼聰穎好學，青年時代在
天津讀書，參加過「五四運動」，廣交進步人士。1919年畢業於天津河北工學
院機械系。1925年以優異成績考取公費，留學英國格拉斯哥大學。上世紀60年
代初，譚聲乙曾向學生王保元將講過一則留學逸事：某日他在英國格拉斯哥街
道上行走時，路遇曾教過他材料力學的摩黎教授，摩黎剛剛下課，步行回家，
摩黎下一學期便將退休，當時上的算是最後一班課，他深有感觸地，希望譚能
去聽他一次課，譚愉快地接受邀請，到了指定時間便如約前往。按，摩黎教授
著有《材料力學》，其英文本第七版便是當年武大工學院各班材料力學一課所
用的教本。摩黎是英文Morley的譯音。

在英國歷時九年，譚聲乙先後攻讀機械、電機、造船三個專業，獲機械、
電氣與造船等工學學士學位，取得英國皇家工程師學會會員資格。留學期間，
譚聲乙熱心於留英學生的社會活動，主編過《留英學生學報》。國民政府後來

中斷了留學生的學費，他們生活困難，就利用寒暑假勤工儉學，在歐洲22個國家，拿著小榔頭，背著工具箱打工。在打工過程中，他也看到了外國怎麼科教興國的理念，立志發憤圖強，掌握先進科技報效祖國。正當他找到了一個研究所準備一邊學習一邊工作的時候，日本突然侵略中國東北，他義憤填膺地在英國《曼徹斯特衛報》上撰文抗議日本侵略行徑，結果文章刊出的時候日軍已經打到天津。他感覺到不能在海外苟安，於1933年，懷著「天下興亡，匹夫有責」的愛國熱忱，毅然拋棄在英國優裕的生活和工作條件，回到災難深重的祖國。

回國後，譚聲乙先任職於上海慎昌洋行。1934年秋，放棄優厚的待遇，應國立武漢大學機械系主任郭霖之邀前往任教。一到校便教機械系二年級的「熱力工程」，後來還講授「熱力學」和「內燃機」二課。他認真負責，教學有方，在學生中享有崇高的教學威信。除講課外，他還擔任熱工試驗室的主任，當東湖之濱的供應全武大用電的動力廠建造竣工時，他率助教顧培茂前去深入現場，夜以繼日地核對參數。熱工試驗室是從無到有，首先裝設備運轉，使試驗課開始的是空氣壓縮機。

學生王保元回憶，「1935年及1936年暑假中，我班全體都被安排去校外各重要大工廠實習，時間三個月。第一年暑期實習，由譚師以私人關係，為我們中四個人，聯繫和安排前去上海江南造船所即今之江南造船廠。暑假開始那一天，我們便西辭黃鶴樓，登上民生公司一艘輪船，直下上海。」[13]

譚聲乙在武大，是兩進兩出的，他首次離開武大，是在1940年左右，他離開樂山前去重慶，但是一兩年後，他又再回武大工作，重新回到那舉世聞名的樂山大佛身邊。他這次由渝回樂，是接下邵逸周離校留下的工學院長的職務。在校長王星拱的努力下，武大工學院實習工廠從當時財政部四廳總處獲得了二百萬元法幣的生產貸款。譚聲乙再度到武大，重臨樂山，他的興致是極好的，彼時他已年逾不惑，偕同一家人走上返樂之路，看來可真豪邁！一直工作到抗戰將要勝利的時候才又離開所熱愛的武漢大學，他再也沒有回去了。

1938年5月，武大在樂山復課了。那時機械系三年級的機械設計課的任課教授程千雲尚未到達樂山，所以改由譚聲乙講。當時學生蔡心耕回憶說，「我們

---

[13] 王保元：《譚聲乙院長百歲誕辰》，臺灣《珞珈》第141期。

原來只知他是熱工學專家，沒有料到他把機械設計的理論和材料力學結合得那麼密切，使大家學會了分析機械零件受力情況的方法和判斷零件損壞機理的方法。……我認為蜀青先生值得我們懷念的是他那深厚的理論造詣，不只是孤立地掌握了某一方面的理論，而是精通多方面，例如熱力學、熱傳播理論、理論力學、材料力學、彈性力學、流體力學、機械原理及機械振動學等，並能將其融匯貫通成為一體，這樣才能發揮理論的作用。他不但自己知道得多，理解得透徹，而且課講得好，能將分析問題的方法於無形中傳授給學生，這就更有意義。」[14]另一名學生齊世基（1939屆）回憶說：「譚師講書時不用課本和講義，也不多寫黑板，而條分縷析，絲絲入扣，尤以他數學根底深，講授到氣動、彈力、潤滑等問題時涉及Dimensional Analysis使我這笨人也貫然而通，所以在四年級時我選修氣動學（Aerodynamics and aeronautic Engineering），學得輕鬆愉快，雖然是郭霖老師教得好，但仍賴譚師先已為我們打好基礎。」[15]

譚聲乙是武大工學院於石瑛、邵逸週二人後，擔任院長的第三人。他在武大機械系執教前後達十年之久，教書育人，既嚴格又關懷，深受學生們的愛戴。李家玉回憶過他親歷的兩件事，「其一，當年電機系沈智源同學患結核病，身體十分虛弱。先生知道後，立即拿錢叫我送去，要他增加營養，他安心養病。那時正值抗戰時間，教授待遇十分菲薄，而先生家中孩子又多，經濟並不寬裕，卻能急同學之所急，雪中送炭，真令人感動不已。其二，當時有些同學從學校畢業，一時找不到工作，先生總是努力向有關單位推薦。即使是沒有上過先生課的學生，只要找到先生，先生也總是盡力幫助。如化學系湯炳光同學畢業後，工作一時沒有著落。我偶然同先生談起，先生當即替他聯繫好工作。多少年後，湯在化工部某設計院擔任領導工作，仍念念不忘伯樂之恩，一次到上海來，還特地登門拜望。」

李家玉又說，「先生關心愛護學生就像父兄愛護自己的子弟一樣，而學生之敬愛先生亦如子弟敬愛自己的父兄。記得一次日寇在樂山狂轟濫炸，城市幾乎盡毀，先生的寓所亦受到嚴重破壞。不巧那天先生與幾位老師一起去遊峨眉

[14] 蔡心邦：《回憶蜀青師》，《無邊往事──紀念譚聲乙教授百年誕辰文集》，中國紡織大學出版社，2000年。
[15] 齊世基：《師恩如海，恨無以為報》，《無邊往事──紀念譚聲乙教授百年誕辰文集》，中國紡織大學出版社，2000年。

山，家中只有師母和幾個幼小的孩子，處境極其危險。正在這緊要關頭，多位同學冒著遭受敵機轟炸的危險，及時趕到了先生的住處，迅速幫助他的家人轉移到安全地帶，家中的什物、書籍、筆記也都全部安全轉移。這種互助互愛、親如家人的師生關係，真令人永遠難忘啊！」[16]

　　譚聲乙努力治理工學院的同時，他還抓機械實習工廠的管理，親自任機械工廠廠長。把工廠建設得頗具規模，管理得井井有條，既能夠培養實習人才，又能夠出產品，為振興當時的樂山經濟和工學院的建設，起了很大的作用。1943年12月7日，馮玉祥為抗戰募捐來到工廠參觀，譚聲乙單獨捐款十萬元。後來馮玉祥在口述自傳裏說，「工學院的設備還算不錯，他（按，指譚聲乙）製造了很多機器，賣給旁的機關。一個學校能製造鋼鐵的東西賣給別的機關，我還是第一次看見過。」[17]

　　譚聲乙得知在外文系讀書的合肥同鄉章振邦生活困難時，便主動託人帶口信要章去見他。章振邦便在1943年暑假的一個早晨到觀斗山工廠的廠長室會見了譚聲乙。「他帶著長輩的慈祥，詢問我在武大的學習和生活情況，問我是否願意利用暑假做點臨時工作，搞點收入，補助生活，我當然非常樂意接受他的幫助。」[18]第二天一早，章振邦便到武大工廠總務科去「上班」了。1943年夏，機械系王世封畢業後離校，正在成都找工作的時候，忽奉譚聲乙電報，召他回校任工學院助教。「此時，實習工廠正在進行改革，除仍安排在校學生進行實習外，還面向社會，接受加工任務，並建立了工廠設計室。這樣，既可為社會提供服務，增強抗戰後方經濟實力，又可增加經濟收入，補貼需要，而且還可以為剛畢業任助教的學生提供工廠實習的基地和機會。因此，我回校任工學院助教的同時，還是武大工廠的實習員，為以後去企業工作打下基礎。當時武大實習工廠的改革，是一舉數得的措施，並不是所有人都理解的，這說明譚先生思維敏捷，辦企業不囿於成規，能走在時代的前面。」[19]尤其值得一提的是，當

[16] 李家玉：《懷念譚聲乙教授》，《珞嘉歲月》，2003年。
[17] 馮玉祥：《獻金瑣記（一）》，馮玉祥：《我的抗戰生活》，黑龍江人民出版社，1987年。
[18] 章振邦：《紀念譚聲乙教授百年冥誕》，《無邊往事——紀念譚聲乙教授百年誕辰文集》，中國紡織大學出版社，2000年。
[19] 王世封：《愛國之心老而彌堅 報國之志始終不渝——紀念譚聲乙先生百歲誕辰》，《無邊往事——紀念譚聲乙教授百年誕辰文集》，中國紡織大學出版社，2000年。

時國家正在修築樂西公路（樂山到西昌）解決抗日軍運問題，可是當時大後方工業落後，就連修建公路橋樑的螺絲釘都要依賴進口。在這關鍵時刻，是譚聲乙出於一片愛國心，慨然承擔了公路建設的某些生產加工任務，解決了當時燃眉之急。

鮮為人知的是，學工科的譚聲乙工於詩詞，功底深厚，寄寓高遠。作為一位原工程技術方面的專家，在古典文學方面能有這樣的造詣，實在非常難得。他自稱：「早年到英國數年後，始開始作詩，所作不多。1928年負責編輯中文留英學報，得與章士釗先生相識。1941年又在重慶相聚，時相過從。章老常作詩自娛，一次偶寫一首詞，向章請教，章極力鼓勵我多寫，我這時年逾四十，章說，他也是五十多歲才開始寫的。自此，每逢詩人節，或共同觀看演出等場合，常一起賦詩填詞，就這樣就開頭了。當時國恨家憂，一腔憤懣，常藉詩詞抒發胸中不平之氣。但寫後輒隨手棄去，從不留底。」[20]以上是譚聲乙寫作詩詞的大致經過。估計他平生所作不下數百首，惜大半數散失，現存者不多。如《孟實惠寄五色版義山詩集一部 六韻奉謝》云：

> 遠奉英華集，開緘氣吐虹。詩心天地外，身世古今同。
> 淚盡傷靈女，書殘愧玉童。寒花空映日，錦水不流東。
> 已斷峨眉夢，難忘玫瑰叢。多情餘夕照，猶得舊時紅。

並自註：「朱光潛先生字孟實。1925年與余同考中安徽公費留英，同車去英，他在愛丁堡大學讀文學，我去格拉斯哥大學讀工程。」外文系畢業的章振邦回憶譚聲乙說：「他是學工程的，但同時也繼承了中國古典文化之精華……他與我的導師朱光潛（孟實）先生為摯友，常常在一起飲酒賦詩，深得孟實先生敬佩。」[21]

樂山時期國文系助教李健章有詩贈他：

20 譚蕭芸等編著：《無邊往事──紀念譚聲乙教授百年誕辰文集》，中國紡織大學出版社，2000年。
21 章振邦：《紀念譚聲乙教授百年冥誕》，《無邊往事──紀念譚聲乙教授百年誕辰文集》，中國紡織大學出版社，2000年。

行遠公寧惜，三驅長者車。秉鈞勞鑄士，許國已忘家。

峻阻蠶叢路，繽紛筆底花。圍爐成熟誦，猶覺撲風沙。

詩的題目是《譚聲乙院長以旅行詩見示因書其後》。從「繽紛筆底花」句，可以知道李健章對譚詩的喜愛了。[22]

1944年，譚聲乙離開武漢大學任交通部參事。從上世紀50年代初起，便在上海交通大學、同濟大學、上海紡織大學等好幾所高校任教。

第六節　張寶齡：孤淒一世的機械系教授

張寶齡到武漢大學任教源於郭霖的舉薦。

1942年2月，武大機械系教授郭霖病逝。他在臨終前向武大推薦朋友張寶齡替代自己的位置。張寶齡是誰？

張寶齡（1897—1961），字仲康。原籍江西南昌。肆業於上海聖約翰大學，後赴美留學，在麻省理工學院學習造船專業，曾任美國Dcla. Vergne Diesci Engincco實習員。父親張餘三，在滬經商，有三子二女，張寶齡為其次子。

1912年，在上海做寓公的前清浙江瑞安縣令、安徽人蘇運卿，將16歲的孫女蘇雪林許配給張寶齡。張寶齡留美時，蘇雪林留法。他們互通幾次書信後，蘇雪林發覺性情不合，便寫信給家裏要求解除婚約，卻得到父母的訓斥。為了雙親，她只好「認」了這門親。1925年，蘇雪林輟學回國，遵母命違心地與張寶齡完婚。婚後不過幾年，兩人便開始天各一方的生活。1931年，蘇雪林去了武漢大學，張寶齡則留在上海江南造船廠。

抗戰初期，張寶齡來到大西南，在昆明機械廠任廠長兼總工程師，主持汽車發動機的製造。據在昆明機械廠曾和張寶齡一起共過事，後來任富拉爾基第一重型機器廠副總工程師、工藝處長劉廣玉講，張寶齡在昆明擔任廠長和總工程師期間，生活非常儉樸。一天，一位外地來的客人要找廠長談生意。那人上

---

[22] 據臺灣《珞珈》第141期。

樓時,在樓梯上遇見一個穿白色布衣的人下樓,也沒理會。他到樓上後問辦公室的一位工作人員說:「請問廠長在嗎?」辦事員說:「剛下樓去!你沒在樓梯上遇見嗎?」那位客人說:「適才,我在樓梯上,只看見一位老『傅役』,沒見到廠長呀!」「不對吧!」辦事員說著搖了搖頭。「那人穿一身白粗布的衣衫……」「那就是我們的張廠長、張總工……」[23]

　　這樣的故事雖很普通,卻也說明了張寶齡的為人、生活的某些特點。他經常深入生產車間,和工程師與工人們相互交談,了解生產情況,並沒有留洋歸來的某些人的臭架子。在昆明,張寶齡結識了許多企業界和工程界的精英,也結識了不少中共地下黨人。所以1949年他堅持留在大陸,沒有去香港。

　　張寶齡的才智、能力和業績,以及他在工程界的地位,絲毫不遜於蘇雪林在文學界和學術界的地位。就是這樣一對男工女文的高智商的理想家庭,兩口子之間的微妙關係,實在叫人遺憾。

　　蘇雪林隨著武大入川後,便和張寶齡失去了聯繫,張寶齡到昆明後也沒給蘇雪林寫信。所以當武大校領導找到蘇雪林要聯繫張寶齡時,蘇雪林便給上海的公公寫信,問得張寶齡的地址。然後讓武大把聘任書寄給他。張寶齡便從雲南趕到四川任教。

　　張寶齡到達樂山的日期和情景,在與蘇雪林同住一棟樓的楊靜遠日記中有記載:

> (1942年9月10日)晚上,有人在外面喊蘇先生,說是張先生來了。果真是張先生。他休息一會就坐在門前談話。我覺得他一點也不是那個據說凜若冰霜的人,很熱鬧,很健談。

　　楊靜遠註釋道:「張寶齡先生,蘇雪林先生的丈夫,應聘來武大機械系任教授。兩人因性格不合,長期分居。」(據《讓廬日記》)

　　楊靜遠又在《我記憶中的蘇先生》裏寫道:

---

[23] 據范震威:《世紀才女蘇雪林傳》,河北教育出版社,2006年。

張先生到的那天，1942年9月10日，我家剛搬進讓廬一個月。他給我的
印象，全不像那個聞名已久的凜若冰霜的人。他很友善、健談，在廊子
裏一坐下，就講了一個引人入勝的故事，他在昆明的一段親歷。其實，
張先生為人並非一貫冷僻。在東吳、江南造船廠或武大，人緣都不錯。
他在武大教書三年，深受學生歡迎。同學中流傳著一個善意的笑話，說
一個中秋之夜，蘇詩意盎然地對張說：「你看這月亮多圓呀！」張一本
正經地說：「沒有我用圓規畫的圓！」他與蘇先生合不來，除性格因素
外，還有一個觀念不可調和的問題。據蘇先生說，他雖受過西方教育，
在婚姻問題上卻仍抱著中國男性得舊觀念，要求妻子是一個全新伺候他
過日子的舊式家庭婦女，而不是一個只會搖筆杆不會使鍋鏟的文人、新
女性。於是兩個各方面都優秀的人，合在一起卻演出了一幕悲劇。[24]

　　楊靜遠還在《蘇雪林先生漫記》一文中說，「1942年9月（蘇先生自傳說是
1944年，想係記錯），張先生應武大聘來樂山，住進『讓廬』，但兩人仍各處
一室，同餐不同寢。」[25]

　　張寶齡來樂山，住進了蘇雪林和袁昌英、韋從序三家合租的陝西街讓廬。
蘇雪林九十四歲所寫回憶錄說：「我後來又買得一扇大窗，安在位置於韋家客
廳後的小房牆上，那間小房便成了我的臥室，樓上那間大臥室讓給我的外子，
因外子為武大所聘請，自雲南來到四川。」又說：「數年不見，他似乎略通人
情世故，對待我也比前溫柔。他來後即住在我家裏。那時物價愈高漲，雇女傭
甚難，好容易雇到一個做不久即辭去，炊洗之事即由家姐代勞。我做修補屋子
的土木工，他也做點劈柴掃除的工作。一家過得還算和睦。」

　　楊靜遠後來的日記多次提到了樂山時期的張寶齡：

　　　　1942年12月27日　下午天氣很好，我們全家和張先生、蘇先生到山
　　上去看已完工的武大新教職員宿舍。……

[24] 楊靜遠：《我記憶中的蘇先生》，陳小瀅講述、高豔華選編：《散落的珍珠——小瀅的紀念
　　冊》，百花文藝出版社，2008年。
[25] 楊靜遠：《蘇雪林先生漫記》，《龍門陣》1999年第1期。

> 1943年5月6日　晚上沒燈，我們和蘇先生、張先生坐在廊下閒談……漸漸談到中國民性的不可救藥，張先生說日本人的長處是認真，有紀律，守法。我心裏很著急，就說：「我們盡替日本人宣傳。」他說：「這並不是宣傳，人家的好處我們應該虛心學。」
>
> 1944年6月23日　晚飯後我們和張先生再門口聊天，又談到中國人的不爭氣、人類戰爭的不可免。蘇先生、媽媽和我都是理想家，覺得世界也許有一天會走到大同之路，因為就文化、交通的發達進步，國家間的界限會漸漸消失。張先生講現實，說世界的統一只有用武力、用戰爭才可能獲得，而維持多久又是另一個問題了。

可見，張寶齡不以事廢言，明顯是一個理性大於感性的人。蘇雪林說張寶齡是一個「最怕家室之累」的男人，渴望「幕天席地，隨意來去」，和認真、熱情、浪漫的「理想家」蘇雪林相比，理科出身的張寶齡似乎的確有「冷漠」的嫌疑。從下面日記裏記載的一件小事就可窺一斑：

> 1945年1月19日　媽媽到文廟印試題，被學校裏辦事人員的無效率氣壞了。她說：「我不管，只把自己份內的事做好，個人自掃門前雪。」但張先生的論調完全不同：「我就把題目向他一交，隨他去印。」媽媽說：「那到臨考時就會弄得一團糟，題目看不清，錯誤百出。」「反正我根本不去監考，讓他們弄去，大家拆爛汙。」我們不駁他的話，但我絕不走他的路。[26]

抗戰勝利後，武大準備回遷，許多家庭都在享受著復員的快樂，張寶齡卻堅決辭去武大教職回到了上海。因戰亂他與父母失散八年，他要回上海去看望父母。（按，張寶齡在武大教了將近三年時間，蘇雪林晚年自傳說「他僅教武大一年」有誤。）

從此，這對夫妻就再也沒有在一起生活過。1949年，蘇雪林去了香港，張寶齡留在了大陸，天各一方，這對冤家也就永遠分開了。

---

[26] 楊靜遠：《讓廬日記》，武漢大學出版社，2003年。

第七節 趙師梅：參加過辛亥首義的教授

 他青年時期投身於孫中山領導的革命運動，參加了武昌起義。他為革命事業上過戰壕、流過血、坐過牢。民國成立後，他被稽勳局評為甲等功勳，並被孫中山選派赴美國留學。

以他的革命資歷和留美學歷，謀取高官厚祿實為易事，而他卻潛身於教育，創辦了三個電機系，第一個在湖南大學，第二個在武漢大學，第三個在武漢理工大學。

當年，他受命當國民黨的訓導長，負責管理進步學生。可他不但不管，反而經常鼓勵和幫助他們，被國民黨批評「辦事不力」。

他是原國立武漢大學電機系主任、訓導長趙師梅。

他派名學魁，字師梅，但他畢生以字行，未用派名。1894年生於湖北巴東楠木園。1909年考入武昌曇華林中等工業學堂電機班。1910年加入共進會，任校內共進會代表。1911年春，受共進會領導人劉公之命，與堂弟趙學詩及陳磊仿制十八星旗20面。武昌首義前夕，任秘密交通員，起義當天趕往南湖，通知炮隊配合進攻督署。後在漢陽防守戰中負傷。黃興組織戰時總司令部，薦為總司令軍需，並授予甲等功勳。1913年，孫中山向歐美派出首批留學生24名出國深造，他被派往美國費城裏海大學，專攻電機工程，1922年獲機械電機科工學碩士學位和威伯爾獎。9月回滬，孫中山在接見時對他說「培養人才是建國的根本」，希望他投身教育工作。不久，他回武昌籌辦江漢大學。其後受聘任國立武昌高等師範學校講師，湖南高等工業學校、湖南大學教授。

1930年，武大建築設備委員會委員石瑛受校長王世傑委託，邀請趙師梅到武大參加建校，擔任教授職務。他到武大的第一項任務就是負責珞珈山全校用電、給排水系統的建設。他以堅韌不撥的毅力，頑強的實幹精神，完成了艱巨的任務，滿足了1932年春季學校從東廠口遷入珞珈山後，師生教學與生活必要

的水電要求。

武漢大學的理工學院原來是合在一起的，1939年才分開。工學院開始只設土木系，趙師梅為該系講授水力學和電工學兩門課。1933年設立了機械系，1935年設立了電機系，1938年又設立了礦冶系。籌辦電機系的任務，自然又落到趙師梅身上，他也就擔任了首屆電機系系主任。系主任職務曾於1942年11月交給陳季丹擔任，1944年11月陳季丹離校，他又重新擔任系主任職務。他主要講授電工學、熱力發動機、高等數學等課程。

1937年抗戰爆發之後，武漢常常遭到日寇空襲。當時武大成立了防護團，趙師梅被任命為團長。每逢空襲，別人都躲警報去了，只有他帶著防護團員四處巡查，嚴防有漢奸發信號彈。後來，武大校委會作出西遷決定，並選址樂山。到了1938年3月末，就有部分師生和一、二、三年級學生六百餘人入川。由於當時決定四年級學生留在珞珈山學習到畢業，還有大量圖書、儀器設備要裝箱啟運等工作，必須有一批工作人員留守護校到最後時刻。趙師梅是留守者之一。由於形勢十分緊急，留守人員有撤不出去的巨大風險。他作了最壞的打算，置備了便裝，以便一旦不能撤出去打遊擊，和日寇決一死戰。據他當年的學生班冀超回憶說，「1937年冬南京失守後，日寇西侵。學校停課，民族面臨存亡關頭，趙先生憂心如焚。當時設計出水雷，外殼由鑄鐵鑄成，形如西瓜，內裝炸藥。曾上書軍政當局，建議敷設在長江上，阻止日寇艦艇西進。批文是『當局已有安排』而被葬埋。趙先生鼓勵我等參加抗戰工作。我班20餘人中1938年隨學校遷往樂山者僅7人。其他各找機會，投身抗日。」[27]

遷校事宜在幾個月的緊張工作後，終於在1938年7月完成。從珞珈山到樂山教學條件和生活條件有了很大的變化。教室、實驗室和學生宿舍多為借用當地的廟宇和中學房舍。教師則都自租民房居住，分散在樂山城內和郊外，生活既不方便又單調枯燥。趙師梅和堂弟、武大機械系講師趙學田同住陝西街21號，雇工做飯。機械系教授慶善騤在來校途中遭遇土匪打劫，行李財物被搶一空。趙師梅把他接到自己家裏食宿數日，並帶動幾位同事協力為他解決了衣食住等問題。

27 班冀超：《懷念趙師梅老師》，俞大光、陳錦江編：《無私奉獻一生的趙師梅先生傳略》，華中理工大學出版社，2000年。

　　樂山風景優美、古跡甚多，趙師梅的業餘愛好一是步行，二是爬山。他的學生陳錦江回憶說，「樂山時期，他星期天常常獨自一人步行到鄉下，觀賞風光，體察民風，走遍了樂山大小鄉鎮。」他也常常發動和組織同事利用短足旅行調劑生活。事先他和大家一起選好景點，買好食品，到時一同出發。到達目的地後，參觀景點名勝，欣賞自然風光，了解民俗風情。再找個茶館，圍桌一坐，邊喝茶邊聊天，然後興盡而歸。1938年暑假，趙師梅和幾位教授到距樂山幾十里外的峨眉山旅遊。大家推舉他作領隊。他為此事作了充分的準備。借到縣誌，抄繪峨眉山地圖，記出景點和里程，並為不能步行登山的同仁雇好滑竿代步。出發後他走在最後，每到一處，他就其所知告訴大家，如同導遊。當先行的同仁到達金頂主峰向廟宇主事和尚求宿時，勢利的和尚不願意為他們打開上房。有人戲稱「我們的團長在後頭」。和尚以為是軍隊的團長到了，連忙打開上房，請他們住進。待到趙師梅到達，才知他是旅遊團團長，也是一樣的平頭百姓，和尚方知上當。

　　趙師梅在武大師生中享有很高的聲譽。俗話說：「名譽重於生命」。可是趙師梅為了武漢大學的大局，甚至可以不計毀譽。1939年，國民黨政府為了管制學生的思想行為，在各大學中設置訓導處，其主管人訓導長一般由政府派遣的國民黨黨棍或者特務來擔任。在武大由於王星拱校長擔心政府派一個人來會毀掉這個大好局面，他深思熟慮後想到一個對策，請趙師梅來擔任訓導長職務。他知道趙師梅一貫對國民黨的倒行逆施反感，思想開明，愛護青年，必然能與他同心，度過這個難關。而趙師梅辛亥革命時期就是國民黨黨員，由他出任訓導長，政府不得不認可。可是趙師梅明白，如果擔任這個職務，必然在上面要承受國民黨政府的壓力，在下面要受到人們，特別是學生的誤解。好友戴銘巽當時就勸他說這差事幹不得，因此那年暑假趙師梅破例未先期返校。王星拱便託他的堂弟、機械系教師趙學田去信勸他早日返校。趙師梅情不可卻，為了大局，他毅然以「我不入地獄，誰入地獄」的心情，擔任訓導長達四年（1939.10—1943.12）之久。據武大歷史系教授馬同勳（當年他是訓導處成員）回憶：這四年中師梅先生對來自偽教育部的所有要求調查、監視和處理學生進步社團及其主要成員的密令，一律採取消極應付，大事化小、小事化了和據理力爭的策略，多次以王校長和訓導長的名義呈文偽教育部，為進步學生組織和

在密令中指名道姓的成員辯護和開脫，從而維護了武大學術自由的學風，掩護學生進步社團的活動，保護了學生的安全。《武漢大學校史》記有教育部以武大執行導師制不力，訓導處形同虛設，提出嚴厲批評之情節。

當然，作為訓導長，趙師梅也不忘記引導教育青年的責任。那時，一年級學生按規定受軍訓，每天早上要做早操。可是不少自由散漫的學生愛睡懶覺，拒不起床，軍事教官對此毫無辦法。趙師梅得知後，也沒有去勸告學生，而是自己每天和學生一起做早操。早操完畢後，他把學生集中在一起，由他用英語給他們講十分鐘的話，內容是古今中外的名人故事和新的科學技術知識，學生對此大感興趣。為了聽這十分鐘講話，原先睡懶覺的學生也來早操了，順利地解決了軍事教官頭痛的問題。鍾聲淦回憶說他在樂山武大求學期間曾聽到老同學講，「趙老師擔任訓導長期間，每天早晨各系一年級學生集合舉行升旗儀式中，趙老師要訓話，勉勵大家在德智體三方面全面發展，使大家明白要做一個高尚、有志氣、品學兼優的人。每次訓話內容不同，中心思想則一，同學們記住趙老師的話，趙老師的形象在全校同學心中更加光輝。」[28]

1942年7月中旬，馬同勳剛到訓導處不久，趙師梅就決定回巴東老家看望父親。他向馬指示工作之外，又表達了已向王校長懇辭訓導長兼職的要求。他說：「我這人看不慣當前的政治黑暗與腐敗，不適宜擔任訓導長。我有老父親需要奉養，每年要回老家幾個月，對工作不利。」7月中旬，趙師梅回巴東探親，10月中旬才回校。10月9日，他在返校途中經過夔門有感賦詩道：「東門進，西門出，街市破敗一塌糊塗……自古功德有口碑，物質誇張總不如。寄語當今權位者，多留德義在人間。」表露出他對國民黨統治的不滿。這年11月3日趙師梅四十九歲壽辰時，寫了一首《生朝》：「生有四十九，事業無所有。自信秉道義，是誰出我右？奈逢亂離世，誰能辨苗莠。玉石俱焚碎，人命如豬狗。不憂志未達，但悲人誰救……」更明顯地咒罵國民黨視人民如草芥的殘暴統治。在趙師梅遺留的77首詩詞中，憂國憂民，不滿國民黨統治的達32首之多。這些思想與訓導長一職是背道而馳的，而訓導長的工作又與趙師梅的不知權變、狷狷自守的性格是格格不入的，從而驅使他堅決辭去訓導長兼

---

[28] 鍾聲淦：《深切懷念敬愛的趙師梅老師》，俞大光、陳錦江編：《無私奉獻一生的趙師梅先生傳略》，華中理工大學出版社，2000年。

職，以期在學術上取得更大業績。事實上，1942年至1943年期間，趙師梅為了進攻學術尖端，為了不甘心給國民黨效力，他是在消極等待中勉強從事訓導長工作的。

1943年7月，趙師梅照例回原籍探視父親。行前又一次堅決請辭訓導長一職。面對王星拱校長的懇切挽留，他公開說：「不准辭去兼職，我就不回校了。」他說到做到，雖經學校再三電催，直到11月他仍滯留巴東不歸。王星拱不得不同意他的要求。於是，趙師梅11月20日辭別老父，11月底返回樂山，並於當年12月底辭去訓導長兼職，專任電機工程系教授，後又繼陳季丹教授任該系系主任。從此，趙師梅為武大電機系的改進和發展，發揮了他的專業特長，他發誓「當一輩子教書匠」，奮鬥終生。

趙師梅學識淵博深厚，授課有幾個特點：第一是教學內容熟練，語言流利迅速，不少學生譽為「打機關槍」；第二是注重理論聯繫實際；第三是充分信任學生，考試時通常在發完考題後，就在黑板上寫個「Honor system」（無監視的考試）然後就長時間站在窗戶口看外邊。趙師梅一般講課進度較快，有時也穿插講一點聽起來較輕鬆的科普故事。例如他曾講過「高壓美人」魔術，說一個漂亮女子盤坐在墊子上，聲稱帶有5000伏高壓。如不相信，可以用手去摸她試試。當有人伸手去摸她時，結果尚未觸及就感到電擊指麻而那女子卻若無其事。是什麼道理呢？原來那女子果然帶著高的電位，當人伸出手指接近她時，電場分布必然在指尖集中，形成尖端放電而感到電擊。這樣的科普故事，既活躍了課堂中學生聽課時的緊張情緒，又取得了理論聯繫實際的效果。1939年電機系畢業的方大川回憶，「趙師梅老師……他聰明過人，學識淵博，我們的直流電機原理課是趙老師教的。給我印象最深的是講電樞繞組的圖解，他不用講稿，拿起粉筆飛快地幾乎不到一兩分鐘就在黑板上把繞線圖描出來了，真快！他講話也很快，心裏的話像竹筒倒豆子一樣，毫無保留地一下子吐個乾乾淨淨。……同學們都喜歡去他的宿舍，每次去，他總是非常高興，常常和大家談談人生觀問題，給大家的教益真是終生難忘的。」[29]

趙師梅大力支持學生從事課外學術活動（現在稱為第二課堂）。1939年

---

[29] 方大川：《懷念樂山》，《武大校友通訊》2008年第2輯。

武大電機系學生周志驤等發起組織一個學術團體，稱為「力訊社」，宗旨是發展祖國的電氣事業（包括電力與電訊）。在學生時代開始從事一些有關本行的課外活動，如學術交流，學術壁報，抄寫並張貼重要廣播消息（對處在消息閉塞的樂山的學生和市民了解時事，特別是抗戰的情況，曾有過重要的作用），收音機安裝練習，業餘無線電臺活動和辦小型圖書館等。電機系的學生大都參加了力訊社，以後有部分其它系的學生感興趣也報名參加。這個組織得到趙師梅和電機系的大力支持。撥給了教學樓的兩間房子，借給了當時尚屬稀有的高級收音機和一些舊無線電器材，並幫助向圖書館借來一些複本圖書，向總務處要來一些文具紙張。趙師梅經常參與一些力訊社組織的學術討論會、報告會，作學術報告。後來建立董事會時，趙師梅受聘為名譽董事長。在力訊社初創時期，趙師梅還指導一些社員去修理學校西遷途中被日機轟炸損傷的電機。

趙師梅對畢業生就業問題異常關切，盡力向外推薦和指導。疏松桂回憶，「1939年我們電機系第一班畢業生只有六名，除朱覺民同學留校任助教外，其餘五人都有幾條出路，任你自己按志願選擇。」「1942年春趙老師約我回武大電機系任助教。初到任時，住在他的宿舍中，同桌進餐，朝夕相處，如同家人。不久我搬進工學院新建的電機樓中，趙老師分配我教直流電機試驗及機械專修科電工學。二年後我被提升為講師，加教電儀與測法及礦冶系電工學；同時趙老師和文斗老師又推薦我兼任本城嘉裕電氣公司工程師，主管全城輸電及配電工程，比較忙碌。」[30]

他對於培養教師隊伍和學習深造，從來就非常關心。從1939年起，每年都挑選一至二位優秀畢業生留系任助教，並不斷支持學子出國深造。抗戰時期武大工學院一位教授的兒子在電機系畢業，成績很好，當時電機系需要留個畢業生當助教，他完全夠資格，但此時和他同班的還有一個學生成績也很好，留誰？經過一番考慮，趙師梅留下了後者，而把那位教授的兒子介紹到外校去當助教。這樣做可以使那位教授免於受到開後門的嫌疑；也有利於這位沒有離開過家的教授之子，得一點社會生活的經歷，更重要的是他在別的學校可學習到

---

[30] 疏松桂：《追念恩師趙師梅先生》，俞大光、陳錦江編：《無私奉獻一生的趙師梅先生傳略》，華中理工大學出版社，2000年。

和武大不同的特色和學風，實際是對他的培養。但是這樣做也可能在那位教授的心裏產生「太不講情面」和他的兒子心裏產生「太不照顧」自己的想法。對此，他未作考慮，相信他們會明白並無惡意。以後由於又有了助教的指標，這位教授的兒子又被請回學校擔任助教工作，這時他的社會經歷有了，還帶回來兄弟學校好的經驗。[31]

趙師梅工資相對豐厚，但生活十分簡樸，終年總是穿一套半舊的藏青色西服，雖數九寒天也不戴帽子。1943年11月趙先生50壽辰之際，幾個學生湊錢在成都買一頂呢禮帽，送給趙師梅，表示祝賀。他說：「何必花錢買這個。」以後也未見戴過。他經常資助武大家境貧困的青年學生順利完成他們的學業。受助的學生畢業離校前一一來到他家表示感謝和辭行，說到將來一定要還他資助的錢時，趙師梅就說：「錢不用還，等你們將來有了錢時，也資助幾位家境貧困的青年人上學就行了。」他早年的學生文斗赴英留學缺少數額不小的越洋路費，受到他的資助，才得以成行。對遇到急難的同事，他也慷慨伸出援助之手。機械系教授郭霖1941年病逝後，遺屬的生活朝不保夕。郭霖的兒子後為華中理工大學教授的郭玉騊，那時剛進武大機械系學習，遭逢這樣大的變故，不知所措，據他說：「那時得到以師梅先生為首的幾位長輩的支援，我家才得以渡過難關，至今深深感激。」

抗戰時期，一些來自淪陷區的學生，家庭經濟斷絕，生活十分困難。讓慶光回憶，「1942年暑假師梅老師介紹高峻岑和我到學校印刷廠作臨時工，1943年暑假，他又介紹俞大光和我到五通橋永利城廠發電廠打工，使我得到一定的經濟收入。」[32]1944年秋疏松桂不幸罹患傷寒病住院，以致大腸出血較多，生命垂危。「趙老師親去醫院看望多次。後回到電機宿舍修養，他特別指定一位工友，照料我的生活，直到康復。這種無微不至的關懷，令我終生不忘。」[33]

1945年8月15日，日本宣布無條件投降。武大校方遵照國民黨政府教育部命令，於同年9月1日成立了復校委員會，委員11人，趙師梅是其中之一。

[31] 據俞大光、陳錦江：《無私奉獻一生的趙師梅先生傳略》，華中理工大學出版社，2000年。

[32] 讓慶光：《緬懷恩師趙師梅老師》，俞大光、陳錦江編：《無私奉獻一生的趙師梅先生傳略》，華中理工大學出版社，2000年。

[33] 疏松桂：《追念恩師趙師梅先生》，俞大光、陳錦江編：《無私奉獻一生的趙師梅先生傳略》，華中理工大學出版社，2000年。

趙師梅1945年暑假開始即已回湖北巴東老家探親。接到復校任務後,便只身首先從巴東回到珞珈山,開展接收和修復校舍的重任。

第八節　邵逸周:最早提議武大西遷的人

　　他曾任孫中山先生的英文秘書,後任大冶鐵礦工程師,緬甸礦務公司工程師。

　　他是繼石瑛之後的國立武漢大學工學院第二任院長,任職十餘年。

　　他在抗戰爆發後提議學校西遷並早作準備,並和楊端六一起尋找校址找到了樂山。

　　他就是武大礦冶系教授邵逸周。

　　邵逸周,1891年生於安徽休寧,其父是著名徽商邵百萬(國基)。他自稱是「一個來自偏僻地方而不通世故的小孩子」。那時他才只有八九歲,從「偏僻」而「不通世故」的鄉里,來到長江流域的重鎮武昌。他在這裏讀古經兼讀今文,習國學複習洋書,「把硯研今古,臨池習橫行」。1906年畢業於武昌博文學堂,後回原籍,1908年畢業於安徽高等學堂。1909年赴英國倫敦,先後在帝國科學工程學院、英國皇家礦務學校學習。留英時,他和後來的武大校長王世傑是好朋友,並結識了後來的武大工學院首任院長石瑛。

　　1914年邵逸周回國,初任孫中山英文秘書,後任大冶鐵礦工程師,緬甸礦務公司工程師。

　　邵逸周曾經暫住上海名流曹亞伯家,曹亞伯和南京名媛管毓清是好朋友。管毓清是管家三姐妹中的老大,家產佔南京管家橋一條街,二妹已嫁,只有三妹年幼,待字閨中。大姐管毓清見邵逸周生得高大端正,一臉正氣,又是英國留學生,當即求曹亞伯做媒,把三妹嫁給這位立志實業救國的小夥子。邵逸周聞言提出的要求是:「女方一要眼睛大,二要腿長。」相親一見面,雖然眼睛和腿比不上盎格魯─撒克遜人,但在華人中絕對鳳毛麟角。當即訂下陰曆五月初三結婚。管家橋都罵大姐,說她一定是把小妹嫁給人家當小,哪有五月初三

嫁女人的，不知道這全是邵逸周的主意。後來發現嫁的人家不錯，才算伸直了腰杆。結婚次年生長子邵和高，帶妻小回休寧囤溪老家，船上的吹鼓手竟然分不出船上誰是新娘子。

邵逸周婚後到安慶電燈廠當廠長，家住安慶一個很大的院子裏。邵逸周兄弟四人，二哥、三哥死得早，所以和母親及大哥一家住在一起。大嫂捨不得讓「腿長眼大」的小姑娌做活，只讓她給婆婆梳頭，所有家務都由大嫂一人包了。[34]

1930年12月，武大工學院院長石瑛因事辭了院長職，將離校時，特舉薦邵逸周充其遺缺，「邵先生確是現今中國第一流的工程師」。校長王世傑從未與邵見過面，在了解他的情況後特意致電相邀。邵逸周「立即辭去原職，首途來鄂，擔任武大工學院院長。從此邵先生一心專任，從未在外兼差。首在珞珈山建立一實習工廠，此工廠後來發揮極大之作用與功效。此後工學院逐步之建設，發展與完成，日新又新，全賴邵先生之力。」[35]邵逸周來武大任教授兼工學院長職，直至1942年7月。其間，還曾兼任土木工程系、機械工程系、礦冶工程系主任；以及儀器、體育、工程處等委員會主任，財務、訓育、第一外國語、聘任、建築設備等委員會委員。

卯卯為我們描繪了珞珈時期的邵逸周：

> 我與邵先生第一次見面，是在一個歡迎會上。有人告訴我這就是邵先生，長得幾根銀色的頭髮，口裏銜著喇叭筒，一縷縷地香煙向上騰；態度莊嚴，性情和藹，言談間帶著微笑。這時我入校不久，「來自偏僻的鄉里」，「不通世故」，一種驚奇的心理，用著來虛受一切，領略一切。他是院長，他是我事先已知道的人，他給了我更深刻的印象——誠摯，和藹，微笑……。後來住久了，才知道他怒了的時候，說話厲聲，板起了面孔，猙猙地，一點也沒有「微笑」，「我cannot believe！」
>
> 邵先生好像是兩個獨立的人。在辦公室裏，莊嚴而沉著；若在他家裏會見時，客氣多了，言談滔滔不絕，笑容可掬，有時也會親自點上一

---

[34] 唐師曾：《二大媽的故事》，唐師曾：《我在美國當農民》，華藝出版社，2002年。
[35] 殷正慈：《謁王校長雪艇先生談珞珈建校》，臺灣《珞珈》54期。

支香煙來。可憐愚笨的我,將自己分得不開,不論在什麼地方相會時,
連聲總是稱先生。

邵先生一舉一動,深深地印在我的心裏。不論在什麼時候,每逢提
到他,我就會想起了他穿著一套很整齊的西服,領結打得那末好看。若
是他走在街上,一支手杖,橫提在手中,十足的顯示著,這不是東方病
夫,正如他談話時很自然的用幾個英國字眼一樣。

邵先生是一位學工程的人,很有工程師的風度;不只是他自己這樣
的去做,他還希望別人也這樣做去。他時常拿「誠」字來向別人勸告,
對人以誠,處事以誠。做不了便不做,要做的必須盡力的做。這是誠於
事,也就忠於事了。[36]

1937年,抗日戰爭爆發,邵逸周提議武大西遷並早作準備。他在漢口德租
界租了一層樓把家人安頓下來不顧,他自己「整天為武大遷往四川籌款,把一
大家人扔在旅館裏。」[37]1938年2月,武大派邵逸周、楊端六赴四川覓定校址。
認為樂山人傑地靈,安全可靠。據說他們為了尋找校址,沿著長江溯流而上。
由於武大遷校是最遲的,沿江城市的空房子都被內遷的高校佔用了,所以他們
一直找到樂山。

1938年春,武大師生開始遷川。邵逸周沒和家人一起走,堅持「人在校
在」,是最後撤離武大的人。他和校長王星拱將學生老師全部送走後,才同乘
一輛小轎車及一輛裝載汽油的卡車離開珞珈山。他們一路顛簸,經湖南、貴州
奔赴四川。這條路線山高水險,經常出車禍,還有土匪出沒。後來他們總算平
安到達樂山。

4月4日,遷校委員會第二次會議議決:接洽校舍事由邵逸周、楊端六辦
理。7月學校西遷完畢。1939年12月兼任總務長及工程委員會委員長。時為武
大最困難的時期,經費、物資奇缺,仍因陋就簡修理校舍30多棟,新建校舍22
棟,使教學、科研工作得以開展。

---

[36] 卯卯:《我們的教授》,龍泉明、徐正榜主編:《走近武大》,四川人民出版社,2000年。
[37] 唐師曾:《我在美國當農民》,華藝出版社2002年。

　　1939年樂山「八一九」大轟炸後，邵逸周一家為躲避空襲，曾把家搬到離城40里的敖壩（今屬樂山市中區通江）鄉間租了一處農舍暫住，同住的還有經濟系教授楊端六一家。

　　大概是1942年，邵逸周離開了工作12年的武漢大學。

　　1945年，邵逸周任經濟部東北特派員瀋陽辦事處處長。日本投降後，他代表政府接收鞍鋼，於1946年任鞍鋼總經理。1948年邵逸周去臺灣，致力於礦業與金屬冶煉技術之開發，對臺灣經濟發展貢獻良多。

第五章　名士與武大

第一節　王獻唐：圖寫淩雲靜讀書

　　1937年盧溝橋事變之後，「各地抗敵戰起，戎馬生郊，風鶴俶擾。濟南居民皆紛紛遷避，十室九空。……迄入十月，魯北戰事日亟逼近歷下。」[1]時任山東省立圖書館館長的王獻唐認為，「本館為吾東文獻所薈萃，脫有不測，吾輩將何以對齊魯父老？」誓言「欲為吾魯存茲一脈文獻」[2]，於是向省政府請款，準備將館藏金石書籍精品易地存藏，但政府置之不理。在這種情況下，王獻唐「只得到處奔走，求親告友，還將自己收藏的文物出讓給朋友，拼湊運費」。[3]其子王國華回憶說，「因為我們這些老弱婦孺的家屬跟隨不便，他只得棄家不管，獨自出走，我們也只得去投靠親戚。圖書館的人員，只有館中編藏部主任屈萬里先生，和一位工人李義貴，跟隨父親轉移。」[4]他們一行三人，攜館藏文物圖籍精品五箱，「過銅山，經汴鄭，出武勝關，凡八日行程，三遇空襲」[5]，於次年初抵達漢口。此時，苦於經費不足，運船又找不到。恰好山東大學教員也在漢口，準備遷至四川萬縣開學，校長林濟清就請王獻唐任中文系教授。考慮到其書籍能與山大書籍一起運輸，比較安全，遂接受聘請，主講文字學和版本目錄學。並讓林校長先預付了八百銀元的酬金，作為運資及三人日常開銷，以解燃眉之急。

　　1938年1月19日，他們自漢口起身，逆江而上，於2月上旬抵四川萬縣。因等待山東省政府安置命令，直至11月3日，在萬縣停儲近十個月。卻說山東大學在萬縣開課不久，就接到教育部「暫行停辦」的命令，學生轉入已遷至重慶的國立中央大學。於是，王獻唐「撿來的」山大教職也隨之終止。

1　王獻唐：《雙行精舍序跋輯存續編》，齊魯書社，1986年。
2　轉引自劉江波、郭立偉：《王獻唐：為吾魯存茲一脈文獻》，《大眾日報》2011年11月15日。
3　王國華撰：《王獻唐生平事略》，《中國當代社會科學家》第3輯，書目文獻出版社，1983年。
4　王國華撰：《王獻唐生平事略》，《中國當代社會科學家》第3輯，書目文獻出版社，1983年。
5　屈萬里：《載書播遷記》，載《屈萬里先生文存》第五冊，臺北聯經圖書公司，1985年。

　　再一次失去經費來源的王獻唐，遂由傅斯年（時任國立中央研究院歷史語言研究所所長）向中英庚款總幹事杭立武申請辦理中英庚款董事會協助科學工作研究員一事。

　　經過管理中英庚款董事會多方審查，同意王獻唐先生作為「管理中英庚款董事會第一屆協助科學工作人員」。9月28日，鈐「管理中英庚款董事會關防」之公函發往已西遷至四川樂山的國立武漢大學嘉定分校。公函為油印，末鈐「朱家驊」印信。公函全文如下：

　　　　本會鑑於戰事以來，各地科學工作人員，多因機關緊縮，不能繼續工作，特提會決議，劃撥專款指充協助。現收到申請書件，已審查竣事，擬將附單所開二人資送貴大學繼續研究工作。未知貴大學可否容納，並能否予以相當便利，至祈酌示，以便轉知。如蒙惠予同意，則嗣後研究工作之進行，工作報告之審核，以及逐月協款之發給等事，本會並擬託請貴大學代為辦理。所有詳細手續，已在領受協款規劃內分別訂明。該項規則，隨函附奉，籍供參考。又為接洽便利計，並懇指定專人負責照料，尤紉公誼。此致國立武漢大學。

　　　　計附單二紙，規則一件。

　　　　　　　　　　　　　　　　　　　　　　　　董事長朱家驊[6]

　　隨此公函一同寄出的還有王獻唐、高尚蔭的兩張登記一覽表。

　　至10月16日，王獻唐知中英庚款董事會資助學術研究事已正式確定登報公告。見其《雙行精舍日記》：

　　　　十月十六日，陰，星期。……十二時，雲浦邀至一山東飯館午飯，飯後聞孟真已至，即至聚興村中央研究院訪之，適李濟之、張慰慈均在座，詢濟之及彥堂諸人近況，亦日在遷播中也。中英庚款董事會資助學術研

6　此函現藏武漢大學檔案館，轉引自李勇慧：《王獻唐接受中英庚款資助史實考略》，《山東圖書館學刊》，2009年3期。

究事，孟真前為余介紹，業已正式確定登報公告，即赴兩路口該會辦事處晤杭立武君接洽一切。今日為星期，尚有手續須明後日再往辦理，並言有通知與予，亦未接到也。

10月18日，王獻唐至中英庚款會晤杭立武，談詢一切手續。復至聚興村中央研究院晤傅斯年，請其為支款簽署保證人，並將研究地點規定在嘉定，亦請傅氏代為辦理。其日記云：

> 十月十八日，陰雨，星二。八時起。乘公共汽車至中英庚款會晤杭立武，即介紹章鑄質、劉景禧兩君，晤譚詢一切手續，知會中已自八月份起發薪，最低八十元，最高二百元，以二十元為一級，一年為限。余隸人文科學科，月薪二百元，此項乃中英庚款會提出一部份款項，資助學術人員繼續研究學術，意甚善也。當取簡章一份，又交予請款書件、支款憑單，囑由保證人簽署再支款，共八、九兩月四百元，即至聚興村中央研究院晤傅孟真請其為保證人。至研究地點規定在嘉定，亦請孟真辦理。又詢翼鵬著作情事，旋辭出。路遇觀澄、君軍諸人，同至上清寺飯肆午飯。飯後，訪少華。二時至鼎兄處，四時復住中英庚款會晤會計處李主任將款取出，並規定日後寄款由嘉定武漢大學轉交。[7]

王獻唐之所以選擇武漢大學作為研究地點，主要是因為受中英庚款委員會資助的研究員按例須在大學中工作，而此時萬縣並無大學，而武漢大學已於當年4月西遷至樂山，且當時館中書物，當局准移樂山保存，可謂一舉數得。此在屈萬里《載書播遷記》有載：

> 「爾時，獻唐先生已受中英庚款委員會之約，擔任史學研究員。惟指派於何處工作，尚未發表。因相約當局如准撥經費，俾書物能隨其運移，則事畢後，余即另謀工作；否則，余將留萬邑守書。蓋研究員例須在大學中工作，而萬邑無之，故獻唐先生必將派赴他處也。至十月，得會中

7　王獻唐：《雙行精舍日記》未刊稿，轉引自李勇慧：《王獻唐接受中英庚款資助史實考略》。

通知，被派於樂山武漢大學。館中書物，當局亦准移樂山保存。」[8]

11月3日，王獻唐偕館中書物與屈萬里、李義貴二人自萬縣起程繼續西行。14日，抵宜賓，停留三日。17日，換木船溯岷江西上，行八日，於24日抵樂山，寓興永客棧，館中物品也暫存於客棧中。王獻唐在日記中寫道：

> 十一月二十四日，陰，星四。……三時抵嘉定城，北門外泊船。嘉定本為府，今改名樂山縣。下船後，寓版廠街繼興永客棧，主人為謝繼泉，並將館中物品一同移至棧中暫存。[9]

爾後，他們依照防黴、防蛀、安全嚴密的要求，選擇樂山大佛寺天后宮內大佛一側隱而不露且朝向好易乾燥的崖洞，妥放箱件，砌堵洞口。由李義貴一人守護，王、屈二人向李義貴作了守護要求後離開天后宮，到樂山城內居住。後來隨行的屈萬里在《載書播遷記》中寫道，「抵樂山，旋僦居於城內天后宮中。自載書離稷下，流徒至此，計程凡七千餘里，爾後館中文物，當不至再播遷矣。」

12月3日，王獻唐致函武漢大學，告知寄款地址：

> 敬啟者：鄙人現受中英庚款董事會學術研究之補助，每月二百元。該會會計處規定，按月匯貴校，分別轉交。鄙人現寓銅河邊街天后宮內大佛寺下院，如該款寄到時，敬懇隨時賜予通知，當即來取，無任感盼。此上武漢大學。王獻唐。十二月二日。

至於王獻唐先生何時不再接受中英庚款資助，現並無確切史料，但據山東省圖書館研究館員李勇慧考證認為，「王獻唐先生接受中英庚款資助時間至少為三年（1938年8月─1941年7月）」。[10]

8 屈萬里：《載書播遷記》，載《屈萬里先生文存》第五冊，臺北聯經圖書公司，1985年。
9 王獻唐：《雙行精舍日記》未刊稿，轉引自李勇慧：《王獻唐接受中英庚款資助史實考略》。
10 李勇慧：《王獻唐接受中英庚款資助史實考略》，《山東圖書館學刊》，2009年3期。

1939年3月28日，教育家黃炎培到樂山考察，王獻唐陪同遊烏尤寺等地。事後，黃炎培作詩《留贈王獻唐》：

> 矗矗三峨雲，三江實抱之。王生棲其間，彌勒若不知。
> 魯石廣天下，臨危堅自隨。悲君曾不磷，既別留此詩。

5月11日，同事屈萬里離開樂山南下。王獻唐以其在武漢大學執教的微薄收入維持與李義貴的開支。

5月30日，流寓樂山大佛寺下院。是年，他接受中英庚委會文史研究會研究補助，便辭去武大教職，專事著作。

1939年8月19日，樂山遭受日寇轟炸，王獻唐由於「僕居山中，幸安全（此間鄉親友人均安全）」。他在9月9日致屈萬里信中說：「館場新修理一洞盛之，欲避濕，甚費心力。炸後，不得工人，消耗昂極，今大半完工矣。」[11]10月15日，王獻唐又致屈萬里信云：「高晉生兄，亦來同寓。彼治易甚勤，有獨到處，惜不得與足下共研討也。來註易經，早被裝箱封入洞中，專為此事啟洞，則不必。俟晾曬時再取出寄來。李義貴三個月生活費已收到，俟後三月一寄最妥。」[12]另，葉聖陶日記裏也提及王的寓所：

> 1940年1月2日（星期二）：十時至子馨（按，即武大史學系主任吳其昌）所，通伯亦至。談半時許，蘇雪林、袁昌英二女士繼至，遂偕從蕭公嘴過江，訪晉生（按，即武大中文系教授高亨）。晉生近由淩雲寺遷往塔旁之姚莊，與王獻唐同居。其處有花木，眺望頗佳。晉生獻唐所撿石子陳二十餘盆，彩色花紋出人意表，人必不信此江中石子乃有此大觀也。蘇袁二女士爭向主人索取，各得數十枚。午刻聚餐，王之廚夫制饅頭特佳，各進二枚；又食小米粥。其小米係王之友人所贈，自西安航空寄來數升，運費至七十元，亦太豪舉矣。食畢觀莊中花木，梅樹碧桃俱已含苞。[13]

[11] 王運唐等主編：《屈萬里書信集‧紀念文集》，齊魯書社2002年。另，該書將此信年份誤為1938年，據筆者考證實為1939年。
[12] 王運唐等主編：《屈萬里書信集‧紀念文集》，齊魯書社2002年。另，該書將此信年份誤為1938年，據筆者考證實為1939年。
[13] 商金林編：《葉聖陶抗戰時期文集》第二卷，人民教育出版社，2005年。

屈萬里曾評價王獻唐說：「先生著書之暇，偶為七言絕句，清逸雋永；善丹青，法唐宋，喜為花卉尤喜作風荷，信筆點染，儼若弗弗飄風，驛出腕一；書擅錄籀。錄書清婉，如其詩；籀書則遒勁森嚴，妙得彝器款識刻鑄神韻。」（屈萬里《王獻唐先生事略》）樂山時期，王獻唐曾作維摩室圖並題詩曰：

> 不掩禪關避物嘩，西風忍淚對狂花。
> 七年疾病難求艾，一念哀矜到榷茶。
> 紙上須彌藏芥子，畫中丈室是君家。
> 焚香欲啟維摩問，晚息如何住法華。[14]

當年在樂山開辦復性書院的馬一浮為王獻唐維摩室圖題詩道：

> 朱侯學佛人，定已空諸有。處官等岩居，黃葉看在手。
> 幻出輞川圖，自比陶潛柳。淨名離文字，資生亦諧偶。
> 身命芭蕉堅，墟裏豺虎守。幸有佛士現，豈厭風塵久。
> 契此不二門，掩室將誰咎。我思岑嘉州，言詩成杜口。[15]

王獻唐還曾作畫送給武大中文系教授葉聖陶。這在葉氏日記裏有載：

> 1939年7月29日：晉生來，攜來為餘丐王獻唐君所作畫，高岩紅樹，茅亭綠蕉，略寫淩雲之景也，筆墨甚工，得之喜極。王君並題二絕句於其上。

> 1939年8月2日：作成和王獻唐贈余畫幅題詩兩絕，他日將書以素紙，託晉生致之，借申謝意。[16]

查《樂山歷代詩集》，葉聖陶所作兩絕為《王獻唐以所繪山水相贈題二

---

[14] 周文華主編：《樂山歷代詩集》，樂山市市中區地誌辦編，1995年。
[15] 周文華主編：《樂山歷代詩集》，樂山市市中區地誌辦編，1995年。
[16] 商金林編：《葉聖陶抗戰時期文集》第二卷，人民教育出版社，2005年。

絕，依韻酬之》：

其一

丐素求縑習未除，聊舒心眼亂愁餘。耕煙妙筆何修得，圖寫淩雲靜讀書。

其二

叢蕉滴翠峭崖蒼，一卷空亭意味長。此是安心無上法，不須危涕望斜陽。

　　1940年，國民黨政府設國史館籌備委員會，王獻唐「受聘為副總幹事，因事煩辭謝，旋改為纂修」[17]。是年12月起，寓重慶歌樂山雲頂寺。後來又往川南南溪縣李莊板栗坳中研院史語所。

　　王獻唐之子王國華回憶乃父說，「在川中，常有敵機空襲警報，大家都避入防空洞，唯獨他始終守著書籍文物，有人勸他暫時躲避，他總是笑著說：『這些東西就是我的生命，一個人不能失去了生命！』就在此時，他把書齋命名為『那羅延室』。『那羅延』是梵語堅牢的意思。取堅牢不破、牢守齊魯文物之義。從他這階段的日記和詩文中可以看出，他無時無刻不在懷念大明湖畔的圖書館，盼望早日勝利，重返濟南，開展他胸有成竹的建館計劃。」[18]

　　抗戰勝利後，國史館一再留他繼續工作，他謝絕說：「我是兼職，我還要將這些文物運回濟南，重建圖書館。」便毅然返魯，復任省立圖書館館長，兼國史館纂修。他從1929年任館長一職，直到濟南解放為止，在位約20年。

第二節　錢穆：文廟講罷又烏尤

　　1941年的春天，武大歷史系的學生格外有興奮。他們奔走相告：錢穆先生要來了！錢穆先生要來了！

　　武大歷史系主任吳其昌，在北平時期就同錢穆相識，內遷樂山後他深感系內無名教授，於教學不便。當時，歷史系學生嚴耕望、錢樹棠、鄭昌淦等人相互商議，決定籲

---

[17]　李勇慧：《王獻唐先生年譜》，《山東圖書館季刊》，1994年2期。
[18]　王國華：《王獻唐生平事略》，《中國當代社會科學家》第3輯，書目文獻出版社，1983年。

請學校設法聘請留在後方的一些名教授，來武大講學。學生提出的名單中有呂思勉、陳登原諸位先生，錢穆雖不在西南後方，然亦在名單中。當時，學生們對錢穆是久已仰慕。原因在於他只是小學教師出身，卻能去教大學；而且還寫出了一部《先秦諸子繫年》，列入《大學叢書》之中，這在當時是件異事。武大校長王星拱非常開明，認為同學們意見正確，就採納了，積極地與幾位教授聯繫。呂思勉、陳登原兩位先生皆已答應來校，但最終因事不能來，來的卻是錢穆。1940年初，應王星拱數次邀請，錢穆答應來武漢大學講學一個月，因為他與顧頡剛有約在先，要去時在成都的齊魯國學研究所任職。

錢穆之所以來武大，主要原因是武大多次函電催請，其中還有一個原因就是其母於年初（1941年2月1日）去世，心中非常悲痛。錢穆是個孝子，但此時人在西南，離無錫千山萬水，且日寇橫侵，戰火四起，不能回家奔喪，真是無比痛心。因此也想換個環境，以平悲情。他在當年4月16日寫給學生李埏的信中也表達了這種心情。信中說：「穆以武漢大學宿約，亦欲嘉定山水稍陶哀思，因於三月中旬轉來此間。」[19]

武大文學院和校本部設在樂山文廟裏，大成殿做了圖書館，兩廡間略加修葺，便算教室了。就在這樣一座大教室裏，學生們見到了仰慕已久的錢穆先生。「先生那時已是四十多歲的人了，身體在中等人中略顯矮小些。長方的面龐，紫紅的臉色，略有點禿頂，被額上的黑髮掩蓋著，並不顯露。先生穿著布袍，戴著眼鏡，只覺他在微笑時，鏡片上不時閃出光亮。」[20]

錢穆「在此開短期講課兩門：一是『中國政治研究』，一是『秦漢史』。均以清晨七時起講。聽者踴躍，積日不倦。牆邊窗外，駢立兩小時不去者復常一二十人。青年向學之忱，彌為可感。惟恨時艱日重，平日所學殊不足真有所貢獻耳。」（錢穆致學生李埏信）[21]

戰時武大上課一般都比較早。「天未亮，即起身，盥洗進早餐，在路燈下步行至講堂。晨光初露，聽者已滿座。」[22]課至上午十點結束。十點後，常有日

[19] 李埏：《昔日從遊之樂，今日終天之痛》，《錢穆紀念文集》，上海人民出版社，1992年。
[20] 誦甘：《紀念錢師賓四先生》，《錢穆紀念文集》，上海人民出版社，1992年。
[21] 錢穆1941年4月16日致學生李埏信，據《錢穆紀念文集》，上海人民出版社，1992年。
[22] 錢穆：《八十憶雙親·師友雜憶》，嶽麓書社，1986年。

軍飛機侵襲，此時警報驟響，師生皆進入防空之地躲避。

　　錢穆講「秦漢史」時，對具體內容也不多談。因為歷史系的學生對這段史實已知大體，他只從其內在意義上發揮。用不了幾分鐘，學生們就對他的豐富知識和新穎見解，感到欽佩。「他有時將史實跟現實對比，使僵板的史實具有了活氣。他的講述，有時幽默幾句，有時感情激昂，總覺得有股人格精神灌輸其中，極富感染力。所以聽講的人很多，並不限於史學系學生，一個大教室總是擠得滿滿的。」[23]

　　樂山晚上沒有電，只能點燃一盞如豆油燈，不能看書，錢穆便在燈下輔導學生。經常去他寓所那裏請教的學生有兩位，一是南通的錢樹棠，一是桐城的嚴耕望。據錢樹棠回憶，同學們晚上到先生寓所問學，先生都熱情接待，自由交談。除了談論一些學術問題外，還討論一些治學方面的經過和經驗。給他印象最深的有這三點：

　　　　一是問起先生治學經過。先生說，用現在的話說，我先是研究哲學的，以後轉到文學，最後才轉到史學上來。我們當時對這話是不大領會的。我們也知道中國舊學是要求義理、考據、文章三者合一的。但我們卻按照我們的觀念來理解：文學院裏文史哲各分科系，因此對先生所謂「轉」，也只認為是治學興趣轉移，跟我們的轉系差不多。

　　　　二是談起讀書方法。先生說，書要通讀，要有整體理解。章實齋最反對蘇東坡所謂「八面棱」的讀書法。蘇是先抱著一個問題去看書，然後另換一個問題，再看一遍，如此看下去的。這話在當時我們也不盡理解。我們只知道，治歷史就是抓材料，翻翻書，把材料湊在一起，證成自己的看法就行了。

　　　　三是先生還叮囑我們：報紙務必每天看，要注意國家和社會大事。要注意鍛煉身體。先生說，我曾看錢竹汀年譜，他四十多歲時，小便已經失禁。當時奇怪：何以他還能有所成就？再看下去，才知道他後來身體好了起來，一直活到七八十歲。因此悟到，一個人的學問要進入高深之境，沒有好身體是不行的。關於這兩點，先生不說，我們也知道。但

[23] 誦甘：《紀念錢師賓四先生》，《錢穆紀念文集》，上海人民出版社，1992年。

心裏卻有點奇怪，以他這麼一個埋首古書的歷史學家，竟會這麼關心時政。當時並不知道，先生治學是寓有經世致用的精神的。[24]

錢穆對學生的教誨，有些學生當時並不能理解，因為他跟當時一般青年在學術思想方面有著較深的差異。但大家卻為他的精神氣質所感動，不知不覺中受到他精深學識和智慧的啟迪，在日後的歲月中，逐步領悟到錢穆博大精深的學術思想。

在武漢大學講學期間，錢穆不僅對在校學生諄諄教導，對不在身邊的學生，也以通訊方式，予以教育，使之成才。李埏曾是錢穆在北師大時的舊學生，抗戰後又轉入西南聯大，聽錢穆上課。錢穆到樂山武大時，沒有忘記昔日學生，時時以書信教他治學。當他知道李埏在研究宋學時，很高興地說：

> 弟能研討宋儒學術，此大佳事。鄙意不徒治宋史必通宋學，實為治國史必通知本國文化精意，而此事必於研精學術思想入門，弟正可自宋代發其端也。歐、范兩家皆甚關重要。惟論學術方面，歐集包孕較廣。弟天姿不甚遲，私意即歐集亦可泛覽大意。不如於宋學初期，在周、程以前，作一包括之探究。大體以全氏《學案》安定、泰山、高平、廬陵四家為主，或可下及荊公、溫公。先以大處著手，心胸識趣較可盤旋，庶使活潑不落狹小。[25]

對於學生的意見，錢穆一直很重視，在學術上與他們持平等態度，他曾在1941年4月16日信中對李埏說：

> 弟論《國史大綱》幾點皆甚有見地。書中於唐、宋以下西南開發及海上交通，擬加廣記述。其他如宋以下社會變遷，所以異於古代者，尚以專章發之，使讀者可以燎然於古今之際。至問立國精神之衰頹於何維繫防止，此事體大，吾書未有暢發，的是一憾。然此書只有鼓勵興發，此層

---

[24] 誦甘：《紀念錢師賓四先生》，《錢穆紀念文集》，上海人民出版社，1992年。
[25] 李埏：《昔日從遊之樂，今日終天之痛》，《錢穆紀念文集》，上海人民出版社，1992年。

當別為一端論之也。鄙意擬於一兩年來，再為《國史新論》一書，分
題七八篇，於宗教、政治、文學、藝術各門略有闡述。此刻胸中未有全
稿，尚不願下筆也。[26]

　　錢穆到武大時，樂山因遭遇日寇大轟炸，校長王星拱遷家城外。錢穆便一
人住在王星拱在城中的寓所。隔鄰住的就是教務長朱光潛。當時朱光潛一人獨
居，錢穆中晚兩餐，都過去和他一起進餐，暢談很投機。

　　忽然有一天，岷江對岸烏尤山上的馬一浮到訪，邀請錢穆去他的復性書院
講演。這不僅讓錢穆感到意外，也讓武大師生大為驚訝。因為馬一浮專講理學
佛性，一向自視甚高，很少與武大教授來往。既拒絕武大的邀請講課，也不允
許武大學生到復性書院旁聽。所以，儘管復性書院與武漢大學只一江之隔，卻
因「舊學」與「新學」的差別，至老死不相往來。

　　錢穆對馬一浮說，「聞復性書院講學，禁不談政治。倘余去，擬擇政治為
題，不知能蒙見許否。」馬一浮問：「先生講政治大義云何，願先聞一二。」
錢穆告訴他，「國人競詬中國傳統政治，自秦以來二千年，皆帝皇專制。余竊
欲辨其誣。」馬一浮非常高興：「自梁任公以來，未聞此論。敬願破例，參末
座，恭聆鴻議。」於是雙方約定好了。

　　到了錢穆講演那一天，馬一浮盡邀書院聽講者，全部出席。武漢大學有
一些學生請求旁聽，也不拒絕。馬一浮首先作開場白：「今日乃書院講學以來
開未有之先例，錢先生所談乃關歷史上政治問題，諸生聞所未聞，惟當靜默恭
聽，不許於講完後發問。」按照以往慣例，講演完了必然有一番討論，師生互
動的。

　　錢穆講演完畢，馬一浮安排了午餐。席間縱談，無所不及。錢穆盛讚嘉
定江山之盛。馬一浮說：「君偶來小住，乃覺如此。久居必思鄉。即以江水
論，晨起盥洗，終覺刺面。江浙水性柔和。故蘇杭女性面皮皆細膩，為他處所
不及。風吹亦剛柔不同。風水既差，其他皆殊。在此終是羈旅，不堪作久居
計。」

———————
[26] 據《錢穆紀念文集》，上海人民出版社，1992年。

他們一直談到下午四五點鐘。馬一浮親自將錢穆送到江邊道別,從此再沒有見面。數十年後,錢穆「追憶當年一餐之敘,殆猶在目前也。」[27]

秀甲天下的峨眉山離樂山很近,不過一天的路程而已,錢穆準備去遊覽,不巧收到教育部電報,要趕赴重慶開會,於是臨時決定離開樂山。武大學生錢樹棠等人到車站送行,錢穆已坐在車上了。那是一輛大卡車,後面沒有遮篷,他靠坐在貨袋上,向學生點頭道別。他要在車上顛簸一整天,才能到達成都。

當初錢穆來樂山時攜帶了一本中英對照本《耶穌新約聖經》,朝夕有空,時時翻讀,逐條細誦,一字不漏。等到離開樂山時,這本書也讀完了。

錢穆來川及離開都是坐飛機,因此水路未經過長江三峽,陸路沒走劍門關棧道,加上這次又沒上峨眉金頂,成了他居蜀三大憾事。

第三節　吳宓:老霄頂上講紅樓

吳宓儘管在武漢大學任教多年,還當過外文系主任,但那是在武大復員回到珞珈山之後的事情。樂山時期,不過是受邀講學而已。

1944年,代理西南聯大外文系主任的吳宓終於決定休假,擬定了研究計劃和外出講學辦法。因陳寅恪在成都燕京大學任教,吳宓願與之共事,遂接受聘請,任國文系教授。9月,他從昆明前往成都赴任,途中在遵義的浙江大學停留了半個多月,作學術訪問,和老友梅光迪、郭斌和及繆鉞等人見了面。吳宓在浙江大學作了「紅樓夢人物分析」的報告,然後於10月26日抵達成都燕京大學。在燕大期間,吳宓曾赴在樂山武漢大學,作《紅樓夢》學術講座,會晤了老友劉永濟、姚文青。又在樂山烏尤寺的復性書院與院長馬一浮見了面,和他切磋詩藝。

---

[27] 參見錢穆:《師友雜憶》第十二章,錢穆:《八十憶雙親‧師友雜憶》,嶽麓書社,1986年。

　　遠在20年代吳芳吉就曾多次在信中誇耀蜀中山水，要他來看看，這次他算是如願以償了。這一次的四川之行播下了他1949年西上四川的種子，影響他一生很大。

　　卻說這次吳宓從昆明來到樂山，任務是為武大學生講幾堂人生哲學。俗話說外來的和尚好念經，他的到來一時全校騷動，禮堂座無虛席，場場爆滿。

　　吳宓，字雨僧，有人取笑他是「情僧」，顧毓琇有「千古多情吳雨僧」句。武大學生早就聽人說，吳宓在戀愛戰線上是一個失敗者，偏又不信失敗乃成功之母，初嘗失敗，便忙不迭地抱了個獨身主義。「世界上該有多種主義可資信奉，吳公偏揀拾了一個不講人道的主義一輩子獨身服膺，是其知可及也呢？還是其愚不可及也呢？私忖此公本身正好就存在著一個不大不少的人生哲學問題，再說人生道上，陰陽乖違，那份年復一年之輩！」以此，學生莫土說，「吳公那幾講人生哲學，我是每講必到，到必洗耳恭聽，期有所獲，哪知道吳公在這方面竟完全交了白卷，講的盡是些舶來的玄之又玄的東西，不著邊際，使我大失所望。但得說句公道話，吳教授是有準備而來，講演的內容並不平乏，否則的話，誰還記起吳宓到過樂山那碼子事來！」[28]

　　學生們得知吳宓是一位對《紅樓夢》頗有研究的專家，於是要求「吳教授在講人生哲學之餘還得給大家談談風月寶鑒」，群情洶洶，抵賴不過。吳宓只好承允下來，一時人心大快！

　　吳宓講《紅樓夢》共是兩次，每次兩小時，「四小時裏吳公不用講稿：滔滔不絕，侃侃而談，妙語連珠，精彩百出，有時還在講臺上搓搓雙手踱著方步給背出一大段原詩原文，作為印證，大禮堂連窗臺上都擠滿了人，一干準學士聽得來如醉如癡！如果以戰時來作武漢大學的一個斷代，那等盛況算是既空前又絕後的了！」若干年後，莫土在回憶中寫道，「吳公演說《紅樓夢》和人生哲學，算來已是三十多年以前的事了，經過這三十多年的風吹雨打，你我的人生哲學，其豐碩詭譎，應已遠遠超越乎吳公所論及的這些那些，不去說它也罷！至於吳公那四個鐘頭的紅學精闢演說內容，經過半個花甲的折騰，也應該忘記殆盡了。」不過莫土只記得吳宓當時說過這樣一段話：「在西安某一寺院的一個老和尚，曾經告訴過我：《石頭記》原本是一篇像《會真記》般的東

[28] 莫土：《記情僧來到樂山》，《老武大的故事》，江蘇文藝出版社，1998年。

西，應該就是曹雪芹撰寫《紅樓夢》的張本，就像《西廂記》之脫胎於《會真記》一樣，至今那篇《石頭記》，並非長篇，該老和尚曾見及之云。」

吳宓該不是造謠惑眾之徒，姑錄之於此，存其一說，信不信由你。他認為曹雪芹的巨著，以改回稱為《情僧錄》比較妥當，「最後並鄭重其事央請大家一致同意他這點主張，演說遂戛而止，然後深深一鞠躬，飄然引去！大家對吳公這一突然舉動，愕然莫知所措。事後想想，吳公莫非是在作個自我交代，才故意來上畫龍點睛的這一筆。大家知道，詩人身邊連一個像寶釵那樣的次等貨色都是付之闕如的，非情僧為何？」

又據吳宓摯友、陝西儒商姚文青《摯友吳宓先生軼事》云：

> 抗戰時期，雨僧和尹石公先生來樂山，講學武大……時余於寓中便餐，招待雨僧，同桌者多為武大教授，半為雨僧學生。樂山工商界同鄉，以雨僧為鄉前輩，敬其人，擬聯合公宴。雨僧初拒之，眾請余代邀。余謂雨僧：「眾以同鄉情誼，敬君學品，初非有求於君，何必峻拒？」雨僧乃允。及期，眾先至，雨僧來，見室中煙霧瀰漫，色頗不懌。眾欲請其講話，雨僧謝之，終席無一言。余小語勿拂眾意，雨僧沉思片時，語余曰：「還是不說的好。」飯罷，有人以法幣貶值，問及國家經濟情況，雨僧曰：「余未研究，無人奉告。」另一人曰：「吾等商人，在國難中，請吳先生將做人道理講一講。」雨僧曰：「我想就是『不苟』二字。」眾旋辭去，余次子應祿，時肄業武大，與同學多人，環立室外，欲一覘領吳先生風采高論。雨僧召入，訓語多時，學生等伴送之回寓。[29]

1945年8月，吳宓休假期滿，本擬回西南聯大。9日又在準備赴樂山武大講學時跌成重傷，並患胸疽，留成都養病。醫囑「數月內斷不能以任何方式旅行」。正好抗戰勝利，各校開始考慮復員，吳宓遂去函清華請求續假一年留燕大上課，然後去武漢大學任教，隨武大復員，再圖北上返清華。得到同意。9月，吳宓改任四川大學外文系教授。

---

[29] 姚文青：《摯友吳宓先生軼事》，李繼凱、劉瑞春選編《追憶吳宓》，社會科學文獻出版社，2001年。

　　吳宓第二次赴樂山武大講學在1946年初。這次來可謂醞釀已久，一波三折。讀三聯版《吳宓日記IX》（1943—1945），可窺一斑：

1944年8月24日　星期四

　　下午，作詳函，致武漢大學劉永濟，朱光潛、葉　三君。……覆劉永濟八月八日來函，聘宓留教武漢一年，宓辭不就，但述宓休假遊歷往訪計劃。

1945年3月21日　星期三

　　4：30燕大見公權（按，指蕭公權）……但權認為武漢大學甚可棲托終身。其中人物，待友甚厚。於是勸宓春假即往樂山武大見濟（按，指劉永濟）等商洽云。

　　6—8訪寅恪。寅恪亦勸宓春假往訪濟等。觀察情形，再定形止。又權與寅恪均認為異日華北必入共產黨掌握，吾儕只宜蟄居長江流域則武大教宜云云。

1945年4月2日　星期一

　　系中鑒言燕京下學年可聘宓一年，而准宓集中加倍授課，居此半年，余在武大。但望朱光潛亦來燕京任教半年，待遇一切與宓同。二人各屬一校，兼授兩校之課，同得兩校之薪金。每半年互換。鑒命宓函潛詢商云云。

1945年4月3日　星期二

　　……下午，作長函致濟，致潛。覆濟三月二十六日來函，覆潛三月二十七日來函。決下年在武大講學一年。

1945年5月5日　星期六

　　……急於下午1—5作長函上梅校長貽琦……請假一年，赴武大，並釋武大呈部文之誤（不欲脫離聯大）。

1945年7月7日　星期六

　　晨，函濟。覆濟六月三十日函，言必來武大，不令濟失望。

1945年7月28日　星期六

　　上午9：00作長函上梅校長……請假一年，前往武大講學之經過及心情。

1945年7月29日　星期日

作長函致劉永濟，詳述近頃行止去住之事實與心情。約定八月十日赴嘉。而是晨劉道龢來……龢且願八月十日陪我同赴嘉州云云。

1945年8月7日　星期二

……今日方護送周鯁生就任武大校長，勸宓暫緩赴武大訪友，致有不便。

約5：00宓獨訪高承志留函，請將宓衣箱勿運樂山而改運昆明。又在其處作函，上教育部高等教育司，表明今仍願回聯大，不去武大，請查照辦理云云。

6：00訪龢，不遇。乃告龢妻究竟赴嘉，並是否八月二十一日同歸蓉；便早訂郵車。龢妻不悅。

1945年8月9日　星期四

自夜半至今日上午十一時，大雨不止，滂沱急驟。宓念邵循正上汽車（赴渝）困難，尤憂宓偕龢赴嘉行途之苦，頗有畏止之心。

7：00起，入廁。雨中，在院中。躍越水漬，不慎，滑倒。右側臥地，股肩甚痛，衣褲盡濕……街衢大水，赤足以行。宓至是乃決取消樂山之行，且自苟安將息。

正午，冒雨至提督街紫竹林素食館，自進午餐。而借其地，作快函致劉永濟，朱光潛、葉　三知友。先敘決回聯大，而失約不來武大講學之不得已。次述今日臨行忽止，不來嘉訪晤諸友之理由。（一）恐路阻車遲，歸期延誤，不及陪寅恪飛昆明。（二）今晨宓之滑跌，身痛，意沮。（三）恐樂山亦大雨，盛水，不便遊覽攀登。故徑不來云云。

1945年8月12日　星期日

同在程會昌、沈祖棻夫婦處坐。與昌約，若寅恪飛機不成，則當偕昌至嘉訪弘度。

孫法理編《吳宓年譜》載：「1946年1至2月，赴樂山武漢大學講學、訪友，又去樂山復性書院訪馬一浮。」[30]據《吳宓日記Ⅹ》（1946—1948）云，

---

[30] 孫法理編：《吳宓年譜》，《北京珞嘉》2002年第1期。

1946年1月26日（農曆1945年臘月廿四日），吳宓應周鯁生校長邀請，由程千帆陪同乘中央銀行汽車由成都抵達樂山，在武漢大學講學一個月，住樂山鳳灣第五號（前川康稅務局）武大招待所。時劉永濟全家剛剛由城外雪地頭遷入鳳灣。吳宓食宿漿洗則由劉家女僕協助料理，並與劉永濟、朱光潛、徐天閔諸老友共度新春佳節。

吳宓這次講學情景，當年武大學生多有回憶。如田林《讀吳宓小傳的聯想》云：

> 記得1945年末，他在樂山武大的一次講演，充分展示了他的治學風範。當時禮堂在老霄頂，他經山路從後角門來，久叩不開，待裏面聽到門打開，他登壇就講：「話說寶玉見關著門，便用手扣門，裏面諸人只顧笑，那裏聽見。叩了半日，拍得山門響，裏面方聽見。襲人親來開門。寶玉一肚子沒好氣，滿心的要把開門的踢幾腳。方開了門並不看真是誰，還只當時是那些小丫頭們，便一腳踢在肋上，襲人嗳喲一聲，這一腳可就踢重了，也踢錯了，今天開門的不是襲人，可我也沒敢踢呀！」這開場白，博得熱烈掌聲。接著他講寶玉的癡情。他問同學見過癡情什麼樣嗎？可看紅樓夢第五十七回，「慧紫娟情辭試莽玉」，他用這一回的晴雯、眾人、李嬤嬤、襲人、黛玉、賈母、紫娟、林之孝家的語言，描繪了癡情。原句都是倒背如流，口若懸河，令人肅然起敬……他的演講機智靈活，舉重若輕，巨細無遺，不愧為紅學大師。[31]

楊遜回憶，「1945年日寇投降後不久，我們還在四川樂山學習時，吳宓先生就曾應約前來武大參觀、講學，有一次給全校同學（和部分教師）講《紅樓夢》。吳先生在古典文學領域，學貫中西，他也是國內著名的紅學大師。據他自己說，《紅樓夢》他讀過百多遍，大部分能背誦下來。那次聽眾特別多，大禮堂內座無虛席，還有不少同學在講臺前和過道上蹲著或站著聽，每個窗口都擠滿了人。」[32]

---

[31] 田林：《讀吳宓小傳的聯想》，臺灣《珞珈》第143期。
[32] 楊遜：《輶軒兩則》，臺灣《珞珈》第141期。

張蕭文《50多年前母校幾次學術活動瑣憶》云，「1945年我剛到武漢大學電機系讀書……與此同時，中文系請來了著名的『紅學』專家吳宓教授，他就《紅樓夢》問題，作了一次學術演講，我慕名去聽了，瞻仰了吳教授的風采。當時吳教授清癯的面龐戴著一副黑邊眼鏡，滿臉發青的下巴顯示他有一臉絡腮鬍鬚。從那一次我才知道《紅樓夢》居然有這麼多可研討的內容也是第一次聽到『紅學』的名字。」[33]

吳宓講學完畢，2月18日上午，劉永濟、胡稼胎、韋潤珊送吳宓至汽車站乘車回蓉。次日，吳宓致函劉永濟，告安抵成都。此間，劉永濟填詞《浣溪沙·聽雨僧說石頭記人物》：

> 君亦紅樓檻外人，淒涼猶說夢中身。　情何計等冤親。
> 頑石倘能通妙諦，棃花無礙是奇文。獨持宏願理群紛。

又作詩《贈雨僧·且致攀留之意》：

> 相見時難別亦難，今回攜手莫悲酸。
> 山高水毒行何往？鳳泊鸞漂事萬端。
> 枕上華胥疑有國，眼中鮫海尚翻瀾。
> 君看泯沫清如此，比似昆池孰便安。

抗戰勝利後，西南聯大的歷史使命結束，各校返回原地。清華大學遷回北京。吳宓為時任武大文學院長的知友劉永濟堅邀，於1946年8月去珞珈山任武大外文系教授。又因外文系主任朱光潛去了北京大學，吳宓兼系主任。

---

[33] 張蕭文：《50多年前母校幾次學術活動瑣憶》，《武大校友通訊》1998年2輯。

第四節 凌叔華：看山終日不憂貧

武大「珞珈三女傑」的婚姻，似乎凌叔華最值得羨慕。袁昌英與楊端六是「半包辦」，蘇雪林與張寶齡完全是包辦，只由她與陳源是自由戀愛。可她嫁給陳源，似乎又很不幸。因為早在1928年10月，陳源從北大到武大任教，她始終只是家屬的身份。論學歷與才華，她完全可以在外文系或中文系任職，但身為文學院院長的丈夫陳源並沒有聘任她，也許避任人唯親之嫌吧。所以在武大期間，凌叔華一直是一位家庭婦女。1929年10月，她就曾致信胡適，傾訴賦閒在家的苦悶情緒。

由於國內形勢的劇變，1938年2月下旬，武大決定西遷。陳源考慮到凌叔華和他母親、妹妹合不來，決定暫時將母親和妹妹送到重慶去，和他弟弟待在一起。然後他又隨遷校考察團一起來到樂山。一位隨同考察的女教授寫信給準備撤離的人們，告訴他們要帶來些什麼東西。十多年後，凌叔華在一篇文章裏提到了這位女教授曾經提醒他們注意的事項：

> 嘉定是個可愛的小城……這兒的人都很友善、有禮貌，不過跟他們交朋友不是件容易的事情。因為他們有些是土生土長的四川人，有的是從西藏來的，還有些屬於苗族部落……我來後，聽說嘉定這個地方好幾百年來一直流行一種怪病，一天之內就可以要人命。據說，你正在看著風景，會覺得忽然冷颼颼一陣陰風刮來，就染上病了……你們來時，一定要記住隨身帶上藥箱！（凌叔華，《在嘉定的快樂歲月》，原載英國《鄉村歲月》1951年10月19日）[34]

---

[34] 轉引自魏淑凌著、張林傑譯：《家國夢影》，百花文藝出版社，2008年。

6月，凌叔華和女兒小瀅在武昌碼頭登上一艘入川的江輪，她的藥箱裏裝著妹妹淑浩寄來的維他命、安眠藥、消炎藥等。船滿載著乘客和貨物，穿過長江兩岸駛向重慶，黃鶴樓宏偉的輪廓逐漸消失在遠方。後來，凌叔華在一篇散文裏引用南唐李後主的詩句來描寫當時的心境：「記得倉皇辭廟日……揮淚對宮娥。」

在重慶陳源的弟弟家住了幾天後，凌叔華和女兒乘坐一艘小汽輪繼續西行，朝岷江駛去。

8月的一個晚上，她們到了樂山。一尊大佛正用似閉非閉的眼睛注視著她們，一雙大手放在膝上，安詳地坐在懸崖一側。遠處茂盛的樹木襯映著他沉思的臉龐。他的腳幾乎接到岷江的邊緣，比他們坐的船還要大。後來，凌叔華寫到了這一刻的美景：

> 江面略帶著橙紅色。夏天冰雪融化的時候，江水裏全是從峨眉山和西藏大雪山上流下來的泥沙。夜空下，那些暗綠色的山嶺顯得輪廓分明。兩岸都是山，山上綠樹蔥蘢……整面懸崖粉白的石壁上雕著一尊佛像。[35]

凌叔華筆下的樂山充滿了詩情畫意，但現實生活中，武大師生們卻不得不努力適應新的環境。他們最初住在茶館和寺廟改造的臨時宿舍裏，自己生火做飯，去江邊擔水上山。岸邊的石階上，刷尿壺的、洗尿布的、洗菜的、淘米的、洗碗的，一個挨著一個。到了晚上，他們就用明礬和草藥把江水澄乾淨，點起菜油燈。凌叔華以一個知識女性的良知與熱忱關心著抗戰，同時也留心觀察與體驗著樂山後方民眾的生存境遇與生活狀況。1939年4月，她寫了紀實性散文《後方小景》，發表於6月1日《大公報》文藝副刊上。文章開頭就描寫夜晚寒風透過用泥巴和竹條糊成的牆板刮進家裏，很多人病倒了：

> 夢回時，遠近都是咳嗽聲，聲節長短緊慢，似夏夜池塘的蛙叫，卻多了一種掙扎苦惱情緒。那一個是重傷風，那一個是流行性感冒，那一個是百日咳，那一個是長年久咳的肺癆病呢？[36]

---

[35] 轉引自魏淑凌著、張林傑譯：《家國夢影》，百花文藝出版社，2008年。

[36] 凌叔華：《後方小景》，陳學勇編《凌叔華文存》（下），四川文藝出版社，1998年。

她描繪樂山城裏大街上的情景，「一批一批的小販，像江水一樣流入城裏去」：

> 肉擔子，雞鴨擔子，以及拉長途洋車的伕子都是剛到成年的男子，雜在女人擔子裏，他們像一只老公雞一樣顯得不凡。他們的資本，較之一般的女工當然雄厚許多。可是只要他們想到昨天前天賣過肉和雞鴨之類，扣除了老本，自己肚袋裏究竟落了幾個錢，他們便要抽一口冷氣了。切肉時，他們解恨的機會到了，狠狠的剁下去，狠狠的把那塊肉摔過一邊。買肉的嫌少切了一錢半分，哼，補上！一條一小塊的「凌遲碎剮」這家夥，添到買主手上，大家心平氣和了，上茶館裏坐去，坐下一霎時便兩三頓飯工夫。

《後方小景》並非美景，而是一副「饑寒圖」或「民憂圖」。以白描手法狀寫場景與勾勒人物，是凌叔華所擅長的。她常以簡約的筆觸表現出最具神髓的地方，當然，這是與其觀察與感受力密切相關的。

凌叔華在樂山待了大概一年後，生母李若蘭在北平病故，於是攜帶女兒小瀅北上奔喪。料理完喪事後即留北平，凌叔華執教於燕京大學，女兒在燕大附小讀書。陳西瀅和他妹妹仍在樂山侍奉老母。

1942年2月6日，凌叔華攜女兒取道廣州，經由桂林、貴陽、重慶返回樂山。一時寄居白塔街生物系教師林春猷家。

1943年2月，陳源赴英國工作，留下凌叔華和女兒在樂山。等到夏天岷江邊的房子滿租，她們母女於7月11日，「搬到萬景山上的小房子來，這是一座附廓的小山，旁有廢廟萬佛寺，我們的房子築在寺旁古墳堆上，好在左右均有古木細竹，把亂磚荒草芟除，卻也多少尋得出倪雲林畫意。」（《山居》）萬佛寺位於陝西街盡頭，大概原來有寺，此時只是一塊平地，武大借來為無房教職員蓋了幾排簡易平房。陳源既已離開武大，而凌叔華又非武大職工，估計分不到房子，所以她的房子是挨近武大宿舍自建的。

凌叔華從小就愛山，在她生命歷程中，凡是住過的地方幾乎都有山。她搬到萬景山後的當年11月寫下一篇精短而雋永的散文《山居》。她在文中這樣寫

早晨，「外面朝霧籠著遠近山頭，籬笆外的竹叢下不知何時長出高高低低的新枝，已高出我們的屋簷了。籬外一片濕翠，蒙著乳色的霧衣，另有一番可喜景色。這時我不禁吟哦石濤的詩：『新長龍蓀過屋簷，曉雲塗處露尖峰。山中四月如十月，烏帽憑欄冷翠沾。』這詩好像為我此時作的。」[37]

寫初冬朝霧初消的遠景：「烏尤凌雲諸山在裝點著銀色的岷江與大渡河，宛如一幅仇十洲或唐伯虎的秀麗的山水畫橫在目前。我想引起陶淵明『採菊東籬下，悠然見南山』名句的煙思波里純（即靈感）也不過如此。想著這一點我會忘掉操作的疲勞及物價高漲不已的憂懼。」

寫午後的時光：「我覺得最享福的是午後沏一壺茶，坐在萬綠叢中自由自在的讀我心愛的書，寫我所要寫的畫，這是神仙皇帝該嫉妒的意境，我在這時常不禁油然漫誦石濤的『年來蹤跡罕人世，半在山鄉半水鄉……』」

甚至，她還率真地說，「我是個有山水癖的人，戰爭原是該咒詛的，但這次神聖抗戰卻與我這樣幸福，使我有機會與山水結緣，我該感謝誰呢？」如此感歎，我們不至於認為「商女不知亡國恨，隔江猶唱後庭花」吧。

上世紀50年代初，凌叔華為英國《鄉村生活》雜誌撰稿。在《在嘉定的快樂歲月》一文中，她寫到在丈夫出國後，她如何決定在一座能看到大佛的山丘上，建造一所有工作室的兩層小樓。房子的牆是用竹子和木頭釘的，房頂上鋪著黑瓦。木匠在屋子一角的柱子旁搭了一架樓梯，可以爬到樓上的工作室去。叔華整日在樓上畫畫、看書，樓上三面都有窗子，能看到群山和河流。在《1800年前的古老石刻》中，她聽當地人說附近的山洞裏有蛇、有鬼還有女瘋子，她和朋友還是想去看個究竟。潮濕的穴壁佈滿了青苔，她們站在這個涼爽、黑暗的地方，觀賞著洞裏生動的古代石刻：上面的動物、花卉，還有帝王、宮女，全都那麼流暢優美，有的幾乎和真人一般大小。

凌叔華對鄉村生活輕鬆愉快的描寫，與她1944年11月14日寫給胡適的一封信形成了鮮明的對比。在那封信裏，她附上一份簡歷，請胡適幫她在美國大學中找一教職。她說樂山那種環境下好多人都得了胛狀腺疾病，當地醫生也沒辦法。武大教授都死了好幾個，她自己的抵抗能力又特別弱，只有遷地為宜。如

[37] 凌叔華：《山居》，凌叔華著、陳學勇編：《中國兒女——凌叔華佚作、年譜》，上海書店出版社，2008年。

果能去美國的話，不但可以治好病，還可以做點兒有助於抗戰的事情。

　　十幾年後，也就是1958年11月，身處星洲的凌叔華還在深情地回憶樂山萬景山歲月：

> 　　武大教授臨時住宅築在萬佛寺山上，面臨岷江，正對著蘇東坡讀書居所的淩雲寺。這一帶的江聲山色，就是樂山人所自豪的「桂林山水甲天下，嘉州山水甲桂林」的根據。據傳說，這也就是古來所稱的「小三峽」，也是「思君不見下渝州」的地方。不少大詩人（黃山谷手跡甚多）到過峨眉與嘉州。在對面的山裏，還有兩三個漢墓，由那裏面浮雕的山川人物，我們還可窺見當年華陽國誌所描寫的盛況。
>
> 　　到樂山的第二年，日寇仍未有退意，我就賣掉帶去逃難的衣物，找到一個相識的泥水匠的頭兒，買些川中特異的木材磚瓦，蓋了一座小樓，與對岸山上的淩雲寺遙遙相望。那時日寇正由粵北上，敵機時時飛來，我每日坐在小樓上對著入畫的山川，悠然的看書作畫，有時竟還寫詩自娛。有一次寫了一首七絕，蘇雪林看，她極為稱賞這兩句「浩劫餘生草木親，看山終日不憂貧。」那時川中物價節節高漲，敵人近境，人心惶惶，大有不可終日之勢。幸我終日看山，心境坦然不為所擾。我至今還感激那多情的山水，在難中始終殷勤相伴。[38]

　　半個多世紀之後的2007年11月，凌叔華的女兒陳小瀅也在英國回憶當年的新居：

> 　　我母親特別在我們家前面的大樹旁邊修建了一間小樓，就靠著大樹，小樓很小，上樓是從外面小梯子走上去的。下面是一間很小的房間，可以在那裏吃飯。樓上是母親的書房。她不在樂山的時候，我就上去睡覺。她畫的就是那間小樓，因為在上面可以看到樂山的美麗風景。[39]

[38] 凌叔華：《愛山廬夢影》，《凌叔華散文選集》，百花文藝出版社，2004年。
[39] 陳小瀅講述、高豔華選編：《我和我的紀念冊》，《散落的珍珠》，百花文藝出版社，2008年。

陳源出國後，女兒要上學，凌叔華一個人走出走入覺得冷清，乃至樹上鳥語細碎，籬外貓狗相鬥，都感到很熱鬧。好在萬景山新居與蘇雪林、袁昌英所住陝西街的「讓廬」很近，「珞珈三女傑」可以頻繁相聚，交流著友情與文事。蘇雪林曾經對凌叔華的房舍進行描述：「叔華也在該地建簡陋的屋子數間，並建一小樓，樓之小堪容膝，但佈置精潔。我們幾個朋友，常常在那樓中茗話，開窗憑眺，遠處山光水色，蔥蘢撲人而來，別有一番滋味。那時候，陳納德飛虎隊屢挫敵鋒，日本的軍力也勢成弩末，敵機不常來，我們客中歲月倒過得安閒寧謐。」[40]

凌叔華幼年師從名家學畫，所以她不僅是作家，也是畫壇高手。樂山時期，生活條件十分艱苦，精神上也很苦悶，凌叔華便寄情丹青，以此「忘掉操作的疲勞及物價高漲不已的恐懼」。蘇雪林在暮年回憶中說：「叔華趁此大作其畫，在成都，在樂山，連開幾個畫展。」1943年秋，武大舉行四十周年校慶，在文廟西側的一間大教室辦展覽。「其他的展品不記得了，至今記憶猶新的是五四時代的女作家《花之寺》的作者凌叔華女士的一幅長卷。那是陳列在展室正中一張長臺子上的，約有一丈開外。潔白的宣紙上用清淡的墨色工致地勾勒了若干叢水仙。水仙在梅蘭竹菊四君子之外，但有凌波仙子之稱，也是淡雅清純的東西。凌老師的畫力求把捉氣韻，不設色，不渲染，滿幅清麗的葉與花，脫盡塵俗，似乎是供人焚香清賞的那一類。」[41]

在此之前，大概是1942年，程千帆夫人、女詞家沈祖棻有《國香　題叔華夫人雙佳樓水仙卷子》云：

> 粉潤脂溫。甚生絹乍展，呼起湘魂。依稀畫蘭心事，鉛淚留痕。日暮淩波何處？步千驛、羅襪生塵。回頭楚天遠，解佩江空，鼓瑟雲昏。
> 國香流落久，歎東風換世，殘夢無春。晚潮淒咽，應悔翠帶輕分。更怕瑤簪凍折，誤幾多、洛浦歸人？青青數峰在，剩水流愁，尚護靈根。

[40] 蘇雪林：《悼念凌叔華》，臺灣《珞珈》第104期。
[41] 孫法理：《樂山時期的文化生活》，《珞嘉歲月》，2003年。

程千帆箋註曰：「余與通伯共事武漢大學，凌夫人囑余夫婦為題所畫此卷，未及書而余等改教成都金陵大學，乃請友人葉麟石蓀教授代書之。」[42]

1944年7月，重慶國民黨的「青年團」計劃請凌叔華、蘇雪林、袁昌英創辦一雜誌，每年補助四萬元經費。她們已醞釀籌辦，並擬名《女青年》，但未果。10月，凌叔華曾往重慶，12月4日回樂山。[43]

抗戰勝利後的1946年，凌叔華為了去英國與陳源團聚，和女兒離開了樂山。

第五節　樂山武大：院士們的搖籃

> 近幾十年來，從《漢語大字典》的編纂，到中國海洋學的奠基；從大型億次計算機的問世，到秦山核電站的落成；從祖國寶島臺灣的經濟騰飛，到人類首次登月壯舉的圓滿成功，等等，這些轟轟烈烈的壯舉，無不浸含著武漢大學樂山時期眾多傑出校友的聰明才智和辛勤汗水，切實地反映了武漢大學對國家、民族和人類文明進步所盡到的歷史責任。（顧海良，《在武大建校115周年暨紀念西遷樂山70周年大會上的講話》）

作為一所大陸重點大學，武漢大學一直注重優良學風的養成、崇高學術地位的奠定和優秀人才的造就。上世紀40年代，武大就以培養的學生質量高而受到世界一流大學的青睞。1944年底，經濟系畢業的陳文蔚與同榜高中的班友譚崇臺作伴出國，飛赴美國哈佛大學讀研究生。他晚年回憶說，「同榜考中並同時入哈佛之武大經濟系各期畢業校友，另有劉滌源、陳餘年、陳啟運、顧謙祥，連同我二人，再加上母校1934屆畢業老學長張培剛兄，總共7位校友均同時在哈佛經濟系研讀，可稱『稀有的盛事』（周鯁生校長）於1945年來哈佛訪問時當面說的）。據此一端，即可見證20世紀30年代和40年代武漢大學在國際上校譽之隆（牛津和劍橋大學亦同樣接受武大畢業生平均成績在80分者為正式研究

---

[42] 程千帆箋註：《沈祖棻詩詞集・涉江詞乙稿》，江蘇古籍出版社，1994年。
[43] 據陳學勇編：《凌叔華年譜》，《中國兒女》，上海書店出版社，2008年。

生，不需另經入學考試）！」[44]還有這麼個流傳較廣的說法：經濟系畢業的陳文蔚1944年進入哈佛大學深造，1946年由哈佛大學轉入芝加哥大學直接攻讀博士學位，在其申請就讀芝加哥大學的過程中，他的武大「背景」起到了不小的作用。當時美國有關部門曾對中國大學的辦學水平進行過一次評估，芝加哥有關人員據此問他：「你畢業於武漢大學，你知道你們學校在中國是什麼地位嗎？」陳未即作答。當對方告訴他武大在中國國內處於第二的位置時，陳笑稱：「我一點都不感到意外，讓我奇怪的是，為什麼不是第一？！」當對方告知第一名乃「Southwest Associated University」（即西南聯合大學）之後，陳文蔚於是釋然。這段軼聞的真實性有待考證，但也從側面反映了當時武大的國際聲譽。

武大的校友在若干年後的表現充分證明，樂山時期的畢業生雖然不過區區數千人，但成才率相當高。僅僅是日後成為院士者就有十數人。若加上曾經任教、生活過的院士，更是多達二十餘人。

樂山武大就讀過的院士

1. 柯俊（1917.6—），材料物理學及科學技術史學家。浙江黃岩人，1938年畢業於武漢大學化學系，獲學士學位。幾十年從事合金中相變的研究，在鋼中首次發現貝茵體切變機理，至今在英、美、德、日、俄學者中仍為貝茵體形成機理的主流學派。50年代首次觀察到鋼中馬氏體形成時基體的形變和對原子簇馬氏體長大的阻礙作用；80年代系統研究鐵鎳釩碳鋼中原子簇因導致蝶狀馬氏體形成，發展了馬氏體相變動力學；指導開展微量硼在鋼中作用機理的研究。1980當選為中國科學院學部委員（院士）。

2. 彭少逸（1917.11—），化學家。江蘇溧陽人，生於湖北武漢。1939年畢業於武漢大學化學系，留校任研究助理兩年。早年從事石油煉制和有機合成方面的研究。50年代從事石油煉制催化劑和色譜分析研究。組織領導了合成油七碳餾分脫氫環化制甲苯研究，開發了催化劑，實現了工業化生產。1960年以後研究成功柴油中芳烴的抽提，已用於生產。發明了碳纖維高效脫氧催化劑及以

---

[44] 陳文蔚：《畢業母校六十周年有感》，《武大校友通訊》2003年第2輯。

活性炭為載體的非貴金屬脫氧催化劑等，均已用於高純氣體的生產。領導開展了一碳化學的研究工作。1980年當選為中國科學院學部委員（院士）。

3. 張致一（1914.11—1990.10），生理學家。山東泗水人。1940年畢業於武漢大學生物系。首次通過激素使南非蟾蜍由雄性轉變為雌性，產生單性（全部為雄性）後代，同時又用生殖腺移植技術獲得了由雌性轉變為雄性的動物；首次提出了遺傳基因與性變的關係及生殖腺分化受體細胞所支配的理論；首先發現了下丘腦與垂體原基的部位和功能，並揭示中葉激素不同於促腎上腺皮質激素；對胚胎著床機理的研究尤為系統，而激素的應用收到了顯著的經濟效益。1980年當選為中國科學院學部委員（院士）。

4. 錢保功（1916.3—1992.3），化學家。江蘇江陰人。1938年由交通大學轉入武漢大學化學系，1940年畢業。1949年獲美國紐約布魯克林理工學院碩士學位。在國內開創了合成橡膠、高分子輻射化學、高聚物粘彈性能和高分子固態反應等方面的研究。在合成橡膠的力學性能、粘彈性能、分子運動等方面進行了深入系統研究。領導組織稀土順丁、鎳順丁橡膠的表徵研究。還對天然橡膠的結晶過程、聚乙烯的紫外光敏交聯、高聚物體系固態反應等方面進行了研究。1980年當選為中國科學院學部委員（院士）。

5. 謝家麟（1920.8—），加速器物理學家。直隸武清（屬天津）人。1942年肄業於武漢大學機械系，1943年畢業於燕京大學物理系。1948年在美國加州理工學院物理系獲碩士學位。50年代初在美國領導建成當時世界上能量最高的一臺醫用電子直線加速器。60年代初研製成功我國防沖功率最大的速調管和我國最早的一臺可向高能發展的30MeV電子直線加速器，國內第一臺電子迴旋加速器等，均獲全國科學大會獎。並在此時期領導國防任務中子管的研制。1980年當選為中國科學院學部委員（院士）。

6. 陳榮悌（1919.11—2001.11），化學家。四川墊江人。1944年武漢大學化學系研究生畢業。1952年獲美國印第安那大學博士學位，是國際上研究溶液中絡合物化學的早期科學工作者之一。對絡合物在溶液中的組成和穩定性研究及實驗方法有所發展（如折光法等），曾提出絡合物穩定性與配體酸鹼強度之間的直線自由能關係和直線焓關係，並發展為配位化學中的線性熱力化學函數關係。80年代用大量實驗結果證明了上述關係在配位化學中的存在，並將這些線性關係和所有能量之間的線性關係，歸納為配位化學中的相關分析。1980年當

選為中國科學院學部委員（院士）。

7. 張興鈐（1921.11—），金屬物理學家。河北武邑人。1942年畢業於武漢大學礦冶系，1952年獲麻省理工學院物理冶金博士學位。50年代初在美國系統地研究了在蠕變過程中純鋁及其二元單相合金的形變和斷裂機構，尤其是晶粒間界行為。1989年赴美訪問期間，又進行了細晶的研究，根據試驗證據，運用形變協調或受阻的觀點，提出晶界裂紋形成和傳播的模型，並系統地闡明晶界行為與高溫強度、塑性、斷裂的關係。在高溫強度和超塑性領域內做出了重大成就與貢獻。1991年當選為中國科學院學部委員（院士）。

8. 張效祥（1918.6—），計算機專家。浙江海寧人。1943年畢業於武漢大學電機系。50年代末，領導中國第一臺大型通用電子計算機的仿制，並在此後的35年中主持中國自行設計的從電子管、晶體管到大規模集成電路各代大型計算機的研制，為中國計算機事業的創建、開拓和發展起了重要作用。70年代中期，領導和直接參與並率先在中國開展多處理器並行計算機系統國家項目的探索與研制工作，經過多年努力，於1985年完成中國第一台億次巨型並行計算機系統。1991年當選為中國科學院學部委員（院士）。

9. 歐陽予（1927—），核反應堆及核電工程專家。四川樂山人。1948年畢業於武漢大學工學院電機系。1957年獲蘇聯莫斯科動力學院技術科學博士學位。2000年當選為俄國工程院外籍院士。參與主持並組織完成了中國第一座生產堆研究設計，該堆順利建成投產。擔任中國第一座自行設計建造的秦山核電站的總設計師，全面負責技術指揮和決策，解決了建造中一系列重大技術問題。秦山核電站已並網發電成功，是中國在核電技術上的重大突破。1991年當選為中國科學院學部委員（院士）。

10. 文聖常（1921.11—），物理海洋學家。河南光山人。1944年畢業於武漢大學機械系。長期從事海浪研究，60年代初得到屬當時國際前列的「普遍風浪譜」，80年代初在國際上首次得到解析形式的風浪頻譜，90年代初將頻譜與向性有機結合起來，得到解析形式的方向譜，60年代中期主持研究的海浪計算方法於70年代作為國家規範，取代了長期使用的國外方法。在國家「七五」科技攻關項目中，針對國際上盛行的第三代海浪預報模式的缺陷，提出新型混合型模式，有極強的實用價值。1993年當選為中國科學院院士。

11. 俞大光（1921.1—），理論電工和電子工程專家。湖南省長沙市人。

1944年武漢大學電機系畢業，後留校任教至1949年。在核武器引爆控制方面，採用過載延時引信，提高了引爆的可靠度。在核武器再人遙測技術中，採用S波段脈位鍵控調制方案，獲得了良好結果。擔任我國某型號核武器總體設計師並完成定型工作，參加並審核、制定院軍標、國軍標和屆家標準數十項。為中國核武器的研制、定型和人才培養做出了重要貢獻。1995年當選為中國工程院院士。

12. 張嗣瀛（1925.4—　），自動控制專家。山東章丘人。1948年畢業於武漢大學機械系。早期從事運動穩定性及最優控制的研究，其中有新型的有限時間區間穩定性。曾參加反坦克導彈的研制，解決了控制系統的關鍵問題，取得突出實效。又在微分對策的研究中，提出並論證了定性微分對策的極值性質，給出了定性極大值原理，使定量、定性兩類問題都統一在極值原理的基礎上，形成新體系，並給出一系列應用。在主從對策的研究中，提出懲罰量等新概念及定量計算。1997年當選為中國科學院院士。

13. 崔崑（1925.7—　），金屬材料專家。山東省濟南市人。1948年畢業於武漢大學。長期從事材料科學的教學與研究工作。研究開發了一系列高性能新型模具鋼，在生產中得到廣泛的應用，經濟效益顯著；在鋼的合金化、夾雜物工程、高韌性金屬陶瓷、激光熔覆等方面進行了系統、深人的研究工作。多次獲得國家及省部級獎勵，「易切削精密模具鋼8Cr2s」獲1985年國家發明二等獎。1997年當選為中國工程院院士。

14. 嚴耕望（1916—1996.10），享譽世界的中國歷史學家，專治中國中古政治制度和歷史地理。安徽桐城人。1941年畢業於武漢大學歷史系。曾任中央研究院歷史語言研究所研究員，中文大學教授，美國哈佛大學訪問學人，耶魯大學客座教授及新亞研究所教授。著有《唐僕尚丞郎表》及成名作《秦漢地方行政制度》等專書共七種，論文四十多篇。其中《魏晉南北朝地方行政制度》填補了漢唐之間的制度研究空白，而鴻篇巨制《唐代交通圖考》更是古代人文地理研究的集大成之作。1970年當選為臺灣中央研究院院士。

15. 黃孝宗（1920.3—　），美國航天工業界傑出華裔科學家、美國國家科學院院士。祖籍福建廈門，生於湖北漢陽。1938—1942年就讀武漢大學機械工程系。1949年獲美國麻省理工學院工程博士學位。曾參與美國航太工業發展，曾先後參與美國國防系統、阿波羅登月計劃、太空梭研發計劃。1980—1992年，在臺灣工作12年。曾任臺灣中山科學院代院長（因其為美國公民之故），負責

策劃新式武器發展及自力研制各項導彈,高性能戰機成功(雄風、天弓、天劍、1DF等)計劃,堪稱臺灣航太國防事業的國寶級靈魂人物。英國劍橋國際傳記中心(IBC)將他列為「二十世紀傑出科學家」。

樂山武大執教過的院士

1. 周鯁生(1889.3—1971.4),國際法學家。湖南長沙人。1906年赴日本早稻田大學留學。後赴英國愛丁堡大學攻讀政治經濟學,獲碩士學位;又到法國巴黎大學攻讀法學,獲博士學位。1928年任國立武漢大學籌備委員會委員,1929至1949年任教於國立武漢大學法學院,1945至1949年任國立武漢大學校長,1948年當選為中央研究院院士。周鯁生先後發表過大量論文著述,其中在其原著《國際法大綱》的基礎上,寫成的《國際法》是世界國際法學中自成一派的法學著作,在我國的國際法學界具有權威地位。

2. 邵象華(1913.2—),鋼鐵冶金專家。浙江杭州人。1932年畢業於浙江大學化工系,1938年獲倫敦大學冶金碩士學位。1939年至1940年在武漢大學礦冶系任教授。他設計並主持建設了中國第一座新型平爐。解放後,他先後開發了超低碳不鏽鋼、含稀土和鈮的鋼種及新型合金的生產工藝,創立了從廢鋼渣和鐵水中提取鈮的獨特工藝,開發了用氧氣轉爐冶煉中碳鐵合金、轉爐煉鋼底吹煤氧等項重大工藝,並開展了有關的應用基礎研究。1955年當選為中國科學院學部委員(院士)。1995年當選為中國工程院院士。

3. 李文采(1906.9—2000.3),鋼鐵冶金學家。湖南永順人。1931年畢業於上海交通大學。1939年在武漢大學礦冶系任教。首次在我國半噸轉爐試驗了純氧頂吹,煉成合格鋼水一百餘爐。進行過真空下鑄鋼和連續鑄錠試驗。在首鋼、包鋼、淄博硫酸廠、湛江鋼廠進行了熔融鐵礦用炭還原制取鐵水的試驗。1955年當選為中國科學院學部委員(院士)。1998年被國務院授予中國科學院資深院士稱號。

4. 李國平(1910.11—1996.2),數學家。廣東豐順人。1933年畢業於中山大學數學天文系,後赴日本東京帝國大學、巴黎大學留學。1940年至1996年一直在武漢大學任教。主要從事函數論、數學物理等方面的研究工作。在半純函數、唯一性問題、有理函數表寫問題、整函數理論應用、解析函數逼近、數學

物理與系統科學等研究中獲多項重要成果。在函數論研究方面取得一系列突出成果。1955年當選為中國科學院學部委員（院士）。

5. 朱光潛（1897.9—1986.3），美學家、文藝理論家、教育家、翻譯家。安徽桐城人。1917年考入國立武昌高等師範學校，1939年至1945年任武漢大學教授、教務長。朱光潛視野開闊，對中西文化都有很高的造詣。在其700萬字的論著和譯著中，對中國文化作了深入研究，對西方美學思想作了介紹和評論，融貫中西，創造了自己的美學理論，在我國美學教學和研究領域作出了開拓性的貢獻，在我國文學史和美學發展史上享有重要的地位，並享有很高的國際聲譽。1957年選聘為中國社科院學部委員（院士）。

6. 高尚蔭（1909.3—1989.4），病毒學家。浙江嘉善人。1930年畢業於東吳大學生物學系，獲理學士學位。1935年獲美國耶魯大學博士學位。留學回國後長期在武漢大學任教，樂山時期與同事在大渡河畔發現中華桃花水母。通過煙草花葉病毒的分析研究，證實了病毒性質的穩定性；在國際上首次將流感病毒培養於鴨胚尿囊液中；創立昆蟲病毒單層培養法，在家蠶卵巢、睾丸、肌肉、氣管、食道等組織培養中應用成功；創辦了中國最早的病毒學實驗室和病毒學專業。1980年當選為中國科學院學部委員（院士）。

7. 張鍾俊（1915.9—1995.12），自動控制理論專家。浙江嘉善人。1934年由國立交通大學畢業，1937年獲美國麻省理工學院博士學位。1938年11月至1939年底任武漢大學電機系教授。在控制領域的廣泛前沿開展了卓有成效的研究，在預測控制、魯棒控制、非線性控制和智能控制等領域取得了大量成果。例如在預測控制方面，他們提出了控制和校正分離的新框架，提出雙重預測方法，研究了分散系統的預測控制，在國際上具有先進性。1980年當選為中國科學院學部委員（院士）。

8. 陸元九（1920.1—　），陀螺、慣性導航及自動控制專家。安徽省滁縣人。1941年畢業於中央大學。1942—1943年在武漢大學任教。1949年獲美國麻省理工學院博士學位。回國後，參加籌建科學院自動化所和中國科技大學自動化系的工作，參加中國科學院早期的工業自動化、探空火箭、人造地球衛星及一些戰術導彈的控制系統的研制和開發。1980年當選為中國科學院學部委員（院士）。1994年當選為中國工程院院士。

9. 史紹熙（1916.8—2000.9），中國工程熱物理學家、內燃機專家。江蘇宜

興人。1939年畢業於國立北洋大學機械工程系,1944年任武漢大學講師。1949
年獲英國曼徹斯特大學研究生院博士學位。開發了柴油機複合式燃燒系統;在
流體力學、燃燒學、代用燃料、測試技術等方面有所建樹。重視人才培養。建
立了內燃機燃燒學國家重點實驗室,為內燃機技術的發展作出了貢獻。1980年
當選為中國科學院學部委員(院士)。

10.李浩培(1906.7－1997.11),中國當代國際法學家。上海寶山人。1928
年畢業於東吳大學法律系,1936年考取中英庚款赴英國留學,獲法學碩士學
位。1940年1月至1947年10月,任國立武漢大學法學院教授。他對我國參與制定
國際法和國際法的完善作出了巨大貢獻,為聯合國解決國際爭端以及制定國際
法律,作出了應有貢獻。著有《國際私法總論》、《國際問題的比較研究》、
《條約法概論》等。1985年當選為瑞士國際法研究院院士。

11.王鐵崖(1913.7—2003.1),著名國際法學家。福建福州人。1936年獲
清華大學國際法碩士學位,1937年入倫敦政治經濟學院專修國際法。新中國成
立初參與了《共同綱領》的起草,又參與過香港特別行政區基本法起草,曾任
聯合國前南戰犯刑事法庭法官。主要著作有《戰爭與條約》、《中國舊約章匯
編》、《王鐵崖文選》和譯作《奧本海國際法》。1981年被國際法研究院選為
副院士,1987年當選為院士;1987年他又成為世界藝術與科學院院士。

樂山武大生活過的院士

1. 查全性(1925.4—),電化學家。安徽涇縣人,生於江蘇南京。抗戰時
期跟隨父親、武大物理系主任查謙西遷樂山。其父因不服四川水土,於1941年
春夏之交舉家遷至上海暫住。1950年畢業於武漢大學化學系。1957年赴莫斯科
大學進修。歷任武大教授、化學系主任。在對空氣電極表面上固體析出(「冒
鹽」)和液體析出(「冒汗」)機理研究的基礎上,制出了長壽命氣體電極和
組裝成功200瓦氫空氣燃料電池系統,曾在微波中繼站使用。80年代以來主要
從事光電化學催化、高比能鋰電池及生物酶電極研究,並創建了適用於研究粉
末材料電化學性質的粉末微電極方法。1980年當選為中國科學院學部委員(院
士)。

2. 楊弘遠(1933.9—2010.11),植物學家。原籍湖南長沙,生於湖北武

漢。抗戰時期跟隨父親楊端六、母親袁昌英在樂山武漢大學生活了8年。1954年畢業於武漢大學生物系。專長植物有性生殖的實驗研究。與合作者首次揭示了未傳粉子房與胚珠培養誘導的水稻助細胞無配子生殖和向日葵卵細胞孤雌生殖現象，為由雌性細胞誘導單倍體植株提供了理論依據。圍繞胚囊結構與功能問題進行了超微結構與細胞化學研究。在精細胞分離，卵細胞與合子分離和培養，花粉原生質體和脫外壁花粉的培養、融合和轉化等操作系統的建立及有關細胞生物學研究方面開展了系統的研究。1991年當選中國科學院學部委員（院士）。

後　記

　　做武漢大學西遷研究對我來說，純屬鬼使神差。

　　2004年11月底，我被公司從廣州派駐樂山，負責一個樓盤的營銷策劃。起初以為待不過幾個月，誰知一去就是八個年頭。

　　大概是2007年7月的一天，我從當地媒體上看到武漢大學「重走西遷路」採訪團來到樂山的報道，大吃一驚！我第一次知道這段歷史，充滿好奇，開始關注。

　　直到2009年國慶，我從宜賓李莊歸來，才下定決心要做一件「大事情」，為樂山也為武大。不久樂山廣播電視報記者張成忠在採訪我時，有過如下對話——

　　　　張成忠：《花香筆不香》[1]的「第二編」為「珞嘉歲月」，記述抗戰時期武漢大學西遷樂山辦學的文史掌故。據說你接下來還將對此作相當的研究。請問為什麼選擇這個題材？

　　　　張在軍：首先是兩地情。湖北是我的家鄉，樂山是我所鍾愛的城市。來樂之後，讀到很多武大名人撰寫的關於樂山的文章，方才曉得有這段歷史，而且樂山對此的挖掘和研究並不多，於是愈發好奇。其次是為樂山感到惋惜，因為樂山並沒有珍視和保護這份文化遺產。我今年國慶去了宜賓李莊，抗戰時期同濟大學在那兒辦學6年，擁有梁思成、童第周等名人資源。對此，宜賓人相當重視，利用得也比較好，很多本地人、外地人撰寫了大量的研究文章和專著。反觀樂山，武大在樂辦學長達8年，名人的數量和知名度遠高於同濟大學在李莊。但遺憾的是，樂山人沒有挖掘和利用，這與歷史文化名城的頭銜不相符。並且，樂山的文史學者也沒有對此進行系統研究。基於此，我想盡自己所能，略盡綿薄

---

[1]　《花香筆不香》為作者2009年出版的一本樂山題材文集。

之力，為樂山挖掘這份文化遺產。（據《樂山廣播電視報》2009年11月
26日）

　　這段歷史對我充滿誘惑，這項工程於我特別艱巨。我畢竟以房地產營銷為
稻粱謀，工作壓力大空閒時間少；我畢竟遠離家人，下班回宿舍還得自己買菜
做飯洗衣服。可一想起當年武大教授們是怎樣的條件環境下寫作！中文系教授
朱東潤在樂山時候，「住的是半間幽暗的斗室，下午四時以後便要焚膏繼晷。
偶然一陣暴雨，在北牆打開一個窟窿，光通一線，如獲至寶，但是逢著寒風料
峭、陰雨飛濺的時候，只得以圍巾覆臂，對著昏昏欲睡的燈光，執筆疾書。」
「空襲警報來了，是夏天，身上著的白衣服不宜於跑警報，只好伏在窗下。凶
惡的敵人在附近轟炸以後，揚長而去」，先生從窗下爬起來，繼續工作。晚間
寫作只能借助油燈，先生在油燈上架個竹架，上安小茶壺，儘管油燈火力小，
「有時居然把茶壺裏的水燒開了，夜深人靜的時候，喝上一口熱茶，讀書和工
作渾身是勁。」蜀中生活的艱難，並沒有動搖朱東潤先生堅持學術研究的信
念。朱先生的這種治學精神更是感染了我，並激勵著我的研究與寫作。我在樂
山的住宿條件十分簡陋，沒有空調，夏天熱就赤身裸臂地寫，冬天冷就把雙腿
偎在被子裏寫。差不多一個春秋裏，我不再遠足，謝絕應酬，犧牲了幾乎所有
的休息時間。

　　朱東潤先生當初離家萬里，夫人鄒蓮舫獨自在淪陷區撫養七個孩子，其
艱辛可想而知。所以，他在《張居正大傳》完稿後也不忘表達對夫人衷心的讚
頌與感謝：「我沒有聽到抱怨，也沒有聽到居功。……我始終沒有聽到怨恨和
愁訴。正因為有人把整個的心力對付家庭，我才能把整個的心力對付工作。我
自己的成就只有這一點點，但是在我歷數這幾種撰述的時候，不能忘懷數千里
以外的深閨。我認為在我的一切成就之中，這是和我共同工作的伴侶。」我的
這部書稿完成後，也得提提我遠在南粵的夫人。我獨自在樂山，她在廣州帶著
一個寶貝女兒。我經常在四川遙控她，讓她幫我在家查找資料，錄入電腦發給
我。我們兩三個月團聚一次，這點比朱東潤強的多。我即使回到家裏，也常常
撇下她們母女倆自己在書房忙活。我的這些行為，得到了她的理解、支持、甚
至欽佩，所以她面對成人高考作文題《執著》，她毫不猶豫地寫了我，並得了
高分。還有武漢大學檔案館館員、武大校史研究會創始人吳驍老師，欣聞拙書

稿殺青，在繁忙的工作和寫作之餘，主動替我承擔起校稿之責，糾正了不少史實謬誤，提出了一些中肯意見。

　　這部書稿曾經遊歷過黃河內外大江南北的若干家出版機構，結果都是一致的。幸好中國有個臺灣，臺灣有個秀威，秀威有個蔡登山先生。蔡先生在接納拙稿《苦難與輝煌：抗戰時期的武漢大學》之後，再次接納《堅守與薪傳：抗戰時期的武大教授》。殊不知，《堅守與薪傳》是在《苦難與輝煌》之前一年完成的，現在延後出版也是不得已。

　　《堅守與薪傳》初稿寫了八十餘人，僅佔當年教授總數的一半（據我不完全統計，樂山時期武大各院系聘用過的教授總共有一百五十餘人），然而在交付出版時，考慮整體容量等因素，刪減了二十幾人。剩下的這五六十人也足以代表當年武大教授的風采和成就。不過我還是希望假以時日，能將武大教授總數湊夠一百整，或一百單八將。

　　我真誠地期待您提供寶貴的史料和線索，更期盼您批評指正。給您留下我聯繫郵箱：ZZJ7294@163.com。

2011年1月12日，草於四川樂山宿舍

2012年9月，改於廣州洛溪新城寓所

參考資料

一、中國大陸出版物

王築，《彭迪先傳略》，西南財經大學出版社，1988年

方維保，《蘇雪林：荊棘花冠》，廣西師範大學出版社，2006年

石定機編，《石聲漢教授紀念集》，1988年

石聲漢，《荔尾詞存》，中華書局，1999年

朱東潤著，《朱東潤自傳 李方舟傳》，東方出版中心，1999年

朱東潤，《張居正大傳》，人民文學出版社，2006年

印永清，《百年家族：錢穆》，河北教育出版社，2003年

李約瑟、李大斐編著，《李約瑟遊記》，貴州人民出版社，1999年

沈暉編選，《綠天雪林》，人民文學出版社2001年

宋生貴編，《凌叔華的古韻夢影》，東方出版社，2008年

吳貽谷主編，《武漢大學校史》，武漢大學出版社，1993年

吳其昌，《梁啟超傳》，百花文藝出版社，2004年

吳泰昌，《我認識的朱光潛》，上海文藝出版社，2008年

周文華主編，《樂山歷代文集》，樂山市市中區地誌辦1990年

周文華主編，《樂山歷代詩集》，樂山市市中區地誌辦1995年

夏曉虹、吳令華編，《清華同學與學術薪傳》，生活・讀書・新知三聯書店，2009年

俞大光、陳錦江編，《無私奉獻一生的趙師梅先生傳略》，華中理工大學出版社，2000年

范震威，《世紀才女蘇雪林傳》，河北教育出版社，2006年

涂上飆主編，《樂山時期的武漢大學》，長江文藝出版社，2009年

徐震，《徐震佚文集》，山西科學技術出版社，2006年

徐正榜主編，《武大英華》（中國著名學府逸事文叢），遼海出版社1999年

徐正榜、陳協強主編，《名人名師武漢大學演講錄》，武漢大學出版社，2003年

凌叔華著、陳學勇編，《中國兒女——凌叔華佚作、年譜》，上海書店出版社，
　　2008年
唐師曾，《我在美國當農民》，華藝出版社，2002年
商金林編，《朱光潛自傳》，江蘇文藝出版社，1998年
陳小瀅講述、高豔華選編，《散落的珍珠——小瀅的紀念冊》，百花文藝出版社，
　　2008年
陳西瀅著，陳子善、范玉吉編，《西瀅文錄》，遼寧教育出版社，2000年
陳學勇編，《凌叔華文存》，四川文藝出版社，1998年
陳朝曙，《蘇雪林與她的徽商家族》，安徽教育出版社，2008年
張昌華編，《蘇雪林自傳》，江蘇文藝出版社，1996年
程千帆，《桑榆憶往》（白屋叢書），上海古籍出版社，2000年
程千帆箋註，《沈祖棻詩詞集》，江蘇古籍出版社，1994年
葉聖陶，《我與四川》，四川人民出版社，1984年
葉至善，《父親長長的一生》，江蘇教育出版社，2004年
彭迪先著，《我的回憶與思考》，四川人民出版社，1992年
劉雙平編著，《漫話武大》，武漢大學出版社，1993年
楊靜遠編選，《飛回的孔雀——袁昌英》，人民文學出版社，2002年
楊靜遠著，《讓廬日記》，武漢大學出版社，2003年
謝紹正編，《永遠的感召：尋找武大樂山時期的故事》，2003年
錢穆，《八十憶雙親 師友雜憶》，嶽麓書社，1986年
龍泉明、徐正榜編，《老武大的故事》（老大學故事叢書），江蘇文藝出版社，
　　1998年
龍泉明、徐正榜主編，《走近武大》（中華學府隨筆），四川人民出版社，2000年
羅常培，《蜀道難》，河南人民出版社，2008年
魏淑凌著、張林傑譯，《家國夢影》，百花文藝出版社，2008年
樂山市編史修志委員會編，《樂山市志資料》，1982年11月第3期總第4期
武漢大學校友總會編，《武大校友通訊》（創刊號至2010年各期），武漢大學出
　　版社
復旦大學中文系編，《朱東潤誕辰一百一十周年紀念文集》，上海古籍出版社，
　　2006年
《北京珞嘉》（創刊號至總16期），武漢大學北京老校友會主辦
《北京珞嘉》編輯部編，《珞嘉歲月》，武漢大學北京老校友會、2003年
《樂山的迴響》，武漢大學出版社，2008年

《劉盛亞選集》，四川人民出版社，1983年

《袁昌英作品選》，湖南人民出版社，1985年

《朱光潛紀念集》，安徽教育出版社，1987年

《錢歌川文集》（四卷），遼寧大學出版社，1988年

《錢穆紀念文集》，上海人民出版社，1992年

《謝文炳選集》，四川大學出版社，1994年

《蘇雪林文集》（四卷），安徽文藝出版社，1994年

《吳宓日記》（Ⅸ），三聯書店，1999年

《凌叔華散文選集》，百花文藝出版社，2004年

《中國當代社會科學家》第一輯、第五輯，書目文獻出版社，1982年

《劉永濟詞集》，湖南人民出版社，1984年

《李國平詩詞選》，武漢大學出版社，1990年

《葉聖陶集》第19卷，江蘇教育出版社，1994年

《吳大任紀念文集》，南開大學校長辦公室編，南開大學出版社，1998年

《高尚蔭紀念文集》，武漢大學出版社，2002年

二、港臺出版物

袁瓊玉著，李允基編校，《多麗集》，香港印刷，1993年

劉永濟，《雲巢詩存・默識錄》，文史哲出版社，1992年

蘇雪林，《文壇話舊》，文星書店，1967年

蘇雪林，《浮生九四——雪林回憶錄》，三民書局，1993年

《珞珈》（總105—168期）各期，臺北市國立武漢大學校友會編印

《學府紀聞：國立武漢大學》，南京出版有限公司，1981年

血歷史41　PC0290

新銳文創
INDEPENDENT & UNIQUE

堅守與薪傳
——抗戰時期的武大教授

作　　者	張在軍
責任編輯	王奕文
圖文排版	彭君如
封面設計	王嵩賀

出版策劃	新銳文創
製作發行	秀威資訊科技股份有限公司
	114 台北市內湖區瑞光路76巷65號1樓
	電話：+886-2-2796-3638　傳真：+886-2-2796-1377
	服務信箱：service@showwe.com.tw
	http://www.showwe.com.tw
郵政劃撥	19563868　戶名：秀威資訊科技股份有限公司
展售門市	國家書店【松江門市】
	104 台北市中山區松江路209號1樓
	電話：+886-2-2518-0207　傳真：+886-2-2518-0778
網路訂購	秀威網路書店：http://www.bodbooks.com.tw
	國家網路書店：http://www.govbooks.com.tw
法律顧問	毛國樑　律師
圖書經銷	貿騰發賣股份有限公司
	235 新北市中和區中正路880號14樓
	電話：+886-2-8227-5988　傳真：+886-2-8227-5989

出版日期	2013年2月　BOD一版
定　　價	460元

國家圖書館出版品預行編目

堅守與薪傳：抗戰時期的武大教授 / 張在軍著. -- 初版. -
- 臺北市：新銳文創, 2013.02
　　面；　公分.
　ISBN　978-986-5915-48-3（平裝）

　1. 大學教師　2. 傳記　3. 四川省樂山市

782.627/333　　　　　　　　　　　　　101026813

讀者回函卡

感謝您購買本書,為提升服務品質,請填妥以下資料,將讀者回函卡直接寄回或傳真本公司,收到您的寶貴意見後,我們會收藏記錄及檢討,謝謝!如您需要了解本公司最新出版書目、購書優惠或企劃活動,歡迎您上網查詢或下載相關資料:http:// www.showwe.com.tw

您購買的書名:_____

出生日期:_____年_____月_____日

學歷:□高中 (含) 以下　　　□大專　　　□研究所 (含) 以上

職業:□製造業　□金融業　□資訊業　□軍警　□傳播業　□自由業
　　　□服務業　□公務員　□教職　　□學生　□家管　　□其它_____

購書地點:□網路書店　□實體書店　□書展　□郵購　□贈閱　□其他

您從何得知本書的消息?

　□網路書店　□實體書店　□網路搜尋　□電子報　□書訊　□雜誌

　□傳播媒體　□親友推薦　□網站推薦　□部落格　□其他_____

您對本書的評價:(請填代號　1.非常滿意　2.滿意　3.尚可　4.再改進)

　封面設計____　版面編排____　內容____　文／譯筆____　價格____

讀完書後您覺得:

　□很有收穫　□有收穫　□收穫不多　□沒收穫

對我們的建議:_____

_____

_____

_____

11466
台北市內湖區瑞光路 76 巷 65 號 1 樓

秀威資訊科技股份有限公司　　　收

BOD 數位出版事業部

....

（請沿線對折寄回，謝謝！）

姓　　名：_____　年齡：_____　性別：□女　□男

郵遞區號：□□□□□

地　　址：_____

聯絡電話：(日) _____　(夜) _____

E-mail：_____